本书为国家社科基金 2020 年度重大项目"吴语语料库建设和吴语比较研究"(项目号：20&ZD301) 的阶段性成果。

汉语方言范畴研究丛书

汉语方言位移表达研究

盛益民
柳俊 主编

中西书局

丛书主编

盛益民 陶 寰

丛书顾问

曹茜蕾(Hilary Chappell) 法国高等社科院

柯理思(Christine Lamarre) 法国国立东方语言文化学院

刘丹青 中国社科院大学,深圳大学

朴正九(Park Jungku) 韩国首尔大学

本册主编

盛益民 柳 俊

目　录

序

柯理思

（法国国立东方语言文化学院、东亚语言研究所）

　　早期的汉语方言研究较少注意空间位移的表达问题,基本趋向动词也往往不会纳入调查表。此外,虽然雅洪托夫、赵元任两位伟大的语法学家曾经在《汉语的动词范畴》(1957 年,汉语译文 1958 年)和《汉语口语语法》(1968 年,汉语译文 1979 年)中分别拿俄语和德语这两个典型的卫星框架(S 型)语言的动词词头/前缀来讲解趋向补语,但国内习惯把动趋式归入句法组合层面作为"短语"来处理,较少将能够充当补语的趋向动词看作封闭类语素,因此方言专著也很少在语法部分进行系统性的介绍。然而,众所周知,趋向补语和结果补语都是中古以后才成熟的,不同方言之间差异较大,是值得作为跨方言研究的重要课题。虽然动结式和动趋式两类组合有许多平行之处,但趋向补语"路径(Path)+直指(Deixis)"这一独特的双重结构,加上受事、处所或存现客体等不同的宾语类型,使得不同方言里构成动趋式的两个谓词性成分的融合度一般比动结式要弱一些。普通话趋向补语跟前面谓词的关系较松散,处所、受事名词论元的位置多样,而且中间还能够插入体标记"了"(虽然受限),这些方面成为国内外语言学界对汉语位移事件表达问题存在诸多分歧的重要背景。一方面,不仅是一部分讨论位移事件的国外学者以为汉语和泰语差不多,表达位移时用连动结构(SVC 即 Serial Verb Construction,如 D. Slobin、W. Croft 等,详见本论文集盛益民文"引言"),而且汉语语法学界也能听到类似的观点,比如 Paul(2022)认为,"搬出来一把椅子"一类组合才是名副其实的连动结构,其中的"来"应该分析为中心语(Head)。另一方面,关注汉语历史演变和跨方言比较研究的学者却往往持不同意见。如刘丹青(2017)举出形态、韵律、句法方面的一系列判定

1

标准,主张现代汉语的动趋式与连动式已经彻底划清界限了。最近十年还有两部学术著作,可以说为本论文集打下了坚实的基础:史文磊(2014)对汉语历史演变的研究以及姚玉敏(Yiu 2014)对东南部粤、客、闽等方言位移事件表达的跨方言对比研究。后者梳理了几个对比参照项,并且像 20 世纪桥本万太郎那样利用"横"与"纵"的视点,揭露了粤、闽方言更靠近古汉语的一些具体特征。本论文集大部分文章或多或少也会参考 L. Talmy 等一系列认知语言学、语言类型学研究提出的理论框架,试图衡量所讨论的对象究竟位于 S 型语言至 V 型语言连续统上的哪个位置,可以拿新鲜的语言材料让这场已经延续很久的争议有所进展。有几篇文章对理论方面的讨论相当深入,这再一次说明汉语方言研究站在类型学研究的前沿。从这个角度看,这本论文集来得正是时候。

本论文集内容丰富,除了最后一篇讨论趋向成分经过语法化而脱离空间范畴的综合性研究外(吴福祥文),大部分文章以一个方言点或者一个方言区为研究对象,系统地描述其趋向成分,一般都集中在标注位移路径和表示直指位移的趋向成分的描写上,分别阐述其作谓语核心和作补语时的韵律、形态、语义和句法特点。论文直接涉及的 21 个方言分布在山东、河北、河南、山西、陕西、甘肃、四川、湖南、江西、安徽、浙江、福建、广东、广西等 14 个省份,如果加上使用吴语圣经译文的林素娥文,就是 16 个省份(加上江苏省、上海市)的 25 个方言点。这些方言从方言区来看分布如何呢?刘勋宁(2008:324)曾指出,在语法上没有足够的根据把晋方言从北方方言分出来。本论文集既然讨论方言语法,就不妨暂时借用刘文对汉语方言分为两群的划分方式,把书中 22 篇论文的阐述对象概括如下:

北方方言(秦岭淮河线以北)		南方方言(秦岭淮河线以南)
北方官话(2 篇) 中原官话(4 篇) 秦晋方言(2 篇)	趋向成分语法化 综合性研究 (1 篇)	南方官话(1 篇) 东南诸方言(12 篇)

这个编辑方针的第一个结果是读了本论文集以后,可以重新认识中原官话和吴语的内部差异。中原官话方言从西到东描述了甘肃漳县、关中地区、山西襄汾、河南内黄四个方言点,内黄和漳县几乎相距 1 200 千米,产生一定的出入也不

足为奇。毕竟是方言语法研究底子相对淡薄的官话区,材料丰富起来就会有新发现,这很正常。但是出自吴语区的著名语言学家不胜枚举,吴语研究不管是在质量上还是在数量上一直占方言研究的首位。论文集除了针对杭州话、绍兴话、温州话的文章外,还有一篇以 19 世纪的苏州话为语料,比较上海话、宁波话、台州话和温州话。杭州到温州不到 450 千米,同一个浙江省里,吴方言之间的差异却让人惊讶。尤其是绍兴和温州方言呈现出比较彻底的 S 型语言特征,大部分趋向补语是所谓"唯补词",即已经没有相应的能够做谓语核心的趋向动词的功能了,即使是自移事件也必须出现某一个方式动词再带表达路径的趋向补语。这些特点与那一带方言 OV 语序特点的关系,也将是往后需要着重关心的问题。其次,论文集里对湘、徽、赣、客家方言的描写也让我们发现那些方言和吴方言的异同,会帮助我们把握好"过渡地带"(大致对应罗杰瑞 1988 所说的 central dialects)在语法上的一些共同点,这在一定程度上也包括客家方言。最后,到了南端,读者还可以比较已经有详细研究的香港粤语和大家感到更陌生的玉林方言,发现粤语的一些内部差异(如"到"引进终点的用法)等。讨论某个方言点的大部分文章都会顺便提到描写对象在位移事件的表达上与普通话或者附近方言的异同,还有几篇文章以更全面的视角系统地讨论了方言位移事件表达的重要类型。

我们翻看文集时,注意到一些有趣的语言现象,接下来和大家分享。

1. 作为封闭类的趋向补语在构成成员上的出入(客观参照)

趋向补语典型的南北差异往往与词汇史相关,如具有历时替换关系的"入"和"进"等(见汪维辉 2001)。另外中部、东南部方言的趋向补语系统往往具备一对表示聚散方向的补语"开"和"拢"(见于西南官话、吴、湘、客家方言,粤方言用"埋",闽东罗源用来源于名词性的"兜"和"边",但潮阳话却没有)。下边只提及笔者注意到的一些其他问题。

"进出"义位移:除了上述词汇替代现象外,还有一些成员在语义范围方面呈现有趣的交叉现象,比如"回来"兼表"进来"义(陕北晋语普遍特点,参本论文集邢向东文)、玉林话表示从外到里的位移不常用"入",更多地用"落"(让笔者想起巴色会客家话文献《启蒙浅学》中的"落"),还有的方言用相当于"里"的方位词"底"(温州、罗源)。黟县方言不用"出","起来"兼表"出来","起去"表达

"出去"。

　　"返回"义补语表现出各种各样有趣的特色。"回"和"转"这一南北对立是以往研究曾提到过的。而更新鲜的是,在绍兴、安远方言里返回义的"归"和"转"有一定的分工:"归"专门表示"回家",而"转"不受这个限制。黟县方言里"迁不回头"相当于"迁不回来"。另外,黟县话用词化的"来家""去家"表达"回来""回去",淄川也用类似的经过词化而成的趋向补语,但是语素排序相反,为"家去"。孟村有"家来""家去""家走",还显示位移客体人称上的限制。甘肃漳县方言的趋向补语缺"返回"义补语,用"来""去"。香港粤语发展出一个可插入到动词和双重结构的"出来"类趋向补语之间的"翻(返)",这种补语三分的现象至今报告得不多,分布可能比较有限。

　　上下(垂直)位移:汉语大部分方言表达从下往上的运动时一般有两种选择,区分表示物体的位置发生变化的"上"和表示基于某一个起点的姿势变化(以及躯体动作范围内的致移)的"起"(包括带"来、去"的变体)。闽南话好像除外,但是闽东罗源话还是能列出两种不同的补语。在不少方言里缺项的"起去"在涉及神木、益阳等方言的文章里有所描写,这里不再细谈。表示向下的位移的多样性更令人意外。比如在一部分吴方言(如绍兴、杭州等)和安远客家话里,向下运动也会区分表达姿势变化(如"跪下、坐下、躺下")和导致整个位移体从某处位移到另一处的位置变化的趋向补语。前者用"倒(来/去)",后者用"落"或"下"。和"掉"相关的补语也值得进一步观察:内黄方言除了"下"以外还发展出一个从动词"掉^{D}来"(意思是"掉下来","掉^D"指"掉"的变韵形式)词化而来的趋向补语。

　　2. 表示直指类位移的动词和补语(主观参照)

　　除了(似乎)成对的直指位移动词"来、去"外,汉语不少方言和世界许多语言一样都发展出一个表达中立的位移动词,带终点(或目标)处所。普通话、黟县话、成都话和某些吴方言的"到某处"就是如此,失去了"到达"义,后边还可以加表示直指趋向的"来、去"构成"双重结构"的直指位移动词。泛化位移动词除了来源于"到达"义动词和"往上位移"的"上"(北京话、孟村、淄川)外,还有来源于"经过"义动词的"过"(泽州、罗源)。泽州方言的"过+处所"和"去+处所"相比,前者用来表达去近一点的地方。还有来源于方式动词的"走"(襄汾方言）。另外,温州话"走"带终点处所用法是否也可以采取这样的角度看待考,德语、俄语有类似的现象。"返回"义动词"转"在安远客家话里似乎也属于这种情况。这说明借用某一个路径动词用来充当泛化位移动词的现象,并不限于"来、去"失去了带处所宾语的方言。在描写这些形式的过程中还会碰到一些问题,如应该分析为介词还是动词、怎么衡量其直指性程度等,有的文章也提到了一些有启发性的看法。

最近十几年的研究表明,直指位移有其独特的表现,仅仅看作是路径的一个下位成分(Deictic component of Path)不一定最理想,尤其是分析日语、韩语、汉语、泰语等不同类型的亚洲语言时(见松本 Matsumoto 等 2017)。笔者(Lamarre 2008)也曾经拿日语、汉语、法语等语言的实例指出,一个语言倾向于表达直指趋向和它的 V 型或者 S 型特点没有关系(俄语和德语也是有说服力的一对)。论文集的各章也提供了支持这个看法的旁证:S 型语言特点最明显的温州话、绍兴话却不用或少用含有直指位移成分的复合趋向补语(详见林静夏文和盛益民文),似乎与 V 型语言特点最显著的玉林话相同。而潮阳闽语是"直指趋向作为显赫范畴的方言",和关中方言一样。

在直指趋向补语有独特的补语标记(见下文第 4 节)的方言里,分布和"来""去"类似的形式还往往包括"走",意思类似于北京话"偷走"的"走"(孟村、淄川、内黄)。

3. 趋向补语能否带处所宾语的问题

《现代汉语八百词》"现代汉语语法要点"(吕叔湘主编,1980 年,34 页,修订本 39 页)提出:"跟某些外语比较,当动趋式动词后边是代表处所的名词时,动趋式里的'趋1'的作用像一个介词,例如'话说出口''走出门来';当后边是代表事物的名词时,趋向动词的作用像一个副词,例如'说出话来''走出一个人来'。"国外非汉语学界的位移事件研究一般也把普通话的"走进教室""跳下车"一类结构看作是最典型的表达模式。比如,Chen & Guo(2009)认为"我跑出了厨房"一类句式是汉语最典型的位移表达,这也正是把汉语分到同等框架类型(equipollently-framed languages)的重要根据。以前偶尔能看到一些零星的记载,提到陕西、河北的官话方言或者吴语的个别方言趋向补语不能带处所词,表示起点、经过点和目标的处所词一般用介词放在动词前,而终点可以留下来,但要用专用的终点标记。然而,从本论文集所报告的情况看,趋向补语不能带处所宾语是相当普遍的现象,论文集涉及的大部分方言就属于这种情况。这个参照项的理论价值非常重要:论元结构是判断动词语法化的一个关键标准,也是判定某一个方言靠近 S 型语言还是 V 型语言的重要线索。

直指趋向补语带宾语原来以为是闽、客语的特点,但是经过邢向东(2011,载论文集第 9 章)的研究,发现晋语也说"回来神木""拿上去山上"。孟村话的"来""去"虽然不能带处所宾语,但"进来"类复合趋向补语的两个构成成分的融合度显得特别高:处所词如果是终点以外的话,"下炕"可以说成"下来炕",不能看作是"来"保留原来的论元结构;处所词还是"下"的宾语,表示起点。

致使位移句里受事宾语出现的位置是语法学界一直关心的问题,本论文集也提供详细的材料,显示出的倾向和以往的研究相符,即普通话的所谓四种可能的语序不一定有代表性,到某一个特定的方言里,成立的词序就更有限。因为篇幅上的问题,在这里不做详细的介绍,不过这个问题也是把动趋式看作是一种连动结构的重要根据(见上文),也需要进一步讨论。

4. 动词和补语连接成分的有无、分布和强制性

本论文集所涉及的方言中,不少在动词和趋向补语之间要求或者习惯插入某一个虚成分,以往的研究采用"趋向补语标记"或者"傀儡补语"等说法。这个成分除了近代汉语文献里也出现的"得"(神木、黟县、绍兴、安远、益阳、吉安)和"将"(晋)之外,还有"着"(漳县)、"起"(成都、益阳)、"上"(晋),也包括形态化程度更高的弱化形式(关中)、变韵(内黄)或者前边音节拉长一类合音变调(淄川)。这个成分在某些方言里只分布在动词和直指趋向成分之间,但是有的方言还能出现在动词和双重趋向补语之间,使用条件和分布颇为复杂。这些连接成分在不同方言里会有不同的功能,不能一概而论。刘丹青(2017)把吴语常见的"得"类趋向补语标记看作是"趋向补语从属成分的很好体现",如果这么看的话,也可以用来讨论动趋组合的性质问题。本论文集中的各方言,只有粤语才允许动趋式之间出现不同的体貌标记,说明动趋式与体标记的共现问题很有必要继续考察。

上文说过,论文集大部分文章主要阐述趋向动词和趋向补语。对编码路径

的其他封闭类的研究还比较松散,在这里不妨提一下在位移事件表达上同样起到关键作用的成分:

a) 空间介词　本论文集虽然不是每一章都详细描述介词,但却是第一部提供那么多文章系统地观察方言里怎么表达路径各个构成成分(起点、经过点、目标、终点)的著作(如潮阳、漳县)。这些路径信息在汉语不少方言里实际上并没有专职的介词来标注,"中立"的介词也不罕见(如绍兴话的"望"、漳县话的"安"、益阳话的"走"等),这些现象涉及路径信息在句子里由不同成分来充当,梳理清楚就可以丰富位移事件表达的类型学理论。

b) 关联位移　位移动词经常和表示位移目的的动词词组相结合,构成连动式如"回去吃饭""上街买菜"之类。本论文集有一部分文章也涉及这类格式。在直指位移动词不能带处所宾语的方言中,会出现目的 VP 后带虚化的直指趋向标记,可以看作是类型学界所说的"关联位移"(associated motion)。另外在直指趋向动词能带处所宾语,但是直指趋向补语有较高的强制性的方言如神木话、泽州话里,也可以看到"去+目的 VP+去"的结构,但是后一个"去"弱化了,与趋向补语同形;而淄博的"VP+去"的"去"发音上已经彻底变了,音[ti]。这些东南西北的不同类型揭露两个谓词性成分从保留动词性的"连动结构"到"动词上附加虚化成分"的对立,也很值得进一步描述。孟村话显示出向心和离心位移的不对称:"来"构成"来 VP",而"去"构成"(去)VP 去"类格式(后一个"去"轻读)。襄汾方言在祈使、意愿句里还发展出专门表达说话人请听话人一起去某处办某事的"走","VP 走"与一般让对方一个人去某处的"VP 去"有区别。这种"走"已经进入了直指趋向成分的位置构成"进走"(一起进去)一类说法。关联位移结构基本上只在对话里出现,不出现在用视频采集汇报故事情节的口头叙事文本中。

c) 方位词　来源于名词的方位词和来源于动词的趋向补语在分布上有时呈现有趣的交叉现象,如温州、罗源方言的"底"充当"进"的角色。这让人想起陕西、山西一带的"里"进入趋向补语的位置。同样温州、神木、漳县的趋向补语都能够与"望"或"往"构成位于动词前表示路径(详见各章的讨论)。另外,方位词虽然不限于位移,但是在标注路径方面起到重要作用,其强制性也在不同方言里会有差异,是有必要进一步考察的重要课题。

　　本论文集首次对汉语南北方言趋向动词和趋向补语进行系统的、大规模的描述和分析。从以上简单提起的几点也不难看出,它在汉语位移事件表达研究上会起到重要的作用,也会促进相关的调查研究和理论分析。

参考文献

刘丹青　2017　《汉语动补式和连动式的库藏裂变》,《语言教学与研究》第 2 期,1—16 页。

刘勋宁　2008　《黄土高原的方言是一个宝藏》,乔全生主编《晋方言研究》,希望出版社,318—326 页。

吕叔湘　1980　《现代汉语八百词》,商务印书馆增订本,1999 年。

汪维辉　2001　《汉魏六朝"进"字使用情况考察——对〈"进"对"入"的历时替换〉一文的几点补正》,《南京大学学报》第 2 期,109—116 页。

Chen, Liang & Jiansheng Guo　2009　Motion events in Chinese novels: Evidence for an equipollently-framed language. *Journal of Pragmatics* 41: 1749 – 1766.

Matsumoto, Yo, Kimi Akita & Kiyoko Takahashi　2017　The interactional nature of deictic verbs in English, Japanese, and Thai: Why Deixis must be treated separately from Path. In: Ibarretxe-Antuñano (ed.) *Motion and Space across Languages: Theory and applications.* pp. 95 – 122. Amsterdam: John Benjamins.

Norman, Jerry　1988　*Chinese.* Cambridge University Press.

Paul, Waltraud　2021　SVCs in disguise: the so-called "directional verb compounds" in Mandarin Chinese. In: A. Simpson (ed.) 2022. *New explorations in Chinese theoretical syntax*, pp. 133 – 161. Amsterdam: Benjamins.

河北孟村方言位移事件的表达手段[*]

董淑慧

（南开大学汉语言文化学院）

引　言

孟村县全称孟村回族自治县。孟村方言属于冀鲁官话区沧惠片黄乐小片。

根据语义，趋向动词分成两类：一类是有客观参照物的趋向，称为"客观趋向动词"，另一类是以言谈参与者（说话人、听话人、听说双方之外的第三方）为参照的趋向，称为"主观趋向动词"。后一类涉及指示（deixis）的问题；前一类不涉及指示。"直指"（deictic）是构成"位移事件"（displacement event）的重要语义要素，即以说话人为中心的位移路径，主要分为朝向说话人的向心位移和背离说话人的离心位移。孟村方言表达"直指位移事件"的是趋向动词"来[læi⁵⁵]""去[tɕʰi⁵¹]""上₁[ʂɑŋ⁵¹]""走[tsəu⁵⁵]"①以及由其构成的复合趋向补语（只有"来""去"能构成复合趋向补语。为区别主观趋向动词"上"和客观趋向动词"上"，下文中前者写作"上₁"，后者写作"上₂"），见表1。

孟村方言用"来"表示向心位移，用"去、上₁、走"表示离心位移。"来"表示以说话人作为参照点，从别的地方到说话人所在的地方，即趋向说话人。与"来""去"共现时，"上₁"表示从一个地方位移到另一个地方，不涉及指示。不与"来""去"共现的"上₁"以及"去""走"表示以说话人作为参照点，从说话人所在

* 基金：南开大学文科发展基金（ZB21BZ10102）；世界汉语教学学会"2021年全球中文教育主题学术活动资助计划"（批准号：SH21Y11）和"国家社科基金优秀社科学术社团奖励性补助"（批准号：20STC016）。感谢盛益民博士、柳俊博士和孙克敏博士提出的宝贵意见。谨此一并致谢。文中错误由作者独立承担。
① 下文只在例句中标注动词及趋向动词的国际音标。正文中不再标注。

表1　孟村方言表"直指位移事件"趋向动词表

	上₂	下	进	出	回	过	起
来	上₂来	下来	进来	出来	回来	过来	起来
去	上₂去	下去	进去	出去	回去	过去	
上₁							
走							

的地方到别的地方,即远离说话人。"去""走"的区别是:"去"表示远离说话人所在的地方并前往目的地;"走"表示远离说话人所在的地方,并不关注说话人是否具有目的地。"走"作趋向动词在北方方言较普遍。①

"位移事件"研究成果与趋向补语研究多有交叉。汉语普通话、方言趋向动词的研究成果丰硕。就北方方言看,研究集中于晋语(侯精一1981;乔全生1983、1992;赵变亲2015)、中原官话(王森1998;贺巍1989;王临惠1998;莫超2005;孙立新2007;唐正大2008;李学军2016)和冀鲁官话(宋玉柱1990;柯理思、刘淑学2001;孙克敏2021)。本文拟考察孟村方言表达"位移事件"的趋向动词及其句法位置。

孟村方言为笔者母语,文中例句来自笔者自省。孟村方言有三个单字调(不包括轻声):

调类	调值	例字
阴平	214	诗七呆掰天兵开哭
阳平上	55	门骑龙糖酒买
去声	51	四气近冻慢事用

本文部分例句涉及动词语法变调。规律如下:动词为阴平字时,变为51;动

---

① 王森(1998)、贺巍(1989:73—74)把河南荥阳、广武、获嘉等方言的"走"看作趋向标记,与"来""去"并提,柯理思、刘淑学(2001)分析了河北冀州方言趋向动词"走",认为它与"来、去"同属"主观趋向标记","走"表示离开说话者所在的地方。用"去"时移动的目的地较清楚。孙立新(2007)、赵变亲(2015)也分别考察了西安方言和临汾方言的趋向动词"走"。

词为去声时,变为53(音长短,且必须重读)。阳平和上声合流,读55,但变调时又会分流:来源于古浊平的字均不变调;来源于古清上、次浊上的字读24(见表2)。孟村方言轻声前变调规律和非轻声前动词变调规律相同。

表2　孟村方言非轻声前动词变调规律表

	阴平	阳平上		去声
本调	214	55		51
变调	214－51	55(古浊平)	55－24(古清上、次浊上)	51－53

本文例句中的轻声用·标示。轻声前动词变调,例句不标注,只标注非轻声前动词变调(用上标F标示)。

1　趋向动词作谓语

1.1　主观趋向动词作谓语

孟村方言主观趋向动词"来""去""走"可以独立成句(如"你来吧""你去吧""你走吧");"上$_1$"不能独立成句,必须带表示位移终点或目的地G(goal)的处所宾语,构成"上$_1$+G"。"来""去"与位移终点共现只能构成"G+来/去"。"走"不能与位移终点共现("家"除外)。

1.1.1　上$_1$+G(+来/去)

孟村方言中进入"上$_1$+G""G+来/去"的处所词语有如下几类:

甲类(地名):亚洲、非洲、中国、美国、北京、上海、天津、沧州、孟村、盐山、沧县、李家铺村名、王林村名、董林村名、挂甲林村名、大赵河村名、辛店村名、老街街道名

乙类(机构或建筑):公园、学校、图书馆、银行、餐厅、医院、银行、邮局、派出所、百货大楼、穆斯林大厦

丙类(处所名词或名词性结构):家、当院子院子、当天井院子、当街、里头、外头、上头、下头、前头、后头、里边儿、外边儿、上边儿、下边儿、东边儿、西边儿、南边儿、北边儿、前边儿、后边儿、一边儿、旁边儿、房顶上、房前头、房后头、箱子上头、床底下、家里、门外头、街上、教室前头、东头儿、西头儿、南头

儿、北头儿①

丁类(处所代词)：这边儿、这溜这里、这嗨儿这里、那边儿、那溜那里、那嗨儿那里、哪、哪溜哪里、哪嗨儿哪里

"上₁"作谓语接甲乙丙丁类词语("家"除外)。"上₁"不与"来""去"共现时表示以说话人作为参照点，从说话人所在的地方到别的地方，即远离说话人。如：

(1) 我明儿·个_{明天}上₁[ʂaŋ⁵¹]北京。

(2) A：你·们上₁[ʂaŋ⁵¹]哪嗨儿_{哪里}?

　　B：他上₁[ʂaŋ⁵¹]北京昌平，我上₁[ʂaŋ⁵¹]北京顺义。

(3) 你上₁[ʂaŋ⁵¹]学校·呀?

"上₁"是黏宾动词，如果处所宾语省略或前置，则应该换成"去"。

(4) A：你上₁[ʂaŋ⁵¹]孟村·呗?

　　B：去[tɕʰi⁵¹]。不去[tɕʰi⁵¹]。　(*上₁ *不上₁)

(5) 北京，我今年去^F[tɕʰi⁵¹⁻⁵³]好几次·啦。

(6) *北京，我今年上₁[ʂaŋ⁵¹⁻⁵³]·溜好几次·啦。

"上₁"后可以接多种体助词，如"溜""过"。如：

(7) A：你爷·爷·涅?

　　B：上个月就上₁[ʂaŋ⁵¹⁻⁵³]·溜北京·啦。[完整体]

(8) A：你多咱上₁[ʂaŋ⁵¹]·过北京·涅?[经历体]

　　B：当兵那年。

"上₁+G"后还可接动词性结构构成"趋向动词+G+VP"。VP可以是动宾结构，也可以是动词重叠、动量补语、时量补语。如：

(9) 你上₁[ʂaŋ⁵¹]门外·头看·看他·们。(VP为动宾结构)

(10) 走，咱上₁[ʂaŋ⁵¹]当街说·道说·道_{摆出来让人评论有无道理}。(VP为动词重叠)

(11) 你上₁[ʂaŋ⁵¹]炕·上歇会儿。(VP为动补结构)

---

① "里头、外头、上头、下头、前头、后头"义为"里面、外面、上面、下面、前面、后面"，"头"读轻声。"东头儿、西头儿、南头儿、北头儿"的"头儿"读作阳平，表示"顶端"义。

（12）你上₁[ʂɑŋ⁵¹]外・头跑・两圈儿。（VP 为动补结构）

"上₁"与"来/去"并用构成"上₁+G+来/去"。G 可以是甲乙丙丁类处所词语。这一句式的"上₁"只表"位移"，"来/去"表明位移方向。如：

（13）A：你多咱上₁[ʂɑŋ⁵¹]孟村来[læi⁵⁵]，告・诉我一声儿。

　　　　B：行。多咱我上₁[ʂɑŋ⁵¹]孟村去[tɕʰi⁵¹]，给你打电话。

（14）A：你上₁[ʂɑŋ⁵¹]这・边儿・来[læi⁵⁵]。

　　　　B：我不上₁[ʂɑŋ⁵¹]那・边・儿・去[tɕʰi⁵¹]。

"上₁+G""上₁+G+来/去"不仅用于表达建议或命令，也可以描述已经发生或将要发生的动作行为。换句话说，既可用于未然语境，也可用于已然语境。如：

（15）你还・是上₁[ʂɑŋ⁵¹]北京・吧。（建议）

（16）你上₁[ʂɑŋ⁵¹]外・头・来[læi⁰]。（命令）

（17）明儿・个ᵐ᷈天他俩一块儿上₁[ʂɑŋ⁵¹]北京。（将然的动作）

（18）夜・来・个ᶻ᷈天我上₁[ʂɑŋ⁵¹]孟村去[tɕʰi⁵¹⁻⁵³]・着①。（已然的动作）

在孟村方言中，"上₁"是动词，没有介词用法。

1.1.2　G+来/去

孟村方言的趋向动词"来/去"后不能带表示位移终点的处所宾语，"来/去+G""来/去+G+来/去"结构在孟村方言不存在，"*来家里""*去一边儿""*去北京去"不能说。"来/去"与位移终点只能构成"G+来/去"，G 限于丙丁类处所词语。如：

（19）家来[tɕiʌ²¹⁴⁻²⁴læi⁵⁵]/家去[tɕiʌ²¹⁴⁻²⁴tɕʰi⁵¹]・吧。

（20）屋儿来[ur²¹⁴⁻⁵¹læi⁵⁵]/屋儿去[ur²¹⁴⁻⁵¹tɕʰi⁵¹]・吧。

（21）你・们这是哪去[nʌ²¹⁴⁻²⁴tɕʰi⁵¹⁻⁵³]・呀？

"G+来/去"通常用于表达建议或命令，动作行为是未然的，限于祈使句。上述例句中的 G 前排斥介引位移终点的介词"到"，下列句子不成立：

（19′）*到家来/去・吧。

（20′）*到屋儿来/去・吧。

---

① 孟村方言动词后的"着"是近完成体标记，对应普通话的"来着"。

(21′)* 你们这是到哪去·呀?

此外,普通话"来""去"作谓语时,也可以不直接带宾语,而由"到"介引位移终点,如"来到外面""去到楼顶"等,孟村方言没有这种用法。孟村方言表达"直指位移事件"的趋向动词与位移终点共现排斥由其他成分间接介引。

"G+来/去"和"上₁+G+来/去"语义功能也不是完全等同的。对比:

(22) a. (你·们)里·屋儿来[li$^{55-24}$ur^{0}læi^{55}]。

　　 b. 你·们上₁[ʂɑŋ^{51}]里·屋儿来[li$^{55-24}$ur^{0}læi^{55}]。

(23) a. 一边儿·去[i^{55}piɐr^{214}tɕ^{h}i^{51}]。

　　 b. 咱·们上₁[ʂɑŋ^{51}]一边儿·去[i^{55}piɐr^{214}tɕ^{h}i^{51}]。

　　 c. 他仁人上₁[ʂɑŋ^{51}]一边儿·去[i^{55}piɐr^{214}tɕ^{h}i$^{51-53}$]·啦。

例(22a)、(23a)的"G+来/去"是说话人的建议或命令。不管主语出现与否,"里屋来"的动作发出者都是听话人(你、你们),不包括说话人;例(22b)、(23b)的"上₁+G+来/去"可以是说话人的建议或命令,也可以是对动作行为的描述,主语不限于听话人(第二人称及复数或者相当于第二人称的一些名词),也可以是说话人(第一人称我、俺、俺们、咱们)或者听说之外的第三方(他、他们)。"G+来/去"只用于未然语境;"上₁+G+来/去"可用于未然语境,也可用于已然语境中(例23c)。

1.1.3　关于"家来""家去""家走"

"来""去""走"能进入"G+主观趋向动词"("上₁"不能),G 限于丙丁类处所词语。"G+走"与"G+来/去"有差异:"G+来/去"的 G 是位移终点;"G+走"结构只有"家走"的"家"是位移终点;其他"G+走"结构的 G 是"走"发生的处所。"G+走"是"在+G+走"的省略。如:

(24) 这·边儿走[tsəu^{55}]。

(25) 里·头走[tsəu^{55}]。

"这边儿走"对应于普通话的"在这边儿走";"里头走"对应于普通话的"在里边儿走"。此类"G+走"不属于本文讨论范围。

"家来""家去""家走"本来属于"G+来/去/走"结构:"来"表示以说话人作为参照点,从家外向家里运动并趋向说话人所在的地方;"去""走"表示以说话人作为参照点,从家外向家里运动并远离说话人所在的地方。"家去""家走"存在细微的差异:"家走"的"家"一定是动作("走")发出者自己的家,也就是说

"家走"指的是动作("走")发出者回到自己的"家";"家去"的"家"可以是动作("去")发出者自己的家,也可以是说话人的家。如:

(26) 咱家走[tɕiʌ²¹⁴⁻²⁴tsəu⁵⁵]·吧。

(27) 你家走[tɕiʌ²¹⁴⁻²⁴tsəu⁵⁵]·吧。

(28) 我家走[tɕiʌ²¹⁴⁻²⁴tsəu⁵⁵⁻²⁴]·啦。

(29) 你·们别待这站·着,家去[tɕiʌ²¹⁴⁻²⁴tɕʰi⁵¹]坐·坐·吧。

(30) 你·们别待这站·着,家去[tɕiʌ²¹⁴⁻²⁴tɕʰi⁵¹]·吧。

(31) 下雨·啦,你快家去[tɕiʌ²¹⁴⁻²⁴tɕʰi⁵¹]·吧。

例(26)"家"是动作("走")发出者(说话人和听话人)共同的家;例(27)"家"是动作("走")发出者(也是听话人)的家;例(28)"家"是动作("走")发出者(也是说话人)的家;例(29)"家去坐坐吧"是说话人对听话人发出的邀请:重叠式"坐坐"是短时行为,表明"家"不是动作("去")发出者(也是听话人)的家,而是说话人的家。例(30)、(31)"家去"有两种可能:说话人对听话人发出邀请,请听话人来说话人的家;也可能是说话人对听话人发出命令,让听话人回听话人自己的家。

孟村方言的"家来""家去""家走"一定程度上凝固为词。作为动词的"家来""家去""家走"可以直接带动态助词"勒""过"和近完成体标记"着"。如:

(32) 他夜·来·个昨天家来[tɕiʌ²¹⁴⁻²⁴læi⁵⁵]·勒·么?

(33) 从结婚到这会儿,她就没家去[tɕiʌ²¹⁴⁻²⁴tɕʰi⁵¹]·过。

(34) 他夜·来·个昨天家走[tɕiʌ²¹⁴⁻²⁴tsəu⁵⁵⁻²⁴]·着。

"家来""家去""家走"后加表可能性的助词"了"(读[liɔu⁵⁵])构成可能补语:肯定式为"家来了[liɔu⁵⁵]""家去了[liɔu⁵⁵]""家走了[liɔu⁵⁵]";否定式为"家不来""家不去"("家走"否定式为"家不去"或"走不了[liɔu⁵⁵]",不说"家不走")。如:

(35) A:咱今儿·个今天家去了[tɕiʌ²¹⁴⁻²⁴tɕʰi⁵¹liɔu⁵⁵⁻²⁴]·哦?

　　　B:家去了[tɕiʌ²¹⁴⁻²⁴tɕʰi⁵¹liɔu⁵⁵]。家·不去[tɕiʌ²¹⁴⁻²⁴puᵘtɕʰi⁵¹]。

(36) A:小狗儿个儿人自己家来了[tɕiʌ²¹⁴⁻²⁴læi⁵⁵liɔu⁵⁵⁻²⁴]·哦?

　　　B:家·不来[tɕiʌ²¹⁴⁻²⁴puᵘlæi⁵⁵]。

(37) A:这·么点儿孩子,个儿人自己家走了[tɕiʌ²¹⁴⁻²⁴tsəu⁵⁵⁻²⁴liɔu⁵⁵⁻²⁴]·哦?

B：家·不去$[\text{tɕi}ʌ^{214-24}\text{pu}^0\text{tɕ}^\text{h}\text{i}^{51}]$。

"家来""家去""家走"在方言中凝固化程度高,已经词汇化,失去了"G+来/去/走"结构的身份。

1.2 客观趋向动词作谓语

孟村方言的客观趋向动词作谓语较为受限。"上₂""下"等客观趋向动词难以脱离"来、去"而单独作谓语(不带宾语),通常换成对应的复合趋向动词,如"进去吧""上₂去!""下来!"。"上₂""下"等客观趋向动词有时可以单用,但其宾语往往是特定的对象,如"上₂/下(车)吧""过(桥)吧"。

客观趋向动词带施事宾语比较常见,如"出大官""进人""(汽车)上₂人""(桥)过人",客观趋向动词带处所宾语比较受限。如:

(38) 上₂$[\text{ʂaŋ}^{51}]$车/上₂$[\text{ʂaŋ}^{51}]$前面那个车/上₂$[\text{ʂaŋ}^{51}]$炕/上₂$[\text{ʂaŋ}^{51}]$人家·的炕/上₂$[\text{ʂaŋ}^{51}]$树/上₂$[\text{ʂaŋ}^{51}]$房/上₂$[\text{ʂaŋ}^{51}]$梯·子/上₂$[\text{ʂaŋ}^{51}]$楼/上₂$[\text{ʂaŋ}^{51}]$二楼/上₂$[\text{ʂaŋ}^{51}]$天/跳·着鼻·子上₂$[\text{ʂaŋ}^{51}]$脸 得寸进尺

下$[\text{ɕiʌ}^{51}]$车/下$[\text{ɕiʌ}^{51}]$火车/下$[\text{ɕiʌ}^{51}]$炕/下$[\text{ɕiʌ}^{51}]$梯·子/下$[\text{ɕiʌ}^{51}]$楼

出$[\text{tʂ}^\text{h}\text{u}^{214}]$门儿/出$[\text{tʂ}^\text{h}\text{u}^{214}]$大门儿/出$[\text{tʂ}^\text{h}\text{u}^{214}]$前门儿/出$[\text{tʂ}^\text{h}\text{u}^{214}]$南门儿/出$[\text{tʂ}^\text{h}\text{u}^{214}]$这个门儿/出$[\text{tʂ}^\text{h}\text{u}^{214}]$屋儿

进$[\text{tɕin}^{51}]$门儿/进$[\text{tɕin}^{51}]$大门儿/进$[\text{tɕin}^{51}]$前门儿/进$[\text{tɕin}^{51}]$南门儿/进$[\text{tɕin}^{51}]$这个门儿/进$[\text{tɕin}^{51}]$家/进$[\text{tɕin}^{51}]$屋儿

回$[\text{xuəi}^{55}]$门儿 女子出嫁后三天回娘家/回$[\text{xuəi}^{55}]$老家/回$[\text{xuəi}^{55}]$你·家老家/回$[\text{xuəi}^{55}]$孟村/回$[\text{xuəi}^{55}]$沧州

过$[\text{kɤ}^{51}]$门儿 女子出嫁/过$[\text{kɤ}^{51}]$这个门儿/过$[\text{kɤ}^{51}]$河/过$[\text{kɤ}^{51}]$这条河/过$[\text{kɤ}^{51}]$桥/过$[\text{kɤ}^{51}]$这座桥/过$[\text{kɤ}^{51}]$小卖部/过$[\text{kɤ}^{51}]$前面那个小卖部

起$[\text{tɕ}^\text{h}\text{i}^{55}]$炕/起$[\text{tɕ}^\text{h}\text{i}^{55}]$床

客观趋向动词"下""起"带处所宾语限于较短、较固定的组合,处所宾语不能扩展,像"*起大炕""*下前面那个车"等不能说。"进""过""上₂""回"与处所宾语的组合能力略强一些。

1.3 复合趋向动词作谓语

复合趋向动词可以独自作谓语，也可以接施事宾语，这跟普通话一样。如：

（39）我奶·奶刚进·去[tɕin⁵¹⁻⁵³tɕʰi⁰]·啦。

（40）南·屋儿出·来[tʂʰu²¹⁴⁻⁵¹læi⁰]俩人。

（41）老房进·去[tɕin⁵¹⁻⁵³tɕʰi⁰]贼·啦。

复合趋向动词作谓语通常不与处所宾语共现。若需要出现处所宾语，则把客观趋向动词换成"上₁"，并以方位词来标识位移终点位置。如普通话的"你上楼去""他下楼来""你也进屋去""你回教室去"，孟村方言说成"你上₁楼上去""他上₁楼下去""你也上₁屋去""上₁教室去"。一些情况下，处所宾语也可出现在作谓语的复合趋向动词后，使用频率相对低一些。这是普通话所没有的语言现象。如：

（42）我爷·爷这两天下·来[ɕiʌ⁵¹⁻⁵³læi⁰]炕了[liɔu⁵⁵⁻²⁴]·啦。

（43）他爷·爷这会儿起·来[tɕʰi⁵⁵⁻²⁴læi⁰]炕了[liɔu⁵⁵⁻²⁴]·啦。

（44）她进·来[tɕin⁵¹⁻⁵³læi⁰]门·子₍嫁入₎这些年不容易。

（45）你只要出·去[tʂʰu²¹⁴⁻⁵¹tɕʰi⁰]这个门就别回·来[xuəi⁵⁵læi⁰]·啦。

（46）过·去[kɤ⁵¹⁻⁵³tɕʰi⁰]前面那个桥就到·啦。

（47）只要出·去[tʂʰu²¹⁴⁻⁵¹tɕʰi⁰]沧县，就没人儿管·啦。

2 趋向动词作趋向补语

趋向动词除了作谓语，还可以作动词的趋向补语。

2.1 客观趋向动词作补语

孟村方言中表达典型的空间移动时，大部分客观趋向动词无法脱落"来／去"而单用，如"*摘下""*搬进""*推过""*叫过"等不能说，应该说成"摘下来""搬进去""推过来""叫过去"。少数情况下客观趋向动词"上₂""下"可以作补语，如"放下、躺下、扔下、挂上₂"等。

2.2 主观趋向动词作补语

主观趋向动词"来""去""走"可以作补语，"上₁"不可以。补语"走"与行为动词的组合限制较为宽松：行为动词可以是他动词，也可以是自动词。若动词为自动词，宾语为施事宾语；若动词为他动词，宾语为受事宾语。"走"作动词补语不与处所宾语共现。不管是已然语境还是未然语境，"走"前动词和"走"发生语法变调。语法变调的功能是完成体标记。"V 走"在句中作谓语（例 48、49、51）或定语（例 50）。如：

（48）树·上有仨鸟儿，刚飞^{F}走^F[fəi$^{214-51}$tsəu$^{55-24}$]一·个。（施事宾语）

（49）县·溜来[læi^{55}]人，领^{F}走^F[liŋ$^{55-24}$tsəu$^{55-24}$]（·溜）仨孩子。（受事宾语）

（50）刚叫你轰^{F}走^F[xuŋ$^{214-51}$tsəu$^{55-24}$]那几·呀人又回·来[xuəi^{55}læi^0]了。（受事宾语）

（51）这几·呀孩·子这·么能闹，你快将^{F}走^F[tɕiɑŋ$^{214-51}$tsəu$^{55-24}$]俩。（受事宾语）

补语"来/去"与行为动词的组合限制较为宽松：行为动词可以是他动词，也可以是自动词。若动词为自动词，宾语为施事宾语；若动词为他动词，宾语为受事宾语。"来/去"读轻声，前面的动词发生轻声前变调或非轻声前语法变调。语法变调的功能是完成体标记。施事宾语可以出现在动词与"来/去"之间，也可以出现"来/去"之后；受事宾语只可以出现在动词与"来/去"之间。如：

（52）他·家那个媳·妇儿是个儿人自己跑·来[pʰɔu$^{55-24}$læi^0]的。

（53）我把苹·果皮儿削·去[ɕiɔu$^{214-51}$tɕʰi^0]再吃。

（54）不知道从哪跑·来[pʰɔu$^{55-24}$læi^0]·个小狗儿，来[læi^{55}]·溜就不走[tsəu$^{55-24}$]·啦。（施事宾语）

（55）这·个村儿跑[pʰɔu$^{55-24}$]·个疯·子去[tɕʰi^{51}]。（施事宾语）

（56）我姐·姐给我捎^F[sɔu$^{214-51}$]三本书来[læi^{55}]。（受事宾语）

（57）我苹·果本来就不多，还叫他搬^F[pæn$^{214-51}$]三筐去[tɕʰi^{51}]。（受事宾语）

（58）这回，你要是不带[tæi^{51}]钱去[tɕʰi^{51}]，人肯定领·不来[liŋ$^{55-24}$pu^{0}læi^{55}]。（受事宾语）

受事宾语不可以在动词与"来/去"后，普通话"端去一杯茶""派去两个人"之类的说法，孟村方言不能说。

"来/去"作补语还可以与处所宾语共现，处所宾语限于终点题元。宾语直接在动词后，如果宾语是普通名词，名词后需要有方位词。处所宾语是施事所达到的处所,从格的意义上,动作行为所达到的处所终点,我们称为"终点格"。[①]
普通话的动词与处所宾语之间通常有介词"到、在"。孟村方言的动词与处所宾
语之间可以出现轻声"到"(弱化读"的"[②]),但通常情况下不出现。若"到
(的)"出现,前面的动词发生轻声前变调;若"到(的)"不出现,前面的动词变调
属于非轻声前动词变调,语法变调功能为"终点格标记"。如:

(59)苹·果,叫他搬^{F}[pæ$^{n^{214-51}}$]南·屋儿去[tɕ^{h}i^{51}]·啦。

(60)衣·裳,我都放^{F}[faŋ$^{51-53}$]桌·子底·下去[tɕ^{h}i^{51}]·啦。

普通话中带源点题元的动趋式,如"跳下楼去""跳下飞机来",在孟村方言
必须借助介词来表达,说成"从楼上跳下去""从飞机上跳下来"。

2.3　复合趋向动词作动词补语

复合趋向动词与行为动词的组合限制较为宽松:行为动词可以是他动词,
也可以是自动词。趋向动词均读轻声。如:

(61)她个儿人$_{自己}$爬·上$_{2}$·去[p^{h}ʌ^{55}ʂaŋ^{0}tɕ^{h}i^{0}]·的。

(62)你把桌·子给我搬·上$_{2}$·去[pæ$^{n^{214-51}}$ʂaŋ^{0}tɕ^{h}i^{0}]。

复合趋向动词前的动词若为自动词,动补结构可以与施事宾语共现;复合趋
向动词前的动词若为他动词,动补结构可以与受事宾语共现。有宾语共现时,名
词宾语有两种位置:复合趋向补语之间、复合趋向补语之后;[③]代词宾语只能在
复合趋向补语之间。如:

(63)房顶儿·上爬·上$_{2}$·去[p^{h}ʌ^{55}ʂaŋ^{0}tɕ^{h}i^{0}]好几·呀人。(施事宾语)

(64)这·个屋儿,刚挤·进[tɕi$^{55-24}$tɕin^{0}]仨人·来[læi^{0}]/刚挤·进·来
　　[tɕi$^{55-24}$tɕin^{0}læi^{0}]仨人。(施事宾语)

(65)你想·起[ɕiaŋ$^{55-24}$tɕ^{h}i^{0}]他名儿·来[læi^{0}]·啦。(受事宾语)

---

① 参见辛永芬《河南浚县方言的动词变韵》(2001)。浚县方言的终点格标记为动词变韵,孟
　村方言终点格标记为动词变调。
② 我们认为"的[ti^{0}]"是"到"的弱读。原因有二:一是它处于动词和处所词之间,句法功能
　对应于普通话的"到";第二,同样语境下,"到""的"可以互换,表义无差异。
③ 孟村方言有受事宾语(名词和代词)在动词和复合趋向动词之间的用例,如"搬一筐梨下
　来""拿一本书出来""给我手,我拽你上$_{2}$来",我们看作连动结构。

(66) 苹·果,他刚搬·上₂[pæn²¹⁴⁻⁵¹ ṣɑŋ⁰]一筐·来[læi⁰]/搬·上₂·来
[pæn²¹⁴⁻⁵¹ ṣɑŋ⁰ læi⁰]一筐。(受事宾语)

(67) 我刚叫·过[tɕiɔu⁵¹⁻⁵³ kɤ⁰]仁人·来[læi⁰]/我刚叫·过·来
[tɕiɔu⁵¹⁻⁵³ kɤ⁰ læi⁰]仁人,你看·看合适·啵?(受事宾语)

(68) 给我手,我拽·上₂[tsuæi⁵¹⁻⁵³ ṣɑŋ⁰]你·来[læi⁰]。(受事宾语)

例(68)"拽上₂你来"是孟村方言的说法,在普通话中说成"把你拽上₂来"。普通话不存在"拽上₂你来"这类句式。

普通话中处所宾语可以在复合趋向补语之间,如"爬上山去""桌子,你搬进教室来",孟村方言不能这样说,只采用"V+处所宾语+来/去"的句式表达。

(69) 他爬ᶠ[pʰʌ⁵⁵]山顶儿·上去[tɕʰi⁵¹⁻⁵³]·啦。

(70) 桌·子,你·们得搬ᶠ[pæn²¹⁴⁻⁵¹]教室里·头来[læi⁵⁵]。

3 主观趋向动词"来""去""走"与动词性结构共现

3.1 "G+去"与动词性结构 VP 构成连谓结构

"G+去"中间还可有 VP,构成"G+VP+去"。限于"去","来"不能这样用。如:

(71) 屋儿·溜_屋里坐会儿·去[tɕʰi⁰]。

(72) 外·头等会儿他·去[tɕʰi⁰]。

(73) 一边儿凉·快儿凉·快儿·去[tɕʰi⁰]。

"G+VP+去"的 VP 可以是动宾结构,也可以是动词重叠、时量补语。"G+VP+去"结构的语义重心为 VP。

3.2 "来""去""走"构成连谓结构

陆俭明(1985)考察了普通话的"去+VP""VP+去"和"去+VP+去"结构。孙克敏(2021)指出普通话的"目的—位移"结构"Pd+VP""VP+Pd""Pd1+VP+Pd1"三种语序类型与离心、向心两种语义类别可自由对应:

A(离心语义结构) 去买菜 买菜去 去买菜去

B(向心语义结构) 来上课 上课来 来上课来

从"来、去"与动词性结构 VP 共现构成连谓结构看,孟村方言与普通话存在差异:"来、去"构成的连谓结构只有 4 种,比普通话少。

A(离心语义结构) —— **VP 去　去 VP 去**

B(向心语义结构)　来 VP　VP 来 ——

下面考察"来/去/走"与动词性结构共现构成连谓结构。连谓结构包括连动结构和递系结构(朱德熙《语法讲义》)。

3.2.1 "来+VP"结构

"来+VP"语义结构关系单一,"来"和"VP"说明同一施动者,"来"表示施动者位移的运动趋向,VP 是施动者位移后进行的行为动作。"来"和 VP 之间有一种目的关系。如:

(74)你叫小四儿来[læi⁵⁵]吃饭。

(75)张玲是来[læi⁵⁵]要钱·的。

(76)我来[læi⁵⁵]看·看她。

3.2.2 "VP+来/去/走"结构

陆俭明(1985)分析了普通话"VP+去"的六种语义关系,我们借鉴这六种语义关系来考察孟村方言的"VP+来/去/走"的用法。

A."来/去/走"表示是动作的受动者位移的运动趋向,受动者成分在动词的后面或前面。"来/去/走"读本调。句子既可以是未然语境,也可以是已然语境(详见 2.2)。如:

(77)明儿·个_{明天},我送喜·钱_{给结婚新人送的份子钱}来[læi⁵⁵]/去[tɕʰi⁵¹]。

(78)那钱,你姐·姐捎ᶠ[sɔu²¹⁴⁻⁵¹]来[læi⁵⁵]/去[tɕʰi⁵¹⁻⁵³]/走[tsəu⁵⁵⁻²⁴]·啦。

此类句子,孟村方言与普通话不同在于:普通话中受动者在动词的前面时,V 可以带助词"了",孟村方言 V 与"来/去"间不能。

B. VP 和"来/去/走"说明同一施动者,"来/去/走"表示施动者位移的运动趋向,VP 则表示"来/去/走"的方式。"来/去/走"读本调。又细分 B1、B2 和 B3 三组:

B1 组:

(79)A:你·们怎·么来[læi⁵⁵]/去[tɕʰi⁵¹⁻⁵³]/走[tsəu⁵⁵⁻²⁴]·的?

B:骑车·子来[læi⁵⁵]/去[tɕʰi⁵¹⁻⁵³]/走[tsəu⁵⁵⁻²⁴]·的。

B2 组：

（80）A：咱·们怎·么来[læi⁵⁵]／去[tɕʰi⁵¹]／走[tsəu⁵⁵]？

B：□[liɛ²¹⁴⁻⁵¹]ᶠ走略（·着）来[læi⁵⁵]／去[tɕʰi⁵¹]／走[tsəu⁵⁵]·吧。

B3 组：

（81）住家，你怎·么不捎ᶠ[sɔu²¹⁴⁻⁵¹]（·着）孩·子来[læi⁵⁵]／去[tɕʰi⁵¹]／走[tsəu⁵⁵]。

（82）你要不带ᶠ[tæi⁵¹⁻⁵³]（·着）钱来[læi⁵⁵]／去[tɕʰi⁵¹]，你拿嘛赎人·呀？

B1 和 B2 类都说明施动者位移时的运动方式。B1 的 VP 表明"来／去／走"是凭借交通工具，VP 直接出现在"来／去／走"前；不凭借交通工具的用 B2 说法；B3 的 VP 侧重说明施动者位移时随身穿戴或携带某一事物。普通话 B2 和 B3 的 VP 与"来／去／走"之间或 VP 结构内部须有助词"着"，孟村方言可以出现"着"，但更多的时候倾向于省略。"着"不省略，前面的动词变调为轻声前变调；"着"省略，前面的动词变调为语法变调。此处动词变调的语法功能是持续体标记。

C. VP 表示事物位移的终点，趋向动词限于"来／去"。VP 可以是施动者的位移终点，也可以是受动者的位移终点。如：

（83）孩·子又住[tʂu⁵¹]姥·姥·家来[læi⁵⁵]／去[tɕʰi⁵¹⁻⁵³]·啦。

（84）书，掉[tiɔu⁵¹⁻⁵³]就地地·下来[læi⁵⁵]／去[tɕʰi⁵¹⁻⁵³]·啦。

（85）砖·头，谁扔[zən²¹⁴⁻⁵¹]当院·子来[læi⁵⁵]／去[tɕʰi⁵¹⁻⁵³]·的？

D. "来／去／走"表明施动者位移的运动趋向。VP 指明施动者位移的时间，"来／去／走"是在 VP 这一动作完成之后发生。"来／去／走"读本调。"来""走"表达这一语义关系比较受限，使用频率没有"去"的使用频率高。如：

（86）他上完课来[læi⁵⁵]／去[tɕʰi⁵¹]／走[tsəu⁵⁵]。

（87）做完这点儿活儿来[læi⁵⁵]／去[tɕʰi⁵¹]／走[tsəu⁵⁵]。

（88）我看完电视写·去[ɕiɛ⁵⁵⁻²⁴tɕʰi⁰]。

E. VP 是递系结构。宾语成分是 V 的受动者，是"来／去／走"的施动者。"来／去／走"读本调。如：

（89）你非叫[tɕiɔu⁵¹]他来[læi⁵⁵]／去[tɕʰi⁵¹]／走[tsəu⁵⁵]，干嘛·呀？

（90）我不愿意陪[pʰəi⁵⁵]他来[læi⁵⁵]／去[tɕʰi⁵¹]。

F. VP 和"去"都说明同一施动者,趋向动词限于"去"。"去"表示施动者位移的运动趋向,VP 表示施动者位移后进行的行为动作。VP 和"去"构成"目的—位移"关系。F 类语义关系的"VP+去"可表达命令或建议,也可描述已然事件;换句话说,它可用于未然语境,也可用于已然语境。"去"读轻声。如:

(91)我这就睡会儿·去[tɕʰi⁰]。

(92)我刚才找[tsɔu⁵⁵⁻²⁴]·我姐·姐去[tɕʰi⁰]·啦。

(93)你上[ʂɑŋ⁵¹]班·去[tɕʰi⁰],我在家看孩子。

F 类"VP+去"结构中 VP 还可以是"VP+来""VP+客观趋向动词+来"结构,表达两个位移过程:施动者的位移方向是先远离说话人,然后返回说话人所在地,同时受动者也随着施动者的行为发生位移。如:

(94)苹·果,快端·来·去[tuæⁿ²¹⁴⁻⁵¹ læi⁰ tɕʰi⁰]。

(95)你把我车·子推·出·来·去[tʰuəi²¹⁴⁻⁵¹ tʂʰu⁰ læi⁰ tɕʰi⁰]。

"来"语义指向是受动者,"来"与 V 构成动趋式。"去"的语义指向是施动者,"去"与 VP 构成"位移—目的"语义关系。此类结构限于表达命令或建议。其语义层次分析为:

端 来 ‖ 去。

VP1　　VP2

端 ∣ 来

动　补

3.2.3　"去+VP+去"结构

"去+VP+去"只表达 F 类语义关系,即"目的—位移"关系,VP 和"去"都说明同一施动者,"去"表示是施动者位移的运动趋向,VP 表示施动者位移后进行的行为动作。第一个"去"读本调去声。第二个"去"读轻声。"去+VP+去"可表达命令或建议,也可描述已然事件。VP 为光杆动词、动词重叠或动宾、动补、状中等动词性结构。如:

(96)你快去[tɕʰi⁵¹]找·去[tɕʰi⁰]。(VP 为光杆动词)

(97)你快去[tɕʰi⁵¹]看·看去[tɕʰi⁰]·吧。(VP 为动词重叠)

(98)我刚才去[tɕʰi⁵¹]找我姐·姐去[tɕʰi⁰]·啦。(VP 为动宾结构)

(99) 你去[tɕʰi⁵¹]跟你姐·姐说·去[tɕʰi⁰]，我张·不开这嘴。(VP 为状中结构)

(100) 我这就去[tɕʰi⁵¹]睡会儿·去[tɕʰi⁰]。(VP 为动补结构)

(101) 他刚才去[tɕʰi⁵¹]请三爷吃饭去[tɕʰi⁰]·啦。(VP 为递系结构)

(102) 你去[tɕʰi⁵¹]上班·去[tɕʰi⁰]，我在家看孩子。(VP 为动宾结构)

VP 可以是两个连动结构 VP₁ 和 VP₂。如：

(103) 你家娘儿俩去[tɕʰi⁵¹]等·着吃·去[tɕʰi⁰]就行·啦。

(104) 你去[tɕʰi⁵¹]找小荣·子玩·去[tɕʰi⁰]·吧。

"去 VP 去"中的两个"去"的词性是什么？吕叔湘(1982)、朱德熙(1982)都认为后一个"去"的意义较虚，是辅助词或虚化的动词。陆俭明(1985)认为这种格式强调施动者从事某事情的同时又强调施动者位移的趋向。我们赞同陆俭明的观点，前一个"去"强调目的性，表现为"去"的主观趋向义，后一个"去"不能替换成"来"，表现为客观趋向义。

"去+VP+去""VP+去"都表达"目的—位移"语义关系，那么它们可以互换吗？当 VP 是动宾结构时，宾语可以是受事宾语，也可以是处所宾语。当宾语是受事宾语时，"去+VP+去""VP+去"可以互换。如：

(105) 他去[tɕʰi⁵¹]摘杏·去[tɕʰi⁰]。/他摘杏·去[tɕʰi⁰]。

(106) A：他做嘛去[tɕʰi⁰]·啦？

　　　B：去[tɕʰi⁵¹]买书去[tɕʰi⁰]·啦。/买书去[tɕʰi⁰]·啦。

当宾语是处所宾语时，只用"VP+去"结构，不能用"去+VP+去"结构。如：

(107) 你送学校去[tɕʰi⁰]。　　　*你去送学校去。

(108) 推他炕·上去[tɕʰi⁰]。　　　*去推他炕·上去。

"去+VP+去"结构中 VP 还可以是"VP+来""VP+客观趋向动词+来"结构，同样表达两个位移过程：施动者的位移方向是先远离说话人，而后返回说话人所在地，同时受动者也随着施动者的行为发生位移。此类结构限于表达命令或建议。如：

(109) 你去[tɕʰi⁵¹]端·来·去[tuæⁿ²¹⁴⁻⁵¹læi⁰tɕʰi⁰]。

(110) 东·西，你先叫他去[tɕʰi⁵¹]拿·来·去[nʌ⁵⁵læi⁰tɕʰi⁰]，钱以后再说。

(111) 汤，让三儿去[tɕʰi⁵¹]给你端·出·来·去[tuæⁿ²¹⁴⁻⁵¹tʂʰu⁰læi⁰tɕʰi⁰]。

其语义层次分析为：

你去 ‖ 端来 ‖ 去。
VP1　　VP2　　VP3

端 ｜ 来

动　补

我们发现 ABCDE 五种语义关系，孟村方言与普通话一样只用"VP+来/去"结构。孟村方言的 F 类语义结构用"来+VP""VP+去""去+VP+去"；"VP+来"不能用于 F 类语义关系，"VP+来""来+VP+来"不能说；"走"只用于 ABDE 四种语义结构(见表3)。

表3　"来+VP、VP+来、VP+去、VP+走、去+VP+去"所能表达的语义关系

	来+VP	VP+来	VP+去	VP+走	去+VP+去
A 类语义关系		+	+	+	
B 类语义关系		+	+	+	
C 类语义关系		+	+		
D 类语义关系		+	+		
E 类语义关系		+			
F 类语义关系	+		+		+

4　孟村方言中涉及位移终点的语言结构及两个相关问题

4.1　孟村方言中涉及位移终点的语言结构

杨永龙(2012)指出，从语言结构本身看，可以发现一些很有意思的现象：当句中涉及位移终点或目的地(destination，记作 D[①])时，有两种类型的关联。

---

① 杨永龙文中将位移终点或目的地记作 D，本文记作 G。

甲型：**a. 趋向动词+D**　**b. 趋向动词+D+VP**　**c. 趋向动词+VP**

乙型：**a. D+趋向动词**　**b. D+VP+趋向动词**　**c. VP+趋向动词**

杨永龙(2012)指出甲型是汉语最常见的表达方式,但孟村方言使用甲 a(例1—8)、甲 b(例 9—12)、甲 c(例 74—76)、乙 a(例 19—21)、乙 b(例 71—73)、乙 c(例 88—97)六种结构(见表4),其中乙型更常见,使用频率更高。孟村方言中涉及位移终点的语言结构更多反映了北方方言的特点。

表4　孟村方言中涉及位移终点的语言结构类型

	甲 a. 趋向动词+G	甲 b. 趋向动词+G+VP	甲 c. 趋向动词+VP	乙 a. G+趋向动词	乙 b. G+VP+趋向动词	乙 c. VP+趋向动词
上₁	+	+				
来			+	+		+
去				+	+	+
走①						+

4.2　孟村方言"VP+去"与普通话的差异

陆俭明(1985)归纳了普通话的"去+VP"不能换成"VP+去"的五种情况,换句话说,下面五种情况中普通话只能用"去+VP",不能说成"VP+去"。但是孟村方言不存在"去+VP"结构,下列 1 至 3 种情况,孟村方言均可用"VP+去""去+VP+去",这与普通话差别很大。

1. 动词后有补语 C。如:

(112) 他待这样,看我不砸·死他·去[tɕʰi⁰]/看我不去砸·死他·去[tɕʰi⁰]。

(113) 你把柴·火堆·起·来·去[tsuəi²¹⁴⁻⁵¹ tɕʰi⁰læi⁰tɕʰi⁰]/你去[tɕʰi⁵¹]把柴·火堆·起·来·去[tsuəi²¹⁴⁻⁵¹ tɕʰi⁰læi⁰tɕʰi⁰]。

2. V 带上了₂。陆俭明(1985)指出"V 了₂相当于 VC,因此,如果动词 V 带上'了₂'也不能换用'VP+去'"。如:

(114) 你把报纸卖·溜·去[tɕʰi⁰]/你去[tɕʰi⁵¹]把报纸卖·溜·去[tɕʰi⁰]。

———————————

① "G+走"只有"家走",且已词汇化。不列入此表。

（115）黑板上的字，快擦·溜·去［tɕʰi⁰］／快去［tɕʰi⁵¹］擦·溜·去［tɕʰi⁰］。

3. VP本身是连谓结构，V2是趋向动词。如：

（116）你叫·俩人来·去［læi⁵⁵tɕʰi⁰］／你去［tɕʰi⁵¹］叫·俩人来·去［læi⁵⁵tɕʰi⁰］。

（117）你把牛轰·出［xuŋ²¹⁴⁻⁵¹tʂʰu⁰］·它来·去［læi⁵⁵tɕʰi⁰］／你去［tɕʰi⁵¹］把牛轰·出［xuŋ²¹⁴⁻⁵¹tʂʰu⁰］·它来·去［læi⁵⁵tɕʰi⁰］。

（118）你·们也买［mæi⁵⁵⁻²⁴］·俩包·子来·去［læi⁵⁵tɕʰi⁰］／你·们也去［tɕʰi⁵¹］买［mæi⁵⁵⁻²⁴］·俩包·子来·去［læi⁵⁵tɕʰi⁰］。

陆俭明（1985）提到的第四种（VP是"一V"状中结构，如"去一说""去一看"），孟村方言不用"去+VP""VP+去""去+VP+去"表达。普通话的"他去一说""他去一看"，孟村方言说成"他到那儿一说""他到那儿一看"。

第五种情况（VP是一个比较长的谓词性结构），因带有较强的书面语色彩，不能说成"VP+去"和"去+VP+去"。如：

（119）ˀ我明儿·个头晌·伙明天上午去看一部张艺谋拍的电影·去。

（120）ˀ我明儿·个头晌·伙明天上午看一部张艺谋拍的电影·去。

非要表达这种意思则拆分成两个小句，说成"我明儿个头晌伙上午看电影去，张艺谋拍的"。

陆俭明（1985）通过对老舍、陈建功、相声选集以及北京口语调查资料进行统计，得出结论："在口语中，'VP去'的出现频率比'去VP'高得多……可以想见，他们（北京人）在日常口语里主要用'VP去'，不怎么用'去VP'说法。可是现在在他们作品里这两种说法竟用得一样多，上述情况反映了书面语与口语的差异，更反映了普通话与北京话的差异。根据我们大略的了解，北方方言，特别北京话，主要用'VP去'，不大用'去VP'。"根据我们的调查，孟村方言完全不用"去+VP"结构。

4.3　A类"VP+去"、F类"VP+去"语音差异

陆俭明（1985）六类语义关系中，A类和F类的一些句子可能存在歧义。陆俭明在附注（5）以"寄点儿钱去"为例，指出"寄点儿钱去"有歧义，既可理解为（A），又可理解为（F）。作（A）理解，不能换用"去+VP"的说法，作（F）理解，可以换用"去+VP"的说法。

像普通话的"寄点儿钱去"之类的句子,在孟村方言中不存在歧义,通过语音差异可以区分是 A 类语义关系还是 F 类语义关系。孟村方言的 A 类和 F 类"VP+去"出现的语境可以是未然语境,也可以是已然语境。

(121a) 他(刚)端^F[tuæ$^{n214-51}$]碗去[tɕʰi^{51}]·啦。(A 类,已然事件)

(121b) 他(刚)端[tuæ^{n214}]碗·去[tɕʰi^0]·啦。(F 类,已然事件)

(122a) 他领^F[liŋ$^{55-24}$]工资去[tɕʰi^{51}]·啦。(A 类,已然事件)

(122b) 他领[liŋ^{55}]工资·去[tɕʰi^0]·啦。(F 类,已然事件)

(123a) 你待会儿也端[tuæ$^{n214-51}$]·一碗去[tɕʰi^{51}]。(A 类,未然事件)

(123b) 你端[tuæ^{n214}]碗·去[tɕʰi^0]。/你端[tuæ$^{n214-51}$](·一)碗·去[tɕʰi^0]。(F 类,未然事件)

(124a) 明儿·个$_{明天}$你找[tsɔu^{55}]俩当官儿的去[tɕʰi^{51}],看·看怎·么办。(A 类,未然事件)

(124b) 明儿·个$_{明天}$你找[tsɔu$^{55-24}$]·俩当官儿的·去[tɕʰi^0]。(F 类,未然事件)

例(121)有副词"刚",是已然语境。(121a)对应于普通话的"他刚把碗端去了"或"他刚端了碗去了","碗"是有定的;(121b)对应于普通话的"他刚去端碗了"。"碗"是无定的;"端"不变调。例(122)也是已然语境。(122a)对应于普通话的"他领了工资去了"。(122b)对应于普通话的"他去领工资了"。(121a)和(122a)动词变调的语法功能是完成体标记。

例(123)是未然语境。(123a)对应于普通话的"你一会儿也端一碗去(某处)";(123b)是命令句,表示"你去端一碗"。数词"一"省略时,"端"读本调;数词"一"不省略时,因"一"读轻声,"端"发生轻声前变调。例(124)是未然语境。(124a)对应于普通话的"你明天找两个当官的去(某处)看看"。(124b)对应于普通话的"你明天去找几个当官的"。(124b)的"俩"是概数,表示"少量",读轻声,前面动词轻声前变调。

关于 A 类和 F 类语义关系"VP+去"表义功能的差异,柯理思、太田斋(2017:44)提到在陕西凤翔方言和许多北方方言中表现为是否"拉长变调":端○去[tuæ：∨tɕ'i ↗],拉长变调表示"端去/端过去";端去[tuæ ↗ tɕ'i ↗],不拉长变调表示"去某个地方端(菜)"。孟村方言则表现为"去"的轻重读。A 类语义关系的"去"读本调,且重读。F类语义关系的"去"读轻声(由于"去"读轻声,使得前面的名词"碗、工资"发生轻声前变调)。表F类语义关系("目的—位移")的(121b)—(124b)的"VP去"结构都可以换成"去VP去"。

5 结　语

综上,本文以主观趋向动词和客观趋向动词的句法位置为纲,考察了趋向动词作谓语与位移终点NP共现的情况,作趋向补语与施事宾语、受事宾语、处所宾语共现的情况以及趋向动词"来""去""走"与动词性结构共现的情况。孟村方言的主观趋向动词是"来""去""上₁""走"。"来""去""上₁"与位移终点NP共现时分别构成"上₁+G"和"G+来/去";客观趋向动词和复合趋向动词作谓语后接处所宾语较为受限。作为趋向补语时,客观趋向动词需要有主观趋向动词"来/去"共现,主观趋向动词做补语后接施事宾语、受事宾语和处所宾语;复合趋向动词做补语能与施事宾语、受事宾语共现,不与处所宾语共现。从趋向动词"来""去""走"与动词性结构VP共现构成连谓结构看,孟村方言"来、去"构成的连谓结构只有"来VP""VP来""VP去""去VP去"4种,比普通话少。本文还基于孟村方言与普通话的差异,比较两者涉及位移终点的语言结构的差异以及"VP+去"结构的差异。

参考文献

陈 刚 1987 《试论"动—了—趋"式和"动—趋—了"式》,《中国语文》第4期。
陈淑环 2006 《惠州方言助词研究》,中山大学博士学位论文。
贺 巍 1989 《获嘉方言研究》,商务印书馆。
侯精一 1981 《平遥方言的动补式》,《语文研究》第2期。
柯理思、刘淑学 2001 《河北冀州方言"拿不了走"一类的格式》,《中国语文》第5期。
柯理思 1995 《北方官话里表示可能的动词词尾"了"》,《中国语文》第4期。
柯理思 2000 《河北方言里表示可能的助词"了"》,《首届官话方言国际学术讨论会论文集》,青岛出版社。
柯理思 2005 《讨论一个非典型的述趋式:"走去"类组合》,《语法化与语法研究(二)》,商务印书馆。
柯理思 2009 《论北方方言中位移终点标记的语法化和句法义的作用》,《语法化与语法研究(四)》,商务印书馆。

柯理思、太田斋　2017　《从汉语方言变音现象谈汉语的形态类型》,《中国方言学报》第 7 辑,商务印书馆。

李学军　2016　《河南内黄方言动趋式动词的变韵》,《中国方言学报》第 6 期,商务印书馆。

刘翠香　2007　《山东栖霞方言的体貌助词"儿"及相关问题》,《语言学论丛》第 35 辑,商务印书馆。

刘丹青　2001　《方所题元的若干类型学参项》,《中国语文研究》第 1 期。

刘月华　1980　《可能补语用法的研究》,《中国语文》第 4 期。

刘月华　1998　《趋向补语通释》,北京语言大学出版社。

陆俭明　1985　《关于"去+vp"和"vp+去"句式》,《语言教学与研究》第 4 期。

陆俭明　2002　《动词后趋向补语和宾语的位置问题》,《世界汉语教学》第 1 期。

马庆株　1997　《"V 来/去"与现代汉语动词的主观范畴》,《语文研究》第 3 期。

乔全生　1983　《洪洞话的"去""来"》,《语文研究》第 3 期。

乔全生　1992　《山西方言的"V+将+来/去"结构》,《中国语文》第 2 期。

宋玉柱　1990　《昌黎方言中的"起去"》,《中国语文》第 4 期。

孙立新　2007　《西安方言研究》,西安出版社。

孙克敏　2021　《山东淄川方言离心型直指位移的表达手段》,《方言》第 1 期。

唐正大　2008　《关中方言趋向表达的句法语义类型》,《语言科学》第 2 期。

汪国胜　2007　《汉语方言的语法变调》,《汉语方言语法研究》,华中师范大学出版社。

王国栓　2005　《"来+VP"、"VP+来"两格式中的"来"》,《南开语言学刊》第 1 期。

王临惠　1998　《临猗方言中"走"的语法特点》,《语文研究》第 1 期。

王　森　1998　《郑州荥阳(广武)方言的变韵》,《中国语文》第 4 期。

辛永芬　2006　《河南浚县方言的动词变韵》,《中国语文》第 1 期。

杨德峰　2001　《"动+趋+了"和"动+了+趋"补议》,《中国语文》第 4 期。

杨德峰　2005　《"时间顺序原则"与"动词+复合趋向宾语"带宾语形成的句式》,《世界汉语教学》第 3 期。

杨永龙　2012　《目的构式"VP 去"与 SOV 语序的关联》,《中国语文》第 6 期。

张伯江　1991　《动趋式里宾语位置的制约因素》,《汉语学习》第 1 期。

张　健　1991　《关于带"了"的动趋结构》,《汉语学习》第 2 期。

赵变亲　2015　《山西襄汾方言中"走"的趋向用法》,《中国语文》第 5 期。

朱德熙　2003　《语法讲义》,商务印书馆。

左双菊　2007　《位移动词"来/去"带宾语能力的历时、共时考察》,华中师范大学博士学位论文。

淄川方言的趋向动词与位移事件词化类型 *

孙克敏

（天津师范大学文学院）

1 研究背景与研究价值

趋向范畴一直是汉语语法学界的研究重点。不仅普通话的相关现象得到长期、深入的研究，方言语法方面也成果丰硕，不胜枚举。就北方方言而言，研究成果主要集中在晋方言（侯精一 1981；乔全生 1983、1992；马文忠 1986；张光明 2004；谷向伟 2007；延俊荣 2015 等）、西北中原官话（潘家懿 1984；王临惠 1998；莫超 2005；史秀菊 2007；孙立新 2007、2015 等）以及西南官话（喻遂生 1990；李蓝 1998；张清源 1991、1997、1998 等），而华北地区研究相对较少（宋玉柱 1990；柯理思、刘淑学 2001 等）。山东方言的趋向范畴研究多集中在历史演变及综合概述（钱曾怡 2001；翟燕 2008；冯春田等 2012），共时层面单点描写尚为罕见。

近年来，Leonard Talmy 创立的词化模式类型学在认知语义学、语言类型学领域引起巨大反响，Talmy（1985、1991、2000）、Slobin（1996、2001）等成果也为汉语趋向范畴研究带来新的理论方法和观察视角，不仅推动了普通话、古代汉语相关研究，在汉语方言方面也取得了新的进展。这方面已发表的成果主要有柯理思（2002）、Lamarre（2007、2008、2009）、Yiu（2005、2013、2014）、Tang & Lamarre（2007）、唐正大（2008）、刘丞（2010）蔡瑱（2014）、姜淑珍（2017）、张宝（2019）、Lin（2020）等。其中涉及的北方地区方言点有冀州、永寿、安阳、大同四处。考虑

---

* 文章承蒙董淑慧、盛益民、柳俊等师友审阅赐教，部分内容曾与曹琳琳、王静、乔慧芬等学友讨论，受益良多，一并致谢！尚存问题均归笔者。

到汉语方言语法的差异性,继续增加单点研究数量仍是有必要的。

笔者的母语山东淄川(岭子)方言属于冀鲁官话,处于石济片、沧惠片交界处。前辈学者已经在淄川方言的语音、语法、词汇等领域打下良好的研究基础,但多是围绕清代蒲松龄《聊斋俚曲集》展开的历时研究,共时层面的专题研究相对较少。因此,引入新的理论框架和研究方法,深入探讨当代淄川方言在趋向范畴表达上的特点很有必要。本文即是在这方面所做的一点探索。

本文部分例句来自真实话语录音的转写(句中人名改以字母缩写表示),这类例句后注明采录时间;其他不注明时间的例句均为笔者自省所得。文中例句标音以淄川区岭子镇口音为准。

文中主要使用的缩写符号如下:

Vm:核心动词/主动词(main verb)

Pd:主观趋向动词/直指路径动词(deictic path verb)

Pn:客观趋向动词/非直指路径动词(non-deictic path verb)

G:参照物/背衬/背景(ground)

F:位移物/凸像/动体(figure)

2　淄川方言趋向动词的句法分布

2.1　趋向动词作谓语核心

2.1.1　主观趋向动词作谓语核心

淄川方言中,位移事件的直指路径要素可编码为"来""去""上""□[ti⁰]"四个词。① 除了"来"表向心型直指(venitive),后三者都表离心型直指

---

① 就历史来源而言,"去"是"□[ti⁰]"可能的来源之一。但调查中我们发现,即便经过提示,几位发音人也意识不到"□[ti⁰]"与"去"的同一性。此外,老年人学说普通话时会造出这样的句子:

你找张纸擦擦手的。(你去找张纸擦擦手)

ni⁵⁵　tʂɔ⁵⁵　tsɒŋ²¹³⁻⁴⁴　tʂʅ⁵⁵　tsʰɒ³³⁻⁴⁴　tsʰɒ³³⁻⁴⁴　ʂəu⁵⁵⁻²¹　tə⁰(2022.05.11)

在本地小学生的作文中也可以看到用"打篮球的"对应普通话"打篮球去"的病句。考虑到淄川话中结构助词"的"也读作[ti⁰],我们认为这表明,母语者认为与"□[ti⁰]"更接近的是普通话"的",而不是"去"。因此,在共时研究中,我们尊重母语者的语感,将"□[ti⁰]"和"去"视为两个不同的词。

（andative），但它们句法表现不同："□[ti⁰]"由于只能附着于 Vp 后组成"目的—位移"结构，因此我们将其分析为"失去动词性的后附性助词"，而"去""上"都是典型动词。"去""上"的差异在于：（1）"去"可以作谓语核心，也可以作趋向补语，但"上"只能做谓语核心，不作补语；（2）作谓语核心时，"去"可以带宾语也可以不带，但"上"必须带方所宾语（参看孙克敏 2021）。如下面这段真实对话中，"上"始终带方所宾语，"去"则不带，二者都对应普通话的"去"。

（1）甲：他叫你给他看孩子做啥？他为什么叫你给他看孩子？

tʰɒ³³　tɕiɔ²¹⁻⁵⁵　ni⁰　tɕi⁵⁵⁻²⁴　tʰɒ⁰　kʰã²¹　xɛ⁵⁵⁻²⁴　ɯ⁰　tsu²¹　ʂɒ²¹

乙：他待**上**淄川。他想去淄川（一趟）。

tʰɒ³³　tɛ²¹　ʂɒŋ²¹　tʂʅ²¹³⁻³¹　tʂʰuã⁰

甲：他那天不才**去**唠唵①？他那天不是刚去过吗？

tʰɒ³³　nɒ²¹　tʰiã²¹³　pu³³　tsʰɛ⁵⁵　tɕʰy²¹⁻²¹³　lɔ⁰　ã⁰

乙：HLZ 待**上**淄川｛呃｝。是 HLZ 想去淄川。

HLZ　tɛ²¹　ʂɒŋ²¹　tʂʅ²¹³⁻³¹　tʂʰuã:⁰

甲：那天你给她看孩子，不**上**淄川唻唵？你给她看孩子那天，（她）不是去淄川了吗？

nɒ²¹　tʰiã²¹³　ni⁵⁵　tɕi⁵⁵⁻²⁴　tʰɒ⁰　kʰã²¹　xɛ⁵⁵⁻²⁴　ɯ⁰，pu³³　ʂɒŋ²¹
tʂʅ²¹³⁻³¹　tʂʰuã⁰　lɛ⁰　ã⁰

乙：她没**去**呃。她没去。

tʰɒ³³　mu⁵⁵　tɕʰy²¹⁻⁵⁵　ə⁰（2007.07.31）

据唐正大（2008），关中方言直指路径动词带方所宾语时十分受限："去"不能带方所宾语，只有"来"可以，但是"来"的方所宾语一般较为简短，"来+方所宾语"只能出现在从属句中，带方所宾语时"来"不能带体标记。虽然同属官话，淄川话的情况与关中方言并不完全相同：②"去"也不能带方所宾语，但同表离心直

---

① 淄川话中有多个虚词来源于古汉语完结义动词"了"（或是"了"与某个语气词的合音），为便于读者辨识，我们在文字上加以区别：动词后完整体助词为"唠"[lɔ⁰]（大致对应普通话"了₁"），句末语气词为"嘛"[lǎ⁰]（大致对应普通话"了₂"），能性情态助词为"咾"[lɔ⁰]，傀儡补语为"了"[lɔ⁰]。

② 除了"来/上+方所宾语"，淄川话还可以用"上+方所宾语（+方位词）+来/去"结构表达相同性质位移事件，如：

（转下页）

指的"上"可以自由地带方所宾语;"来"带方所宾语时受到一定限制,但不像关中方言受限那么大。

Ⅰ. 淄川话"来"可带方所宾语,方所宾语也不宜过长,如:

(2) 来学校　　lɛ⁵⁵　ɕyə⁵⁵ɕiɔ²¹

　　　来学校门口　lɛ⁵⁵　ɕyə⁵⁵ɕiɔ²¹　mə̃⁵⁵kʰəu⁵⁵

　　　ˀ来学校门口那个门市部 lɛ⁵⁵　ɕyə⁵⁵ɕiɔ²¹　mə̃⁵⁵kʰəu⁵⁵　nɒ²¹　kə⁰

　　　mə̃⁵⁵ʂɿ²¹pu²¹

Ⅱ. "来+方所宾语"可在简单句中作谓语,如例(3)a,也可在从句中作谓语,如例(3)b。

(3) a. 他明日来淄川。　　tʰɒ³³　miŋ⁵⁵l̩⁰　lɛ⁵⁵　tʂɿ²¹³⁻³¹tʂʰuã⁰

　　　b. 他说他明日来淄川。tʰɒ³³　ʂuə³³　tʰɒ³³　miŋ⁵⁵l̩⁰　lɛ⁵⁵　tʂɿ²¹³⁻³¹tʂʰuã⁰

Ⅲ. "来+方所宾语"内也可出现多种体助词,如:

(4) 他来唠学校嘞。　　tʰɒ³³　lɛ⁵⁵⁻²⁴　lɔ⁰　ɕyə⁵⁵ɕiɔ²¹⁻⁵⁵　lã⁰【完整体】

　　　他来(一)回淄川唻。　tʰɒ³³　lɛ⁵⁵　(i⁰)xuei⁵⁵　tʂɿ²¹³⁻³¹tʂʰuã⁰　lɛ⁰【经历体】

Ⅳ. 不同于"去",离心直指动词"上"可带方所宾语,其宾语长度也不受限,如:

(5) 上西　　ʂɒŋ²¹　ɕi²¹³

　　　上公园　ʂɒŋ²¹　kuŋ²¹³⁻⁴⁴yã⁵⁵

　　　上公园里头　ʂɒŋ²¹　kuŋ²¹³⁻⁴⁴yã⁵⁵　li⁵⁵⁻²¹tʰəu⁰

　　　上留仙湖公园里头那个老年大学　ʂɒŋ²¹　liəu⁵⁵ɕiã²¹³⁻⁴⁴xu⁵⁵kuŋ²¹³⁻⁴⁴yã⁵⁵

　　　li⁵⁵⁻²¹tʰəu⁰　nɒ²¹　kə⁰　lɔ⁵⁵niã⁵⁵tɒ²¹ɕyə⁵⁵

此外,普通话"来""去"作谓语核心时,也可以不直接带方所宾语,而由"到"介引终点题元,如"来到一片小树林""去到负一层"等。但淄川话没有这种情况。①

(接上页)【向心直指】来学校 lɛ⁵⁵　ɕyə⁵⁵ɕiɔ²¹　　上学校里来 ʂɒŋ²¹　ɕyə⁵⁵ɕiɔ²¹⁻⁵⁵　ti⁰　lɛ⁵⁵

　　　【离心直指】上学校 ʂɒŋ²¹　ɕyə⁵⁵ɕiɔ²¹　　上学校里去 ʂɒŋ²¹　ɕyə⁵⁵ɕiɔ²¹⁻⁵⁵　ti⁰　tɕʰy²¹

　　　需注意,在"上+方所宾语(+方位词)+来/去"结构中,"上"是核心动词而非介词(因为其后可带体助词"唠"等),"来/去"则是动宾结构"上+方所宾语"所带的趋向补语。

① 当不接方所名词,淄川话"来到"是可以说的,如"他一来到就干活,也不先歇歇"。

可见,淄川话主观趋向动词直接带方所宾语相对自由,反而排斥由其他成分间接介引。

2.1.2 客观趋向动词作谓语核心

淄川话中客观趋向动词作谓语核心较为受限。

在典型位移事件中表示构向路径义时,"上""下""出""回""起"难以脱离"来、去"而单独作谓语(不带宾语)。"上、下、进、过、起"有时可以单用,但其位移物或参照物往往是特定的对象,如"上/下(车)吧""(球)进嘞""起(床)嘞",而且此时换成对应的复合趋向动词也很自然。

客观趋向动词带方所宾语时也较为受限。唐正大(2008)指出,客观趋向动词带方所宾语的格式在普通话中出现频率不高,关中方言也基本只限于"上/下山、过河"这样较短、较固定的组合。淄川话与此类似,"起"不能带方所宾语,"上、下、出"的方所宾语多是光杆名词,难以自由扩展,很多"Pn+G"有成为一个离合词的趋势,如:

(6) 上(唠)树|? 上(唠)槐树|*上(唠)俺屋后头那棵大槐树

$ʂɒŋ^{21}$ （lɔ^0） $ʂu^{21}$|? $ʂɒŋ^{21}$ （lɔ^0） $xuɛ^{55\text{-}24}ʂu^0$|* $ʂɒŋ^{21}$ （lɔ^0）

$ŋã^{55}$ $ʋu^{33}$ $xəu^{21\text{-}55}tʰəu^0$ $nɒ^{21}$ $kʰuə^{213}$ $tɒ^{21}$ $xuɛ^{55\text{-}24}ʂu^0$

下(唠)楼|*下(唠)居民楼|*下(唠)他住的那个居民楼

$ɕiɒ^{21}$ （lɔ^0） $ləu^{55}$|* $ɕiɒ^{21}$ （lɔ^0） $tɕy^{213\text{-}31}miə^0ləu^{55}$|* $ɕiɒ^{21}$ （lɔ^0）

$tʰɒ^{33}$ $tʂu^{21\text{-}55}$ ti^0 $nɒ^{21}$ $kə^0$ $tɕy^{213\text{-}31}miə^0ləu^{55}$

出(唠)门|出(唠)大门|*出(唠)刚盖的那个大门

$tʂʰu^{33}$ （lɔ^0） $mã^{55}$|$tʂʰu^{33}$ （lɔ^0） $tɒ^{21\text{-}55}mã^0$|* $tʂʰu^{33}$ （lɔ^0）

$tɕiɒŋ^{213}$ $kɛ^{21\text{-}55}$ ti^0 $nɒ^{21}$ $kə^0$ $tɒ^{21\text{-}55}mã^0$

回(唠)家|回(唠)老家|? 回(唠)他早先住的那栋宅子

$xuei^{55}$ （lɔ^0） $tɕiɒ^{213}$|$xuei^{55}$ （lɔ^0） $lɔ^{55}tɕiɒ^{213}$|? $xuei^{55}$ （lɔ^0）

$tʰɒ^{33}$ $tsɔ^{55}ɕiã^{213}$ $tʂu^{21\text{-}55}$ ti^0 $nɒ^{21\text{-}24}$ $təŋ^0$ $tʂei^{55\text{-}24}ɯ^0$

而"进""过"组合能力稍强,其方所宾语可以稍复杂一些,如:

(7) 进/过唠他早先住的那个老宅子

$tɕiə^{21\text{-}55}/kə^{21\text{-}55}$ $lɔ^0$ $tʰɒ^{33}$ $tsɔ^{55}ɕiã^{213}$ $tʂu^{21\text{-}55}$ ti^0 $nɒ^{21\text{-}24}$ $təŋ^0$

$tʂei^{55\text{-}24}ɯ^0$

2.1.3 复合趋向动词带方所题元

在谓语核心位置上,客观趋向动词("上、下、进、出、回、过、起")与主观趋向动词("来、去")可组成复合趋向动词,①其成员与普通话一致——"上来""上去""下来""下去""进来""进去""出来""出去""回来""回去""过来""过去""起来"。复合趋向动词内部只能插入"不",不像粤方言那样还能插入体助词。

淄川话的复合趋向动词可以单独作谓语(如"他进来嘛"),也可以带位移物宾语("进来唠一个人"),这与普通话一致,不再赘述。不同于普通话的是,淄川话的复合趋向动词还可以带参照物宾语,如:

(8) 你进去饭屋自家拿吧。你进厨房自己拿吧。

ni⁵⁵ tɕiə²¹⁻⁵⁵ tɕʰy²¹ fã²¹⁻⁵⁵ʋu⁰ tsʅ²¹⁻²⁴tɕiɒ⁰ nɒ⁵⁵ pã⁰

(9) 冲直上东走,过去乜个门市部,就看见嘛。一直朝东走,过了那个门市部,就看见了。

tʂʰuŋ²¹tsʅ⁵⁵ ʂɒŋ²¹ tuŋ²¹³ tsəu⁵⁵, kə²¹⁻⁵⁵tɕʰy⁰ niə²¹ kə⁰ mə̃⁵⁵ ʂʅ²¹pu²¹, tɕiəu²¹ kʰã²¹⁻²¹³tɕiã⁰ lã⁰

以上例句中的"进去""过去"对应普通话的"进(了)""过(了)"。

复合趋向动词的方所宾语有多种题元角色。"进来/进去""出来/出去""过来/去"后接的题元角色与"进""出""过"所接的题元角色保持一致,如:

(10) a. 进(来/去)门【经由点】|进(来/去)里屋【终点】
tɕiə²¹ (lɛ⁰/tɕʰy⁰) mə̃⁵⁵ | tɕiə²¹ (lɛ⁰/tɕʰy⁰) li⁵⁵⁻²¹ʋu⁰

b. 出(来/去)门【经由点】|出(来/去)山东【起点】
tʂʰu³³ (lɛ⁰/tɕʰy⁰) mə̃⁵⁵ | tʂʰu³³ (lɛ⁰/tɕʰy⁰) ʂã²¹³⁻⁴⁴tuŋ²¹³

c. 过(来/去)桥【经由点】
kə²¹ (lɛ⁰/tɕʰy⁰) tɕʰiɔ⁵⁵

同普通话一样,淄川话的客观趋向动词"上"只接终点宾语(如"上车""上轿子"),②不能接起点宾语;而"下"既可接起点(如"下车""下轿子"),也可以接终点(如"下河""下井")。复合趋向动词"上来、上去、下来、下去"似乎既可以接起点,也可以接终点,不过仍有待更细致的研究。如:

---

① 表示离心直指的"上"和"□[ti⁰]"不能参与组成复合趋向动词。
② 这里的客观趋向动词"上"表示由低到高的位移路径,不同于上文 2.1.1 介绍的表离心直指的另一个"上"。

（11）a. 上来/上去河滩【起点】｜上来/上去火车【终点】

ʂʊŋ²¹⁻⁵⁵ lɛ⁰ / ʂʊŋ²¹⁻⁵⁵ tɕʰy⁰　xəu⁵⁵ tʰã²¹³ ｜ ʂʊŋ²¹⁻⁵⁵ lɛ⁰ / ʂʊŋ²¹⁻⁵⁵ tɕʰy⁰

xuə⁵⁵ tʂʰə²¹³

b. 下来/下去火车【起点】｜下来/下去河滩【终点】

ɕiŋ²¹⁻⁵⁵ lɛ⁰ / ɕiŋ²¹⁻⁵⁵ tɕʰy⁰　xuə⁵⁵ tʂʰə²¹³ ｜ ɕiŋ²¹⁻⁵⁵ lɛ⁰ / ɕiŋ²¹⁻⁵⁵ tɕʰy⁰

xuə⁵⁵ tʰã²¹³

此外，"上来、上去、下来、下去"都还可以接经由点，这是"上、下"所不具备的。如"下去四楼，你就看见嘛"，指的是往下走、途经四楼，而非从四楼出发往下走或向下走到四楼。

"回来""回去""起去"三个复合趋向动词不能带方所宾语。

蒲松龄《聊斋俚曲集》中已有复合趋向动词带方所宾语的现象，说明该现象在淄川话里至少可追溯到清初。如：

（12）不知是谁撒了汤，恼的娘子滴下水，**进来**房门采住毛，捋了一百小鞋底。（《禳妒咒》）

（13）我儿生的模样好，伶俐聪明会弄乖，**出去**门人人看着爱。（《禳妒咒》）

2.1.4　小结

综上，在淄川话中，主观趋向动词作谓语核心不像关中话那样受限，但客观趋向动词作核心十分受限，需要组成对应的复合趋向动词才能独自成句、自由地带方所宾语。

2.2　趋向动词作趋向补语

2.2.1　趋向补语的类别

趋向动词除了作谓语核心，还可以作核心动词的趋向补语。

淄川话的客观趋向补语与普通话基本一致。补语位置上，客观趋向动词"上""下""进""出""回""过""起"都能与主观趋向动词"来"或"去"共现，但"起"只能与"来"共现。普通话中补语"开"能与"来"配合使用，如"大门被推开来"，但淄川话不可以，所以虽然"开"表示路径义，我们仍将其归为结果补语。

淄川话的主观趋向补语更丰富。狭义的主观趋向动词只有"来"和"去"，只有它们能与客观趋向动词组合成复合趋向动词。此外，"走"虽然不参与组成复合趋向动词,但它作补语时与"来、去"占据相同的补语槽位——不与核心动词直连,须被傀偏补语"了"隔开(详见下文2.2.4),①离合词"家去"也可以处于该补语槽位上。表离心型直指位移的"上""□[ti⁰]"不能作趋向补语(参看孙克敏2021)。

2.2.2 主客观趋向补语的共现关系

普通话中,核心动词接趋向补语时有三种可能:

Ⅰ. 只有客观趋向动词作补语,没有主观趋向动词共现,记作"Vm+Pn";

Ⅱ. 只有主观趋向动词作补语,没有客观趋向动词共现,记作"Vm+Pd";

Ⅲ. 主客观趋向动词同时作补语,记作"Vm+Pn+Pd"。

"Vm+Pn+Pd"在淄川话中也同样常见。

"Vm+Pn"在淄川话中相当受限,客观趋向动词通常无法脱落"来/去"而单用,如"跑进一个人""端出一碗饭"等在淄川话中不自然。有时候"下"表示身体姿势的变化,而非典型的空间移动,如例(14a),此时"下"单独作补语并排斥与"来/去"共现,试比较:

(14) a. 他跪下嘣　　　　　　　　* 他跪下来嘣

　　　　tʰɒ³³　kuei²¹⁻²¹³　　　çiə⁰　lã⁰　　　* tʰɒ³³　kuei²¹⁻²¹³　çiə⁰lɛ⁰　lã⁰

　　b. * 他跳下嘣　　　　　　　　他跳下来嘣

　　　　* tʰɒ³³　tʰiɔ²¹⁻²¹³　çiə⁰　lã⁰　　tʰɒ³³　tʰiɔ²¹⁻²¹³　çiə⁰lɛ⁰　lã⁰

"Vm+Pd"在淄川话中罕见。普通话的"Vm+Pd",淄川话基本都能用"Vm 了 Pd"对应(参看下文2.2.4)。但有一类"Vm+Pd"例外,即柯理思(2005)所指出的接近于连动式的非典型动趋式。由于该类结构表示无界的自主位移事件,而淄川话"Vm 了 Pd"只能表示有界事件,因此,淄川话只能用多种其他格式来对应,如:

(15) [普]他向那里**走去**。[淄]他上唠那嘣。tʰɒ³³　ʂɒŋ²¹⁻⁵⁵　lɔ⁰　nɒ²¹⁻⁵⁵　lã⁰

　　　 [普]他**跑去**搬砖头。[淄]他跑过去搬砖。tʰɒ³³　pʰɔ⁵⁵⁻²¹　kə⁰tɕʰy⁰

　　　 pã²¹³　tʂuã²¹³

---

① 作补语的"去"和"走"在语义上有差异:补语"去"主要表示背离说话人位置的离心型直指路径,也可表示离开某个参照点(未必是说话人的位置),而补语"走"只能表达"去"的后一种意思。

　　总之,淄川方言中,主观趋向补语的出现不依赖于客观趋向补语,而客观趋向补语的出现却依赖于主观趋向补语。

2.2.3　主客观趋向补语与不同宾语的相对位置

　　当 Vm、Pn、Pd 同时与位移物宾语共现时,普通话中有三种可能的语序——"Vm+F+Pn+Pd""Vm+Pn+F+Pd""Vm+Pn+Pd+F"。其中"Vm+F+Pn+Pd"只用于致使位移事件,性质与其他几类有别,杨德峰(2005)主张将其归入连动或兼语结构,张伯江(1991)指出该格式在北京话中用得极少,周一民(2000:187)也认为"他拿一本书出来"在北京口语中基本不出现。"Vm+Pn+F+Pd""Vm+Pn+Pd+F"在淄川话中都存在,但"Vm+F+Pn+Pd"难以接受,与北京话情况一致。例如:

（16）

	Vm+F+Pn+Pd	Vm+Pn+F+Pd	Vm+Pn+Pd+F
自主位移	*钻老鼠进来	钻进老鼠来嘞	钻进来一个老鼠
	*tsuã^{213}lɔ$^{55-21}$	tsuã$^{213-31}$tɕiə^{0}lɔ$^{55-21}$	tsuã$^{213-31}$tɕiə^{0}lɛ^{0}i^{33}
	ʂu^{0}tɕiə$^{21-55}$lɛ^0	ʂu^{0}lɛ^{0}lã^0	kə^{21}lɔ$^{55-21}$ʂu^0
致使位移	*踢球进来	踢进球来嘞	踢进来一个球
	*tʰi^{33} tɕʰiəu^{55}	tʰi^{33} tɕiə^0	tʰi^{33} tɕiə^{0}lɛ^0 i^{33}
	tɕiə$^{21-55}$lɛ^0	tɕʰiəu$^{55-24}$lɛ^{0}lã^0	kə^{21} tɕʰiəu^{55}

　　普通话中,Vm、Pn、Pd 同时与参照物宾语共现时,G 可以插在 Pn、Pd 之间。但是淄川话中没有"Vm+Pn+G+Pd"语序,G 是终点时用"Vm+着+G+Pd"表达(参照物名词如果不是处所词则须带方位词),①而 G 是起点时则用"从/打+G+Vm+Pn+G+Pd"。这与西安、永寿、冀州等地情况一致(柯理思 2008)。如:

　　(17) a. [普]钻/搬进屋里去了　[淄]钻/搬着₂屋里去嘞 tsuã$^{213-31}$/pã$^{213-31}$
　　　　　　tʂɔ^0 ʋu^{33} ti^0 tɕʰy$^{21-55}$　lã^0

　　　　b. [普]跑/搬出屋去了　[淄]从屋里跑/搬出去嘞 tsʰuŋ^{55}　ʋu^{33}　ti^0
　　　　　　pʰɔ$^{55-21}$/pã$^{213-31}$　tʂʰu^{0}tɕʰy^0　lã^0

　　当 Vm、Pd 同时与位移物宾语共现时(Pn 不编码),普通话有两种可能的语序——"Vm+F+Pd""Vm+Pd+F",其中"Vm+F+Pd"只用于致使位移事件。淄川

---

① 此处的"着"是标示终点题元的后附着词(记作"着₂"),而非持续体标记(记作"着₁")。

话也有这两种语序,只是 Vm、Pd 不可直连而须插入傀儡补语"了","Vm 了 Pd"
后接 F 时"了"往往变成"零音节"①,如:

（18）

	F+Vm+了+Pd	Vm(+了)+F+Pd	Vm+了+Pd+F
自主位移	狗跑了来嘞	*跑(了)狗来	跑⎰了⎱来唠个狗
	kəu^{55}pʰɔ$^{55-21}$	*pʰɔ$^{55-21}$(lɔ^0)	pʰɔ:$^{55-213}$lɛ$^{55-24}$lɔ^0
	lɔ^{0}lɛ$^{55-24}$lã^0	kəu^{55}lɛ^0	kə^{21}kəu^{55}
致使位移	肉拿了来嘞	拿(了)肉来	拿⎰了⎱来唠块肉
	ləu^{21}nɒ$^{55-24}$lɔ^0	nɒ$^{55-24}$lɔ^{0}ləu^{21}lɛ^0	nɒ:$^{55-243}$lɛ$^{55-24}$lɔ^0
	lɛ$^{55-24}$lã^0		kʰuɛ^{21}ləu^{55}

普通话中"Vm+Pd"可以后接参照物宾语,如"跑来教室",但淄川话没有这
种格式。语流中常出现貌似"Vm+Pd+G"的形式,实为轻声音节脱落造成的"零
音节"现象,如:

（19）（某人的子女）一回都挪⎰着⎱上⎰唠⎱城里。（某人的子女）一起都搬去了城里。

$\quad$ i^{33}xuei^{55} $\quad$ təu^{21} $\quad$ nuə:$^{55-243}$ $\quad$ ʂɒ:ŋ$^{21-553}$ $\quad$ tʂʰəŋ^{55}li^{55} (2018.02.26)

句中"挪[nuə:$^{55-243}$]"的时长较普通音节更长,其调形与"阳平+轻声"双字组调
形相同。语速较慢时这句话也可说成"一回挪着上唠城里"。可见,底层形式并
非"挪上唠城里"(Vm+Pd+G),而是"挪着上唠城里"。

$\quad$总之,淄川话动趋式所带的宾语只能是位移物,而普通话还可以是参照物。主
观趋向补语可以出现在位移物宾语之前或之后,客观趋向补语只能出现在位移物
宾语之前。可由此概括出一个句法槽位序列"Vm − Pn/了 − F$_1$ − Pd − F$_2$"②,或者理

---

① "零音节"即某个轻声音节脱落,而前一音节时长变长并负载原轻声双字组的调形(参看
张鸿魁 1990:27)。淄川方言基本音系中没有长元音音位,表层的长元音都是"零音节"带
来的。为便于读者理解,本文例句一律将"零音节"的底层形式写出,但由于是据个人语
感推测的,谨慎起见,仍用 ⎰⎱ 括起以标明其身份。

② 参照物有 Pd 前、Pd 后两个位置,在 Pd 后时只能是不定指成分,而在 Pd 前时无此限制,如:
端进那碗饭来 tuã$^{213-31}$ tɕiə^0 nɒ^{21} vã^{55} fã$^{21-55}$ lɛ^0 $\quad$端进一碗饭来 tuã$^{213-31}$ tɕiə^0 i^{33} vã^{55}
fã$^{21-55}$ lɛ^0

端了那碗饭来 tuã$^{213-31}$ lɔ^0 nɒ^{21} vã^{55} fã^{21} lɛ^{55} $\quad$端了一碗饭来 tuã$^{213-31}$ lɔ^0 i^{33} vã^{55} fã^{21} lɛ^{55}

*端进来那碗饭 *tuã$^{213-31}$ tɕiə^0 lɛ^0 nɒ^{21} vã^{55} fã^{21} $\quad$端进来一碗饭 tuã$^{213-31}$ tɕiə^0 lɛ^0 i^{33} vã^{55} fã^{21}

*端了来那碗饭 *tuã$^{213-31}$ lɔ^0 lɛ^{55} nɒ^{21} vã^{55} fã^{21} $\quad$端了来一碗饭 tuã$^{213-31}$ lɔ^0 lɛ^{55} i^{33} vã^{55} fã^{21}

解为以主动词为中心、有多个"轨道"的轨层结构。

2.2.4 趋向补语的轨层与傀儡补语"了"

普通话中,补语"来、去"可以像客观趋向动词那样,直接紧贴在谓语核心之后,如"送来一本书""跑来教室",有学者推测这来自粤方言的影响(刘丹青2001)。柯理思(2002)指出,很多汉语方言点(如冀州、平遥、苏州、绍兴等)排斥这类"Vm+Pd"结构,当谓语核心与主观趋向动词之间没有宾语或客观趋向动词时,会用一个意义空灵的虚词或词缀(如"了""得""将"等)作为"占位符"隔开二者,形成"V+X+Pd"结构。X往往在该方言中兼作体标记,如冀州话的"唠(了)"(例句来自柯理思、刘淑学2001):

(20) 把那封信捎唠去吧！_{把那封信捎去吧。}

(21) 我没拿唠来。_{我没拿来。}

柯理思(2003)将冀州话"V了来/去"中的"了"称为傀儡趋向补语。

淄川话中,核心动词与主观趋向补语之间也需要傀儡补语"了",①如:

(22) 和他男的一个车间的小孩呃,没{丢失}唠个车子,知不{到}{不知道}个啥车子。

　　 啊,说,那个人偷{了}去又(被卡车)轧杀嘞。(2009.07.22)

　　 xɒŋ⁵⁵⁻²⁴　tʰɒ⁰　nã⁵⁵⁻²⁴　ti⁰　i³³　kə²¹　tʂʰə²¹³⁻⁴⁴　tɕiã²¹³⁻³¹　ti⁰　çiɔ⁵⁵

　　 xɛ⁵⁵⁻²⁴　ə⁰, mu⁵⁵⁻²⁴　lɔ⁰　kə²¹　tʂʰə²¹³⁻³¹　ɯ⁰, tʂʅ²¹³⁻³¹ pu：²³² 　kə²¹　ʂɒ²¹

　　 tʂʰə²¹³⁻³¹　ɯ⁰。ɒ, ʂuə³³, nɒ²¹ 　kə⁰ 　lə̃⁵⁵ 　tʰə：u²¹³⁻³¹³ 　tɕʰy²¹　iəu²¹

　　 iɒ²¹⁻²¹³ 　ʂɒ⁰ 　lã⁰

(23) 使高压锅做{了}来就不如使乜货{那种}的{}锅做{了}来好吃。(2021.10.04)

　　 ʂʅ⁵⁵ 　kɔ²¹³⁻⁴⁴iɒ²¹kuə²¹³ 　tsu：²¹⁻⁵⁵³ 　lɛ⁵⁵ 　tɕiəu²¹ 　pu³³ 　lu²¹ 　ʂʅ⁵⁵

　　 niə²¹⁻²¹³xuə：⁵⁵³ 　kuə²¹³ 　tsu：²¹⁻⁵⁵³ 　lɛ⁵⁵ 　xɔ⁵⁵tʂʰʅ³³。

淄川话傀儡补语"了"有别于完整体助词,理由如下:

Ⅰ. 傀儡补语"了"可用于非现实语义。"没"是对已然否定,所以普通话

---

① 不过,傀儡补语缺失的情况在语料库中也偶有发现,如:

那屋里一个酥锅{子},怎大姐{姐}拿来{的}酥锅{子}。(2008.01)

nɒ²¹ ʋu³³ ti⁰ i³³ kə²¹ su²¹³⁻³¹ kuə：⁰, ŋei⁵⁵ tɒ²¹tɕʰiə：⁵⁵⁻²¹³ nɒ⁵⁵ lɛ：⁵⁵⁻²⁴³ su²¹³⁻³¹ kuə：⁰

录音显示,谓语核心"拿"并未发生"轻声前变调",故在底层形式中"拿""来"之间应无傀儡补语。该例句的发音人生于1930年,可见这类现象在淄川话中已存在一段时间。至于傀儡补语隐现的规律,仍有待日后进一步研究。

"没"不能与完整体助词"了"同现,但是淄川话"V 了 Pd"的否定形式是"没 V 了 Pd"。再如否定祈使句:

(24) 别叫他拿了去了! _{别让他拿走嗳!} pɛ⁵⁵ tɕiɔ²¹⁻⁵⁵ tʰɒ⁰ nɒ⁵⁵⁻²⁴ lɔ⁰

   tɕʰy²¹⁻⁵⁵ lɔ⁰

Ⅱ. "V 了来/去"之后还可再加真正的完整体助词,如:

(25) 拿│了│去唠两个嚼。_{拿走了两个了。} nɒː⁵⁵⁻²⁴³ tɕʰy²¹⁻⁵⁵ lɔ⁰ liɒŋ⁵⁵⁻²⁴

   kə²¹⁻⁵⁵ lã⁰

Ⅲ. "V 了 Pd"有可能式"V 不了 Pd",与动结式的可能式一致,说明"了"是傀儡结果补语。如:

(26) 东西着实ᴛ多,一个人拿不了来。

   tuŋ²¹³⁻³¹ ɕi⁰ tʂɔ⁵⁵ ʂ̩⁰ tuə²¹³, i³³ kə²¹ lã⁵⁵ nɒ⁵⁵⁻²⁴ pu⁰ liɔ⁵⁵ lɛ⁵⁵

"VXPd"结构能否带宾语,不同方言情况不一,比如山西清徐话"V 得来/去"不带宾语,而同属汾河片的临汾话却可以带(乔全生 2000)。淄川话"V 了来/去"可以带不同题元角色的宾语,①如:

(27) a. 屋里飞│了│来唠个家雀。【施事宾语】

   ʋu³³ ti⁰ feːi²¹³⁻³¹³ lɛ⁵⁵⁻²⁴ lɔ⁰ kə²¹ tɕiɒ²¹³⁻³¹tɕʰiɔ⁰

   b. 他给我割│了│来唠两块肉。【受事宾语】

   tʰɒ³³ tɕi⁵⁵⁻²⁴ ʋə⁰ kɒː³³ lɛ⁵⁵⁻²⁴ lɔ⁰ liɒŋ⁵⁵⁻²⁴ kʰuɛ⁰ ləu²¹

   c. 他拿│了│去唠好几天嚼。【时间宾语】

   tʰɒ³³ nɒː⁵⁵⁻²⁴³ tɕʰy²¹⁻⁵⁵ lɔ⁰ xɔ⁵⁵tɕi⁵⁵ tʰiã²¹³⁻³¹ lã⁰

像清徐话一样,淄川话"V 了来/去"的宾语也以数量(名)短语为常。

综上,淄川话与冀州话的情况基本一致,傀儡补语的强制使用表明"来、去、走"占据的句法槽位已经有别于客观趋向动词,形成了一个"主观趋向标记范畴"(柯理思、刘淑学 2001)。核心动词与其从属成分的线性序列也可以看作以动词为中心的轨层,"直指"是以说话人为参照点来确定位移方向的,所以直指路径动词居于外层也与其主观性特点相合(马庆株 1997;Lamarre 2008)。

---

① 此时"V 了来/去"的"了"经常变为"零音节"。

3 趋向动词与位移事件词化类型

3.1 普通话的位移事件词化类型

词化类型学将复杂位移事件分解为"框架事件"(framing event)和"副事件"(co-event)。框架事件由"位移物"(figure)、"参照物"(ground)、"运动"(motion)、"路径"(path)四个核心语义要素构成。副事件提供位移的方式、原因要素。在诸多语义要素中,路径要素是提供"框架"的中心成分,根据它在表层编码形式上的差异性,人类语言分为"核心框架语言"(verb-framed languages)和"卫星框架语言"(satellite-framed languages)。前者将路径语义编码为核心动词,副事件则编码为动词的卫星,后者将路径语义编码为卫星,副事件则编码为核心动词。

关于汉语位移事件的词化类型的归属,虽然存在多种不同意见,但多数学者都认识到,普通话中同时存在属于不同框架类型的句法结构,兼有"核心框架型"和"卫星框架型"两种类型的部分特点。柯理思(2003)指出,不同表达模式的选择与位移事件的施事性相关:

Ⅰ. 表达致移事件(agentive motion)时,路径信息只可编码为卫星成分(趋向补语),而不编码为核心动词,显示出卫星框架型的典型特点;

Ⅱ. 表达自移事件(self-agentive motion)时,路径信息既可以编码为核心动词(趋向动词作谓语核心),也可以编码为卫星成分(趋向动词作补语),分别对应了"核心框架型"和"卫星框架型"的特点;

Ⅲ. 表示无生的位移体的位移句(nonagentive motion)也以卫星框架型编码模式为主。

因此,她将汉语普通话的词化类型归为"混合/分裂类型"。①

我们赞同柯理思(2003)对普通话的分析。下面,我们将看到淄川方言的情况也属于这类"分裂系统"。

路径语义的表层编码方式,除了核心动词、卫星,还包括介词、方位词等。据

---

① 该类系统有"分裂系统""混合系统""互补系统""平衡系统"等说法,下文一律只称"分裂系统"。

我们观察,普通话的分裂性仅体现在核心动词、卫星两种表层形式的选择上,而介词、方位词的使用并不受位移事件施事性的影响。淄川方言的情况与此一致,因此下文讨论词化类型时不涉及介词、方位词等,只关注趋向动词充当谓语核心还是趋向补语。

3.2 淄川话位移事件表达的分裂系统

3.2.1 位移事件的施事性类型

结合方言事实分析的需要,我们对事件施事性(agentivity)分类作了一定调整:如果位移物是对自身位移有控制能力(如人、狗等),当控制位移的意志来自位移物自身为"自主位移",当意志来自位移物之外的物体时为"致使位移",当位移既不受控于自身意志也不受控于外物意志时为"不自主位移"。至于对自身位移无控制能力的位移物(如车、树、牡蛎等),其位移事件只有致使型、非致使型之别。有自控能力的位移物的不自主位移和无自控能力的位移物的非致使位移,合起来对应 Talmy(2000)的"无使位移"(nonagentive motion event)。[①]例如:

表 1 位移事件的分类及其例句

	非致使位移事件		致使位移事件[②]
	自主型	不自主型	
位移物有自控能力	他跳下来嘞 $t^h p^{33} t^h i o^{21-213} \varsigma i p^0 l \varepsilon^0 l \tilde{a}^0$	他□[$t \underset{}{\varsigma} p \eta^{213}$]倒下来嘞 $t^h p^{33} t \underset{}{\varsigma} p \eta^{213-31} \varsigma i p^0 l \varepsilon^0 l \tilde{a}^0$	他叫人家抬下来嘞 $t^h p^{33} t \varsigma i o^{21} l \tilde{a}^{55-24} t \varsigma i o^0 t^h \varepsilon^{55-24}$ $\varsigma i p^0 l \varepsilon^0 l \tilde{a}^0$
位移物无自控能力	木头□[$t \underset{}{\varsigma} p \eta^{213}$]倒下来嘞 $mu^{21-55} t^h \vartheta u^0 t \underset{}{\varsigma} p \eta^{213-31} \varsigma i p^0 l \varepsilon^0 l \tilde{a}^0$		木头抬下来嘞 $mu^{21-55} t^h \vartheta u^0 t^h \varepsilon^{55-24} \varsigma i p^0 l \varepsilon^0 l \tilde{a}^0$

---

① nonagentive motion events 目前多译为"无生位移事件"。尽管该类型位移事件的主语经常是无生名词,但其实也可以是有生命的,如 Yiu(2014:59)所举的粤语例句:個 BB 出咗院。_{那个婴儿出院了。}而"无生"更宜对译于 inanimate。因此,我们主张将 nonagentive motion events 译为"无使位移事件"。

② 表达致使位移事件时,当位移物是有生物时,"叫+NP"不能省略,否则会有歧义;而当位移物是无生物时,"叫+NP"省去也无歧义。

3.2.2 致使位移事件中的路径编码

与普通话一致,淄川方言表达致使位移事件时,路径语义一般不会编码为核心动词,而作为卫星成分(主要是趋向补语)。如:

(28) a. (他爹)死唠以后,叫{唠}王银匠**来**,打{唠}棺材,发付唠他爹爹。(2021.10.11)

sʅ$^{55\text{-}21}$ lɔ^0 i^{55}xəu^{21}, tɕiɔ:$^{21\text{-}553}$ ʋɒŋ^{55}iə̃$^{55\text{-}24}$tɕiɒŋ^0 lɛ^{55}, tɒ:$^{55\text{-}213}$

kuã$^{213\text{-}31}$tsʰɛ^0, fɒ^{33}fu^0 lɔ^0 tʰɒ^{33} tiə$^{213\text{-}31}$tiə^0

b. (小孩)拿**起**这{个}蛤蟆**来**呃,和那个小狗,就走嚼。(2020.12.12)

nɒ$^{55\text{-}24}$ tɕʰi^0 tʂə:$^{21\text{-}213}$ xɒ$^{55\text{-}24}$mɒ^0 lɛ^0 ə^0, xɒŋ^{55} nɒ^{21} kə^0

ɕiɔ^{55} kəu^{55}, tɕiəu^{21} tsəu$^{55\text{-}21}$ lã^0

据 Yiu(2014:61—65),粤方言表达致使位移事件时,路径动词可作谓语核心,如:

(29) 佢上咗三箱货喺个架(度)。_{他把三箱货放在架子上。}

佢入咗啲钱喺个信封(度)。_{他把钱放进信封。}

我去咗啲渍出嚟。_{我把污渍弄去。}

淄川方言的路径动词并没有继承古汉语的使动用法。虽然在实际语料中,致使位移事件中也偶见路径动词,但我们认为应属于词汇现象,如:

(30) 你吃_{采掘}到第三刀以后,后头得跟着₁有**回**柱子的。就把那柱子**回**唠,就特为_{故意}叫那顶板塌下来呃。(2020.12.13)

ni^{55} tʂʰʅ^{33} tɔ^0 ti^{21}sã^{213} tɔ^{213} i^{55}xəu^{21}, xəu$^{21\text{-}55}$tʰ əu^0 tei^{55}

kə̃$^{213\text{-}31}$tʂɔ^0 iəu^{55} xuei^{55} tʂu$^{21\text{-}213}$ɯ^0 ti^0。tɕiəu^{21} pɒ^{55} nɒ^{21}

tʂu$^{21\text{-}55}$ɯ^0 xuei$^{55\text{-}24}$ lɔ^0, tɕiəu^{21} tei^{24}ʋei^0 tɕiɔ^{21} nɒ^{21} tiŋ^{0}pã^{55}

tʰɒ^{33} ɕiə^{0}lɛ^0 ə^0

例(30)中"回"表示"撤回、回收",应是一个矿业术语,与之搭配的位移物有限而固定,不能是"桌子、碗"等日常事物。因此,这种"词汇型致使"现象不是一种句法现象,不能以此说明淄川话里致使位移事件可用"核心框架型"编码模式。类似的词再如"出(牌)""起(钉子)""进(原料)""下(饺子)"等。

卫星框架型模式是普通话表达致使位移事件的强制要求,其最有力证据莫过于傀偏方式动词的使用。柯理思(2003)指出,普通话中"说话人即使不想突出位移方式或原因,还是必须得采取[动词+卫星]的表达模式,这促进形式动词的使用,即傀儡(dummy)动词如'弄'或'搞'"。淄川方言与普通话情况类似,最常用的傀儡动词也是"弄",此外还可以用"捣鼓""捣治""治"等。如:

(31) 你**弄{了}来**些乜个_{那个(贬)},咱又不会弄,**弄{了}来**不中吃。(2008.01)

ni⁵⁵ nu:ŋ²¹⁻⁵⁵³ lɛ⁵⁵ ɕiə²¹³⁻⁴⁴ niə²¹⁻⁵⁵ kə⁰, tsã⁵⁵ iəu²¹ pu³³

xuei²¹ nuŋ²¹, nu:ŋ²¹⁻⁵⁵³ lɛ⁵⁵ pu³³⁻²¹tʂuŋ²¹³⁻⁴⁴tʂʅ³³

再如用"治"的例子:

(32) 他哥哥在那里。他哥{哥}又把他兄弟唻**治了去**。从乜里_{那里}上{唠}东北。(2018.02.26)

tʰɒ³³ kuɒ²¹³⁻³¹kuə⁰ lɛ⁵⁵ nɒ²¹⁻⁵⁵ɯ⁰。tʰɒ³³ kuɒ:²¹³⁻³¹³ iəu²¹ pɒ⁵⁵

tʰɒ⁰ ɕyŋ²¹³⁻³¹ti⁰ lɛ⁰ tʂʅ²¹⁻⁵⁵ lɔ⁰ tɕʰy²¹。tɕʰyŋ⁵⁵ niə²¹⁻⁵⁵ɯ⁰

ʂɒ:ŋ⁵⁵³ tuŋ²¹³pei³³。

该句的"把"字结构表明了事件的致使属性,"治了去"也可以替换成更常用的"弄了去"。

3.2.3 非致使位移事件中的路径编码

非致使位移事件有三个次类:

Ⅰ. 如果位移物对位移有自控能力,且出于自愿(即自主位移事件),路径要素可以单独编码为核心动词,也可以编码为趋向补语。如下例:

(33) 他看{唠}看满唠呃,他又**爬上去**,带着₁{个}大兜兜。摘唠一兜兜子以后,又**下来**。(2020.12.12)

tʰɒ³³ kʰã:²¹⁻⁵⁵³kʰã²¹ mã⁵⁵⁻²¹ lɔ⁰ ə⁰, tʰɒ³³ iəu²¹ pʰɒ⁵⁵⁻²⁴ ʂɒŋ⁰

tɕʰi⁰, tɛ²¹⁻⁵⁵ tʂɔ:⁰ tɒ²¹ təu²¹³⁻³¹təu⁰。tʂei³³ lɔ⁰ i³³ təu²¹³⁻³¹təu⁰ ɯ⁰

i⁵⁵xəu²¹, iəu²¹ ɕiɒ²¹⁻⁵⁵lɛ⁰

(34) 他跑着₂这块大石头上。哎,扳着₁树枝{子}就**上去**嚼。哎,**爬上去**,还是只鹿唻!(2021.10.10)

tʰɒ³³ pʰɔ⁵⁵⁻²¹ tʂɔ⁰ tʂə²¹ kuɛ⁰ tɒ²¹ ʅ⁵⁵⁻²⁴tʰəu⁰ʂɒŋ⁰。ɛ, pə̃²¹³⁻³¹

tʂɔ⁰ ʂu²¹tʂʅ:²¹³⁻³¹³ tɕiəu²¹ ʂɒŋ²¹⁻²¹³tɕʰy⁰ lã⁰。ɛ, pʰɒ⁵⁵⁻²⁴ ʂɒŋ⁰

tɕʰy⁰, xã⁵⁵ ʅ²¹ tʂʅ²¹³ lu²¹⁻⁵⁵ lɛ⁰

例(33)描述的是果农爬树摘梨,例(34)描述的是小孩拽着树枝往石头上爬,都在同一段话中交替使用两种编码模式。

Ⅱ. 如果位移物对位移有自控能力，但非出于自愿（即不自主型非致使位移事件），路径要素不可单独编码为核心动词，只能是核心动词的趋向补语。如：

（35）……飞出来个夜猫{子}。吓{得}这个小孩从树上，咕噜咕噜又**滚下来**嚹。（2020.12.12）

fei²¹³⁻³¹　tʂʰu⁰lɛ⁰　kə²¹　iə²¹⁻²¹³mɔʷⁿʷ⁰。ɕin:²¹⁻⁵⁵³　tʂə²¹　kə⁰　ɕiɔ⁵⁵xɛ⁵⁵

tsʰuŋ⁵⁵　ʂu²¹⁻⁵⁵ʂɒŋ⁰，ku³³lu⁰ku³³lu⁰　iəu²¹　kuə̃⁵⁵⁻²¹　ɕin⁰lɛ⁰lã⁰

例句中"小孩"有自主位移能力，但此时的位移不出于自愿，但也没有外力作为位移的直接原因，所以是不自主型的非致使位移。

Ⅲ. 如果位移物对位移无自控能力时，路径要素最常见的编码形式为趋向补语，如：

（36）那罐{子}□[tʂɒŋ⁵⁵]过于沉呃。一夺拉，那罐{子}**掉下去**嚹。（2020.12.12）

nɒ²¹　kuə̃:²¹⁻⁵⁵³　tʂɒŋ⁵⁵　tʂə̩ʰ⁵⁵⁻²⁴　ə⁰，i³³　tɒ³³lɒ⁰，nɒ²¹　kuə̃:²¹⁻⁵⁵³

tiɔ²¹⁻²¹³　ɕin⁰tɕʰy⁰　lã⁰

但是，也有编码为核心动词的时候，如：

（37）待{唠}霎过了一会儿又**过来**{唠}个客车，把那人唻弄{着₂}那边儿……（2007.07.22）

tɛ:²¹⁻⁵⁵³　ʂɒ²¹³　iəu²¹　kə²¹⁻²¹³lɛ:⁰　kə²¹　kʰə²¹tʂʰə²¹³，pɒ⁵⁵　nɒ²¹

lə̃⁵⁵⁻²⁴　lɛ⁰　nu:ŋ²¹⁻⁵⁵³　nɒ²¹piɛ²¹³

（38）……它一些自然的这个地壳变化。这边儿不动，那边儿**下去**嚹。下去和没下去{的}之间这一溜呢，叫断层。（2020.12.13）

tʰɒ³³　i³³ɕiə²¹³　tʂɿ²¹lã⁵⁵⁻²⁴　tiɔ⁰　tʂə²¹kə²¹　ti²¹tɕʰyə³³piã²¹xuɒ²¹。tʂə²¹

piɛ²¹³　pu³³　tuŋ²¹，nɒ²¹piɛ²¹³　ɕin²¹⁻²¹³　tɕʰy⁰　lã⁰。ɕin²¹⁻⁵⁵　tɕʰy⁰

xɒŋ⁵⁵　mu⁵⁵　ɕin²¹⁻²¹³tɕʰy:⁰　tʂɿ²¹³⁻⁴⁴tɕʰiã²¹³　tʂə²¹　i³³　liəu²¹⁻⁵⁵

ni⁰，tɕʰiɔ²¹tuã²¹tsʰəŋ⁵⁵

在这一类位移事件的表达上，淄川话中路径要素编码为核心的情况似乎比普通话更常见一些。如柯理思（2003）举的这个例子，淄川话中会用趋向动词作核心的方式表达：

（39）[普]连点儿凉风也透不过来。

[淄]一点儿凉风都进不来。i^{33} tie^{55} liəŋ^{55}fəŋ^{213} təu^{21} tɕiã$^{21-55}$ pu^0 lɛ^{55}

综上,淄川方言表达位移事件时,词化类型与事件施事性的关系可梳理为下表(V表示核心框架型,S表示卫星框架型,小写字母表示相对少见的情况):

表2　不同位移事件的词化类型

	非致使位移事件		致使位移事件
	自主型	不自主型	
位移物可自控	V/S	S	S
位移物不自控	v/S		S

即在表达致使位移事件、不自主型非致使位移事件时,使用卫星框架型编码模式;在表达其他非致使位移事件时,使用核心框架型、卫星框架型两种编码模式。

4　结　语

综上,本文以两类主要的句法位置为纲,介绍了淄川方言表达位移事件时趋向动词的某些特点:作为谓语核心时,主观趋向动词不像关中话那样受限,但客观趋向动词受限明显,需要组成对应的复合趋向动词才能独自成句、自由带方所宾语;作为趋向补语时,客观趋向动词需要有主观趋向动词共现,主、客观趋向动词须占据不同的补语槽位,排斥与方所宾语共现。与普通话一样,淄川方言位移事件的词化类型也属于"分裂系统",趋向动词作谓语核心还是趋向补语会受制于位移事件的施事性特征。

为保持全文的系统性,本文对淄川方言趋向问题的描写都是围绕趋向动词展开的。但是,除了趋向动词以外,介词、方位词、方位名词等其他词类也可以编码路径语义,除了动趋式,某些连动式(如"跑着出来"之类)也可以将运动、路径、方式等要素同时编码。淄川方言在这些语法形式上的特色,本文未能专门介绍。此外,"时间顺序象似原则""线性象似性原则"等认知原则在位移事件表达中的作用,通过淄川方言的现象也能够得到更清楚的观察。这些内容留待另文详述。

　　认知语言学的理论探索对以实证研究为特色的田野语言学也大有裨益,词化类型学对汉语方言趋向范畴研究的积极促进即是明证。随着研究的深入,我们也日渐感到,由于"方言的口语性,受接触、书面文本等影响的层次较为单一"等原因(唐正大 2008),一些在普通话里错综复杂、例外迭出的现象在方言口语中却显得相对规整。相信无论单一方言描写还是跨方言比较,都将为未来的认知语法学、语法类型学提供"舞台"和"实验室"。

参考文献

蔡　琪　2014　《类型学视野下汉语趋向范畴的跨方言比较:基于"起"组趋向词的专题研究》,学林出版社。

冯春田　2012　《明清山东方言语法研究》,山东教育出版社。

谷向伟　2007　《林州方言的"V 来/V 上来"和"V 来了/V 上来了"》,《语文研究》第 2 期。

侯精一　1981　《平遥方言的动补式》,《语文研究》第 2 期。

姜淑珍　2017　《吴语苍南话位移事件与路径表达的多功能研究》,浙江大学博士学位论文。

柯理思　2005　《讨论一个非典型的述趋式:"走去"类组合》,《语法化与语法研究(二)》,商务印书馆,53—68 页。

柯理思　2008　《北方话的"动词+趋向动词+处所名词"格式》,乔全生主编《晋方言研究——第三届晋方言国际学术研讨会论文集》,希望出版社。

柯理思、刘淑学　2001　《河北冀州方言"拿不了走"一类的格式》,《中国语文》第 5 期。

李　蓝　1998　《贵州大方话中的"到"和"起"》,《中国语文》第 2 期。

李　雪　2001　《英汉移动动词词汇化模式的对比研究》,外语教学与研究出版社。

刘　丞　2010　《试论空间位移事件的表达——以安阳方言与普通话比较为例》,《安阳师范学院学报》第 4 期。

刘丹青　2001　《方所题元的若干类型学参项》,《中国语文研究》第 1 期。

马庆株　1997　《"V 来/去"与现代汉语动词的主观范畴》,《语文研究》第 3 期。

马文忠　1986　《大同方言的动趋式》,《中国语文》第 6 期。

莫　超　2005　《"动宾短语+开/起"西北方言补例》,《中国语文》第 2 期。

潘家懿　1984　《临汾方言里的"来"和"去"》,《语文研究》第 1 期。

蒲松龄著、盛伟编校　1998　《蒲松龄全集》,学林出版社。

钱曾怡主编　2001　《山东方言研究》,齐鲁书社。

乔全生　1983　《洪洞话的"去""来"》,《语文研究》第 3 期。

乔全生　1992　《山西方言的"V+将+来/去"结构》,《中国语文》第 2 期。

乔全生　2000　《晋方言语法研究》,商务印书馆。

沈家煊　2003　《现代汉语"动补结构"的类型学考察》,《世界汉语教学》第 3 期。

史文磊　2010　《类型学与汉语运动事件词化的历时考察》,南京大学博士学位论文。

史文磊　2014　《汉语运动事件词化类型的历时考察》,商务印书馆。

史文磊　2015　《汉语运动事件指向表达的历时演变及相关问题》,《中国语言学集刊》第 8 期。

史秀菊　2007　《晋南解州片方言表趋向和事态意义的"去"》,《语文研究》第 3 期。

宋玉柱　1990　《昌黎方言中的"起去"》,《中国语文》第 4 期。

孙克敏　2021　《山东淄川方言离心型直指位移的表达手段》,《方言》第 1 期。

孙立新　2007　《户县方言的趋向动词》,《唐都学刊》第 3 期。

孙立新　2015　《关中方言有关单纯趋向动词的句管控条件》,《西安文理学院学报》第 4 期。

唐正大　2008　《关中方言趋向表达的句法语义类型》,《语言科学》第 2 期。

王临惠　1998　《临猗方言中"走"的语法特点》,《语文研究》第 1 期。

延俊荣　2015　《山西平定方言"起""去"的趋向动词化》,《汉语学报》第 1 期。

杨德峰　2005　《"时间顺序原则"与"动词+复合趋向动词"带宾语形成的句式》,《世界汉语教学》第 3 期。

喻遂生　1990　《重庆方言的"倒"和"起"》,《方言》第 3 期。

翟　燕　2008　《明清山东方言助词研究》,齐鲁书社。

张　宝　2019　《大同方言的"起去"》,《汉语学报》第 1 期。

张伯江　1991　《动趋式里宾语位置的制约因素》,《汉语学习》第 6 期。

张光明　2004　《忻州方言的"起去"》,《语文研究》第 4 期。

张鸿魁　1990　《临清方言志》,中国展望出版社。

张清源　1991　《成都话的动态助词"倒"和"起"》,《中国语言学报》第 4 期。

张清源　1997　《论成都话"在"的趋向、位移用法——兼论普通话动词后"在"与"到"的性质》,《中国语文》第 6 期。

张清源　1998　《成都话的"V 起来、V 起去"和"V 起 xy"》,《方言》第 2 期。

周一民　2002　《现代北京话研究》,北京师范大学出版社。

Chu, Chengzhi　2004　*Event Conceptualization and Grammatical Realization: The Case of Motion in Mandarin Chinese*. PhD thesis, University of Hawai'i at Manoa.

Lamarre, Christine　2007　The Linguistic Encoding of Motion Events in Chinese：With Reference to Cross-dialectal Variation. In C. Lamarre and T. Ohori（eds.）, *Typological Studies of the Linguistic Expression of Motion Events*, *Volume 1: Perspectives from East and Southeast Asia*（pp. 3 - 33）. Tokyo：Center for Evolutionary Cognitive Sciences at the University of Tokyo（21st century COE Program）.

Lamarre, Christine　2008　The Linguistic Categorization of Deictic Direction in Chinese. In Dan Xu（ed.）, *Space in Languages of China: Cross-linguistic Synchronic and Diachronic Perspectives*, Springer.

Lamarre, Christine　2009　The Typological Status of Sinitic Directionals. Paper Presented At The Workshop On Chinese Directionals：History And Dialectal Variation. In Conjunction With The Sixth Cross-Strait Conference On Chinese Historical Grammar, Academia Sinica, Taipei.

Lin, Jingxia　2020　Typological shift in lexicalizing motion events：The case of Wenzhou. *Linguistic Typology* 25(1)：1 - 38.

Lin, Jingxia　2019　*Encoding Motion Events in Mandarin Chinese*. Amsterdam：John Benjamins

Publishing Company.

Slobin, Dan 1996 Two Ways to Travel: Verbs of Motion in English and Spanish. In Shibatani & Thompson (eds.), *Grammatical Constructions, Their Forms and Meaning*. Oxford University Press.

Slobin, Dan 2001 Form-function Relations: How do Children Find out What they are? In Bowerman & Levinson (eds.), *Language Acquisition and Conceptual Development*. 406 – 449, Cambridge University Press.

Tang, Zhengda, and Christine Lamarre 2007 A Contrastive Study of the Linguistic Encoding of Motion Events in Standard Chinese and in the Guanzhong Dialect of Mandarin (Shaanxi). *Bulletin of Chinese Linguistics* 2(1): 135 – 168.

Talmy, Leonard 1985 Lexicalization Patterns: Semantic Structure in Lexical Forms. In Timothy Shopen(ed.), *Language Typology and Semantic Description, Vol. 3: Grammatical Categories and the Lexicon*. Cambridge: Cambridge University Press.

Talmy, Leonard 1991 Path to realization: A typology of event conflation. *Proceedings of the Seventeenth Annual Meeting of the Berkeley Linguistics Society: General Session and Parasession on The Grammar of Event Structure*, 480 – 519.

Talmy, Leonard 2000 *Toward a Cognitive Semantics, Vol. 2*. Cambridge, MA: The MIT Press, 2000.

Yiu, Yuk-man Carine 2005 *Spatial Extension: Directional Verbs in Cantonese*. PhD thesis, The Hong Kong University of Science and Technology.

Yiu, Yuk-man Carine 2013 Directional verbs in Cantonese: A typological and historical study. *Language and Linguistics* 14(3): 511 – 569.

Yiu, Yuk-man Carine 2014 *The Typology of Motion Events: An Empirical Study of Chinese Dialects*. De Gruyter Mouton.

河南内黄方言动趋式动词的变韵[*]

李学军

（安阳师范学院文学院）

1 引　言

　　内黄是安阳市所辖的五县之一,位于河南省最北部,其方言划归中原官话的郑曹片。内黄方言的音系特征详见李学军(2012)。

　　动词变韵在河南中北部地区有着广泛的分布,目前发现存在这一现象的方言点已达 25 个。① 贺巍(1965)、王森(1998)、赵清治(1998)、辛永芬(2006)、王青锋(2007)等有详细报道。

　　与以往报道的变韵动词仅限于行为动词(包括具有复合词性质的动结式)不同,内黄方言变韵动词的范围更广。除行为动词外,绝大多数趋向动词、部分表示属性或关系的动词②也能实现变韵。相应地,变韵除了能够表示"完成""持续""终点格"这三类句法意义外,还能表示"确认"语气义等。

　　本文选择内黄方言动趋式作为考察对象,主要基于两点考虑:(1)动趋式(单趋式)中行为动词的变韵在豫北方言中带有一定的普遍性,且与其他条件下

---

* 本文发表于《中国方言学报》第 6 期,商务印书馆,2016 年。

① 这里根据陈卫恒(2011:354)统计的 24 个,加上内黄共计 25 个方言点。

② "有[iou⁵⁵]"可以在句法层面变韵,表动态变化。如:他有^D[io⁵⁵]有了孙女得了。"有[mou³¹²]"的变韵形式已经词汇化为"有[ma³¹²]"(按变韵规律应读作[mo³¹²],演变过程尚不清楚),母语人已将它们视为两个词。前者表静态存在,后者表动态变化。如:(1)他有[mou³¹²]没孙女得。(2)他有[ma³¹²]没了孙女得了。"是[sʅ³¹²]"用在反复问形式的是非问句末,和"不"搭配变为[se³¹²],大概源于和"也"的合音。如:(3)他来了不是^D?"不是^D"已语法化为一个表揣度义的语气词,大致相当于普通话的"吧"。

行为动词的变韵功能存在明显差异。以往的研究对此缺乏讨论,少数学者"完成体标记"的定性值得商榷。(2)趋向动词的变韵作为一种重要的功能类型至今未见报道,将之置于短语框架内进行考察,有利于揭示动、趋之间的变韵互动关系。

2 内黄方言的动趋式及 D 变韵系统

2.1 动趋式的构成

由单音节趋向动词构成的动趋式叫单趋式,由双音节趋向动词构成的动趋式叫双趋式。内黄方言中典型的单趋式只有三类:"V+来/走/上"①。

双趋式主要有:"V+上来/下来/进来/出来/回来/过来/起来/上去/下去/进去/出去/回去/过去"等 13 类。无论是单趋式还是双趋式,趋向动词一般读轻声。

内黄方言的动趋式在组合上与动结式相同,属于黏合结构。除了其可能形态可在行为动词和趋向动词之间插入"不"之外,不能插入其他成分,双音节趋向动词之间更不能插入任何成分。普通话中"拿得出来"在内黄话只能在动趋式前加助动词"能"来表示,说成"能拿出来","拿了出来、拿出一本书来"在内黄话中都不能说,"拿一本书出来"只能构成连动短语。

趋向动词和行为动词的组合具有选择性。双趋式这方面的限制较为宽松,单趋式的行为动词一般是他动词,不能是自动词。如"走来"在内黄方言中不能构成动趋式,只能在特定条件下构成连动短语。②

2.2 动趋式的语义—语法功能

动趋式表示的基本意义为"动作出现某种结果"。与一般动结式所不同的

---

① 内黄方言有"V+开/起/下"等,我们一律看作动结式。因为"开"仅表一般结果,而"起"和"下"只能对由其构成的动补短语作整体解释("V+起"表示承受义,"V+下"表示容纳义,且仅用于能性格式)。从变韵位置看,前两类短语与一般动结式相同(只能发生于补语之上),后一类不能变韵("下"的韵母属不变韵母),这与典型的单趋式一般发生于行为动词之上明显不同。另外,内黄方言中的动词"去"没有虚化,"V+去"只能构成连动短语。
② 只有在自动词发生变韵,"来"作为核心谓语读本调的条件下,才能构成连动短语。如:他夜个地下走^D[tso^{55}]来了。她昨天地上走着来了。

是,许多情况下这种结果带有位移性。内黄方言单趋式不发达,但每类之间差别明显。"来""走"多表示移位性结果,"上"表示移位性结果和一般结果的频率相当,但没有"来""走"的结合面宽。

双趋式与普通话大致相同,趋向动词既可以表示位移性结果(两个趋向语素意义的复合:前一个表示移动方向,后一个表示立足点),也能表示一般结果,个别的(如"下去")还能表示动作的状态。

动趋式主要充当谓语中心。由他动词构成的动趋式一般可以带受事宾语,由自动词构成的动趋式(双趋式)一般可以带施事宾语。动趋式和所带宾语之间不能插入助词(内黄方言中没有词尾"了")。内黄方言不存在带方所宾语的动趋式,普通话中动趋式带源点和终点题元的动宾结构在内黄话中必须借助介词来表达。如:"跳下车""撂进茶壶"在内黄话中只能说成"从车上跳下来"(源点前置)、"撂到茶壶里头"。后一类还能以动词的变韵形式出现,说成"撂^D茶壶里头"。

2.3 D 变韵系统

除南部的二安、井店、六村、梁庄、中召、后河六个乡镇外,①以城关镇为代表的内黄方言 D 变韵系统如下表。括弧内为基本韵母。

a (<a)   ɤ(<ɤ)

ia (<ia)   ua (<ua)

ɛ (< ɛ□ɹ ai ei an ɤn)   o(<o au ou aŋ ɤŋ)

iɛ (< i iɛ ian in)   io (< iau iou iaŋ iŋ)

uɛ (< uɛ uai uei uan uɤn)   uo (< u uo uaŋ uɤŋ)

yɛ (< y yɛ yn yan)   yo (< yo yŋ) iɛ (< i iɛ ian in)

① 内黄方言 D 变韵系统较为整齐,韵尾一律脱落,后鼻韵尾脱落后,韵母带有轻微的鼻化色彩。

② 基本韵母中 [a o ɤ ɛ ər ia iɛ io ua uɛ uo yɛ yo] 这 13 个属于不变韵母,

---

① 这六个乡镇的具体情况有所不同:二安、井店、六村属变韵过渡区。卫河以西的村落 D 变系统与相邻的浚县方言大致相同,以东多数村庄存在两种形式:动词变韵或动词加上一个弱化音节[ə·]。梁庄、中召以及后河的大部不存在 D 变系统。

其余 27 个属于可变韵母。不变韵母和可变韵母经过整合形成了一个独立的变韵系统,韵母由原来的 40 个变为 12 个。当不变韵母表示变韵韵母的意义时,我们看作 D 变韵的零形式。

③ 产生 D 变韵的词类主要是动词、形容词以及小地名中的姓氏名词、个别副词、介词等。

在本文中,动趋式动词的变韵用上标"D"来表示,零形式用上标"0"表示,并加注国际音标(每组例句中相同的变韵音节,一般只对排序在前的那个注音),非动趋式的 D 变韵一般只用上标符号,基本韵不加标注。文中论及的合音字,用上标 H 表示并注音。另外,为节省篇幅,例句一般不作转写,只对难懂的方言词用小号字体随句加以注释。

3　单趋式中行为动词的变韵

3.0　动趋式的常态形式

内黄方言典型单趋式的实际存在形式以"V^D+来/走/上"为常态,双趋式的实际存在形式以不变韵的"V+上类字+来/去"为常态。常态形式可以用于各类句子。

严格说,上文谈到的单趋式的构成理应包括行为动词变韵这一形式成分。不过,为了充分说明这一形式成分与行为动词其他条件下变韵功能的不同,我们将之剥离出来,并结合句子(以简单句为主)来加以讨论。

3.1　单趋式的句类分布及变韵表现

单趋式用于简单陈述句,句子可以表示已然行为。

具体来说,"V^D+来"句表示动作致使受事从别的地方已移到说话人所在的地方,"V^D+走"句表示动作致使受事从说话人所在的地方已移到别的地方,"V^D+上"句表示动作已使受事添加到某处或已使目的、标准实现。

根据动趋式后面附带的成分,句子大致可以分为四类:

A 式: 数量+宾语

(1) 他夜个_昨天_扥^D[kʻuɛ^55]_拽_来点儿鸡蛋。

(2) 俺北地嘞的拉伸花生叫□[niɛ·]人家偷^{D}[t‘o^{24}]走一亩多。

(3) 他又扔^{D}[zo^{24}]上个木头疙瘩。

(4) □[niɛ^{312}]人家那一家儿年似个去年考^{D}[k‘o^{55}]上俩大学生。

B式：宾语+了

(5) □[niɛ^{312}]人家请^{D}[tɕ‘io^{55}]来老师儿师傅了。

(6) 恁你爹捎^{D}[so^{312}]走你嘞的书了。

(7) 她早逗早就抱^{D}[po^{312}]走孩得了嘞呢。

(8) 地嘞地里种^{D}[tsuo^{312}]上麦得了。

C式：了

(9) 他拜把人儿搁给你招^{D}[tso^{24}]来了。

(10) 她拜把她娘家陪送嘞的东西全要^{D}[io^{312}]来了。

(11) 庄家拜把桌得上嘞的钱儿全吃^{D}[ts‘ɛ^{24}]走了。

(12) 绳得我将刚才逗就褃^{D}[k‘uɛ^{312}]拴上了。

D式：时量/动量+(了)

(13) 帐算^{D}[suɛ^{312}]来半个多月了。

(14) 头牯牲口套^{D}[t‘o^{312}]上一大会得好大一会儿了。

(15) 他这一崩儿这段时间搬^{D}[pɛ^{24}]来他舅两三回(了)。

(16) 他今儿个今天拜把俺哥叫^{D}[tɕio^{312}]走一大晌(了)。

在已然句中,“V^{D}+来”的情况较为特殊,两种情况下变韵可以后移。

(一) 当V为单音节动词,且V的韵母属于不变韵母时,除了C式句之外,其余三类句子可以用零形式,也可以将变韵移到“来”之上。这种情形可能源于动结式变韵的类推,但年轻人倾向于使用前一种形式。

(17) 上边儿拨^{0}[po^{24}]来几万块钱。=上边儿拨来^{D}[lɛ·]几万块钱。

(18) 他拿^{0}[na^{42}]来东西了。= 他拿来^{D}东西了。

(19) 这几天他叫□[niɛ·]人家架^{0}[tɕia^{312}]来好几回了。=这几天他叫□[niɛ·]架来^{D}好几回了。

(二) 当V为双音节动词时,不管V的末尾音节是可变韵母还是不变韵母,变韵似都可以后移到趋向动词“来”之上。年轻人倾向于行为动词变韵。该类动趋式不多,且变韵与否也不够稳定,我们仅发现A式句和个别B式句用例。

(20) 他往你跬摸⁰[mo³¹²]_{寻找}来三千块钱。＝他往你跬摸来ᴰ[lɛ·]三千块钱。

(21) 他攒掇ᴰ[to·]_{收拾}来一大车得破铺衬烂套得_{破烂儿}。＝他攒掇来ᴰ一大车得破铺衬烂套得。

(22) 一个月头嘞_前他爹逗_就毒□[luɣŋ·]ᴰ[luo·]_{收拾}来他了。＝一个月头嘞他爹逗毒□来ᴰ他了。

单趋式用于简单陈述句,句子还可以表示将然行为。即对于说话时间来说是未然的,对于句中的参照时间来说是已然的。

我们仅发现 B 式句、C 式句用例,且动趋式前一般需有时间副词"逗_就"。

(23) 过明儿_{后天}清ᴰ_{清早}他逗_就送ᴰ[suo³¹²]来车得_{车子}了。

(24) 他一会儿逗拉⁰[la²⁴]走家具了。

(25) 过年_{明年}这个时候儿咱逗_就拜_把你借嘞钱儿还ᴰ[xuɛ⁴²]上了。

(26) 他一会儿逗_就拜_把扣得搁_给你敹ᴰ[lio⁵⁵]上了。

单趋式用于疑问句,既可以是对已然行为的发问,也可以是对未然行为的发问。

以上所有例句在句末加上"哟"或"不是ᴰ_吧"可以构成是非问句(第一人称需改换),在句末加"冇"可以构成正反问句,也可以用疑问代词(针对时间、数量、方式、何人、何物等提问),并在句末加上语气词"也"构成特指问句。这里只列举对未然行为发问的例句:

(27) 你扛ᴰ[k'o⁴²]走盖底_{被子}嘞不是ᴰ_吧?（是非问）

(28) 这个螺丝拧ᴰ[nio⁴²]上不拧ᴰ[nio⁴²]上?（正反问）

(29) 谁拜_把这一把秕拉伸_{花生}捧ᴰ[p'o⁵⁵]走?（特指问）

(30) 你带ᴰ[tɛ³¹²]走镢头嘞哟他带ᴰ走嘞也?（选择问）

单趋式用于祈使句、义务句、意愿句等,句子表示未然行为。

表祈使的句末常带语气词"吧""不咋",表义务的句子一般用助动词"得"[tɛ²⁴]来表示,表意愿的句子多用"想"来表示,且句末需要加上语气词"嘞"。

(31) 赶紧拜_把地下那个东西拾ᴰ[sɛ⁴²]来吧。

(32) 恁_{你们}俩拜_把这都抬ᴰ[t'ɛ⁴²]走不咋呗。（祈使句）

(33) 我得拜_把这点儿芝麻提ᴰ[t'iɛ⁴²]走。

（34）你得拜把钱儿兑^D[tuɛ^{312}]上。（义务句）

（35）我想叫你往我捎^D[so^{24}]来点儿东西嘞兜。

（36）他想要^D[io^{312}]走他嘞的钱儿嘞兜。（意愿句）

3.2　行为动词变韵的功能问题

单趋式中行为动词变韵的情况在豫北方言中带有普遍性，只是趋向动词的范围有宽有窄。获嘉、浚县、长垣方言有"V^D+来/走/去/上"式，荥阳方言有"V^D+来/走/去"式，内黄方言有"V^D+来/走/上"式等。

以往的报告不同程度地列举了这一事实，但限于陈述句和祈使句两类情况，且大多数学者并没有具体分析变韵的功能。辛永芬（2006）注意到了陈述句中该类变韵与普通话"了$_1$"不对应的情况，但仍将变韵功能描述为"完成体标记"。这一定性显然难以解释单趋式用于表未然行为的句子。

柯理思、刘淑学（2001）给予我们重要的启示。将动趋式中行为动词的变韵定性为动、趋之间的连接标记（形式成分）可以得到豫北方言材料的有力支持。我们以前面列举的事实来具体说明。

（一）祈使句、义务句、意愿句以及由动趋式的肯定否定叠加形式构成的反复问句等都表示未然行为，变韵不表示具体的语法意义。

（二）疑问句中对未然行为发问和对已然行为发问的不同表现，说明句子的体貌义一般是由句尾的"了"标示的。

单趋式用于是非问句、特指问句和选择问句，句尾有无"了"意思截然不同（除由 A 式句变来的疑问句），我们以特指问例句加以说明。比较例（29）的变化形式：

（29）谁拜把秕拉伸花生捧^D[p'o^{55}]走？ →（29）′谁拜秕拉伸捧^D[p'o^{55}]走了？

　　　　（≈谁捧^{D}走秕拉伸了？）

例（29）问的是"谁将捧走"，目的在于提出要求。（29）′问的是"谁已经捧走了"，目的则在于了解事实（内黄方言的"了"不能置于动宾或动补之间）。

（三）简单陈述句中，B 式、C 式以及部分 D 式句的"已然"义也是由句尾的"了"标示的，①不带句尾"了"的 A 式句的完成义也并非由变韵带来。尽管这一

---

① 我们按李小凡（2000）将句末带"了"的 D 式句看作是已然态包容完成体的句子。

点还不能得到充分的解释,但从方言内部单趋式与双趋式平行关系的角度看并不难理解。

(37)·我夜个_{昨天}往他掂过去一壶水。

(38) 前两天他送过来点儿东西。

例(37)、(38)我们可以说不带体貌标记的双趋式与带数量词的名词构成的谓语情状可以直接表示"完成",同样可以认为 A 式句也是如此,即不带体貌标记的单趋式与带数量词的名词所构成的谓语情状直接表示"完成"。

至于部分 D 式句为什么句尾不带"了"句子也能成立,并且表示"完成",目前还不易说清楚。我们不妨从该类句子与普通话同类句的平行关系方面加以说明:像例(15)、(16)不带句尾"了"时,转写为普通话也不能带句尾"了",其他成分一一对应。其中,"V^D+来"的对应成分"V+来"后面并不能附加词尾"了"。由此可见,该类句子的完成体义也并非由变韵带来。

(四) 单趋式在一定条件下可以带上表经历体义的"过",说明母语人将动趋式作为一个整体看待,变韵只是动趋式的内部构成形式,并不是附在动词之上的体标记形式。

(39) 他在安阳嘞_的时候儿也搁_{给咱}捎^D[so²⁴]来过几回东西。

(40) 俺这个洋车得_{自行车}年似个_{去年}被□[niɛ·]_{人家}偷^D[t'o²⁴]走过。

豫北方言中作为动趋之间连接标记的"变韵"这一形式成分,和晋语中的"动+将+来/去"的"将"以及冀鲁官话中的"动+了+来/去"中的"了"等相关,但连接的趋向成分不尽相同。它们很可能同源于近代汉语的"动+将/了+趋"式,其演变过程值得进一步研究。

4 双趋式中趋向动词的变韵

4.0 动趋式的非常态形式

在特定条件下,动趋式中的趋向动词也能实现变韵(变韵音节一律本调重读)。单趋式的情形十分复杂,且变韵区不同发音合作人的语感很不一样(大概因变韵泛化所导致),这里暂且搁置。我们主要考察双趋式的非常态形式"V+上类字+来^D/去^D"。

4.1 趋向动词变韵的语境条件及功能

从句法上看,双趋式的非常态形式一般只能用于"能+双趋式"作谓语的句子(句末带助词"喽"[lou·]时,"能"可以省略)。从语义上看,该类句子表达一个主观性判断,"能"作为能性助动词,只能在"有能力或有条件许可"这两个核心义位上使用。从语用上看,非常态形式主要用于回应性的谓语强调句,适用的句类包括肯定句和问句。

与句法变韵的强制性不同,趋向动词变韵的使用与否除了受制于客观语境条件外,还取决于说话人的主观选择(重读常态形式的第一、第三音节也能实现谓语强调,但语气有所不同)。当说话人非常明确地认定断言内容为真时,才使用变韵形式。也就是说,变韵作为一种语法手段,主要表示"确认语气",即说话人对断言的确信态度。

4.2 趋向动词变韵的句类分布

用于陈述句时,大致可以分为两种情况:针对一个否定性(包括反问)引发语直接反驳。引发语的谓语中心多是动趋式,回应句中动趋式一般位于句末。

(41) 我能借出来^D[lɛ^{42}]。(<他嘞的东西你借不出来。)

(42) 绝对能拿下来^D。(<你光说叫他干嘞,他过真嘞难道能拿下来这个活儿哟?)

(43) (能)开过去^D[tɕʻyɛ^{312}]喽。(<路怎窄慌得这么窄,三码得农用三轮机动车开不过去。)

(44) 能搊上去^D。(<他铁太沉重,你搊不上去他。)

针对询问性引发语或现实行状做出肯定或否定性回应。否定句由副词"有"修饰动趋式。

(45) 能打过来^D[lɛ^{42}]这一块地!(<怎些儿这么多药够不够?)

(46) 有钱儿俺也能盖起来^D。(<光说盖屋得嘞,有钱儿哟?)

(47) 早不发钱儿了嘞呃,逗^{D}就那他也能干下去^D[tɕʻyɛ^{312}]。(<他那儿情况咋样儿嘞呃?)

(48) 题是不难,逗^{D}就那二妮也有考过去^D。(<今年嘞的题难不难?)

例(47)的"下去"的意义已虚化,表"某种状态的继续"义,依然可以变韵。

用于问句时,一般是针对肯定性引发语或现实行状进行质疑或否定。

正反问句使用"能+动趋式+(宾语)+不能"的叠加形式,句末可以带上语气词"也"或"吧"。

(49) 他能拿下来^D帐不能也?(<支书想叫贵臣当会计嘞。)

(50) 逗^D_就怎些儿_{这么}多事儿,光说你能干下来^D[lɛ⁴²]不能吧?(针对现实行状)

(51) 恁高慌得_{那么}高,他能扔上去^D[tɕʻyɛ³¹²]绳得不能也?(针对现实行状)

(52) 到时候儿他能往_给你送过去^D不能也?(<架得他迟不几天逗_就送^D来了,明儿个逗_就下手。)

是非问句末可以带上语气词"哟"。

(53) 他自己能续下来^D[lɛ⁴²]恁些_{那么}多哟?(<俺三得夜个_{昨天}拜屋得上嘞_的几千斤麦得拾掇^D屋嘞了。)

(54) 怎□[tər³¹²]_{这样}嘞_的话你也能说出来^D?(<我逗_就说一句"上也是白花钱儿"。)

(55) 他来^D那儿能学进去^D[tɕʻyɛ³¹²]哟?(<我叫他往学校嘞走了。)

(56) 这还能赶回去^D嘞哟?(<麻利_{赶紧}走吧,一会儿逗_就晚了。)

这里附带说明一下特殊的双趋式"V+掉^D来[tio· lai·]"。

"掉^D来[tio³¹²lai·]"一词意为"掉下来"。和其他双音节趋向动词一样,可以作为行为动词单独使用,也能以弱读形式(轻声)用在动词之后表示位移性结果或一般结果,该词不论在什么句子条件下都得以"掉"的变韵形式出现,应是变韵的动趋式进一步词汇化的结果。

该类双趋式的常态形式为"V+掉^D来",①非常态形式为"V+掉^D来^D"。就是说它用于回应性谓语强调句时,末尾音节仍可变韵。

(57) 再结实我也能薅_拔掉^D来^D[tio· lɛ⁴²]。=再结实我也能薅下来^D[lɛ⁴²]。(针对否定性引发语)

---

① "V+掉^D来"的常态形式同样可以用于各类句子。如:(1) 他嘞_的村长叫□[niɛ·]_{人家}告掉^D来过。(2) 他从屋得上摔掉^D来老长时候儿了哟?(3) 拜_把插销薅掉^D来吧!

（58）有点儿东西甭打算能放住^D，你搁_放嘞_得再高他也能搁_给你够_拿掉^D来^D。＝……能搁你够下来^D[lɛ⁴²]。（针对现实行状）

4.3 语气性变韵的来源问题

一般认为，标记"完成""持续"体意义的变韵分别源于动词和词尾（时态助词）"了""着"的合音，标记"终点格"的变韵可能源于动词与介词"到"或"在"的合音。那么，趋向动词的这种语气性变韵是否来源于动词和语气词的合音呢？动趋式等在特指问形式的反问句中与语气词的合音表现，至少给我们提供了这方面的线索。

首先来看双趋式作谓语构成的反问句。

（59）这事儿谁能说下来^H[lɛ⁴²]？＝这事儿谁能说下来□[iɛ·]？①

（60）这咋□[tər³¹²]怎么能拜他劝回来^H？＝能拜他劝回来□[iɛ·]？

（61）怎_{这么}宽嘞_的沟，哪儿（能）蹽过去^H？＝……哪儿（能）蹽过去□[iɛ·]？

（62）光说嘞_呢，咋□[tər³¹²]怎么能叫他学进去^H[tɕ'iɛ⁵⁵]？＝……能叫他学进去□[iɛ·]？

以上例句读升调，趋向动词重读。各例等号前后两个句子意思相同，语速快时一般表现为前者，语速慢时表现为后者。根据所起的"确认"作用并参照语气词发展的历史，我们断定"□[iɛ·]"就是语气词"也"。

值得注意的是，当句末语气词不是"也"时，趋向动词与之并不产生合音现象。

（63）这谁能陪进去□[io·]？

（64）屋得谁能替^D你盖起来□[io·]？

结合动结式的连音形式，如例（72）、（73），我们认为这个句末的语气词是"哟"或"哦"。②

---

① 本文所举的反问句中动词和语气词"也""哟/哦"之间都可以插入助词"喽"。值得注意的是，插入之后语气词不再发生合音现象。以（65）为例，"我哪儿能出去^H？"的替换形式为"我哪儿能出去喽[lou·]也[uɛ·]?"由此可见，合音只能是产生于句子隐去"喽"的情形。这一点经辛永芬先生提醒，我们才注意到。

② 关于"哦/哟"所表语气，目前学界尚有分歧，但我们认为该语气词在内黄方言中可以表示"确认"。如：（1）弄^D半天，逗_就是他哦/哟[o·/io·]。（2）望不嘞_怪得他不去嘞_呢，怕吃丧脸_{挨批评}哦/哟[no·/nio·]。

　　再来看其他动词作谓语构成的反问句。考察发现,广义复合趋向动词和双趋式在反问句中的合音完全一致,其相应的肯定句也能实现语气性变韵。

(65) 光说说吧,我哪儿能出去^H[tɕ'yɛ³¹²]? =……能出去也[iɛ·]? ——逗^{D}就这我也能出去^D[tɕ'yɛ³¹²]。

(66) 雨下嘞怎么这么大,谁能回去^H? =……谁能回去也[iɛ·]? ——逗^{D}就这咱也能回去^D。

(67) 怎高慌得这么高,咋□[tər³¹²]怎么能下来^H[lɛ⁴²]? =……能下来也[iɛ·]?——他能下来^D[lɛ⁴²]。

(68) 谁能回来/去哟(哦)[io·]? = 谁能回来/去喽哟(哦)[uo·]?

　　动结式和双趋式在反问句中的合音基本一致,其相应的肯定句也能实现语气性变韵。只是合音的对象并不仅限于"也",还包括语气词"哟/哦",且与 D 变韵规则完全一致。

(69) 怎些儿那么多钱儿谁能拿起^H[tɕ'iɛ⁵⁵]? =……谁能拿起也[iɛ·]? ——我还能拿起^D[tɕ'iɛ⁵⁵]这俩钱儿。

(70) 这跟^{D}那牛筋样,谁能嚼烂^H[lɛ³¹²]? =……能嚼烂也[nɛ·]? ——再那个点儿他也能嚼烂^D[lɛ³¹²]。

(71) 这咋□[tər³¹²]怎么学会^H[xuɛ³¹²]? =……能学会也[iɛ·]? ——俺能学会^D[xuɛ³¹²]。

(72) 那沉^{D}重嘞,(能)搬动^H[tuo³¹²]? =……搬动哦/哟[ŋo·]? ——他(能)搬动^D[tuo³¹²]它喽。

(73) 墨水得都渍^{D}上了,这能洗净^H[tɕio³¹²]? =……这能洗净哦/哟[ŋo·]?——我能洗净^D[tɕio³¹²]。

　　例(70)的[nɛ·]、例(72)、(73)的[ŋo·]分别是"也"和"哦/哟"的连音形式。

　　内黄方言动词与语气词这种跨层次的合音现象除了在变音对象(动趋式、动结式、广义的复合趋向动词)、句子情态(能性句)等方面与语气性变韵一致外,以下三个方面尤为值得注意。

　　(一)合音韵母和 D 变韵母完全相同(如例句注音),动词对语气词的合音选择,与 D 变规则完全一致。"来""去"对"哦/哟"的合音排斥,从反面印证了

55

这一点。

（二）合音和变韵仅表语气意义，存在与否并不影响句子的成立，更与其他功能类 D 变标记的"完成""持续""终点格"等范畴义无关。即使是部分趋向动词入句后的意义非常虚化、灵活，仍然能够实现合音和变韵。

（三）合音只能处于句末位置，变韵也只有处于句末位置时其表确认语气的作用才更为明显，这一点和其他功能类 D 变处于句末位置一般不能变韵的情形迥异。

由此我们认为，动词和语气词的合音处于动词语气性变韵更早的时间层次。换句话说，表语气义的变韵源于动词和句末语气词的合音。在演变过程中，语气成分在肯定句中失去独立地位，变韵适用的范围进一步扩大。

具体来说，第一步合音，缘于省力；第二步变韵，在肯定句中完成。至于语气成分如何在肯定句失去独立地位，或者说语气性变韵到底是否经过合音阶段，从历时的角度不易回答。不过从其性质以及处于句末位置的作用看，语气性变韵很有可能直接衍生于听话人对说话人否定性反问的驳斥或辩解。答句引述谓语来否定反问句的前提，从而导致合音成分出现在肯定句中。这就是说，肯定句中的语气性变韵是个"截取"形式，语气成分从一开始出现就不能还原。第三步变韵泛化。语用类推最终导致了动词变韵之后带上其他成分等现象，并使语气义受损。以例（61）为原型，语气性变韵的演变过程大致如下：[1]

怎这么宽嘞的这沟，哪儿（能）蹅过去也？

←→怎宽嘞这沟，哪儿（能）蹅过去^H？（反问）

→我逗就能蹅过去^D。（反驳，引述"能蹅过去^H"，否定"沟宽"）

→我逗就能蹅过去^{D}这个沟。（泛化，带上宾语）

---

[1] 段亚广先生与作者交流时提出，趋向成分"来/去"的变韵也有可能源于与语气词"嘞"的合音，因为它们与"嘞"不排斥，且能出现在我们所列反问句"也"的位置。我们认为，这种可能性不大，起码不是直接源于与"嘞"的合音。原因是，(1) 从音感上看，母语人认定合音的对象是"也"，至于"嘞"和"也"是否具有渊源关系则是另一个话题。(2) 语气词"嘞"处于句末位置时很多情况下并不发生音变，"也"则活跃得多。退一步讲，即使如段先生所言，总体上也不影响我们的结论。

5 结 语

本文描写和讨论了内黄方言动趋式中两类不同性质的变韵。将行为动词的变韵定性为动趋式内部的连接标记,不仅可以避免随文释义的缺陷,使变韵在不同句类中的功能得到统一解释,而且有利于探讨不同方言间相关格式的内在联系。以往的报告之所以对该类变韵缺乏清晰的认识,恐怕主要是描写视角的问题。单纯着眼于行为动词本身来讨论变韵的功能,怕是永远也说不清。

语气性变韵具有极强的动态性,涉及的层面更为宽泛。从适用的范围看,变韵不仅受谓语的情状类型、句子的情态等语义因素的制约,更受到语用因素的制约。目前关于该类变韵的报告还很少,许多问题有待进一步梳理。

豫北方言的动词变韵是一个极其复杂的音义关联系统,我们对它的了解还很有限。虽然自贺巍(1965)以来该问题已逐步成为豫北方言研究的一个热点,但大多数报告仍停留在变韵功能的简单描写层面,且仅限于对单音节行为动词和变韵句法格式的刻画。如何将多音节动词、动词构式(连动式、动结式、动趋式等)以及变韵的制约因素(动词的语义特征、句子的语用条件等)纳入考察的视野,将研究引向深入,已成为一个亟待解决的问题。

参考文献

陈 刚 1987 《试论"动—了—趋"式和"动—将—趋"式》,《中国语文》第 4 期。

陈卫恒 2011 《音节的意义暨音系与词汇化、语法化、主观化的关联:豫北方言变音的理论研究》,北京语言大学出版社。

范继淹 1963 《动词和趋向性后置成分的结构分析》,《中国语文》第 2 期。

郭继懋 1997 《反问句的语义语用特点》,《中国语文》第 2 期。

贺 巍 1989 《获嘉方言研究》,商务印书馆。

柯理思、刘淑学 2001 《河北冀州方言"拿不了走"一类的格式》,《中国语文》第 5 期。

吕叔湘 1982/1942 《中国文法要略》,商务印书馆。

吕叔湘主编 2008 《现代汉语八百词》(增订本),商务印书馆。

李小凡 2000 《现代汉语词尾"了"的语法意义再探讨》,载《语法研究和探索》(十),商务印书馆。

李学军 2012 《河南内黄方言音系》,《方言》第 1 期。

李宇凤 2010 《反问的回应类型与否定意义》,《中国语文》第 2 期。

刘丹青 1995 《语义优先还是语用优先》,《语文研究》第 2 期。

刘丹青　2001　《方所题元的若干类型学参项》,《中国语文研究》总第 12 期。

刘月华主编　1998　《趋向补语通释》,语文出版社。

陆俭明　1989　《"V 来了"试析》,《中国语文》第 3 期。

孟　琮　1987　《动趋式语义举例》,载《句型和动词》,语文出版社。

齐沪扬　2002　《语气词与语气系统》,安徽教育出版社。

乔全生　1992　《山西方言"V+将+来/V+将+去"结构》,《中国语文》第 1 期。

秦洪武　2002　《汉语"动词+时量短语"的情状类型和界性分析》,《当代语言学》第 2 期。

邵静敏　2010　《汉语方言疑问范畴比较研究》,暨南大学出版社。

沈家煊　2003　《现代汉语"动补结构"的类型学考察》,《世界汉语教学》第 3 期。

孙锡信　1999　《近代汉语语气词》,语文出版社。

太田辰夫　1958/2003　《中国语历史文法》(修订译本),蒋绍愚、徐昌华译,北京大学出版社。

王国栓　2005　《趋向问题研究》,华夏出版社。

王青锋　2007　《长垣方言志·语音篇》,中州古籍出版社。

王　森　1998　《郑州荥阳(广武)方言的变韵》,《中国语文》第 4 期。

王自万　2011　《开封方言变韵的几个问题》,《汉语学报》第 2 期。

吴福祥　2002　《汉语能性述补结构 V 得/不 C 的语法化》,《中国语文》第 1 期。

辛永芬　2006　《河南浚县方言的动词变韵》,《中国语文》第 1 期。

杨德峰　2002　《用于将来的"动+了+趋"初探》,《语言研究》第 2 期。

杨国文　2011　《"动词+结果补语"和"动词重叠式"的非时态性质》,《当代语言学》第 3 期。

杨永龙　2001　《〈朱子语类〉完成体研究》,河南大学出版社。

曾传禄　2013　《"V+去"和"V+走"》,《世界汉语教学》第 1 期。

张慧丽　2011　《汉语方言变韵的语音格局》,北京大学博士学位论文。

赵清治　1998　《长葛方言的动词变韵》,《方言》第 1 期。

赵日新　2007　《中原地区官话方言弱化变韵现象探析》,《语言学论丛》第 36 辑,商务印书馆。

关中方言趋向表达的句法语义类型 *

——兼谈方言语法中的无标化倾向

唐正大

（中国社会科学院语言研究所）

1 引　言

　　作为地理概念的陕西关中地区,包括西起陇县,东至潼关,北达铜川,南接长安县的一大片区域,与渭河流域基本吻合。而关中方言,就其主要词汇、语音和语法特点而言,应该更广于这个概念,可延伸至陕北南部,陕南的部分区域以及甘肃、河南、山西等毗邻区域。关中方言属中原官话,其各片之间存在着比较高的内部一致性(详参 Lamarre 2007, Tang & Lamarre 2007,唐正大 2005 等),本文要讨论的趋向表达也是如此。但因笔者为关中永寿县人,文中若出现标音,则均为永寿县城区发音。

　　普通语言学研究中的趋向范畴一般也称为"位移事件"(motion event),在表达位移事件方面,不同的语言可能会使用不同的格式(参看 Talmy 2000,Slobin 2001 等)。而在汉语方言内部,很可能就存在不同的类型差异。对于北方官话位移事件的研究,Lamarre(2007)有较为宏观的论述。本文以普通话为参照,探讨关中方言位移事件表达的类型特点及其背后的话语机制。先介绍几个本文要用到的概念:

　　1. 方位词(localizer),指由方位名词语法化而来的、以背景名词为参照、表达前景名词(figure NP)的空间位置的成分,如轻读的"-上、-里"等。简记

---

* 本文发表于《语言科学》2008 年第 2 期。

为 Loc。

2. 背景名词(ground NP),如"从山上下来、飞到北京"中的"山"和"北京"。简记为 G。"山上"为方位短语。

3. 伴随事件动词(co-event verbs),表示位移的方式或使因,如"走、跳"等不及物动词和"送、推、提"等及物动词。简记为 V。

4. 非直指性趋向补语(non-deictic directionals),和说话者所处的位置没有参照关系,如"上、出、过"等,简记为 D_n;直指性趋向补语(deictic directionals),与说话者所处的位置有参照关系,如"来/去"。简记为 D_d。D_n 和 D_d 均由路径动词语法化而来。

5. 非直指性路径动词(non-deictic path verbs),如重读的"上(树)、出(门)"类动词。简记为 P_n;直指性路径动词(deictic path verbs),如重读的"来(徐州)"和"去(学校)"。简记为 P_d。二者一般也称为趋向动词。

2 关中方言位移事件的几种表达格式

2.1 路径动词表达位移事件
2.1.1 直指性路径动词+背景名词
表达式一: P_d(来)+G

这个格式在关中方言中很有标记:只允许用"来",不允许用"去";并且"来"后不大接受方所短语和较长的宾语(这些宾语是背景名词),如(1):

(1) a. 来西安　　　　　b. *去西安

　　c. *来西安东大街　　d. *去西安东大街

而且以上(1a—d)都是短语,不能直接成句,也不能作句子的主要谓语:

(2) *快来西安!　　*我明儿来西安呀。　　*张三夜来昨天来西安咧了。

"来+G"格式只能出现在从属句中,但也不常用,我们的语料里只看到了1例:

(3) 你说你……(停顿)……来西安都想弄啥?

"来+G"属于非限定性(non-finite)谓语,不能有形态变化(*来不来西安),不能带体标记等限定范畴标记(*来西安咧/呀/着呢)。

2.1.2　非直指性路径动词+背景名词

表达式二：P_n+G

例如"上/下楼梯"等。在汉语方言中，这些非直指性路径动词不同程度地语法化为趋向补语，也就是我们说的非直指性趋向补语（D_n）。①

普通话的"P_n+G"表达式如：

（4）a. 吴林栋这时已上了十米跳台。（王朔《过把瘾就死》）

　　b. 我进房间了。

把上面两句对译成关中方言，可以发现与普通话基本平行：

（5）a. 吴林栋滞[tʂʅ⁴⁴]个这个时景时候都上咧十米跳台咧。

　　b. 我进咧房子咧。

观察关中方言的语料发现，用"P_n+G"格式表达位移事件相当少见。虽然问卷调查中母语者认为可以说，但基本只限于"上/下山、过河"这样较短、较固定的组合。实际上，这种格式在普通话文本中的出现频率也不高。以"上"为例，在王朔的《过把瘾就死》中，"上（P_n）+G"只出现了2次，一次是（4a），一次是"上了三楼……"（非独立成句）。而"上"作为"趋向补语"（即 D_n）的格式（如"抬上床"），则有23处。可见，从类型学上讲，将汉语归于"卫星框架式"语言是有道理的。

总之，非直指性路径动词、直指性路径动词直接带背景名词这两种格式，不是关中方言表达位移事件的主要形式。

2.2　趋向补语表达位移事件

2.2.1　两组对立的位移事件及背景名词的相对位置

在讨论更常用的表达形式之前，有必要以普通话为例，区分位移事件的不同

---

① 这种路径动词直接带背景名词的表达式属于 Talmy（2000）所说的"动词框架"（verb-framed）类型，即[位移（motion）]和[路径（path）]这两个要素由一个动词集中表达，如法语（traversa：穿过）、西班牙语（entró：进入、走进）、日语（出て：走出、跑出等）等；而汉语则属于"卫星框架"（satellite-framed）类型语言，因为[路径]信息由"非核心"成分附加到动词核心上来表达，例如"搬上山顶、走在路上"。Talmy 忽略了汉语中的"上井冈山、过长江"这种"动词框架"类型的存在；当然，这种格式很受限制，远不是汉语位移事件表达的主要类型。

类型。简单说,位移事件就是起点(source)和终点(endpoint)之间的空间运动过程,这样就可能存在下面的对立:

(6) 对立 I:终点位移事件 vs. 起点位移事件

普通话在表达终点位移事件和起点位移事件时具有形式上的对立,主要体现为背景名词在动词前还是在动词后。以下例句画线部分即为背景名词。

1. 起点事件—背景名词在动词前,终点事件—背景名词在动词后:

(7) 张三从 外面 跑 进 房间 来。

$$\text{G} \quad \text{V} \quad \text{D}_n \quad \text{G} \quad \text{D}_d$$

前半部分"从外面跑进"是起点事件,背景名词在动词组前;后半部分"跑进房间来"是终点事件,背景名词在动词组后。起点在动作前,终点在动作后,该语序在一定程度上表现了空间像似性(spatial iconicity)。

但普通话中也存在着异义同构(isomorphic)的不规整现象:

2. 起点事件—背景名词在动词后,终点事件—背景名词在动词后:

(8) 扔下楼去。　　　　(9) 冲进宿舍。

例(8)中,"楼"是位移的起点,却在"扔"的后面,这违反了空间像似性。

3. 起点事件—背景名词在动词前,目标事件—背景名词在动词前

(10) 张三从楼上走下来。

(11) 船队朝海岛驶去。(《现代汉语八百词》:93 页)

例(11)中,"海岛"是将要到达的终点,却在动词"驶"之前,这好像违反了空间像似性。我们认为,情况不完全如此,有必要区分另一组对立事件:

(12) 对立 II:终点位移事件 vs. 目标位移事件

例(7—10)所表达的事件中,背景名词无论表起点,还是表终点,都是"已经离开的起点"或"已经到达的终点";而(11)中的背景名词"海岛"准确地说是一个未达到的目标(unreached goal),或者"可能的终点"。从时空像似性(temporal-spatial iconicity)的全面角度看,表"目标"的背景名词出现在动词之前也是"像似"的:先确定"海岛"这一目标,然后进行"驶"的动作。

当然,真正违反像似性的格式也有,即表"目标"的背景名词出现在动词后:

(13) 物资运往灾区。　　　　(14) 迈向 2008。

但这种格式仅限于"向/往+G",同现的动词也仅是少数单音节动词(《现代汉语

八百词》:578 页),而且一般见于书面语。这种格式在北京话口语里也很少见。

这样看来,以背景名词与伴随事件动词的相对位置为参数,普通话在终点位移事件和目标位移事件表达上可采用不同的策略。下面的示意图比较直观地概括了普通话位移事件表达的对立情况(V 即伴随事件动词,G 为背景名词,虚线表示高度有标记、不常用):

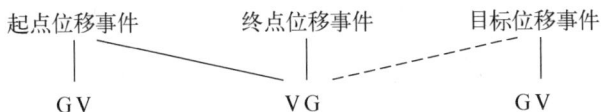

起点位移事件　　　　终点位移事件　　　目标位移事件

G V　　　　　　V G　　　　　　G V

下面探讨关中方言中背景名词与动词的语序和位移事件表达类型的关系。

2.2.2　关中方言背景名词表终点的位移事件表达

Talmy(2000)将汉语概括为"卫星框架式"类型,是仅基于[V+P_n+G(+P_d)]这种格式所下的结论;其实该格式在普通话中不是唯一的表达,很多北方官话和吴语中更是不能说。还有一种常用格式不容忽略,也应该归于"卫星框架式",如(19—22)的 b 句。下面例(15—18)考察没有"来/去"情况下怎样表达终点位移事件。可以看出,普通话中常用的格式[V+P_n+G(+P_d)](如 15—22 的 a 句)在关中方言中不能说(如 15—18 的 b 句):

(15) a.〈普〉张三爬上那座山了。

b.〈关〉*张三爬上那一座山咧。

(16) a.〈普〉我想走下一楼。

b.〈关〉*我想走下一楼。

(17) a.〈普〉张三走进房子了。

b.〈关〉*张三走进房子咧。

(18) a.〈普〉贼爬出窗外了。

b.〈关〉*贼爬出窗外岸外面咧。

例(19—22)继续考察关中方言怎样表达终点位移事件,其中出现了"来/去",下列 a 句是套用普通话常用格式[V+P_n+G+P_d]的关中方言对应例,都不能说;b 句都能说:

(19) a.〈关〉*张三爬上那座山去咧。

b.〈关〉张三爬着[tʂuo]/到[tau]那一座山上去咧。

（20）a.〈关〉* 我想走下一楼去。

　　　b.〈关〉我想走着/到一楼去。

（21）a.〈关〉* 张三走进房子来咧。

　　　b.〈关〉张三走着/到房子里岸_{里面}来咧。

（22）a.〈关〉* 贼爬出窗外来咧。

　　　b.〈关〉贼爬着/到窗子外岸来咧。

语境允许的情况下,例（19—22）中的"背景名词+方位词（G+Loc）"也可以省去,如:

（23）张三走着/到来咧。　我爬着/到去咧。

以上（19—22）的 b 句和（23）中,动词和背景名词之间的这个位置在关中永寿话中可以是"到",读轻声[tau],也可以是"着",读轻声[tʂuo];二者是自由变体,都可以进一步弱化为短促的轻声央元音[-ə],实际上已虚化为伴随事件动词后的附缀（clitic）。语料中观察到的附缀化形式[-ə]远多于原形"着/到"。这里需要指出的是,根据《现代汉语方言语法语料库（兰州）》（刘丹青 2006 主编,王森提供）,兰州话（老派）中,路径动词和背景名词之间只能为"着";根据发音人兰宾汉（西安人）、张巍（渭南人）,以及 Lamarre（个人交流）对于西安及其以东的山西万荣方言的调查,这个[-ə]还原为"到"。本文为行文方便,对于这个附缀,一般记作"到""到(-ə)"或"-ə"等。

我们用下面的表达式概括关中方言终点位移事件（实下划线表明该部分在句法上不可省略,虚下划线表示可以省略,下文例25、35、36 同此）:

（24）表达式三: V+到(-ə)+G+Loc+D$_d$

可以看出,关中方言表达终点位移事件有下面的规则:

Ⅰ. 表达终点位移事件只能用表达式三。

Ⅱ. 表达终点位移事件时,背景名词只能在伴随事件动词之后。

Ⅲ. 伴随事件动词和背景名词不能邻接,二者之间必须出现"到(-ə)"。

Ⅳ."到(-ə)"不表达方位和方向信息;传达该信息的是方位词;方位词在背景名词后。

Ⅴ. 直指性趋向补语"来/去"必须出现,且出现在"背景名词（+方位词）"后。

相比之下,普通话除了可以用表达式三外,还可以用"V+P$_n$+G"(扔上屋顶)表达终点位移事件,动词后可以没有"到",有时也可不出现"在"(放桌上);此外,普通话不需要"来/去"也可完句(张三爬上了那座山)。

2.2.3 关中方言背景名词表起点、途径的位移事件表达

关中方言中,当背景名词表起点时,位移事件用下面的格式表达:

(25) 表达式四: <u>介</u>+G+Loc+V+D$_n$/到(-ə)+D$_d$

汉语一般用"从"类介词表起点。西安地区的关中方言一般用"从"或"打-ə"("打-ə"可以还原为"打着"),笔者母语中一般只说"打-ə/打着"。下列(26—27)的 a 句所用词汇都是关中方言,但使用的格式在普通话中都能说,在关中方言中却不能说。符号">"表示左边比右边更自然。"(起)、(终)"分别表起点、终点事件:

(26) a. *长虫_虼钻出窝窝_窝来。

    b. 长虫打_从-ə 窝窝里岸钻出来咧。(**起**)>

    c. 长虫钻到(-ə)窝窝外岸来咧。(**终**)

    d. 长虫钻出来咧。>   e. 长虫钻-ə 来咧。

(27) a. *张三跑出窑_窑洞去咧。

    b. 张三跑到(-ə)窑外岸去咧。(**终**)>

    c. 张三打-ə 窑里岸跑出去咧。(**起**)

    d. 张三跑出去咧。>   e. 张三跑-ə 去咧。

有意思的是,关中方言需要在背景名词(如"窝")后面加上方位词,即需要说明是"窝里面"还是"窝外面"。如果是"窝里面",则为起点位移事件"从窝里面钻出来",用表达式四,例如(26b)和(27c);如果是"窝外面",则变成终点位移事件"钻到窝外面",用表达式三,例如(26c)和(27b)。不难看出,若用"来",更倾向于使用起点位移事件表达式;若用"去",则倾向于使用终点位移表达式。这种分工倾向有其认知动因:任何位移事件都可概括为从起点到终点之间的移动,而语言表达位移事件时,却往往只凸显起点或终点中的一个,使另一个成为默认值(default value)。

一般情况下,说话人总以自己所处的位置为默认值。"来"表示的位移动作"近说话人而来",则以说话人所处位置为默认的终点,这时,起点成为需要凸显

和表达的信息;"去"表示的位移动作"远说话者而去",以说话人所处位置为默认的起点,终点自然成为需要凸显和表达的信息。这可以解释,为什么(26)多用起点位移事件(人很难和蛇处在同一起点——蛇洞里面)表达,而(27)中虽然"窑(洞)"表起点,却以使用终点位移事件表达式为佳(窑洞外面成为终点)。

也就是说,当背景名词表起点信息时,如果该位移是远离说话者而去,就倾向于用终点位移事件格式(表达式三)表达。但这是有例外的。例如:

(28) a. 有个人打-ə 七楼跳下去咧。(起)

　　　b. *有个人跳到(-ə)七楼下岸去咧。(终)

说话人所处的楼层至少和跳楼人一样高,按说,b 式要比 a 式更好,但实际上 b 式谬于常理。这个例外也不难解释:b 句的"七楼下岸下面"的默认理解一般是"六楼和/或以下",这显然不符合该事件的原意:有个人从七楼跳到了地面上。

以上(26—28)例的背景名词(窝、窑洞、七楼)均表起点。下面两例中,背景名词既不表起点,也不表终点。同样,与 a 句对应的句子换成普通话就能说,在关中方言中不能说:

(29) a. *张三走下山坡坡山坡来咧。

　　　b. 张三打-ə 山坡坡上岸走下来咧(**起**)。>

　　　c. 张三走-ə 山坡坡下岸来咧。(**终**)

　　　d. 张三走下来咧。>　e.张三走-ə 来咧。

(30) a. *狗撺过河去咧。

　　　b. 狗撺-ə 河那岸那边去咧。(**终**)>

　　　c. 狗打-ə 河滞岸这边撺过去咧。(**起**)

　　　d. 狗撺过去咧。>　e. 狗撺-ə 去咧。

这两句中的背景名词"山坡""河"就是我们所说的途径(route),位移动词和它的关系是"穿越型"。与原句(普通话表达法)相比,关中方言把"途径"信息转化为起点信息或终点信息,转化的方法是在表"途径"的名词之后加上"上面""里面"等方位词,或"这/那边"等指示成分,使无界的概念有界化;这样,整个途径位移事件就转化成起点位移事件(29b、30c)或终点位移事件(29c、30b)了。同样,对于"来"句,起点事件表达更自然;对于"去"句,终点事件表达更自然。下面概括当背景名词表途径时关中方言表现出的规则:

Ⅰ.途径位移事件要么转化为起点位移事件,要么转化为终点位移事件;转化的关键在于,强制性地在背景名词上加上方位词,然后再加上直指性趋向补语"来/去";

Ⅱ.直指性趋向补语用"来",则倾向于用起点位移事件表达式;用"去",倾向于用终点位移事件表达式。

需要补充说明的是,关中方言目标位移事件表达在格式上与表达式四相同,只需将前置介词"打-ə(从)"换为"朝/往"即可:

(31) 老鼠 往 房顶 上 爬 上/-ə 去 咧。
　　　　介 　G 　Loc 　V 　D_n 　D_d

下面简单概括一下关中方言和普通话在表达位移事件方面所采取格式的不同:

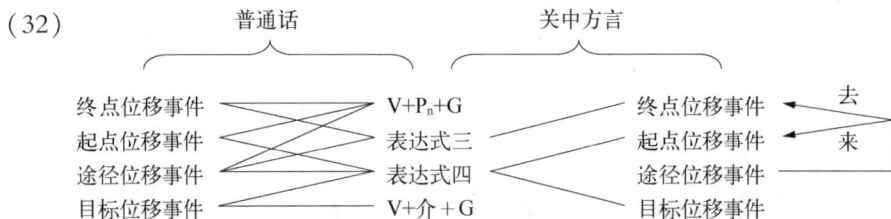

(32)

普通话		关中方言

终点位移事件 —— V+P_n+G —— 终点位移事件 ← 去
起点位移事件 —— 表达式三 —— 起点位移事件 ← 来
途径位移事件 —— 表达式四 —— 途径位移事件
目标位移事件 —— V+介+G —— 目标位移事件

也就是说,关中方言中,当背景名词表起点和途径时,根据说话人所处位置等话语现场要素,要么用起点位移事件表达,要么用终点位移事件表达,这在句法上与背景名词后面所加的方位词有关,同时,"来"或"去"的使用也有高度影响作用。

2.2.4　使役性位移事件:受事宾语出现时的情况

以上讨论的位移事件中,伴随事件动词多为不及物动词,不能带宾语。下面观察,当伴随事件动词为及物动词且带宾语时,这种使役性位移事件在关中方言中如何表达:

(33)〈普〉扔一根绳子下去

扔下去一根绳子/? 扔下一根绳子去/扔下一根绳子/扔来一根绳子

a.〈关〉*张三扔[ə^{51}](咧)(一个/个/那个)绳下去。

b.〈关〉*张三扔下一个/个/那个绳(去)。

    c.〈关〉*张三扔去一个/个/那个绳。

    d.〈关〉张三扔下/-ə 去个/一个绳。

    e.〈关〉张三把(个/一个/滞个/那个)绳子扔下/-ə 去(咧)。

以上例(33a—e)中,背景名词没有出现。关中方言有两种格式可以说,一种是动—宾式(如 d),用动—宾式要求:伴随事件动词(扔)和"来/去"之间需要"下、进"这样的趋向补语或者轻读的"到/着/-ə",同时要求宾语为无定形式"(数)+量+名"结构(一个绳);另一种格式是把字句,如例(33e),动词和"来/去"之间也必须出现趋向补语或"到/着/-ə"。

    下面是背景名词(下划线成分)出现的情况,括号里面标明位移事件的类型:

    f.〈关〉张三往<u>井里岸</u>扔下去一个/个绳。(目标)

    g.〈关〉张三打-ə <u>井上面</u>往<u>井里面</u>扔下去一个/个绳。(起点—目标)

    h.〈关〉张三把一个/个/滞个/那个绳打-ə <u>井</u>上面扔到<u>井</u>里面去咧。(起点—终点)

(34)〈普〉把行李搬出<u>门</u>来

    a.〈关〉*把行李搬出<u>门</u>来!(途径)

    b.〈关〉*张三把行李搬出<u>门</u>来(咧)。(途径)

    c.〈关〉把行李搬到<u>门</u>外岸来!(终点)

    d.〈关〉把行李打-ə <u>门</u>里面搬出来!(起点)

    e.〈关〉张三把行李打-ə <u>门</u>里面搬到<u>门</u>外面来咧。(起点—终点)

    通过上述比较不难发现,当伴随事件动词带了宾语,关中方言表达位移事件时除了需要遵循上面提到的规则外,还需要遵循:

    Ⅰ.不能出现"伴随事件动词+来/去+宾语"的格式,动词和"来/去"之间必须出现轻读的"到/着/-ə",同时,宾语必须是无定的"(数)+量+名"结构。

    Ⅱ.宾语出现在把字句中时,没有指称上的限制。

    当一个使役性位移事件的起点、终点、目标等要素都出现在一个句子里,就会得到能够允许的最长表达式:

    (35)表达式五:<u>打-ə+G+Loc</u>+往+<u>G+Loc</u>+V+D_n+D_d+(数)量+名

（36）表达式六：把+（数/指+量+）名+打-ə+G+Loc +<u>V</u>+到(-ə) + <u>G</u>+Loc +<u>D</u>$_d$

用例分别如（33g）和（33h）。不难看出，加上宾语以后，基本表达式还可以归结为表达式三和表达式四。其中，表达一个位移事件的最简式就是："动词+到(-ə) +'来/去'"，或者"动词+'上/进/过'等+'来/去'"，即如"搬到(-ə)来"或"爬进去"这样的格式就是关中方言表达位移事件所必须采用的最小形式。

3 总结和余论

上文用6个表达式概括了关中方言位移事件表达的各种情况，除了极不常用的"P$_d$(来)+G"和有固定格式限制的"P$_n$+G"外，关中方言基本采用表达式三和表达式四，其核心部分就是"V+D$_n$/到(-ə) +D$_d$"，即"拿上/到(-ə)去"或"走下/到(-ə)来"这样的格式。和普通话相比，关中方言表现出以下类型特点：

1. 各种类型的位移事件需要转化两种：终点位移事件或起点位移事件，"来"和"去"的使用对这一转化选择有影响，这种影响有其认知和常识上的理据性。

2. 直指性趋向补语"来/去"（D$_d$）必须出现，即表达位移事件时必须表明：该位移是近说话者而来，还是远说话者而去。

3. 动词后不能直接跟"来/去"，其间必须出现"上/进/回/过"等趋向补语或"到(-ə)"附缀。

4. 动词后不能直接跟方位短语（背景名词+方位词），其间必须而且只能出现"到(-ə)"。

5. 若有背景名词出现，一般强制要求加上方位词，从而使整个方位短语要么表终点，要么表起点。

以上句法语义特点所反映的类型学意义值得思考。

动词后的"来"和"去"是直指性趋向补语。所谓"直指"（dexis），一般指以说话者当前的位置（location）、时间（time）、人称（person）等为参照，指称会话中的某一要素（参看 Levinson 1983：63）。通俗地说，就是在言语过程中标明"我、现在、此地"的信息和立场。所以指示代词、指示叹词、时体标记、"来/去"等成分都可以成为表直指的手段。"来"和"去"以说话者所处位置为参照，分别表明某位移是"近己而来"或"远己而去"。关中方言中，这种直指范畴使用的强制性是可以理解和解释的：典型的方言是口语，典型的口语是对话，所有的对话都由说话者说出，所以在时间、空间、人称、态度等方面带上说话者的印迹（即主观性）是很自然的事情，也是很重要的内容。方言中表达直指范畴的形式一般多于普通话，例如表达说话者态度的语气词更发达、时体表达更丰富、指示词使用频率更高。本文所讨论的强制使用"来"或"去"的现象也属于这种情况。

其次，"来"和"去"出现在整个趋向表达的末尾，读轻声，有助词化的倾向。如"拿上去、拿着/到/-ə 去、拿着房子里岸去"。这不难理解："来、去"的这种功能虚化、读音轻化、频率高化现象和其表达的强主观性是一致的。而且语言有一个倾向，即主观性越强、虚化程度越高，就越倾向于处在句子外围（参看陆丙甫1998，Cinque 1999，邓思颖 2002，史金生 2003 等）。实际上，"来、去"在关中方言中还进一步分别虚化为近过去时标记和将行体标记，同样和直指有关，都在句末。这里不赘述。

"到"的附缀化（cliticization）、虚化和语音弱化是关中方言的另一特点。动词和方位短语之间、动词和"来、去"之间必须插入一个成分，从语义和词项上看，这个成分可以是"到"也可以是"着"，而两者都可以在这个位置发生中和，原有的"到达、存在"和"附着、存续"等语义内容都虚化、中和为一个功能性成分、连接手段，语音上更是弱化为[-ə]。"到"在关中方言中除了具有普通话"到"的功能和用法外，还是一个相当于普通话"在"的前置介词，从句法上讲与后面的方位短语组成一个介宾组合，但在语音上却完全附缀于前面的动词之后，这是一种语法化中的重新分析现象，或"重构"（re-organization，参看 Zwicky and Pullum 1983 关于附缀化的讨论）现象，也是一个典型的附缀化个案。汉语方言中，伴随事件动词（包括及物和不及物动词）与方位短语之间的位置是一个语法化、附缀化、重组、中和等现象的高发区，值得深入调查研究。

和普通话相比，关中方言是更彻底的卫星框架式（satellite-framed）语言。整个位移表达中只有一个主要动词，即伴随事件动词，其余具有动词性或动词来源的成分都发生了助词化（如"来、去"）、补语化（如"-上"）或附缀化（如"到/着/-ə"）。这符合汉语语法化过程中"一个句子只要一个主要动词"[1]的强烈

---

① 连动结构中往往是一个动词成为定式动词，其余的则状语化或补语化（参看刘丹青 2007）。

倾向。

普通话兼有动词框架和卫星框架两种格式,以后者为主。在卫星框架式中,也出现了形式和功能间交错对应的复杂局面,如(32)所示。① 而关中方言则规整得多,表现在三个方面:功能规整,将所有位移事件简化为起点和位移事件;形式规整,可归结为表达式三和四;功能和形式的对应规整,一种形式表达一个功能,一个功能由一种形式表达,这是语言经济原则作用下的理想模式。关中方言(应该还有其他方言)在很多方面表现出这种“理想模式”。我们认为,这些与方言的口语性、受接触、书面文本等影响的层次较为单一有关。朱德熙(1987)就曾说过“现代书面汉语的稳定程度不如口语”,Tang and Lamarre(2007)和柯理思(2007)也附带提到关中方言在及物性表达、时体表达、位移事件表达等方面的这种规整对应性。普通话研究中,经常会碰到“这也可以说、那也可以说”的困惑。“法”失而求诸“野”——这也许可以成为普通话和方言类型比较研究中的一个方法。

语料说明

关中方言用例中的非星号句主要来自两组对话,星号句的语感参照了下列发音人的反映及本人的语感:

第一组对话:郝公平,男,39 岁,陕西省永寿县御驾宫乡原农林特产税务组成员,初中文化;唐小绒,女,38 岁,永寿县监军镇居民,小学文化。2004 年 3 月 7 日录音,56′。第二组对话:孙秀霞,女,61 岁,陕西永寿县渡马乡基督教会成员,农民,小学文化;其他两位为教会成员,佚名。2004 年 2 月 26 日、27 日录音,分别为 1:35′和 55′。同时参考刘丹青主编(2006)《现代汉语方言语法语料库》电子版西安和兰州部分,调查者分别为唐正大和王森。

普通话语料主要来自吕叔湘主编(1980)、朱德熙(1982)和王朔的小说《过把瘾就死》。

参考文献

邓思颖 2002 《粤语句末助词的不对称分布》,《中国语文研究》第 14 期,75—84 页。

柯理思 2007 《从趋向范畴的方言表述看“书面汉语中的不同层次”的判定》,(日)《中国语学》254:51-73。

刘丹青 2007 《重新分析的无标化解释》,第四届汉语语法化问题国际学术讨论会论文(北京语言大学)。

刘丹青主编 2006 《现代汉语方言语法语料库》电子版,中国社会科学院语言研究所和香港

---

① 出现这种复杂局面的原因是多方面、多层次的,本文限于篇幅,难以尽述,将另文探讨。

　　城市大学中文、翻译及语言学系资助。

陆丙甫　1998　《从语义、语用看句法的实质》,《中国语文》第 5 期。358—367 页。

吕叔湘主编　1980　《现代汉语八百词》,商务印书馆。

马　真　1997　《简明实用汉语语法教程》,北京大学出版社。

史金生　2003　《情状副词的类别和共现顺序》,《语言研究》第 4 期,1—9 页。

唐正大　2005　《关中方言第三人称指称形式的类型学研究》,《方言》第 2 期,109—118 页。

朱德熙　1987　《现代汉语语法研究的对象是什么》,《中国语文》第 5 期,321—329 页。

Cinque, G.　1999　*Adverbs and functional heads: A cross-linguistic perspective*. Oxford: Oxford University Press.

Lamarre, C.　2007　The linguistic encoding of motion events in Chinese: With reference to cross-dialectal variation, in Lamarre C. and Ohori T. (eds.) 空間移動の言語表現の類型論的研究 1：東アジア東南視点から (*Typological Studies of the Linguistic Expression of Motion Events*). 3 - 33.

Levinson, S. C.　1983　*Pragmatics*. Cambridge, England: Cambridge University.

Slobin, D.　2001　Form-function relations: how do children find out what they are? *Language acquisition and conceptual development*, eds. by Bowerman & Levinson, 406 - 449. Cambridge: Cambridge University Press.

Talmy, Leonard　2000　*Toward a Cognitive Semantics Vol. II : Typology and process in Concept Structuring*. Cambridge (Ma.): MIT Press.

Tang, Zhengda and Christine Lamarre　2007　A Contrastive Study of the Linguistic Encoding of Motion Events in Standard Chinese and in the Guanzhong Dialect of Mandarin (Shaanxi), *Bulletin of Chinese Linguistics*, No. 1, Vol. 2: 135 - 168.

Zwicky and Pullum　1983　Cliticization vs. inflection: English N'T. *Language* 59: 502 - 513.

甘肃漳县方言的唯组合式动趋结构[*]

盛益民[1]　尚　婧[2]

(1/2 复旦大学中文系,1 复旦大学现代语言学研究院)

1 引　言

　　普通话的趋向成分可以分成两大类:一类是路径成分(或称"非直指趋向成分",作补语时本文用 Dp 表示),包括"上、下、起、进、出、过、回"等;一类是直指成分(或称"直指趋向成分",作补语时本文用 Dd 表示),包括"来、去、走①"。路径成分还可以与"来、去"相互组合构成复杂趋向成分,如"上来、下去、进来、出去、起来、回去"等。普通话中,动词可以与各类趋向补语直接组合,如"走上去""拿进教室""背来"等;在汉语史上,还存在加"将""得"等连接成分的组合式动趋结构(蒋绍愚、曹广顺主编 2012),如"拿将出去"。

　　组合式动趋结构在方言中比较常见(柯理思 2002),而动结式基本上都是黏合式的,这也体现出动趋式相较于动结式在结构上表现得更为松散。有些方言直指成分与"坐、拿"等非趋向动词组合构成动趋式时,中间必须加上连接成分,柯理思(2002)就指出这种情况在官话、晋语、吴语、湘语、粤语等方言区中均有发现,其中的连接成分有"将""得""起""上""了""倒"等多种形式;而另一些方言动词与路径成分之间也可以插入连接成分,比如绍兴话可以说"去驮得

---

* 本文得到复旦大学亚洲研究中心 2019 年度课题资助和上海哲社 2021 年度一般项目(2021BYY002)的支持。初稿曾在中国境内语言与方言"运动事件"表达类型学术研讨会(2018 年,常熟理工学院)上报告,得到柯理思教授等同仁的宝贵意见;成文后又得到陈振宇、柳俊、周晨磊、孙克敏、邵明园等诸位师友的指教。一并致谢,文责自负。
① 柯理思、刘淑学(2001)、柯理思(2002,2013)等已经证明,不少北方方言中表示离开义的"走"已经发展为直指趋向成分(或称"主观趋向成分")了。

过来_{去拿过来}"（盛益民 2021）等。

王毅、王晓煜、王森（2004）一文指出,甘、宁、青地区"V+着+趋"及其变式普遍使用,可用于陈述、祈使、疑问、感叹各种句类,可以表示已然和未然,类似于近代汉语相应格式的"将"。而贾莹（2017：99）明确指出,甘肃兰州话中"如果趋向动词作补语,强制要求动补之间插入'着'",例如:

（1）困难时期,我姑从陕西<u>背着来</u>一袋子白面把全家救下了。

（2）赶紧把电话<u>打着过去</u>,不是不然你奶奶着急呢。

（3）柜子太高了,拿个梯子<u>爬着上去</u>吧。

也就是说,部分西北方言中,不仅直指成分作补语必须加连接成分"着",而且路径成分与非趋向动词组合时也必须加上连接成分"着",这些连接成分都是强制出现的。只存在组合式动趋结构,是该区域重要的类型特点,具有重要的区域类型学意义,不过学界对这个问题的讨论尚不充分。本文打算以甘肃漳县方言为例,深入探讨这种现象。方便起见,动趋式中的连接成分"着"直接写作"着",而表示持续体的"着"记为"着₀"。

漳县位于甘肃省中南部,位于西秦岭山地和黄土高原陇西地台交汇过渡地带,东连武山县,西邻卓尼县,南靠岷县,北与陇西县、渭源县接壤,行政上归定西市管辖。按照《中国语言地图集》,漳县方言属于中原官话秦陇片,其音系可参付康（2015）。漳县方言的基本语序仍然是 VO 语序,但是相比普通话,话题化和状语化更发达,也受到更多动后限制的制约,具体请参尚婧（2021）的详细讨论。漳县方言为第二作者的母语,文章的语料也主要基于第二作者的日常对话记录以及内省。

文章主体分成三个部分讨论漳县方言的位移表达:第 2 节讨论漳县方言的趋向成分,第 3 节讨论组合式动趋结构的强制性,第 4 节考察不同类型宾语的句法配置。第 5 节是全文的总结。

2 趋向成分的语音与句法表现

2.1 趋向成分及其读音

漳县方言的动趋式中的路径成分有"上、下、进、出、过、起"六个,而直指成分则为"来/去"。两者之间的搭配状况见表1,与普通话一样,漳县方言也没有"起去"的说法。

表 1

	上[ʂɑ̃⁴⁴]	下[xa⁴⁴]	进[tɕiɤ̃⁴⁴]	出[tʃʰʮ²²]	过[kuo⁴⁴]	起[tɕʰi⁵³]
来[lɛ²⁴]	√	√	√	√	√	√
去[tɕʰi⁴⁴]	√	√	√	√	√	*

需要补充说明如下:

第一,漳县方言并无表示返回,类似于"回"这样的路径成分,表示返回类趋向或者直接用"来、去"表达,或者借助于动词"转",例如:

(4)伢安屋里<u>去</u>喽。_{他回家去了。}

(5)伢转着<u>来/去</u>喽。_{他回来了。}

之所以认为"转"是普通动词而非路径成分,理由如下:一方面,"转"并不能作补语,所以"拿转屋里_{拿回家}"是不合语法的;另一方面,"转"与"来、去"搭配中间必须加"着"(见例5),而"上"类路径成分与"来、去"可以直接组合且中间不能加"着",不能说"上着去""进着来"等。柯理思(2022)提到,从跨语言来看,并非所有语言都有返回义的路径成分,文章并未提及汉语的例证,本文可以补充提供汉语方言的例证。

第二,王森(2017)指出,兰州方言有表示离开的直指趋向成分"走",不过在漳县方言中是用"去"来表示离开,例如:

(6)伢已经<u>去</u>喽。_{他已经走了。}

(7)把椅子搌[χæ⁵³]①着去。_{把椅子拿走。}

第三,"上"类路径成分作动词与作补语时,语音并不发生改变;而直指趋向成分"来/去"的读音则需要特别注意,根据事件类型会发生变化。在非祈使语境中,作谓语或补语的"来""去"读原本的读音,即[lɛ²⁴]、[tɕʰi⁴⁴],如例(8—10);而在祈使语境中,作谓语或补语的"来""去"的读音则分别为[la]、[tɕʰia]

---

① 关于该词本字的考证,请参秋谷裕幸、邢向东(2009)。

（如例 11—12），与［lɛ］、［tɕʰi］形成语音交替,可能来源于本音［lɛ²⁴］、［tɕʰi⁴⁴］与某个 a 韵母语气词的合音。

(8) 伢来［lɛ／＊la］喽。他来了。

(9) 伢走着来［lɛ／＊la］喽。他走过来了。

(10) 你背着过去［tɕʰi／＊tɕʰia］过两袋子面吗？你背过去过两袋子面吗？

(11) 你来［la／＊lɛ］！你来!

(12) 你跑着进去［tɕʰia／＊tɕʰi］！你跑进去!

2.2 趋向成分的句法表现

在漳县方言中,趋向成分的功能主要是作谓语、作补语构成动趋式和作介词"往"的宾语。其中动趋式的构造及论元配置问题第 3 节、第 4 节会有详细讨论,本节先考察其作谓语及充当"往"宾语的两种用法。

2.2.1 趋向成分作谓语

在漳县方言中,直指成分和复合趋向成分都可以直接作谓语,而路径成分不能直接作谓语,①如例(13—15)。"上"类路径成分整体使用上受限,在漳县方言的位移表达中有多处表现。

(13) 伢已经来/去喽。他已经来/去了。

(14) 你赶紧下来。你赶紧下来。

(15) ＊赶紧下、＊赶紧出、??赶紧进赶紧进。

路径成分"上""下"可以后接处所成分表示去往何处的意思,朝北用"上"、朝南用"下",如例(16—17);而其他路径成分、直指成分都不能直接带处所宾语,无论是源点、经由还是终点成分,都需要用介词"安"［kæ²²］引介,②如例(18—20)。总体而言,漳县方言中不论路径成分还是直指成分"来/去",作谓词时都没有直接带处所宾语的能力。

---

① 可以说"赶紧起",特指"起床",可见此处的"起"并非一般的路径成分。

② "安"既是表来源的介词,相当于"从",又是表终点的介词,相当于"到"。但是"安"表示来源为其基本功能,由于方言中缺乏表示有界的"到"这样表终点的介词库藏,所以会有两种选择,一是动趋式中动词和趋向补语间插入终点宾语,表达有界的终点,比如"走着教室里(去)走到教室里";或者在非动趋式的谓词前借用表示源点的介词"安"来表达"到"的含义,这时需要通过语境来区别源点和终点义。

（16）伢安兰州<u>上</u>喽。_{他去兰州了。}～伢<u>上</u>兰州喽。

（17）伢安四川<u>下</u>喽。_{他去四川了。}～伢<u>下</u>四川喽。

（18）伢安兰州<u>来</u>喽。_{他来兰州了。}～ *伢<u>来</u>兰州喽。

（19）伢安这搭<u>进</u>喽。_{他进这儿了。}～ *伢<u>进</u>这搭喽。

复合趋向成分也可以作谓语，但是与直指成分"来/去"一样，其后也不能直接带宾语，无论是源点、经由，还是终点成分，都需要用介词"安"引介。

（20）伢安兀搭<u>过来</u>喽。_{他从那儿过来了。}

（21）伢安路头起_{路那边}<u>过来</u>喽。_{他沿着路过来了。}

（22）*伢<u>进</u>教室里<u>去</u>喽。～伢安教室里<u>进去</u>喽。_{他进教室去了。}

此外，直指成分"来、去"也可以构成连动结构。漳县方言中，只有"VP＋来/去"一种语序，而不存在"来/去＋VP"的语序。例如：

（23）上课<u>来</u>～ *<u>来</u>上课；买菜<u>去</u>～ *<u>去</u>买菜

有意思的是，虽然"走"并非漳县方言的趋向成分，但是也可以用于构成连动结构"VP－走"，而且与"VP－去"存在表意的差异："VP－去"往往不包括听话人，而"VP－走"则包括听话人。

2.2.2 趋向成分作"往"的宾语

趋向动词在汉语方言中有一种特殊用法，就是作目标介词（如"往""望"等）的宾语。王琦、郭锐（2007）认为"介＋趋＋VP"中的"趋"其实已失去动词的身份，而是以方位词的身份出现，由于这些词只具有表示方向的功能，不能表示位置，该文称之为"方向词"；同时，该文通过对多个方言点的调查，提出"介＋趋＋VP"式在全国各地方言中的分布趋势是由南到北、由东到西，逐渐变广。

处于西北的漳县方言也存在趋向成分作方向词的现象，直指成分"来、去"可以作方向词，而"上"类路径成分不能单独作方向词，必须加上直指成分后，由"上来、出去"类复合趋向成分来作"往"的宾语。有意思的是，方向词之后还可以自由地加处所后缀"里"。① 例如：

（24）往<u>来</u>/<u>去</u>（里）走_{往这边/那边走}、往<u>来</u>/<u>去</u>（里）抬_{往这边/那边抬}

---

① 漳县方言中，"往"引介结果性成分之后"里"绝对不能省略，例如："伢把绳绳儿往短里铰着喽（他把绳子剪短了）。"柯理思（2009）认为，"往－D－V"是从"往－D里－V"发展来的，而"往－D里－V"又是从"往－N里－V"发展而来的。

（25）[*]往<u>进</u>（里）爬_{你往里爬}、[*]往<u>出</u>（里）背_{往外背}

（26）你往<u>过来</u>（里）走_{你走过来/去}、佇往<u>出去</u>（里）走着₀唻_{他在往外面走}

王琦、郭锐（2007）根据所考察的方言，发现除西南官话成渝片的万州话外，各方言均符合以下蕴涵关系：复合趋向动词"介+D+VP"式→单纯趋向动词"介+D+VP"式。也就是说，在某一种方言中，如果复合趋向动词"介+D+VP"式合法，则相应的单纯趋向动词"介+D+VP"式也合法。但万州话的情况却很独特，不能说"往进走、往出走、往过走"，但可以说"往进来/去走、往出来/去走、往回来/去走、往过来/去走"。

漳县方言也是王琦、郭锐（2007）总结的例外。漳县方言提供的启示在于：一方面，单纯趋向动词需要区分路径成分与直指成分，两者在充当方向词时的表现可能不同；另一方面，趋向成分能否作为方向词，与该趋向成分本身的句法表现也高度相关，漳县方言中，"上"类趋向成分不能单独作谓语，也不能后接处所成分，本身单独使用就很受限，不能充当方向词应该与之有关。

3　组合式动趋结构及其句法属性

3.1　组合式动趋结构的强制性

漳县方言动趋式构造过程当中连接成分"着"的使用具有强制性。动趋式带宾语时，连接成分"着"依旧不能省略，具体请参第4节的讨论。

漳县方言的动趋式有"V-着-Dd"和"V-着-Dp-Dd"两种结构，而并不存在"V-着-Dp"（如不能说"走着进""推着出"等），这与漳县方言路径成分单用高度受限具有密切关系。下面根据补语是直指成分还是复合趋向补语，进行分别讨论。

直指成分充当补语，不论是自移事件还是他移事件（也称"致移事件"），漳县方言动趋式都只能用"V+着+Dd"。例如：

（27）我走[*]（着）去喽。_{我走过去了。}［自移事件］

（28）佇没跑[*]（着）来。_{他没跑来。}［自移事件］

（29）佇把车子骑[*]（着）去喽。_{他把车子骑走了。}［他移事件］

（30）佇把车子推[*]（着）来喽。_{他把自行车推来了。}［他移事件］

其中的连接成分"着"都不能省略。只有当动词为持拿义动词"㧖"［χæ⁵³］

与"来"组合时,其中的"着"才可以省略,这也是漳县方言中唯一动趋式中可以不加连接成分"着"的,"揙来"也可以看成是一种词汇化的形式。之所以可以省略"着",与持拿义动词"揙"的高频使用有密切关系。① 因此,在漳县方言中,"揙来"是有歧义的,既可以是动趋式,也可以是连动式,类似于"来拿"。

复合趋向成分充当补语,不论是自移事件还是他移事件,连接成分"着"也依旧不能省略。例如:

（31）伢走*（着）下来喽。他走下来了。［自移事件］

（32）水没流*（着）过去。水没流过去。［自移事件］

（33）伢把车子骑*（着）出去喽。他把车子骑出去了。［他移事件］

（34）伢把一个狗娃儿拉*（着）上来喽。他把一只狗牵上来了。［他移事件］

以上几例都是表示实在位移的,如果是抽象的位移或者是进一步引申为时体类的意义,也都仍然需要使用组合式动趋结构。例如:

（35）兀人唉口气没软*（着）下来。那个人的口气没软下来。

（36）伢把这个话说*（着）出来喽。他把这个话说出来了。

（37）毛病慢慢好*（着）过来了。病慢慢地好起来了。

（38）天爷阴*（着）过来喽。天空阴下来了。

3.2　动趋属性的句法测试

刘丹青（2017）指出,汉语中的动补式与连动式已经发生了库藏裂变,属于不同的结构。漳县方言的"V－着-（Dp）－Dd"在表层形式上与普通话的连动式"V₁着 V₂"（比如"走着来""开着窗睡觉"）很接近。本节将证明,漳县方言的"V－着-（Dp）－Dd"属于动趋式而非连动式。

之所以认为"V－着-（Dp）－Dd"属于动趋式,主要有以下几方面的理由:

第一,语义上,漳县方言的"V－着-（Dp）－Dd"是由动词和补语构成的单一位移事件,动词在语义上只能表示位移的方式或致因,而连动式则没有这种语义上的限制。比如普通话"你拿本书进来"有歧义,一种是表示把书拿进来,"进来"是书的位移,是动趋式;而另一种是说话人拿书之后再进来,"进来"是主语

---

① 类似的现象也见于其他方言,比如在绍兴方言中,非趋向动词加"来、去"也必须加连接成分"得",但持拿义动词"驮"与"来"组合时可以省略"得",具体请参本书盛益民文的讨论。

的位移,属于连动式。而漳县方言分别用动趋式"把书拿着进来"和副动词结构"把书拿上着进来"①来分化以上的歧义。再比如漳县方言的"走着去"对应普通话的动趋式"走去",而"走上着去"对应于连动式"走着去"。

第二,在句法上,"V-着-(Dp)-Dd"有对应的能性动补结构,可见其为动趋式;而连动式则不可能有对应的能性结构。② 在构成能性动趋式时,连接成分"着"依旧不能省略。可能补语标记"得[ti⁰]"和"不"只能加在动词和"着"之间。不论是直指成分构成的动趋式(如例39—40),还是复合趋向补语构成的动趋式(如例41—42),都是如此。

(39) 我骑得*(着)来。我骑得过来。[自移事件]

(40) A:你兀个麻袋扛得*(着)来吗? B:兀蒙大哎麻袋我扛不*(着)来。

A:那个麻袋你扛得来吗? B:那么大的麻袋我扛不过去。[他移事件]

(41) 你兀搭走得*(着)过去吗走不*(着)过去? 你那儿走得过去吗? [自移事件]

(42) 兀个麻袋你背得*(着)上来吗背不*(着)上来? 那个麻袋你背得过去吗? [他移事件]

而对应的连动式则是不具有可式的,所以不能说"兀个麻袋你背上得(着)上来吗? 你能不能背着那个麻袋上来?"

第三,不论肯定与否定,都用组合式。请看否定的例子:

(43) a. 我没背*(着)去。我没背过去。

   b. 你休走*(着)上去。你别走上去。

第四,在语音上,"V-着-(Dp)-Dd"中间也没有停顿,其中的趋向成分往往是轻声的。朱德熙(1982:128—129)指出,普通话中简单趋向补语和复合趋向补语总是读轻声。漳县方言的情况也与普通话一致。

3.3 小结

本节我们从不同方面论证了漳县方言的"V-着-(Dp)-Dd"属于动趋式,同

---

① 除了"V 来/去/走"这一类连动式,漳县方言并不存在其他的连动式,中间都需要有副动词标记"着"起连接作用。甘青地区的副动词结构,请参邵明园(2023)的讨论。

② 漳县方言中,动趋式对应的可能式也可以是"能+V+着+(Dp)+Dd",如"我能背着上去(我能背上去)"。这种结构很可能是受普通话影响的结果。

时进一步强调漳县方言动趋结构的唯组合式特点。

漳县方言的趋向成分"过""上""下"已经发展出表达时体意义的体标记了，那么就可以直接用于动词之后而不需要加连接成分。例如：

（44）我去过上海。我去过上海。

（45）把衣裳穿上。把衣服穿上。

（46）过我站下，休动！给我站着，别动！

有意思的是，漳县方言的动结式都是黏合式的 VR，中间不需要任何连接成分，例如"做好""吃完"等。"开"在句法表现上与其他结果补语一样，所以我们没有将其列入趋向成分，例如：

（47）伢把个西瓜切（*着）开喽。他把一个西瓜切开来喽。

漳县方言的情况也进一步说明，动趋式的内部关系比动结式更加松散。

4　组合式动趋结构中的论元配置

上一节我们已经指出漳县方言动趋结构构造上的唯组合性。同时，动趋结构不论引介处所成分还是客体成分，其中的连接成分"着"也都是不能省略的。下面分别从只带处所成分、只带客体成分、处所成分和客体成分共现三个方面讨论。

4.1　处所成分

在漳县方言之中，可以直接充当论元的处所成分包括以下几类：第一，地名，如"上海""北京"等；第二，方位词，包括"头起上面""底下下面""□[χɤ²²]（头／里）里面""外头外面"等；第三，普通话名词+方位词，如"桌子头起桌子上""教室里"。特别需要注意的是，与普通话机构类名词可以直接作处所成分不同，漳县方言的机构类名词也必须加方位词才能构成处所成分。①

下面分成源点—经由、终点、目标三类来讨论。

4.1.1　源点—经由成分

当源点及经由成分需要引介时，不论是"V+着+Dd"还是"V+着+Dp+Dd"，

---

① 这与吴语的情况一致（刘丹青 Liu 2008，盛益民 2014），这或许与两地动前开放、动后限制的整体语序类型有密切关系。

源点及经由成分都需要由介词"安"来引介,介词短语置于整个动趋短语之前,即"安+起点/经由成分+V+着+(Dp)+Dd"。

先来看"V+着+Dd",例如:

(48) 伢安兰州飞着来喽。他从兰州飞过来了。［源点］

(49) 上兰州要安安定开着去着$_0$唻。去兰州要从安定开过去呢。［经由］

再来看"V+着+Dp+Dd",例如:

(50) 伢安教室里跑着出去喽。他从教室里跑出来了。［源点］

(51) 雀娃儿安窗儿下头里面飞着进来喽。鸟从窗户里飞进来了。［经由］

4.1.2 终点成分

先来看"V+着+Dd"。漳县方言只允许终点成分位于"着"之后,而不能用介词"安"来引介,也不能出现在直指成分"来、去"之后。例如:

(52) a. 伢钻着屋里来喽。他钻到屋子里来了。

　　b. *伢安屋里钻着来喽。

　　c. *伢钻着来屋里喽。

(53) a. 你□[ʐæ̃]攀爬着兀一根梁头起上面去。你爬到那根房梁上面去。

　　b. *你安兀一根梁头起上面□[ʐæ̃]攀爬着去。

　　c. *你□[ʐæ̃]攀爬着去兀一根梁头起上面。

再看"V+着+Dp+Dd"。此时终点成分不再能出现在"着"之后,原因在于由普通名词和方位词构成的终点处所成分已包含了路径义,其后紧接路径趋向成分,会显得冗余;也并不能用于各类补语之后,只能由介词"安"引介。例如:

(54) a. 伢安一个教室里跑着进去喽。他跑进一个教室去。

　　b. *伢跑着一个教室里进去喽。

　　c. *伢跑着进一个教室里去喽。

　　d. *伢跑着进去喽一个教室里。

4.1.3 目标成分

与终点成分不同,目标成分表达位移的方向,是无界(unbounded)的。沈家煊(1995)指出,有界成分与无界成分在汉语中往往是相斥的。由于动结式与动趋式等动补结构往往是有界的(bounded),两者在有界性上并不协调,所以由目标介词"往"引介的介词短语与动趋式共现,下面的句子都是不合语法的:

（55）*往校门走着去。往校门走去。

（56）*狼狗往门口扑着过去。狼狗往门口扑过来了。

（57）*松鼠往树头起爬着上来。松鼠往树上爬上去。

漳县方言目标成分的引介主要是两种方式，一种是"往+趋向词/方向词+V"，例子请见 2.2.2 节；另一种是"往+处所成分+V"，例如：

（58）他往学校里跑着₀唻。他朝学校里跑着。

（59）松鼠往树头起爬着₀唻。松鼠朝树上爬着。

（60）老师往教室里走着₀唻。老师往教室里走着。

4.2　客体成分

当动趋式要带客体论元时，客体成分的所处位置与其指称性有关。下面分三种情况讨论。

4.2.1　定指成分

当客体成分指称上为定指性成分时，或是作为话题成分，或是由介词"把"引介，一律前置于动趋式，而不能出现在动词之后。

先来看"V+着+Dd"。例如：

（61）a. 你过我把书取着来。你给我把书取过来。

　　　b. 书你过我取着来。

　　　c. *你过我取着书来。

　　　d. *你过我取着来书。

（62）a. 伢把兀点货拉着去喽。他把那些货拉走了。

　　　b. 兀点货伢拉着去喽。

　　　c. *伢拉着兀点货去喽。

　　　d. *伢拉着去喽兀点货。

再来看"V+着+Dp+Dd"，例如：

（63）a. 我把兀两本书取着上来喽。那两本书我取上来了。

　　　b. 兀两本书我取着上来喽。

　　　c. *我取着兀两本书上来喽。

　　　d. *我取着上来喽兀两本书。

4.2.2　不定指成分

不定指成分可以是特指的(specific),也可以是非特指的(non-specific)。

先来看特指的成分,在动趋式中有两种论元实现的方式:一种是充当宾语,但是只能位于整个动趋式之后,即"V+着+(Dp)+Dd+O",例如:

(64) a. 伢<u>拉着来</u>喽点货。他拉来了一些货。

　　 b. *伢<u>拉着点货来</u>喽。

(65) a. 伢过我<u>取着过来</u>喽两本书。他给我取过来了两本书。

　　 b. *伢过我<u>取着两本书过来</u>喽。

(66) a. 伢<u>背着过去</u>过两袋子面。他曾背过去过两袋面。

　　 b. *伢<u>背着两袋子面过去</u>过。

另一种就是由介词"把"引介,例如:

(67) 伢把点货<u>拉着来</u>喽。他把一些货物拉来了。

(68) 伢把(一)本书没<u>取着过来</u>。他没把一本书取过来。

就更大的语境而言,编码为宾语的句子一般还有后续句,用于对数量名宾语作补充性说明,如例(69)。因此,"V+着+(Dp)+Dd+O"这个结构的话语功能在于,引入一个全新的实体作为谈话的中心。

(69) 伢过我<u>取着过来</u>喽一本书,兀本书好看得很。他给我取来了一本书,那本书非常好看。

再来看非特指的成分,只能充当宾语,位于整个动趋式之后,同时中间需要加上体标记"上"①,构成"V+着+(Dp)+Dd+上+客体宾语",例如:

(70) 你过我<u>取着过来</u>上两本书。你给我取过来两本书。

(71) 你<u>拉着来</u>上点货。你拉过来一些货。

4.3　处所成分与客体成分共现

4.3.1　源点—经由成分、目标与客体成分共现

当源点—经由成分与客体成分共现时,源点—经由成分仍然由介词"安"引介,而客体成分按照 4.2 节讨论的指称功能分别实现。

当客体成分是定指时,充当话题或者由介词"把"引介,例如:

---

① "上"在方言中当属表示达成、开始的动向补语,常常在祈使句、虚拟小句、连动式前件中出现。

（72）a. 伢安铺子里过_给我把兀点货物<u>取着过来</u>喽。_{他从商铺里给我把那些货物取过来了。}

     b. 兀点货物伢安铺子里过_给我<u>取着过来</u>喽。_{那些货物他从商铺里给我取过来了。}

当客体成分是特指不定时，客体成分实现为动趋式的宾语或者由介词"把"引介，例如：

（73）伢安柜儿□[χɤ²²]里面过我把两本书<u>取着过来</u>。_{你从柜子里给我把两本书取过来了。}

（74）伢安柜儿□[χɤ²²]里面过我<u>取着过来</u>喽两本书。_{他从柜子里给我取来了两本书。}

当客体成分是非特指不定时，客体成分只能实现为动趋式的宾语，例如：

（75）你安柜儿□[χɤ²²]里面过我<u>取着过来</u>上两本书。_{你从柜子里给我取来两本书。}

目标成分的情况类似，下面就不再赘述。例如：

（76）伢往铺子里<u>拉着来</u>喽点货。_{他往商铺里拉来了一些货。}

（77）你过我把兀批货往商场院里<u>送着去</u>。_{你给我把那两批货送往商场里去。}

4.3.2 终点成分与客体成分共现

4.1.2 节已经指出，如果不出现客体成分，终点成分只能位于"着"之后。而一旦出现了客体成分，则情况有所不同。

当客体成分实现为话题或者由介词"把"引介，那么终点成分的位置不发生改变。例如：

（78）伢把兀两本书<u>装着</u>柜儿□[χɤ²¹]里面<u>去</u>喽。_{他把那两本书装到柜子里面去了。}

（79）伢把货<u>送着</u>上海<u>去</u>喽。_{他把货送到上海去了。}

（80）兀两本书我<u>腾着</u>柜儿□[χɤ²¹]里面<u>去</u>喽。_{那两本书，我腾到柜子里面去了。}

而一旦不定指成分实现为宾语，那么终点成分则不再能位于"着"之后，而只能由终点介词"安"或者受益者标记"过"来引介，请看下面两例：

（81）a. 伢安/过学堂里<u>送着去</u>喽一批书。_{他送了一批书到学校里去了。}

     b. *伢<u>送着</u>学堂里<u>去</u>喽一批货。

（82）a. 你安/过柜儿下[χɤ²¹]里面<u>腾着去</u>上两本书！_{你腾两本书到柜子里面去。}

     b. *你<u>腾着</u>柜儿下[χɤ²¹]里面<u>去</u>上两本书！

4.4 小结

下面简要讨论漳县方言动趋式不同论元配置产生的原因。

处所成分中，源点、经由、目标成分前置于动词，而终点成分后置于动词。这完全符合时间顺序原则,很好地体现了像似性对语序模式的影响。而客体成分中,表定指时只能做话题或者由"把"引介充当,表特指不定时可以用"把"引介也可以位于动趋式之后,而表非特指不定时则只能位于动趋式之后。其中体现的定指性成分强制前置、"把"字句发达等特点,也都与西北方言整体的语序类型相一致。①

而当处所成分与客体成分共现时,如果两者都位于动前,或者一前一后,那么可以自由共现;但漳县方言排斥两个成分同时位于动词之后,所以并不存在如例(81b)、(82b)所呈现的情况。我们认为这与西北方言高度动后限制(postverbal constraint)有关。关于汉语的动后限制,自赵元任(Chao 1968)以来,就一直备受学界关注。比如黄正德(Huang 1982)称之为"短语结构条件"(Phrase Structure Condition),该条件说的是:"给定一个汉语句子,核心(动词或VP)最多只能向左分枝一次,而且分枝必须在最低的扩展层面。"(详参 Sybesma 1999 的总结性讨论)张敏(2018)有个较为通俗的概括:"在一个汉语句子里,动词之后最多只能接一个短语成分。"张敏(2018)等文已经指出,西北地区在动后限制方面表现得最为严格,漳县方言以上限制也正是这个原则的体现。

从中我们也可以看到,漳县方言中不定指客体成分基本上还是作为宾语保留在动词之后,而较难话题化或者状语化而前置于动词。表现出西北地区"动前开放,动后受限"的整体区域类型特征。相关问题的进一步讨论请参张敏(2018)。

5 结　语

本文考察了甘肃漳县方言的位移表达,可以总结出如下几个特点:

第一,漳县方言中只存在组合式动趋结构而不存在黏合式的动趋结构,连接成分"着"强制使用不能省略:① 无论是直指趋向成分"来、去",还是"上来"类复合趋向成分作补语;② 无论是非能性动趋式,还是能性动趋式;③ 无论是肯定句还是否定句;④ 无论是自移事件,还是他移事件;⑤ 无论动趋式带宾语,还是

---

① 讨论西北方言语序问题的文献很多,详参刘丹青(2015)、张敏(2018)、唐正大(2019)等。

不带宾语。这种唯组合式动趋结构属于西北地区的重要区域共性,其来源及区域类型学意义容专文讨论。

第二,"上"类路径成分单用的高度受限性:路径成分不能单用作谓语或者带宾语单用(见 2.2.1 节),不能充当介词"往"的宾语(见 2.2.2 节),动趋式 V－Dp 也不能使用或者带宾语使用(见 4.1 节)。因此可以说漳县方言只有两类趋向成分:直指趋向成分"来、去"和"上来"类复合趋向成分。"上来"类复合趋向成分的词汇化程度高,中间不能插入各类宾语,也不能加"得/不"构成可能式。

第三,位移表达中处所成分、客体成分的论元配置的总体规律在于,只有终点处所成分和不定指的客体成分可以位于动后做宾语,而且两者最多只能有一个成分位于动后。充分体现了西北方言"动前开放、动后限制"的整体语序类型特征。

参考文献

付 康 2015 《漳县方言语音研究》,西北师范大学硕士学位论文。

柯理思 2002 《汉语方言里连接趋向成分的形式》,《中国语文研究》第 1 期,26—44 页,香港中文大学吴多泰研究中心。

柯理思 2022 "从封闭类语法标记看返回义和往返义的语法化",浙江大学文学院"汉语语言学在法国"系列讲座(2022 年 12 月 2 日)。

柯理思、刘淑学 2001 《河北冀州方言"拿不了走"一类的格式》,《中国语文》第 5 期。

贾 莹 2016 《兰州方言语法研究》,兰州大学出版社。

贾 莹 2018 《兰州方言趋向范畴》,《兰州文理学院学报》第 1 期。

蒋绍愚、曹广顺主编 2005 《近代汉语语法史研究综述》,商务印书馆。

刘丹青 2015 《吴语和西北方言受事前置语序的类型比较》,《方言》第 2 期。

刘丹青 2017 《汉语动补式和连动式的库藏裂变》,《语言教学与研究》第 2 期,1—16 页。

秋谷裕幸、邢向东 2010 《"门槛""拿"义词在晋语和中原官话汾河片中的读音考察》,《语言暨语言学》第 2 期,239—267 页。

沈家煊 1995 《"有界"与"无界"》,《中国语文》第 5 期。

尚 婧 2021 《甘肃漳县方言基本语序研究》,复旦大学硕士学位论文。

邵明园 2023 《甘青语言区域汉语的副动词结构:形态句法与语言接触》,第三届汉语民族语历史语法工作坊(苏州科技大学)。

盛益民 2021 《吴语绍兴(柯桥)方言参考语法》,商务印书馆。

唐正大 2019 《关中方言论元配置模式中的状语和谐与把字句显赫》,《方言》第 1 期。

王 森 2017 《兰州方言语法》,载王森《语言散论》,中国社会科学出版社。

王 毅、王晓煜、王 森 2004 《甘宁青方言"着"字新探》,邢向东主编《西北方言与民俗研究论丛》,中国社会科学出版社,281—293 页。

王　琦、郭　锐　2013　《汉语趋向动词用作方向词现象初探》,《语言学论丛》第 47 辑,商务印书馆。

张　敏　2018　《及物显著性及动后限制》,第 14 届全国语言学高级讲习班讲义。

朱德熙　1982　《语法讲义》,商务印书馆。

Chao, YuenRen（赵元任）　1968　*A Grammar of Spoken Chinese*. Berkeley：University of California Press.

Huang, James C. T.（黄正德）　1982　*Logical relations in Chinese and the theory of grammar*, Ph.D thesis, MIT.

Liu, Danqing（刘丹青）　2008　Syntax of space across Chinese dialects：Conspiring and competing principles and factors, in Xu Dan（eds.）*Space in Languages of China: Cross-linguistic, Synchronic and Diachronic Perspectives*. Springer.

Sybesma, Rint（司马翎）　1999　*The Mandarin VP*. Dordrecht：Kluwer Academic Publishers.

成都方言的位移表达研究 *

江凝紫

（复旦大学中文系）

引　言

　　Talmy（1985、2000）认为，动态的位移事件作为宏事件（macro-event），由主事件（major event）与副事件（co-event）组成。其中主事件包括四个要素：动体／图形（Figure）：指一个运动主体，它相对于背景而运动；背景（Ground）：指一个参照物体，运动主体相对它而运动；运动（Motion）：指运动本身这一抽象概念，包括存在与位移；路径（Path）：指运动主体相对于背景所运动的路径。副事件则包括方式（Manner）、致因（Cause）等。根据位移事件中核心图式（即路径）的词化模式（lexicalization pattern），Talmy 将位移事件整合类型分成两大类：V 型（verb-framed，动词框架）和 S 型（satellite-framed，附加语／卫星框架）。V 型框架中，路径由核心动词或者动词词根编码，副事件（方式、致使等）由附加语编码；而 S 型框架中，路径由附加语编码，副事件通常由核心动词编码。以 V 型框架为主导的语言称为 V 型语（动词框架语言），以 S 型框架为主导的语言称为 S 型语（附加语／卫星框架语言）。

　　汉语的路径主要由趋向成分表达，因此研究汉语的位移表达，很重要的一点就是要分析汉语的趋向成分。趋向成分根据音节数量，可分为单音节的简单趋向成分与双音节的复合趋向成分；简单趋向成分根据趋向义差别，又可分为直指

＊ 本文得到上海哲社 2021 年度一般项目（2021BYY002）和复旦大学亚洲研究中心 2019 年度课题资助。文章修改自笔者由陈振宇教授指导的复旦大学学士学位论文，文章修改过程中得到文集主编盛益民、柳俊两位老师的指正，谨致谢忱。

趋向成分(deictic directionals,表示主体与说话者具有空间上的参照关系)与路径趋向成分(path directionals,表示主体与说话者无参照关系,仅指示在客观空间上的位移方向)。①

对于汉语普通话位移事件的词化类型,学界有较大的争议,本文赞同柯理思(2003)认为普通话位移事件词化类型为分裂性模式的观点。Talmy(1985、2000:28)根据外部事件致使者的隐现将事件分为他移事件(agentive)、有生自移事件(self-agentive)、无生自移事件(nonagentive)三类,柯理思(2003)认为三类事件在普通话中有不同的表现:他移事件只能用动趋式(如"拿本书过来"),为 S 型;有生自移事件(self-agentive)则既有用动趋式的 S 型(如"他走过来了"),也有由路径成分直接充当谓语核心的 V 型(如"他过来了");而无生自移事件(nonagentive),则也是以使用动趋式的 S 型为常(如"泪水流出来")。

本文研究成都方言的位移表达。本文研究的成都方言指的是通行于成都市老城区的成都话,属西南官话川黔片成渝小片。语料来自笔者的调查、自省以及成都方言小说。以往对西南官话趋向动词的描写并不多,且散见于其他专题研究中,研究对象并非趋向成分的位移表达,如蔡瑱(2013)对"起、起来、起去"进行跨方言的趋向范畴研究,意在发现语言表达形式背后的认知动因、话语机制及汉语语法化方向;林华勇(2016)研究四川资中方言"来"的多功能性,意在重构其语法化过程。而现有的对成都方言趋向成分所进行的专题研究,多关注趋向成分的引申义(表结果、表体),少有对趋向成分基本空间位移义的观察,如张清源(1991、1998),张一舟、张清源、邓英树(2001),主要对有别于普通话的"起、起来、起去"的语法功能与含义进行了详细描写。目前对于成都方言位移表达的系统性研究尚鲜有涉足。

我们调查发现,导致成都方言位移表达差异的主要因素是位移事件[+参照点]的有无与位移事件的[+自移]性和[+他移]性。本文将主要围绕趋向成分能否与处所论元、客体论元共现,以及共现时的句法配置来展开讨论,同时讨论"起"作为"V 起 X"中连接成分的相关问题。

---

① Talmy(1985、2000)认为路径包括"来、去"等指向成分,不过 Choi & Bowerman(1991)很早就已经指出,很多语言指向成分的词化模式与路径成分不同,本文赞同将直指成分单独列成一类的观点。

1 趋向动词的位移表达与句法特征

1.1 趋向系统成员

成都方言的趋向系统词汇与普通话有很大的一致性,请看下表:

表1 成都方言的趋向成分

	上	下	进	出	起	过	回	开	拢
来	上来	下来	进来	出来	起来	过来	回来	开来	拢来
去	上去	下去	进去	出去	起去	过去	回去		
走									

成都方言与普通话的差异主要体现在具有路径趋向成分"拢"以及复合趋向成分"拢来""起去"上。"拢"与"开"相对,表示从四周向中间聚拢或者由远及近,①"起去"表示由低到高、由近及远。例如:

(1)喊娃儿些靠拢(来)点儿叫小朋友们聚拢或靠近说话者。

(2)已经十点钟了,搞快起去了已经十点了,赶快起床离开了。

成都方言的各类趋向成分都是既可以单独作谓语,也可以作补语。"开来、拢来"只能作为补语与动词构成动趋式,"起去"只能单独作谓语。

虽然成都方言存在"V起去"这样的线性序列,不过我们认为其中的"起"属于动趋式中的连接成分,而并非是趋向成分,详见第3节的讨论。方便起见,本文把趋向成分的"起"记为"起₁",连接成分的"起"记为"起₂"。

1.2 趋向成分作谓语

1.2.1 直指趋向成分

成都方言有三个直指趋向成分,"来"表示从远方到说话者一方的位移;

---

① 在成都方言中,"拢"还可引申回来义与抵达义,此时的"拢"不再表示"由四周向中间聚拢"的原始位移含义,可以带处所宾语。例如:

  a. 我已经拢屋咯我已经回家了。

  b. 我将将儿_{刚刚}拢地铁站我刚刚到地铁站。

"去、走"表示从说话者方到远方的位移,"去"有明确的方向,而"走"表示离开并无明确的方向。

"来、去"与处所宾语共现时,地道的表达为"到+Loc+Dd",受普通话的影响,"Dd+Loc"也被接受;而"走"不能带处所宾语,如:

(3) a. 他到成都来了。

　　　b. 他来成都了。

(4) a. 他到隔壁子去了。_{他去旁边了。}

　　　b. 他去隔壁子了。

(5) *他走外地了。

1.2.2　路径趋向成分

成都方言的总体情况可概括为:单音节路径趋向成分使用受限,需要加上指向成分才能自由使用。

不同的路径成分表现也有差异。"开、拢、起"不论是作谓语还是作补语,都不能带处所宾语。"过"单用可以后接处所宾语,例如:

(6) 我过苏坡立交了。

而"上、下、进、出、回"做核心动词时,可与处所宾语共现。出于口语交际的流畅性考虑,成都方言在使用"上、下、进、出、回"表趋向义时,往往习惯添加直指趋向成分"来、去"以构成复合趋向动词。成都方言的复合趋向动词的句法特征与普通话并无差异。"过来、过去、起来"不可与处所宾语共现。余下的复合趋向动词,包括"上来、上去、下来、下去、进来、进去、出来、出去、回来、回去"在内,可与处所宾语共现,语序与普通话一致,仅能为"Dp+Loc+Dd"。例如:

(7) a. 他上三圣乡去了。

　　　b. ?他上三圣乡了。

　　　c. *他上去三圣乡了。

(8) a. 他下下穿隧道去了。

　　　b. ?他下下穿隧道了。

　　　c. *他下去下穿隧道了。

(9) a. 蚊子进屋头来了。_{蚊子进家里了。}

　　　b. ?蚊子进屋头了。

c. *蚊子进来屋头了。

（10）a. 班主任出学校去了班主任离开学校了。

b. [?]班主任出学校了。

c. *班主任出去学校了。

（11）a. 都打铃儿咯你还没回教室去上课铃都响了你还没回教室。

b. [?]都打铃儿咯你还没回教室。

c. *都打铃儿咯你还没回去教室。

1.3 复合趋向动词的可能式

成都方言复合趋向动词的可能式除了与普通话一致的"Dp 得 Dd""Dp 不 Dd"（如"上得来""下不去"）外，还有"Dp+Dd+得倒""Dp+Dd+不倒"的形式，相当于普通话的"Dp+Dd+得了""Dp+Dd+不了"：

（12）——你上来得倒不你上来得了吗?

——我上来不倒我上来不了。

2　动趋式的位移表达与句法特征

2.1 处所宾语

"V 走、V 开、V 拢、V 起、V 过来、V 过去、V 起来、V 开来、V 拢来"不可与处所宾语共现。

简单动趋式"V 来、V 去"可与处所宾语共现，并倾向选择"V+Loc+Dd"的句法结构。如(13)、(14)，左列的接受度优于右列：

（13）他跑武侯来了他来武侯区了。>他跑来武侯了。

（14）不晓得它梭_躲哪个楸楸_{角落}去了不知道它躲哪个角落了。>不晓得它梭去哪个楸楸了。

"V 上、V 下、V 进、V 出、V 回"与"V 过"在自移事件中能够且必须与处所宾语共现。其中，"V 上、V 下、V 进、V 出、V 回"常添加指向成分使用，而"V 过"不添加指向成分。此类简单趋向成分属于客观趋向成分，与说话人的主观位置无关，需要在具体语境中指明外在客观事物的所在位置，所以往往与处所论元共现。"V 上、V 下、V 进、V 出、V 回"往往添加直指趋向成分"来、去"以构成复合动趋式,表达为"V+Dp+Loc+Dd"。与"V+Dp+Loc"相比,添加指向成分后接受度更高、使用度更广,满足当地居民口语交流顺畅的需要。例如:

(15) a. 那边的火都要初冒上天去了 _{那边的火都要审上天了。} >

  b. 那边的火都要初上天了。

  c. *那边的火都要初上了。

(16) a. 他硬是各人蹿_{—只脚跳}进医院去了 _{他硬是自己瘸着地跳进医院了。} >

  b. 他硬是各人蹿进医院了。

  c. *他硬是各人蹿进了。

(17) a. 他着急忙慌地跑回家去了 _{他十分着急地跑回家了。} >

  b. 他着急忙慌地跑回家了。

  c. *他着急忙慌地跑回了。

但"V 过"不能随便添加直指趋向成分。"上、进"在突显上向、近向方向的同时强调了终点,相应地,"下、出"也同时强调下向、远向和起点,所以它们与兼具方向、终点含义的直指趋向成分"来、去"组合后,位移意义未发生较大改变,仍突显方向与终点两层含义。但"过"的位移意义突显经由,强调经过的参照点而非目的地,类似一段路线中所截取的一小段,与"来、去"组合成复合动趋式"V 过来、V 过去"之后突显了终点,与原本的位移意义有出入,因此不顺应表达习惯,不添加直指趋向成分,仍与普通话简单动趋式的"V+Dp+Loc"相同。例如:

(18) a. 他上班要开过锦城大道 _{他上班要开车经过锦城大道。}

  b. *他上班要开过去锦城大道。

  c. *他上班要开过锦城大道去。

2.2　客体宾语

2.2.1　基本位置关系描写

在成都方言的他移事件中,路径趋向成分"上、下、进、出、回、过"所构成的简单动趋式不能携带客体宾语。(19)中符合普通话语法规范的四个例子并不符合成都话的话语习惯:

(19) *拿上伞 *放下笔 *拿出书 *送回失物

其余动趋式均可携带客体宾语,但对路径趋向成分"开、拢"而言,当且仅当它们表示"由合到分、由分到合"的路径时,动趋式才能与受事论元共现,此时与客体宾语的位置关系只能是"把"字句,不能是"动宾趋"或"动趋宾",例如:

(20) a. 老板儿帮忙把西瓜花切开一哈 _{老板帮忙把西瓜切开一下。}

　　 b. *老板儿帮忙花开一哈西瓜。

　　 c. *老板儿帮忙花西瓜开一哈。

(21) a. 拿完肉之后记倒把冰箱关拢哦 _{拿完肉之后记得把冰箱关好。}

　　 b. *拿完肉之后记倒关拢冰箱哦。

　　 c. *拿完肉之后记倒关冰箱拢哦。

其余动趋式与客体宾语的位置关系共有"把"字句、"动趋宾"、"动宾趋"三种表现,而无普通话中的"动趋$_{Dp}$宾趋$_{Dd}$"结构,例如:

(22) a. 他把书拿出来了。

　　 b. 他拿了本书出来。

　　 c. 他拿出来本书。

　　 d. *他拿出书来。~ *他拿出本书来。~ *他拿出一本书来。~ *他拿出这本书来。

正如(22d)所示,无论客体宾语是光杆名词、量名、数量名还是指量名短语,"动趋$_{Dp}$宾趋$_{Dd}$"都是不合法的。

此外,在成都方言的动趋式与受事论元共现的结构中,动词与趋向补语结合不紧密,"把"字结构与"动宾趋"结构的出现频率远高于"动趋宾"结构。总的来说,母语者普遍认为接受度由高到低分别是"把"字句、"动宾趋""动趋宾","把"字句占据绝对的优势地位,而"动趋宾"从口语使用的角度来说是相当拗口的。根据客体的定指和不定指之分,动趋式和客体宾语的位置关系也有所区别,如"把"字句在定指时接受度最高,但同普通话一样不能用于不定指:

(23) a. 她女儿把水果送来了。(定指)

　　 b. 她女儿送了水果来。

　　 c. ?她女儿送来了水果。

(24) a. 我把他的书拿走了。(定指)

　　 b. 我拿了他的书走。

c. *我拿走了他的书。

（25）a. 去把这堆衣服挂起 ₁,₃① _{去把这堆衣服挂上。}（定指）

b. *去挂起这堆 ₁,₃ 衣服。

c. *去挂这堆衣服起 ₁,₃。

（26）a. 他把那袋米刁 _提 上来了 _{他把那袋米提上来了。}（定指）

b. ?他刁了那袋米上来。

c. *他刁上来了那袋米。

（27）a. 那个人跩 _{摔跤} 了，搞快去把他扶起来 _{那个人摔倒了，赶快去把他扶起来。}（定指）

b. 搞快去扶他起来。

c. *搞快去扶起来他。

（28）a. 他要提拔个新人上来。（不定指）

b. 他要提拔上来个新人。

c. *他要把个新人提拔上来。

（29）a. 我给你送了一些肉过去哈。（不定指）

b. 我给你送过去了一些肉哈。

c. *我把一些肉给你送过去了哈。

2.2.2 基于方言小说的计量分析

成都方言动趋式与客体宾语的句法编码方式与普通话并不一致，尤其体现在日常交流中高频出现的"把"字结构、接受度普遍较低的"动趋宾"结构，以及不合法的"动趋 _{Dp} 宾趋 _{Dd}"结构。为了探究其动趋式与客体宾语的位置关系，即"动趋宾""动宾趋"、"把"字句三种结构是否有特定出现的语言环境，下文对方言小说中的语料进行计量分析。由于成都方言中所有复合动趋式都能与受事论元共现，组合的语料相对丰富，搜集也相对便利，因此主要的统计对象为复合动趋式与客体宾语的位置关系及相关语义环境。

通过整理《小时候》《两代沧桑》《有个烂眼名叫三娃》《声色成都》《上半

---

① 在成都方言中，当前置动词不表示瞬时动作，而表示某种可持续的动作或状态时，"起"的上向趋向义开始弱化甚至消失，转而作为持续体标记"起 ₃"，表示"动作的进行"或"状态的持续"。此处谓语动词"挂"既表示上向的位移，又表示"悬挂"状态的持续，"起"作为趋向动词和体标记的中间态，表示"起 ₁"位移义的同时，还表示"起 ₃"的持续体。

身天使、下半身恶魔》五本成都方言小说,筛选出复合趋向动词与客体宾语共现的语料共 335 条,统计其中"把+N+V+Dp+Dd、V+N+Dp+Dd、V+Dp+Dd+N"与"客体宾语定指、客体宾语不定指"特征的出现频次,并导入"永新语言学"(www.newlinguistics.org)网站采取完全控制算法模型进行计算,得到图像如下:

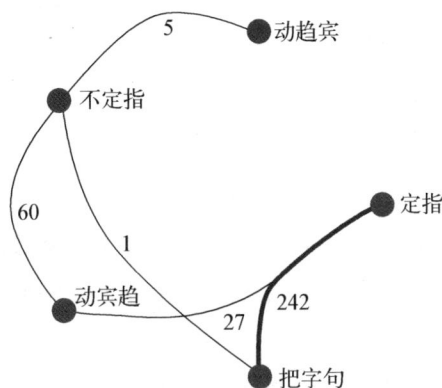

图 1 客体宾语的有定性和无定性与复合动趋式编码的关系

根据图 1 的权重关系,可得出结论如下:

第一,在成都方言的他移事件中,当动趋式与客体宾语组合时,"把"字句使用的频次最高,即"把+N+V+Dp+Dd"。

第二,当客体宾语为定指时,只有"把"字句与"动宾趋"两种结构,即只采取"把+N+V+Dp+Dd"与"V+N+Dp+Dd"的编码方式,且"把"字结构优先级远高于"动宾趋"结构。

第三,当客体宾语为不定指时,通常只有"动宾趋"与"动趋宾"两种结构,即只采取"V+N+Dp+Dd"与"V+Dp+Dd+N"的编码方式,且"动宾趋"结构优先级远高于"动趋宾"结构。

第四,"把+N+V+Dp+Dd"限于有定,"V+Dp+Dd+N"限于无定。

此外,观察语料发现,在"动宾趋"格式的定指语料中,近百分之八十比例的客体宾语都是人称代词、人名或亲属称谓。因此认为,在定指时,"把"字句在日常使用中占据绝对优势,但当宾语为人称代词、人名或亲属称谓时,其控制优势降低。

3 动趋式的连接成分"起₂"

成都方言与普通话动趋式的区别还体现在是否具有连接趋向成分的形式上。在普通话中,趋向成分直接黏合在动词后,不用任何助词连接动词与趋向成分;而在成都方言中,"起₂"常作为中补结构助词,连接动词与趋向成分,并且与趋向动词、持续体标记"起"同形。

"起₂"的插入不改变原句语义:

(30) a. 今天不上班,你为啥子要跑来 _{今天不上班,你为什么要跑来?} ~ 你为啥子要跑起₂来?

b. 课代表已经把作业抱来了。~ 课代表已经把作业抱起₂来了。

c. 孃孃些都冲去抢赠品了 _{阿姨们都冲去抢赠品了。} ~ 孃孃些都冲起₂去抢赠品了。

d. 你把钱给他带去。~ 你把钱给他带起₂去。

e. 他悄悄咪咪地摸 _{在黑暗中行动} 走了 _{他悄悄地溜走了。} ~ 他悄悄咪咪地摸起₂走了。

f. 我把你的本本儿拿走了 _{我把你的本子拿走了。} ~ 我把你的本本儿拿起₂走了。

3.1 分布的句法环境

3.1.1 出现在"V 起₂ X"中的补语

只有直指趋向成分"来、去、走"能作为补语进入"V 起₂ X",即"V 起₂ Dd",复合趋向成分不能,如:

(31) 走下去 *走起₂下去

提上来 *提起₂上来①

吞下去 *吞起₂下去

---

① 成都方言中确实存在"走起下去""提起上来"一类的表达,但此时"起"不再担任结构助词"起₂"的功能,而作用为其同形的持续体标记"起₃",相当于普通话中的"走着下去""提着上来"。其中,"起₃"与前置动词"走、提"组合成整体,作为后接趋向动词的动作方式说明或构成连动式。

抛上来　　*抛起₂上来

取回来　　*取起₂回来

3.1.2　出现在"V 起₂X"中的动词

刘月华(1998)认为,能与"来、去"结合的动词可分为趋向动词、自移动词、他移动词三类,其中自移动词表示"躯体、物体自身运动",他移动词表示"使物体改变位置的动作行为"。表 2 说明成都方言中只有自移动词、他移动词能进入"V 起₂X"格式,趋向动词则不能。

表 2　结构助词"起₂"的分布

趋向动词	*出起₂走/*回起₂去
自移动词	跑起₂走/飞起₂去
他移动词	取起₂走/拿起₂去

3.1.3　"V 起₂X"的可能式

成都方言中,"V 起₂X"与其可能式"V 得起₂X""V 不起₂X"的结构不是完全平行的,部分可能式中不能插入结构助词。依据 3.1.1 与 3.1.2 总结的基本式的句法分布,即前置核心动词必须是自移或他移动词、后置趋向成分必须是"来、去、走",可得表 3:

表 3　"V 起₂X"与"V 得起₂X""V 不起₂X"

		X		
		来	去	走
V	自移	走起₂来 *走得起₂来 *走不起₂来	跑起₂去 *跑得起₂去 *跑不起₂去	飞起₂走 飞得起₂走 飞不起₂走
	他移	送起₂来 *送得起₂来 *送不起₂来	推起₂去 *推得起₂去 推不起₂去	拿起₂走 拿得起₂走 拿不起₂走

不同于任何满足"自移/他移+来/去/走"的结构都能插入结构助词"起₂"，其可能式受到较大限制。其中，肯定式只有"V 得走"能加"起₂"，"V 得来、V 得去"都不能加；否定式中，"V 不来"不能加，"V 不去"表示自移事件时不能加，"V 不走"任何情况下都可加"起₂"，结论如表 4 所示：

表 4　"V 得起₂X"与"V 不起₂X"

肯定式	V 得起₂来	V 得起₂去	V 得起₂走
V	×	×	√
否定式	V 不起₂来	V 不起₂去	V 不起₂走
V 是表示自移的动词	×	×	√
V 是表示他移的动词	×	√	√

3.2　结构助词是否强制添加及其程度

当满足分布情况时，动词与趋向成分之间通常添加结构助词"起₂"。以(30)为例，在陈述、命令、疑问的不同语境下，无论是什么直指趋向成分，无论是自移事件还是他移事件，右列"V+起₂+Dd"的接受度均大于左列"V+Dd"。

具体来说，"V 去、V 走"比"V 来"的强制程度更高。

(32) a. 他气儿都不吭就跑来了 他不打招呼就跑来了。～ 他气儿都不吭就跑起₂来了。

　　 b. ?他气儿都不吭就跑去了。～ 他气儿都不吭就跑起₂去了。

　　 c. ?他气儿都不吭就跑走了。～ 他气儿都不吭就跑起₂走了。

(33) a. 我把你要的书拿来了。～ 我把你要的书拿起₂来了。

　　 b. *我把他要的书拿去了。～ 我把他要的书拿起₂去了。

　　 c. 他把我要的书拿走了。～ 他把我要的书拿起₂走了。

(32)与(33)分别列举了自移事件和他移事件下"V 起₂X"的使用情况。在相同的句法环境中，不添加结构助词的"V 去"在自移与他移事件中接受度都偏低，甚至不被接受；"V 走"在他移事件中接受良好，在自移事件中接受度明显低于"V 起₂来"；"V 来"在自移与他移事件中接受度都良好。因此，动词与"来"之间添加结构助词是非强制性的，但以加为常；动词与"去、走"之间添加结构助词的强制程度比"来"更高。

此外,结构助词添加的强制程度也与语气的祈使与否有关。

(34)你把作业抱来>课代表刚把作业抱来。

在(34)的例句中,非祈使语气的"课代表刚把作业抱来"接受度低于祈使语气的"你把作业给我抱来",因此非祈使语气更需要在动趋式之间插入结构助词"起₂"以提高流畅度,即非祈使语气比祈使语气的强制程度更高。

4 结 语

本文描写了成都方言趋向成分的使用情况,通过整理各趋向成分与处所宾语、客体宾语的共现情况及表达语序,以及"起"作为中补结构助词的特征,得出以下结论:

第一,成都方言的各类趋向成分都既可以单独作谓语,也可以作补语。例外的是,"起去"只能作谓语,"开来、拢来"只能作补语。

第二,在趋向动词系统中,"走、开、拢、起、过来、过去、起来、起去"不可与处所宾语共现,"来、去"与处所宾语共现时语序为"到+Loc+Dd","过"与处所宾语共现时语序为"Dp+Loc",其余趋向动词与处所宾语共现时语序为"Dp+Loc+Dd"。

表5 成都话中趋向动词与处所宾语的共现情况

路径趋向成分	直指趋向成分	处所宾语	语 序
	来去	√	到+Loc+Dd>Dd+Loc
	走	×	/
上下进出回		√	Dp+Loc+Dd>Dp+Loc
过		√	Dp+Loc
开拢起		×	/
上下进出回	来去	√	Dp+Loc+Dd
过起	来去	×	/

第二,在动趋式中,"V走、V开、V拢、V起、V过来、V过去、V起来、V开来、V拢来"不可与处所宾语共现,"V上、V下、V进、V出、V回、V过"一定与处所宾语共现,其余动趋式均可与处所宾语共现。共现时的语序与作为趋向动词时基本一致(详见表6)。

表6 成都话中动趋式与处所宾语的共现情况

动词	路径趋向成分	直指趋向成分	处所宾语	语 序
V		来 去	√	V+Loc+Dd
		走	×	/
	上 下 进 出 回		√	V+Dp+Loc+Dd>V+Dp+Loc
	过		√	V+Dp+Loc
	开 拢 起		×	/
	上 下 进 出 回	来 去	√	V+Dp+Loc+Dd
	过 起 开 拢	来 去	×	/

第三,在动趋式中,"V上、V下、V进、V出、V回、V过"不与客体宾语共现,其余动趋式与客体宾语共现时的语序有"把"字句、动词+客体宾语+复合趋向动词、动词+复合趋向动词+客体宾语三种,具体分布和优先级如下:

表7 成都话中复合动趋式与客体宾语的位置关系

语 序	定 指	不定指
把+N+V+Dp+Dd	√(优先级最高)	×
V+N+Dp+Dd	√	√(优先级最高)
V+Dp+Dd+N	×	√

第四,"起"担任趋向动词、持续体标记、结构助词三重职能。"起"可以作为中补结构助词进入"V起X",连接表示自移或他移的动词与直指趋向成分"来、

去、走",但它的肯定可能式"V 得起 X"只能连接"走",否定可能式"V 不起 X"不能连接"来"。"起"作为结构助词并不是强制添加的。"V 起去、V 起走"比"V 起来"的强制程度更高,非祈使语气比祈使语气的强制程度更高。

　　总的来说,成都方言的趋向动词系统中,"走、开、拢、起、过来、过去、开来、拢来、起来、起去"不与处所宾语共现,"上、下、进、出、回、过"不与客体宾语共现。与处所宾语共现时,语序以"动趋$_{Dp}$宾$_{Loc}$趋$_{Dd}$"为主;与定指客体宾语共现时,以"把"字句为主;与不定指客体宾语共现时,以"动宾$_N$趋"为主。

参考文献

蔡　琪　2006　《论动后复合趋向动词和处所名词的位置》,《暨南大学华文学院学报》第 4 期。

蔡　琪　2013　《汉语趋向范畴的跨方言专题研究》,复旦大学博士学位论文。

柯理思　2002　《汉语方言里连接趋向成分的形式》,《中国语文研究》第 1 期。

柯理思　2003　《汉语空间位移事件的语言表达——兼论述趋式的几个问题》,《现代中国语研究》第 5 期。

林华勇、肖棱丹　2016　《四川资中方言"来"的多功能性及其语法化》,《中国语文》第 2 期。

陆俭明　2002　《动词后趋向补语和宾语的位置问题》,《世界汉语教学》第 1 期。

李荣、梁德曼、黄尚君　1998　《成都方言词典》,江苏教育出版社。

刘月华　1998　《趋向补语通释》,北京语言学院出版社。

王文虎、张一舟、周家筠　2014　《四川方言词典》,四川人民出版社。

张清源　1991　《成都话动态助词"倒"和"起"》,《中国语言学报》第 4 期。

张清源　1998　《成都话的"V 起来、V 起去"和"V 起 xy"》,《方言》第 2 期。

张一舟、张清源、邓英树　2001　《成都方言语法研究》,巴蜀书社。

Choi Soonja, & Melissa Bowerman　1991　Learning to express motion events in English and Korean: The influence of language specific lexicalization patterns. *Cognition* 41(1): 83 – 121.

Talmy, L.　1985　Lexicalization patterns: Semantic structure in lexical forms. In T. Shopen (ed.), *Language Typology and Syntactic Description: Grammatical Categories and the Lexicon* Vol.3. 57 – 149. Cambridge: Cambridge University Press.

Talmy, L.　2000　*Toward a Cognitive Semantics*, *Volume II: Typology and Process in Concept Structuring*. Cambridge, MA: MIT Press.

山西襄汾方言中"走"的趋向用法[*]

赵变亲

（山西师范大学文学院）

1 引　言

山西襄汾方言①动词"走"的意义和用法与普通话有些不同,尤其是在表示趋向上,如去某地方,一般说"走某地方、去走某地方、走某地方去"等;如果是听说双方共同趋向的行为,则常用"V······走"等。随着其句法功能的变化,意义和读音也会发生相应的变化。

普通话建立在北方方言的基础上,人们一般认为北方方言和普通话在语法上基本一致,可是在普通话的语法格式中却不见以上"走"的用法和意义,而且常见的现代汉语语法书趋向动词的系列中也没有"走"的影子。王森(1998)、贺魏(1989:73—74)把"走"作为河南荥阳(广武)、获嘉等方言动词的趋向标记,与"来、去"并提。柯理思等(2001)认为"走"是河北冀州话的主观趋向标记,也与"来、去"并提,并且"走"表示"离开说话者所在的地方",用"去"时,移动的目的地较清楚。孙立新(2007:185)指出陕西西安话祈使句中"走"表示听说双方共同的趋向行为。可见,"走"表示趋向或作为趋向动词是北方方言较为普遍的特征。虽然在北方方言里"走"可以表示趋向的含义,但是在不同的地方不太一

---

* 本文发表于《中国语文》2015 年第 5 期。

① 襄汾位于山西省临汾市的南部,1954 年由襄陵、汾城两县合并而得名。襄汾历史悠久,至今有晋襄公的陵墓,有旧石器时代的丁村文化遗址,有夏代的陶寺文化遗址。襄汾方言是襄汾县境内的方言,属于中原官话汾河片。虽然襄陵、汾城多年的历史分治和汾河纵贯县境南北的地理状况,使襄汾方言内部在语音方面出现了差异,但是语法上却保持了最大程度的相同。

样,如陕西西安话中,"走"与趋向动词"上、下、进、出"等组合可以出现在下面的句子"咱出走在街道上迈眼儿_{眼睛随便看}走。"中,而山西襄汾话里却不能。又如河北冀州话的"走"可以出现在"拿不了走"中,陕西话、山西南部话、河南话却不这样说。本文对山西南部襄汾方言中表示趋向的"走"进行分析说明,并进一步分析其与趋向动词"去"的分工合作及语法化过程。

根据"走"的功能、意义和读音变化,我们把襄汾方言中趋向动词"走"分成:走₁、走₂、走₃。其中"走₃"在句子中作动词的补语,表示运动主体以说话人所在位置为参照点,移动方向背离说话人所在位置。运动主体所在的位置与说话人位置可以不在同一点上。读音［tsou³³］,①如"他拿走了所有东西(他拿不走所有东西|他一定拿得走所有东西)。|他把羊放走了。|这些个虫儿飞得走吗?"等。"走₃"与前面中心动词之间,要么紧邻,要么有助词"得"、副词"不"连接表示可能与不可能。这一用法的"走"与普通话一致。本文主要分析"走₁"和"走₂"。

2 "走₁"的句法语义特点

"走₁"在句子中作谓语或谓语中心,通常要带处所宾语,读音为［tsou³³］,与作为一般动词"走"的读音相同。

2.1 "走₁"在一般句子里出现,可以单独作谓语或谓语中心,通常要带处所宾语,表示以说话人的位置为参照点,向着处所宾语所示位置方向移动,目标位置与说话人位置不在同一地方。如:

(1) 他_{单数}［tʰa²¹］走学堂哩啦。

(2) 兀_那地方我_{单数}［ŋə³³］走了四五次啦。

(3) 咱一会儿一头_{一起}走。

(4) 你_{单数}［n̠i²¹］走市场里看了吗［mʌŋ］?

(5) 他_{复数}［tʰa⁵¹］几外_↑坐车走火车站啦。

"走₁"的此种用法是北方方言常见的现象,可以换成典型的趋向动词"去"而意思没有任何区别。不过,在方言中人们习惯用"走₁"而不用"去"。当然,谓语或谓语中心位置上的"去"却不一定能换成"走₁",如"你单数[n̩i²¹]去打水。|他单数[tʰa²¹]常去看邻居的一位老汉儿画画。"这些例子中,出现了"去+V"的格式,无论"去"表示实实在在的趋向意义还是虚化的趋向意义,都不能换成"走₁"。

2.2 "去走₁"格式

在襄汾方言中,趋向动词"去"与"走₁"可以连用,作谓语中心(包括连动结构)。如:

(6)你单数[n̩i²¹]去走兀特那里问问。

(7)你单数[n̩i²¹]去走地里价[tɕia],要"不要"的合音得叫他单数[tʰa²¹]去。

(8)她单数[tʰa²¹]去走娘舍娘家啦。

"去走₁"后面一定带处所宾语。此时的"去"与"走"均表示运动主体向着背离说话人位置的方向即处所词语所提供的目标移动,去掉其中任何一个都不影响句子的基本意思,如"你单数[n̩i²¹]去走兀特那里问问。"与"你单数[n̩i²¹]去兀特那里问问。""你单数[n̩i²¹]走兀特那里问问。"基本意思一致。毕竟"去走₁"属于连动结构,与二者单用相比较,强调运动主体位移的方向性,而且二者表义有所分工,"去"强调背离说话人,"走"强调位移目标。

"去走₁"中的"走₁"相当于北京话表示位移过程的动词"到",如"你单数[n̩i²¹]去走兀特那里问问。""她单数[tʰa²¹]去走娘舍娘家啦。"可以说成"你单数[n̩i²¹]去到兀特那里问问。""她单数[tʰa²¹]去到娘舍娘家啦。"但是其他位置的"走₁"不能换成"到",或是意思有所变化,或是句子不成立,如"兀那几外↑小伙子走新绛买菜啦。"与"兀那几外↑小伙子到新绛买菜啦。"相比较,前一句既表示位移本身、又表示位移方向和位移目标,而后一句主要表示位移目标。又如"前年走的北京。"与"前年到的北京。"相比较,前一句表示位移主体与说话人都不在北京,而后一句意思较为复杂,既可以表示位移主体和说话人都在北京,也可以都不在北京,也可以其中一个在北京。另外,像"他复数[tʰa⁵¹]都不去,就咱俩走。""他单数[tʰa²¹]走学堂走错啦。"等中的"走"都无法换成"到"。"走₁"与"去""到"之所以有所不同,与"走₁"表示位移本身、位移方向和位移目标三位一体的趋向意义有关。

另外,"走₁"还可以与"去"搭配成"走₁……去"的格式。一般情况下,"走₁"后面要带处所宾语。如"我_单数_[ŋə³³]走你_单数_[ɳi²¹]兀特_那里_去。|这人不□[tʂɑu²¹]_"知道"的合音_刚才走哪去啦。"如果所去的地方是交际双方都知道的或者不确定,也可以说"走₁去",如"你_单数_[ɳi²¹]不用去了,我_单数_[ŋə³³]走去。""走₁……去"中的"走₁"和"去"的作用与"去走"格式中的"去"和"走₁"一样。

3 "走₂"的句法语义特点

"走₂"在句子中作补语,表示说话人邀请听话人向背离说话人位置的方向运行,只能用于祈使句和含有祈使语气的疑问句中,读轻声[tsou]。

3.1 放在一般动词性词语后面作趋向补语,如:

(9)咱干啥走楞_呢_?看戏走。

(10)苹果放在兀特_那里_好长时间啦,咱吃了它走。

(11)你_单数_[ɳi²¹]到屋里走。

(12)跟他_单数_[tʰa²¹]说走,咱都不同意这件事。

一般情况下,"走₂"的前面会有动词宾语来表示趋向和邀请的目的,如(9)(10)(11)等。如果交际双方对趋向和邀请的目的了然于心,动词后面的宾语可以不出现或不在本句出现,如(12)。"走₂"前面的宾语由于表示的是趋向和邀请的目的,所以包括处所宾语在内的几乎所有宾语都可以在此位置上出现。

"走₂"还可以放在重叠动词后,如"说说走、走走走、把地锄锄走、休息休息走"等,在尝试语气之上增加了祈使语气,使商量的语气中隐含着邀请的口吻,邀请的口吻中又含商量语气。

"走₂"在表示趋向上相当于北京话"去"的意思,但不可以用北京话的"去"替换,否则句子的意思发生变化。试比较:

(13)你_单数_[ɳi²¹]到屋里走。

你_单数_[ɳi²¹]到屋里去。

(14)跟他_单数_[tʰa²¹]说走,咱都不同意这件事。

跟他_单数_[tʰa²¹]说去,咱都不同意这件事。

例(13)"你单数[ȵi²¹]到屋里走。"的"到屋里"对象包括说话人和"你";而"你单数[ȵi²¹]到屋里去。"的"到屋里"一定不包括说话者,而且换成"去"后均不再具有邀请的色彩和马上进行的意思。例(14)"跟他单数[ta²¹]说走"的主语一定是说话人和听话人双方,而"跟他单数[ta²¹]说去"的主语可能是说话人(我、我们),也可能是听话人(你、你们,或相当于第二人称的一些名词),还可能是说话人和听话人双方。有时,把"走"换成"去"不影响句子的基本意思,但不再具有邀请的色彩和急切的意思,反而有了一些命令的语气在里面。如:

(15) 咱干啥走楞兜? 看戏走。

咱干啥去楞兜? 看戏去。

3.2 "去走₂"格式

在襄汾方言中,趋向动词"去"与"走₂"可以连用充当补语。如:

(16) 你单数[ȵi²¹]夏"不要"的合音说啦,咱一头—起问去走。

(17) 今儿个今天菜可便宜哩,买去走。

"去走₂"格式中的"去"比谓语位置和单独作补语时读音更短更轻,以致省略后丝毫不影响句子的意思。如果省略"走"不仅交际双方共同趋向的意思没有了,而且邀请的语气也不复存在。不过,相比较"走₂"而言,"去走₂"更强调趋向的含义。

另外,"去走₂"还可以与"去""走₁""去走₁"搭配使用,构成"去……去走₂""走₁……去走₂""去走₁……去走₂"的格式,"去""走₁""去走₁"作谓语中心,"去走₂"作补语,如"咱去他[tʰa⁵¹]屋他家去走₂。|咱去走₁他[tʰa⁵¹]屋他家去走₂。|咱走₁他[tʰa⁵¹]屋他家去走₂。"等。

3.3 "走₂"放在其他趋向动词后面

在襄汾方言中,除"走"外,还有许多趋向动词如"上、下、进、出、回、来、去"等。这些趋向动词也分成两类:一类以观察者(或叙述人)为参照点,如"来、去"等,一类以处所、方位为参照点,如"上、下、进、出"等。这两类可以组合成复合趋向动词,如:

上 下 进 出 回 开 过 起

来　上来　下来　进来　出来　回来　开来　过来　起来

去　上去　下去　进去　出去　回去　开去　过去　起去

襄汾方言中,"走₂"也可以和第二类"上、下、进"等组合,如:

走　上走　下走　进走　出走　回走　开走　过走　起走

但这种组合与"上来、进来、上去、下去"不可相提并论,还不是所谓的复合趋向动词,其中的"走"在句中充当补语且表示语气义,如:

(18)赶紧进走,大伙正等你单数[ȵi²¹]着哩。

(19)他单数[tʰa²¹]在上面哩,咱上走。

(20)叫弟弟回走。

(21)咱立起走。

"上走、下走"等带处所宾语,处所宾语只能放在中间,如"咱一头—起回临汾走。|咱把东西搬上楼走。|汽车开进村里走。""上走、下走、进走"等也只能用于祈使句和含有祈使语气的疑问句中,虽然"走"表示"去"的意思,但不可以更换成北京话的"去",否则意思改变或色彩有所不同。

3.4　"走₂"叠加

"走₂"可以连续在句子上叠加两次,如"咱吃饭走。""今儿个今天菜可便宜哩,买去走。""他单数[tʰa²¹]在上面哩,咱上走。"等可以说成"咱吃饭走走。""今儿个菜可便宜哩,买去走走。""他单数[tʰa²¹]在上面哩,咱上走走。"等。两个"走₂"不在同一层次上,如"咱吃饭走走。"句中第二个"走₂"是加在"咱吃饭走"后面的,形成"(咱吃饭+走₂)+走₂"的格式。第二个"走₂"的出现不仅削弱了第一个"走₂"的语义,而且使第一个"走₂"的语音变得更轻更短,所以邀请与趋向的重心落在第二个"走₂"上。当然,与只加一个"走₂"相比较,邀请与趋向的语义得到了强调。

另外,"走₂"还可以与"去""走₁""去走₁"搭配使用,构成"去……走₂""走₁……走₂""去走₁……走₂"等格式,如"咱去北京走₂。|咱走₁北京走₂。|咱去走₁北京走₂。"如果前往的目的地是交际双方熟悉的或不确定的,处所宾语可以不出现或不在本句出现,形成"咱去走₂""咱走₁走₂""咱去走₁走₂"等句子。

"走₂"只使用于表示邀请的祈使句和含邀请色彩的疑问句中,它的邀请义,主要来自"走"带有说话人共同行为的含义(字面上说话人并不出现),而"去"只表示主语(被祈使者)单方面的行为。因此,"走₂"无法用"去"替换。

4 "走"趋向用法的形成与演化

无论从语义特征还是句法表现上看,襄汾方言中"走"都是一个标准的趋向动词。"走"趋向性的形成应该是其词义变化、句法位置、系统制约及句法环境共同作用的结果。

"走"原本的意义是"跑",在发展变化中引申出"行走""奔向、趋向""离开"等多个意义,这些意义的语义特征和句法表现不尽相同,其中"奔向、趋向"义不仅具备了趋向动词最基本的语义特征即表示发生空间位移的人或事物(位移主体)与具体目标(位移目标)之间的动态关系,而且有了趋向动词句法功能的初步表现即带处所宾语表示位移目标。早在秦汉年间,"走"的"奔向、趋向"义就已产生,如"诸将皆争走金帛财物之府。(《萧相国世家》)|始皇三十七年冬,行出游会稽,并海上,北走琅邪。(《蒙恬列传》)"此时的"走"具有明显的"奔向、趋向"动作意义。随着处所宾语的经常化,"走"的意义也向"往"的方向虚化,同时"走"的句法位置的变化加快了这种虚化的速度,最终形成了"走₁"。很明显,"走₂"与"走₁"有着密切的关系,都来自"奔向、趋向"意义的虚化,而且是在"走₁"基础上的进一步虚化,但是文献中几乎找不到二者之间演化的轨迹。结合"走₂"的意义和句法环境,我们推测可能是两个句子且其中一个句子为"走"单独构成的祈使句合并而成的,如"走[tsou³³]!咱吃饭!|你到屋里!走[tsou³³]!"其中"走"既表示说话人和听话人共同的位移方向,还表示说话人的主观意图,带有明显的情态或语气的意义。这些句子所表达的意思与"咱吃饭走!""你到屋里走!"基本一致。另外,在襄汾方言中还存在像"走[tsou³³]!咱吃饭走[tsou]!""你到屋里走[tsou]!走[tsou³³]!"这样的句子,与3.4"走₂"叠加所表达意思一致,即与"咱吃饭走[tsou]走[tsou]!""你到屋里走[tsou]走[tsou]!"一致。之所以合并主要在于一个句子是一个词构成的,且本身表示的意义较虚,所以很容易黏附在另一个句子后,句子之间的界线消失。合并为一个句子后,很显然,"走"只能作为一个补充说明的成分即趋向补语存在,语音也随

之弱化,至此,"走₂"得以形成。现在的北京话里没有襄汾方言"走"的这类用法,可能与"走"的"奔向、趋向"义消失有关。而襄汾方言中"走"至今还有"奔向、趋向"的意义,如"人们一下子都走我[ŋə³³]这特这里了。"

在共时平面上,一种语言或方言的趋向动词是由其内部各成员之间的相互区别和关联而组成的一个相对稳定的系统。在襄汾方言中与"走"相近的还有一个趋向动词"去",二者存在相互制约的关系。从以上分析中我们可以看出,"走"后带处所宾语表示位移目标应该早于"去"的该种用法,所以方言中二者可替换时人们更愿意使用"走"。在趋向动词与动趋式产生的中古时代(学界普遍的看法),趋向动词系统内的各个成员的功能与用法处于完善的阶段,在相互竞争中,"走"与"去"各自占有了一席之地,但二者毕竟相通,所以二者时而合作共同表示趋向义,时而分工各负其责,达到了目前的一种平衡状态。

参考文献

贺　巍　1989　《获嘉方言研究》,商务印书馆。

柯理思、刘淑学　2001　《河北冀州方言"拿不了走"一类的格式》,《中国语文》第5期。

李建校、曹　梦　2002　《趋向动词的语法化机制》,《晋中师范高等专科学校学报》第3期。

刘月华主编　1998　《趋向补语通释》,北京语言文化大学出版社。

孙立新　2007　《西安方言研究》,西安出版社。

王临惠　1998　《临猗方言中"走"的语法特点》,《语文研究》第1期。

王　森　1998　《郑州荥阳(广武)方言的变韵》,《中国语文》第4期。

山西泽州方言的趋向成分及其
位移事件表达功能 *

关黑拽

（山西师范大学文学院）

本文考察山西泽州方言里趋向动词、动趋式等趋向成分表达空间位移事件的能力及特点，并立足泽州方言的实际情况着重讨论"V＋将＋来／去"这一特殊结构的句法语义特征以及与相关结构的表达功能分工。

泽州县原为晋城市郊区，位于山西省东南端，地域分布在晋城市城区四周。《中国语言地图集》（第 2 版）（2012）中，泽州方言属于晋语上党片晋城小片。泽州话是笔者的母语，文中泽州方言语料来源于笔者内省和日常交流对话，都经过了当地人的语感确认。

1 泽州方言的趋向成分及其表位移的用法

1.1 趋向动词表位移

根据与说话者所处位置是否有参照关系，趋向动词可以分为直指性趋向动词（deictic directional verbs）和非直指性趋向动词（non-deictic directional verbs）两类，前者与说话者所处位置有参照关系，后者与说话者所处位置没有参照关系（唐正大 2008、夏俐萍 2020）。

* 本研究受山西省高等学校哲学社会科学研究项目"太行山沿麓晋豫两省方言语法比较研究"（项目编号：2019W048）和国家社科基金重点项目"山西方言参考语法研究"（项目编号：19AZD039）资助。本文原载《方言》2020 年第 4 期，收入本书时做了扩充、修改。

1.1.1　直指性趋向动词

泽州方言直指性趋向动词有"来、去、过₁"三个,三者都可以表达自移事件。其中,"来"表示向心位移,即位移的终点是说话人所处的位置;"去"和"过₁"都表示离心位移,即动体(位移主体)离开原本所处位置向别处位移。这三个趋向动词都可以带表示位移终点的处所宾语,不过"来"带处所宾语时往往要在后面加一个读轻声的"来"。如:

(1)来东头_{村子东半部}来、去东头、过东头

需要注意的是,"去"和"过₁"虽然都表示离心位移,但存在差异:"去"的位移终点既可以是远距离的,也可以是近距离的;而"过₁"的终点只能是近距离的。经过当地人的语感核查,上文例(1)中表示村子东半部的"东头"以及下文例(2)里的邻村"李山"都可以作"过₁"的宾语,但邻县、邻市、邻省等距离较远的地方则不能作为"过₁"的宾语。如:

(2)a. 去李山　　　　　　　　b. 过李山

(3)a. 去阳城/长治/河南/北京　　b. *过阳城/长治/河南/北京

"来、去"可以带当事宾语,但仅限于指人的无定指名词性短语,且往往用于祈使句或者在条件句中充当条件成分,如"来/去俩人哇!""来/去俩人就行。"

1.1.2　非直指性趋向动词

非直指性趋向动词与说话者所处的位置没有参照关系,包括"上、下、进、出、回、起、过₂①"。这类趋向动词表达的都是自移事件,根据所带处所宾语的语义类型又可以细分为三类:

A. 终点位移。趋向动词所带的处所宾语表示位移终点,如:

(4)上太原、下河南、进城、回屋儿_家、起□□[pɛ⁵²pɛ⁰]_{一旁}

B. 起点位移。趋向动词所带的处所宾语表示位移起点,如:

(5)下车、出门儿

C. 途经位移。趋向动词所带的处所宾语表示位移途经的路线,如:

(6)过桥、过河、上坡、下坡

---

① 与"过₁"表示离心位移不同,"过₂"表示移动时经过某一处所,如"过河、过桥""过了史村就是刘村"。

1.1.3 复合趋向动词

非直指性趋向动词和直指性趋向动词可以组合成复合趋向动词,非直指性趋向动词前置凸显位移的路径信息,而后置的直指性趋向动词"来、去"标明位移的方向。如下表所示:

	上	下	进	出	回	起	过₂
来	上来	下来	进来	出来	回来	起来	过来
去	上去	下去	进去	出去	回去	起去	过去
过₁	—	—	—	—	—	—	—

("来"做趋向补语时往往读轻声的[lɛ⁰];"去"单独作谓语时读作[tɕʰy⁵²],做趋向补语时读[kəʔ⁰]。)

复合趋向动词独用时往往用于祈使句,可以独立表达自移事件。根据动体位移的范围以及位移事件背景成分的语义性质,复合趋向动词单独表达的自移事件可做如下分类:

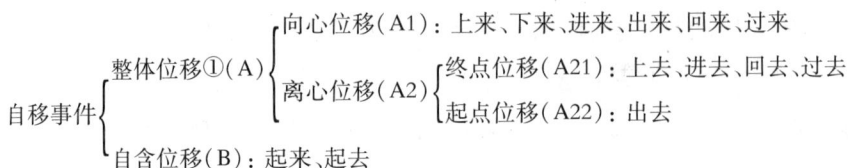

$$
自移事件\begin{cases} 整体位移①(A)\begin{cases} 向心位移(A1):上来、下来、进来、出来、回来、过来 \\ 离心位移(A2)\begin{cases} 终点位移(A21):上去、进去、回去、过去 \\ 起点位移(A22):出去 \end{cases} \end{cases} \\ 自含位移(B):起来、起去 \end{cases}
$$

"上来、下来、进来、出来、回来、过来"等趋向动词所表达向心位移事件的终点往往是说话人所处位置,而"上去、进去、回去、过去"等表达的离心位移事件的终点则由语境而定。"出去"表达的是起点位移事件,强调离开当前所处空间,但不指明具体终点。"起来、起去"都表示离开某一附着物、由低处向高处移动,适用的场景通常是言谈对象处于坐着、躺着、蹲着的状态,移动的结果往往是

---

① 史文磊(2014:10、11)指出,根据动体位移的范围可将运动事件分为两类:整体运动事件(translation motion)和自含运动事件(self-contained motion),前者位移结束后动体整体位置发生显著变化,后者则往往是动体在自己身体或整体范围内运动,运动结束后动体并未发生整体位置的变化。

身体姿态的变化。二者的差异在于说话人自身的状态：使用"起来"时，说话人通常不是坐、躺、蹲的姿态；而使用"起去"时，说话人往往与言谈对象同样处于坐、躺、蹲等姿态。

复合趋向动词不能直接带处所宾语，如不能说"上来/上去楼上、下来/下去底[ti²¹³]下、进来/进去屋儿、出来/出去院儿、回来/回去屋儿、起来底儿[tiə r³³]这儿、起去那儿、过来底儿这儿、过去那儿"。除"出来、起来"外，其他"X 来"类复合趋向动词可以将表示终点的处所成分插入中间，如：

（7）a. 上楼上来、下底下来、进屋儿来、回屋儿来、过底儿来

b. *出院儿来、起底儿来

除"起来"外，其他"X 来"类复合趋向动词都可以带当事宾语，但也仅限于指人的无定指名词性短语，也是只能用于祈使句或在条件句中充当条件成分，如"上来/下来/进来/出来/回来/过来俩人！""上来/下来/进来/出来/回来/过来俩人就行。"等。

1.2 动趋式表位移

在泽州方言里，非直指性趋向动词以及直指性趋向动词"过₁"不能单独充当趋向补语。直指性趋向动词"来、去"以及复合趋向动词可以充当趋向补语。

1.2.1 "来、去"作趋向补语

直指性趋向动词"来、去"不能直接与动词及动词短语组合构成动趋式，往往需要在其与动词之间添加一个虚化的傀儡补语"将[tʂɑ̃⁰]"（Lamarre 2003），构成"V+将+来/去"结构。如：

（8）a. 走将来/去、跑将来/去

b. 叫将来/去、哄将来/去

c. 拿将来/去、端将来/去

这类动趋式中的动词要么本身是位移动词，如（8a）的"走、跑"；要么能够造成人或物的位移，如（8b）中的"叫、哄"以及（8c）里的"拿、端"，具有致移义。

"V+将+来/去"结构可以表达自移事件和致移事件。由于泽州方言"V+将+来、V+将+去"这一格式的结构特点及表达功能比较有特色，下文将进行专

题论述。

需要说明的是,泽州方言有一种"(来)VP来、(去)VP去"的说法,如:

(9) a. (来)拿来[lə⁰]、(去)拿去[kəʔ⁰]

　　 b. (来)吃饭来[lə⁰]、(去)吃饭去[kəʔ⁰]

前置的"来、去"可隐可现,后面的"来、去"必须出现,整个结构的语法意义相当于普通话里的"来VP""去VP"。朱德熙(1982:165)、陆俭明(1985)曾论及这类"VP来、VP去",认为它们是连谓结构,其中"来、去"表示目的;赵元任(1979:221、363)则认为后置的"来、去"是表目的的助词。因此,本文也不将这类结构视为动趋式。事实上,这类结构的句法表现也确实与动趋式存在一定差异,如不能像泽州方言的动趋式那样变换为能性表达形式,不能说"能拿来、能拿去、能吃饭来、能吃饭去""拿不来、拿不去、吃饭不来、吃饭不去"等。

1.2.2　复合趋向动词作补语

复合趋向动词可以与动词直接组合,中间不能像"来、去"那样添加傀偏补语"将",如不能说"拿将上来、拿将出去、拿将过去、拿将起来"等。这类动趋式可以表达自移事件和致移事件。

1.2.2.1　自移事件。在表达自移事件的动趋式中,动词主要是表示生命体自主发出行为动作的自移动词,用来说明位移的方式。这类动趋式可独立表达整体自移、自含位移事件,往往用于祈使句。如:

(10) a. 蹦上来! 跳下来! 飞进来! 走出来! 走回来! 跑过来!

　　 b. 蹦上去! 跳下去! 飞进去! 走出去! 走回去! 跑过去!

(11) a. 立ₛₜₐₙ起来! (腰)直起来! (圪脑脑袋)仰起来!

　　 b. 立ₛₜₐₙ起去! (腰)直起去! (圪脑脑袋)仰起去!

(12) a. (你)转过来! 　(圪脑脑袋)扭过来!

　　 b. (你)转过去! 　(圪脑脑袋)扭过去!

例(10)表示整体自移事件,例(11)和例(12)则表示自含位移事件。例(11)里的"立、直、抬"都是表示改变身体或某一身体部位姿态的动词,而例(12)中的"转、扭"则是表示改变身体或某一身体部位方向的动词。

此外,一些表示"雨、水、油"及"球"等不具有自主意识的自然事物、物体移

动的动词,如"浮、漂、流、圪滴液体滴落"等,也可以与部分复合趋向动词组合表示整体自移事件,如:

（13）圪滴下来、圪滴进来、流出来、流回来、流过来、浮上来、漂起来

　　　圪滴下去、圪滴进去、流出去、流回去、流过去

但这类组合不能独立使用,多用在条件句中充当假设性的条件成分,用于陈述句和疑问句时,句末必须要有表示已然的"了[lɛ⁰]"。如:

（14）油流出来就赶紧拿盆儿接上。

（15）a. 雨圪滴进来了。　　b. 雨圪滴进来了?

复合趋向动词充当趋向补语时,不能带处所宾语。整体自移事件不涉及受事成分,因此动趋式不能带受事宾语。自含位移事件表达身体部位姿态变化时,表示身体部位的名词可以出现在"起来、过来"之间,如"直起腰来、仰起圪脑来";但不能用在动趋式后面,不能说"直起来腰、仰起来圪脑"。

1.2.2.2　致移事件。在表达致移事件的动趋式里,动词往往是致移义动词(邢向东2011),表示位移的原因。根据施动者是否与动体一起移动,又可以分为共移和他移两个小类,前者表示施动者与动体一起移动,而后者则往往只有动体发生位移。如:

（16）送上来/去、扛下来/去、搬进来/去、拿出来/去、牵回来/去、拽过来/
　　　去、抬起来/去

（17）撂扔上来/去、踢下来/去、叫进来/去、捅出来/去、哄回来/去、踢过来/
　　　去、拽起来/去

致移事件的结果大部分都是动体整体位置会发生显著变化,属于整体位移事件。但也有少数致移事件属于自含位移事件,如:

（18）把盖□[ti⁰]被子翻过来

"被子"在外力作用下发生位移,但位移的结果往往是内外侧朝向发生变化,并不强调"被子"整体位置的变化。

致移事件的核心是受事成分发生位移。但这类动趋式不能带受事宾语,受事成分不能出现在动趋式中间,也不能出现在动趋式之后,如不能说"送上白菜来、送上来白菜""撂上水壶来、撂上来水壶"等;受事宾语往往是由介词"把"引介出现在动趋式之前,如"把白菜送上来、把水壶撂上来"等。

这类动趋式也不能带处所宾语,如:

(19) a. *送上山上来、搬进院儿_{院子}里去、撂出外头_{外面}去

b. *送上来山上、搬进去院儿里、撂出去外头

在泽州方言里,复合趋向动词充当趋向补语表达位移事件时,起点成分通常要由介词"从"引介用在动趋式之前,而终点成分的隐现及表现形式则要依据位移的具体类型而定。如果是向心位移,由于位移终点往往是说话人所处的位置,因此不需要在语表呈现;如果是离心位移,往往采用"V+到+处所"或者代词复指型处置式(参见辛永芬2011),如:

(20) a. (把那袋肥料)送到山上/搬到院儿里/撂到外头

b. (那袋肥料)送它山上/搬它院儿里/撂它外头

1.2.3　动趋短语的可能式

在泽州方言里,动趋短语可能式的否定形式与普通话的构造一致,都是"V+不+趋向补语",如"蹦不上来、流不下去、拿不出去、拽不起来"等;但肯定形式则没有像普通话那样的"V+得+趋向补语"结构,不能说"蹦得上来、流得下去、拿得出去、拽得起来"等。要表达这类语法意义,只能通过前加能愿动词"能"来表达,如"能蹦上来、能流下去、能拿出去、能拽起来"等。

复合趋向动词可能式的构造也与动趋短语的表现一致,肯定性的能性意义由能愿动词"能"来表达,如"能上来、能下去、能进来、能出去、能回来、能起去、能过来"等,否定形式则为"上不来、下不去、进不来、出不去、回不来、起不去、过不来"等。

2　泽州方言"V+将+来/去"的结构特点及其内部发展差异

"V+将+来/去"结构在山西、内蒙古方言里广泛存在,以往学界多有关注,如侯精一(1981、2008)、马文忠(1986)、乔全生(1992、2000)、邢向东(1994、1995)、范慧琴(2003)以及乔全生、刘芳(2013)等。与其他方言相比,泽州方言的"V+将+来/去"在内部结构特征、用法扩展等方面呈现出一些特点。

2.1 "V+将+来/去"的结构特点

在泽州方言里,"V+将+来/去"结构中的"将"读作[tʂɑ̃⁰],"将"的声母与其他古精母宕摄开口三等阳韵字的今读不同,可能反映了较早时期的读音(范慧琴 2003)。"V+将+来/去"结构里的"去"读作[kəʔ⁰],与单独作谓语的"去"[tɕʰy⁵²]读音不同。这一结构单独使用时通常用于表达祈使语气,如:

(21)拿将来/去!   不□[iɐu⁵²]_{不要}拿将来/去!

其他常出现的环境还有"把"字句、句末有表已然的"了[lɛ⁰]"的陈述句、用"没""没有"的否定句等。用于疑问句时,根据事件的时间性质选择带不带"了"[lɛ⁰]"。如:

(22)把醋拿将来/去!   拿将来/去了。   没(有)拿将来/去。   拿将来/
      去(了)?

此外,"不"还可以用在动词与"将"之间,表示不能、无法实施某一行为,与表示能够、可以实施行为的"能V将来/去"相对,如:

(23)拿不将来/去——能拿将来/去   送不将来/去——能送将来/去

上述分布环境、结构特点与大部分山西方言的"V+将+来/去"结构基本一致(详见乔全生 1992、2000)。与其他方言相比,泽州方言的"V+将+来/去"结构有以下几个特点。

2.1.1 对动词的选择限制

首先,在泽州方言里,能进入"V+将+来/去"结构的动词以单音节动词为主;其次,这一结构在泽州方言里主要用于表示位移,不具有位移意义的动词通常不能进入该结构,如:

(24)*姓将来/去   *有将来/去

通常只有自身表示位移意义的自移动词,以及能够造成人或物位移的致移动词才能进入该结构,如:

(25)走将来/去   跑将来/去

(26)叫将来/去   哄将来/去

(27)拿将来/去   搬将来/去

需要注意的是,使用"V+将+来/去"时,动体原本所在的位置与说话人指定的位移终点之间距离较远,往往不在同一个空间场景。受此语义限制,凡是位移距离较短的动词,如"骨□[luɐ̃²¹³]滚""圪凑"等自移动词以及"撂、□[xɑ̃²¹³]推、□[pɛ²¹³]扔弃、扯、挪"等徒手致移动词都不能进入"V+将+来"结构,如:

(28) *骨□[luɐ̃²¹³]将来、圪凑将来、撂将来、□[xɑ̃²¹³]将来、□[pɛ²¹³]将来、扯将来、挪将来

(29) *骨□[luɐ̃²¹³]将去、圪凑将去、撂将去、□[xɑ̃²¹³]将去、□[pɛ²¹³]将去、扯将去、挪将去

此外,如"直(腰)、扭(头)、转(身)"等动词,虽然也具有一定的运动意义,但动作幅度有限,运动的结果往往只呈现为身体或者身体部位姿态、方向的改变,而身体整体所处的位置并未发生明显变化,位移意义并不显豁,因此也不能进入该结构。如不能说"直将来/去、扭将来/去、转将来/去"等。

2.1.2 宾语的位置

乔全生(1992、2000)曾指出,在很多山西方言里"V+将+来/去"结构的宾语可以有两种位置,即"V+将+宾+来/去"和"V+将+来/去+宾"。但泽州方言"V+将+来/去"的宾语位置比较单一,只能出现在"将"与"来/去"之间,不能出现在"来/去"之后。如:

(30) a. 送将底儿[tiər³³]这儿来　　　送将那儿去

　　 b. *送将来底儿[tiər³³]这儿　　 *送将去那儿

这一局面的形成我们认为大致有两个方面的原因。首先,"V+将+来/去+宾"结构在汉语史上的用例本身就比较少。据曹广顺(1990)的统计,在魏晋南北朝、唐、晚唐五代、宋这四个时期的14种文献中未发现有"V+将+来/去+宾"结构。另据武振玉(1991)的考察,明代虽曾出现"动+将+趋补+宾"结构,但用例也很少。其次,泽州方言没有"V+将+来/去+宾"结构可能与该结构的语法意义有关。从现有的材料来看,山西方言的"V+将+来/去+宾"结构通常用于陈述句,表达已然事实,如长治方言:

(31) 他爹推将来/去两车子土。(乔全生、刘芳2013)

从该例的主语可以看出该例并非祈使语气,全句是在陈述一个已然事实。同样的意义,泽州方言的表达策略与长治方言有着明显的不同,不使用"V+将+来/去"结构,而是像普通话那样使用动态助词"了[lo⁰]",并且需要将宾语"两

车土"的具体去处加以明确说明,如:

(32)他[tʰE²¹³]第三人称代词领属形式爸爸给咱/他[tʰE²¹³]第三人称代词复数形式推了两车土。

2.1.3 宾语的类型

据乔全生(1992、2000)的介绍,有些山西方言的"V+将+宾+来/去"结构的宾语类型比较丰富,既可以是单个的具体名词,也可以是短语,其中又以"数·量·名"短语更为常见,如:

(33)荷将饭来了/去了 | 拉将面来了/去了 | 捎将信来了 | 端将饭来了 | 送将钱去 | 拉将车去

(34)赶紧回去荷将兀把锨来

(35)荷将几本本书来 | 抬将几张桌子来了呢

从语义角色类型上看,上述语料中"V+将+宾+来/去"结构的宾语都是受事。在泽州方言里,受事宾语偶尔能进入"V+将+宾+来"结构,但不能进入"V+将+宾+去"结构,而且形式上也往往是光杆名词,如:

(36)a. 拿将醋来　　　b. *拿将醋去

但(36a)的接受度也不高。更地道的说法是用介词"把"将受事提前,构成"把"字句,如"把醋拿将来/去"。

在泽州方言里,"V+将+宾+来/去"结构的宾语通常是表位移终点的处所词或短语,在形式上以指示代词"底儿[tiər³³]这儿、那儿[niər³³]"为主,如:

(37)拿将底儿来、拿将那儿去

由物体交付对象与近指代词"底儿"构成的处所义短语,如"二姨底儿""老三底儿"(指交付对象的固定居所)也可以进入"V+将+宾+来"结构,表示物体位移的终点,但对语境有一定限制——说话人当时正处于物体所要交付对象的居所内,如:

(38)拿将二姨底儿来、拿将老三底儿来

而由物体交付对象与"那儿"构成的处所结构,如"二姨那儿"等,不能作"V+将+宾+去"结构的宾语;往往是由"给"引介交付对象并置于"V+将+去"结构前,表示将物体移交给指定对象,如:

(39)a. *拿将二姨那儿去

　　　b. 给二姨拿将去

由此可见,泽州方言的"V+将+来"与"V+将+去"虽基本平行,但具体发展已有不平衡之处。

2.2 "V+将+来"与"V+将+去"发展的不平衡性

乔全生(1992、2000)指出"V+将+来"与"V+将+去"结构在山西方言里的发展并不平衡,如在太原、阳高、浑源、右玉等方言里,当动词后的趋向补语是"去"时,中间不能带"将"。邢向东(1995)也曾指出"V+将+去"结构在内蒙古晋语里也已经消失,只有"V+将+来"结构了。

泽州方言既有"V+将+来",也有"V+将+去",二者最基本的用法都是表达两点间的横向位移,只是具体的位移方向正好相反。前者表示动体由别处向说话人所处的位置移动,后者则是动体离开原本的位置(动体可能与说话人处于同一位置,也可能不在同一位置)向别处移动。在具体的使用中,"V+将+来"与"V+将+去"对动体的选择以及基础用法的扩展有所不同。

2.2.1 动体类型的差异。"V+将+来"表示位移时,动体的类型比较丰富,既可以是听话人,也可以是听说双方以外的人;既可以是单数形式,还可以是复数形式;既可以是人,也可以是定指的物品,如:

(40)(你)给我□[pʰɑ²¹³]_{指人移动,带有呵斥义}将来!

(41)把□[tʰE²¹³]_{第三人称代词复数形式}叫将来!

(42)把米扛将来!

而"V+将+去"结构的动体类型比较单一,一般不能是人,只能是物品。如:

(43)*你赶紧跑将去!

(44)*把你舅舅叫将去!

(45)把底[ti³³]_这箱奶给老三送将去!

在泽州方言里,若想表达前两例的语义内容,往往要用"你赶紧跑上[ʂɑ̃ᵒ]去""把你舅舅叫上[ʂɑ̃ᵒ]"这样的表达方式。

2.2.2 "V+将+来"的扩展用法。除了表示具体人或物的位移,"V+将+来"还可以表示某一天象变化的出现。此时,"V+将+来"不能独立成句,必须在句末加上表已然的"了[lɛᵒ]",可以构成陈述句、疑问句;或者是在条件复句中充当条件分句。如:

（46）（风）刮将来了。①

（47）（雨、雪）下将来了？

（48）圪星_{动词，飘小雨点}将来了。

（49）（天）阴将来了。

（50）（日头儿）晒将来了。

（51）（天）阴将来就把麦收了［lo⁰］！

此外，"V+将+来"结构还可以表示某种认知能力，不过通常都是否定形式，偶尔也可以构成表示否定意义的反问句，如：

（52）咱先走，他还说不将来甚会儿才走呢。

（53）我一时半会儿也想不将来谁会木匠。

（54）底［tiə？²］么_{这么}大的数儿，咱可算不将来。

（55）他甚会儿走，你能说将来？

可进入这类结构的动词较少，只有表言说义的"说"和表示思维活动的"想""算"等少数几个。其中又以"说不将来"最为常用，已逐渐成为固定短语，表示一种不确定性。

2.2.3 "V+将+去"的扩展用法。与"V+将+来"相比，"V+将+去"结构一般不用于表示天象变化或者能力，但也发展出了自己独有的用法——威吓式，即"（我）一+借用动量词+V+将+你+去"结构，表示说话人宣称要对听话人实施某一暴力行为，带有很强的恐吓、威胁之意。这一结构的使用具有极强的现场性，说话人指称自身的"我"在语表既可以出现，也可以不出现。如：

（56）（我）一脚蹬_踹将你去！

（57）（我）一刀砍将你去！

（58）（我）一石头□［tuŋ²¹³］_砸将你去！

（59）（我）一刀捅将你去！

能够进入这一结构的动词都有明确的击打、伤害意义，如上述例子里的"蹬""砍""□［tuŋ²¹³］""捅"等。威吓式中，行为主体"我"还可以用对听话人有侮辱意义的自称形式"你大_{你父亲}"来代替，如：

---

① 这一句子有歧义，既可以表示某一物体被风刮至说话人所在之处，也可以单纯表示"风"向说话人所在之处刮来。

(60) a. 你大一脚蹬将你去！　　　　　　b. 你大一刀砍将你去！

　　 c. 你大一石头□[tuŋ²¹³]雍将你去！　　d. 你大一刀捅将你去！

威吓式里的数词"一"不可以被其他数词替换,如:

(61) *（我）两/三/……脚蹬将你去！

指称听话人的"你"也必须出现,且不能被其他人称代词替换,如:

(62) *（我）一脚蹬将去！ | *（我）一脚蹬将他去！

虽然"V+将+来"与"V+将+去"各自的扩展用法有所不同,但都明显体现出一种以说话人为中心的表达视角。"V+将+来"结构表面上是在陈述天气变化的客观事实,但说话人往往更关注天气变化对自身产生的影响;"V+将+去"构成威吓式时,也是以说话人为中心视角,表示的是说话人将要实施的动作行为。

3　泽州方言"V+将+来/去"与相关结构位移表达的功能分工

　　乔全生(1992、2000)指出山西方言里的"V+将+来/去"结构与近代汉语的"V+将+来/去"结构有关。魏培泉(2013)则进一步指出"V+将+来/去"①在唐宋语料里能够表达的意义比较丰富,不仅可以表达两点间的横向位移,还能表示起始、继续等意义,与现代汉语里表示两点间横向位移的"V+过+来/去"、表示起始意义的"V+起来"、表示继续意义的"V+下去"等多种动趋式之间具有明显的历史兴替关系。

　　"V+将+来/去"结构在有些方言(尤其是晋语区)仍广泛存在,与其他动趋式共存。从目前的方言材料来看,"V+将+来/去"结构的基本用法是表达两点间的横向位移,而这也是现代方言里"V+过+来/去"结构的常用表达功能。在有些方言里,这两类结构可以相互换用,意义不变。如侯精一(2008:403)曾指出平遥话里的趋向补语"将来"有"过来"的意思,"将去"有"过去"的意思,彼此之间可以换用,意思不变,如:

---

① 魏培泉(2013)使用"V－将－Dd"的表述方式,其中"Dd"是指示趋向词(deictic directionals)的简称。指示趋向词主要是指趋向动词"来""去"以及部分方言里具有趋向意义的"走"。泽州方言里"走"无趋向意义,为行文方便,下文统一以"V+将+来/去"指称。

(63) 兀些些人一下下就拥将(过)来了。

(64) 舞将(过)股子黑风来。

(65) 串将(过)根蛇来了。

(66) 日头爷落将(过)来了。

(67) 不用点灯了,你摸揣_{摸索}将(过)来哇。

再如:

(68) 搬将(过)来 | 唱将(过)来 | 拖将(过)来 | 担将(过)来

(69) 跳将去=跳过去 | 滚将去=滚过去 | 打将去=打过去 | 抓将去=抓过去。

与平遥方言相比,泽州方言的情况有些特殊,"V+将+来/去"与"V+过+来/去"虽然都可以表示位移,但二者有着明确的分工。

3.1 位移距离远近不同

在泽州方言里,"V+将+来/去""V+过+来/去"在意义和用法上有平行之处,如二者都可以表示两点间的横向位移,单独使用时通常都表示祈使语气,都经常出现在"把"字句、句末有"了[lε⁰]"的已然句、用"没""没有"的否定句中,可以用"不"来否定表示不可能等。如:

(70) a. 拿将来!　　　拿过来!　　　拿将去!　　　拿过去!

b. 把醋拿将来!　把醋拿过来!　把醋拿将去!　把醋拿过去!

c. 醋拿将来了。　醋拿过来了。　醋拿将去了。　醋拿过去了。

d. 醋没拿将来。　醋没拿过来。　醋没拿将去。　醋没拿过去。

e. 拿不将来。　　拿不过来。　　拿不将去。　　拿不过去。

有意思的是,二者虽然都可以表示两点间的横向位移,但在具体的位移距离远近上有明显差异:使用"V+将+来/去"结构时,动体原本所在的位置与说话人指定的位移终点不在同一个空间场景内,彼此间的距离较远,动体的位移往往要有一个比较长的历程;而使用"V+过+来/去"时,动体所在位置与说话人指定的位移终点之间的距离较近,两者通常处于同一个空间场景内。在日常交流时,当地人会根据位移距离的远近自如地选择相应的结构,不会混用。如:

(71) a. 我在车站等着呢,你赶紧把屋儿_家那瓶醋拿将来。

　　b. *我在车站等着呢,你赶紧把屋儿_家那瓶醋拿过来。

(72) a. 我腰扭了,你把我脚头儿_{脚边儿}那本书给我拿过来。

　　b. *我腰扭了,你把我脚头儿_{脚边儿}那本书给我拿将来。

　　例(71)里动体所在的位置"屋儿"与指定的位移终点"车站"不属于同一空间范围,距离较远,只能用"拿将来",不能用"拿过来";例(72)中动体"书"放在说话人脚边儿,位移至说话人手里距离极短,只能用"拿过来",不能用"拿将来"。

　　受位移距离远近的影响,"V+将+来/去"与"V+过+来/去"结构对动词的选择限制有着明显的不同:凡是位移距离较短的动词,如"骨□[luẽ²¹³]_滚""圪凑"等自移动词以及"撂""□[xɑ̃²¹³]_推""□[pɛ²¹³]_{扔弃}""扯""挪""不拉_拨"等致移动词只能进入"V+过+来/去",不能进入"V+将+来/去",如:

(73) 骨□[luẽ²¹³]过来/去、圪凑过来/去、撂过来/去、□[xɑ̃²¹³]过来/去、□[pɛ²¹³]过来/去、扯过来/去、挪过来/去、不拉来/去

(74) *骨□[luẽ²¹³]将来/去、圪凑将来/去、撂将来/去、□[xɑ̃²¹³]将来/去、□[pɛ²¹³]将来/去、不拉_拨将来/去

　　而"送""邮""拉_(运输义)"这样的位移动词,在泽州方言里通常意味着物体远距离的移动,动体与指定的位移终点往往不在同一个空间场景内。因此这些动词只能进入"V+将+来/去"结构,不能进入"V+过+来/去",如:

(75) a. 送将来/去、邮将来/去、拉将来/去

　　b. *送过来/去、邮过来/去、拉过来/去

3.2　可否凸显路径因素

　　在泽州方言里,下面这些动词也无法进入"V+将+来/去"结构,但能进入"V+过+来/去"结构,如:

(76) a. 钻过来/去、拱过来/去、攦过来/去、圪塞过来/去

　　b. *钻将来/去、拱将来/去、攦将来/去、圪塞将来/去

　　上述例子里的动词略有差异,"钻""拱"为自移动词,"攦""圪塞"是致移动词,但在这些动词所表示的位移事件里,动体移动时都要穿越某一特定的处所或物品,这个处所和物品可以在语表显现,如:

(77) 从底［ti³³］这根管儿钻过来/去。　　　从底根管儿拱过来/去。

(78) 从底个口儿窟窿擩过来/去。　　　　　从底个口儿窟窿圪塞过来/去。

刘月华(1998：284、301)指出这类"V+过+来/去"结构中的"过"仍保留有"经过"的语义，表示经过某处(用处所宾语和由介词引进的处所状语表示)，如：

(79) 走过桥来、从桥上走过来、跳过河去、从桥上走过去

Lamarre(2002、2003)、魏培泉(2013)认为"过"与"进、出、上、下、回、起"等趋向成分是"路径趋向词"(path directionals)，在动趋式中标注位移的路径轨迹。而晋方言的"V+将+来/去"中的"将"并不标注路径信息，只是一个虚化的傀儡补语(Lamarre 2003)，该结构整体只是表示两点间的横向位移，因此排斥"钻""拱""擩""塞"等本身就蕴含着明显路径信息的穿越义动词。需要说明的是，关于"V+将+来/去"与穿越义动词的搭配限制，侯精一(2008)也曾提及。侯精一(2008：404、405)指出平遥方言里趋向补语"将去"与"过去"可以自由换用，意思不变，但"刚挤过去就卖完啦"里的"过去"不能换成"将去"。究其原因，"挤过去"虽然也表示两点间的横向位移，但位移过程需要穿过拥挤的人群，位移的路径信息十分显豁，因此自然也就无法与不标注路径信息的"V+将+去"结构相容。

3.3　位移运动事件的类型不同

在泽州方言里，"V+将+来/去"与"V+过+来/去"都可以表达整体位移，但"V+过+来/去"还可以表示自含位移，而"V+将+来/去"则不行，如：

(80) a. 圪脑脑袋扭过来/去　　　　b. *圪脑脑袋扭将来/去

(81) a. 转过来/去　　　　　　　　b. *转将来/去

(82) a. 把领口翻过来/去　　　　　b. *把领口翻将来/去

例(80a)里动体"圪脑"是身体的一部分，只能在身体的有限范围内进行适度运动，运动过程中、运动结束后动体无法发生整体位置的变化。例(81a)里"转过来""转过去"虽然可以是身体整体的运动，但运动的结果也仅表现为身体朝向的变化，整体位置并未发生明显改变。例(82a)里动体"衣裳"可以于身体之外独立存在，但仍属于衣服整体的一部分，"翻过来、翻过去"的结果也只是"领口"内外朝向变了，衣服的整体位置并未发生变化。

4 小 结

从位移事件编码方式来看,泽州方言有以下几个特点:

(1)总体上呈现出动词框架、卫星框架混合的局面。不仅动趋式可以表达位移事件,趋向动词也可以单独充当谓语表达位移事件;趋向动词单独充当谓语表达的往往都是自移事件,而动趋式既可以表达自移事件,又可以表达致移事件。

(2)泽州方言表达位移时注重区分位移距离的远近,编码方式也有相应体现。如趋向动词"去"和"过₁"都可以独立表达离心位移事件,但"过₁"的位移终点离动体原有位置很近,而"去"的位移终点既可以是近距离的,也可以是远距离的。再如"V+将+来/去"结构与"V+过+来/去"结构都表示两点间的横向位移,但前者往往是远距离位移,而后者则表示近距离位移;这种表达分工也导致二者对动词有着不同的选择限制。

(3)不同历史层次的表达形式共存分工。"V+将+来/去"结构与"V+过+来/去""V+起来""V+下去"等多种动趋式属于不同的历史层次,彼此间有历史兴替关系。就目前的材料来看,有些方言的"V+将+来/去"结构在意义和用法上已经与"V+过+来/去"结构趋同,但泽州方言的"V+将+来/去"与"V+过+来/去"共存分工,二者不仅存在距离远近的表达差异,而且在是否凸显路径信息、能否表达自含位移事件等方面存在明显差异。

(4)复合趋向动词充当补语的动趋式不能带处所宾语。柯理思(2009)指出动词后是终点处所词的典型位置,出现在补语位置上的处所词的语义角色的默认值是"终点"。但在泽州方言里,由复合趋向动词充当趋向补语表达位移事件时,不能带表示终点的处所宾语。位移终点往往用在"V+到+处所"或者代词复指型处置式等结构中。

(5)动趋短语可能式的肯定形式为"能+V+趋"。与泽州方言同属晋语上党片的陵川、长治方言以及临近的林州方言等豫北晋语的可能补语肯定式广泛使用"VC了"结构(金梦茵 1983、侯精一 1985、陈鹏飞 2007),而泽州方言则是采用"能+V+趋"的形式,如"能蹦上来、能拿将来、能上来、能起去"等。

参考文献

曹广顺 1990 《魏晋南北朝到宋代的"动+将"结构》,《中国语文》第 2 期。

范慧琴 2003 《山西定襄方言的"V+X+趋向补语"结构》,戴昭铭主编《汉语方言语法研究和探索——首届国际汉语方言语法学术研讨会论文集》,黑龙江人民出版社。

侯精一 1981 《平遥方言的动补式》,《语文研究》第 2 期。

侯精一 1985 《长治方言志》,语文出版社。

侯精一 2008 《现代晋语的研究》,商务印书馆。

柯理思 2002 《汉语方言里连接趋向成分的形式》,《中国语文研究》第 1 期。

柯理思 2003 《汉语空间位移事件的语言表达——兼论述趋式的几个问题》,《现代中国语研究》第 5 期。

柯理思 2009 《论北方方言中位移终点标记的语法化和句位义的作用》,吴福祥、崔希亮主编《语法化与语法研究》(四),商务印书馆。

刘月华 1998 《趋向补语通释》,北京语言文化大学出版社。

陆俭明 1985 《关于"去+VP"和"VP+去"句式》,《语言教学与研究》第 4 期。

马文忠 1986 《大同方言的动趋式》,《中国语文》第 6 期。

乔全生 1992 《山西方言的"V+将+来/去"结构》,《中国语文》第 1 期。

乔全生 2000 《晋方言语法研究》,商务印书馆。

乔全生、刘 芳 2013 《长治方言"将"的共时用法及历时演变》,《山西大学学报》第 4 期。

史文磊 2014 《汉语运动事件词化类型的历时考察》,商务印书馆。

唐正大 2008 《关中方言趋向表达的句法语义类型》,《语言科学》第 2 期。

魏培泉 2013 《近代汉语动趋式中的"将"》,《语言暨语言学》第 5 期。

武振玉 1991 《"动·将·补"句式的历史演变》,《吉林大学社会科学学报》第 1 期。

夏俐萍 2020 《湘语益阳(泥江口)方言参考语法》,商务印书馆。

辛永芬 2011 《豫北浚县方言的代词复指型处置式》,《中国语文》第 2 期。

邢向东 1994 《内蒙西部方言句法结构三题》,《语文学刊》第 5 期。

邢向东 1995 《论内蒙古晋语的语法特点》,《内蒙古师大学报》第 1 期。

邢向东 2011 《陕北神木话的趋向动词及其语法化》,《语言暨语言学》第 3 期。

赵元任 1979 《汉语口语语法》,商务印书馆。

中国社会科学院语言研究所、中国社会科学院民族学与人类学研究所、香港城市大学语言资讯科学研究中心 2012 《中国语言地图集(第 2 版)》,商务印书馆。

朱德熙 1982 《语法讲义》,商务印书馆。

陕北神木话的趋向动词及其语法化[*]

邢向东

（陕西师范大学）

引　言

陕北神木话趋向动词及其语法化很有特点。本文首先对神木话趋向动词表位移的用法和分布进行描写、分析，加之与陕北、山西晋语和关中话、普通话的比较。其次将方言的共时现象与近代汉语研究成果相结合，对神木话趋向动词作补语后的语法化过程和机制进行讨论。神木话的材料由作者亲自调查，其他陕北方言及山西兴县的材料，部分为笔者调查，部分由黑维强等先生提供，其他语料见引用文献。

为了表述简便，本文使用下列代码：D（Directional verb）＝趋向动词，D1＝上、下……，D2＝来、去，D12＝上来、上去……，Loc（Locative）＝处所成分。

1　神木话的趋向动词

神木话的趋向动词及其读音见表 1。其中"来"因前字声调而有阳平、轻声两读。

就词表来说，神木话趋向动词的特别之处在于有"起去"，没有"开去"。这是晋语方言的共同特点。

神木话的"回"有两个意思，其一与普通话"回"相同，其二指"进"，后者是更

＊　本文刊发于《语言暨语言学》12.3：565—593，2011 年。

地道的方言用法。相应的"回来、回去"也有两个意思。如"回家来"分别指"回到家里来"和"(走)进家里来",根据语境不同而有不同。这也是陕北晋语的普遍特点。

表 1

D₂ \ D₁	上 ʂã⁵³	下 xa⁵³	进 tɕix̃⁵³	出 tʂʰuəʔ⁴	回 xuei⁴⁴	起 tɕʰi²¹³	开 kʰE²¹³	过 kuo⁵³
来 lE⁴⁴	上来 ʂã⁵³lE⁰	下来 xa⁵³lE⁰	进来 tɕix̃⁵³lE⁰	出来 tʂʰuəʔ⁴lE⁴⁴	回来 xuei⁴⁴lE⁰	起来 tɕʰi²¹³lE⁴⁴	开来 kʰE²¹³lE⁴⁴	过来 kuo⁵³lE⁰
去 kʰəʔ⁴	上去 ʂã⁵³kəʔ⁰	下去 xa⁵³kəʔ⁰	进去 tɕix̃⁵³kəʔ⁰	出去 tʂʰuəʔ⁴kəʔ⁰	回去 xuei⁴⁴kəʔ⁰	起去 tɕʰi²¹³kəʔ⁰		过去 kuo⁵³kəʔ⁰

从读音看,"来"单用及在"出来、起来、开来"中读阳平[lE⁴⁴],在其他复合趋向动词中读轻声[lE⁰]。"去"单用时读入声、送气声母[kʰəʔ⁴],在复合趋向动词中读轻声、不送气声母[kəʔ⁰]。①

2　神木话趋向动词表位移的用法

2.1　趋向动词单独作谓语

神木话的趋向动词可以单独充当谓语。其中,"来、去"和"上来、上去……"等用法十分自由,可以独立作谓语,也可构成连动式等,时间上不受限制,可以用于已然句和未然句。② 例如:

(1) 那些_他们_来了。

(2) 我们出去也_我们要出去_。

"上、下、回、出"等也可以单独作谓语,但不如"来、去"等自由,只能用于未然句,说明自己将要做位移动作或命令对方做位移动作,不能构成已然句。如"我上也_我要上了。指从低处向高处位移_""你回吧_你进吧_""你先出"。③

---

① 关于神木话轻声的读音和条件,请参看邢向东(2002:134—154)。

② "开来"是例外,它的意义高度虚化,不能作谓语,只能在动词后表示位移方向和起始义,详见下文。

③ 神木话有"起开"一词,只能作谓语,不能作补语,本文将其排除在趋向动词之外。

2.2　趋向动词带处所宾语

神木话的"来、去"可以直接带处所宾语表示位移的终点,这时"来、去"分别读[lɛ⁴⁴]、[kʰəʔ⁴],处所宾语后须重复该词,但读轻声[lɛ⁰]、[kəʔ⁰],即"来[lɛ⁴⁴]/去[kʰəʔ⁴]+Loc+来[lɛ⁰]/去[kəʔ⁰]"。如:

(3) 贾处长明儿来神木来也。

(4) 我去西安去也。

(5) 你来红碱淖尔过五一来吧。

(6) 那个娘的去北京看病去也他妈要去北京看病。

从语序看,"来、去"表示位移时,不能用"到+Loc+D_2"的格式,如例(3)不能说成"贾处长明儿到神木来也",例(4)不能说成"我到西安去也"。即使在连动式中充当前项,也不能用"到+Loc+D_2+VP"格式。如例(5)不能说"你到红碱淖尔来过五一来吧"。

绥德、佳县、吴堡、清涧等陕北晋语表位移时,更多地用"Loc+D_2"格式,如吴堡话:"我榆林去也。""我街上去也。""咱柳林串去来吧。"这一点与神木话不同。

"上、下、回、进、过、出"等不能单独带处所宾语表示位移的终点,而要用"D_1+Loc+D_2"格式,否则句子站不住。但充当连动式前项时,处所词后不需带"来、去"。例如:

(7) 我们上县上去也。

(8) 我们下榆林去也。

(9) 你先出街上去你先到街上去。

(10) 你情[tɕʰi⁴⁴]回家里来你尽管进家里来。

(11) 进老张家行拉了一阵儿话到老张家里聊了一会儿天。

(12) 过□[niɛ²¹³]东房婶婶家借上几个盘子去东房你婶儿家借几个盘子去。

以上句子,同样不能说"到……D_2",如例(9)不能说"你先到街上去",例(10)不能说"你情到家里来"。

复合趋向动词可以带处所宾语构成"D_{12}+Loc+VP"格式,不过句中分布受限,只能充当连动式的前项。例如:

(13) 上去大柳塔给我打电话。

(14) 回去家里睡了一觉。

（15）下去井底下好好儿操心些儿下到井下好好儿小心。

（16）等你回来神木再说。

当句子既带当事宾语又带处所宾语时，神木话可以用"D$_{12}$＋Loc＋NP"格式，不过只能构成祈使句和充当"看见"等少数感知动词的宾语，不能构成存现句。而且没有平行的"V＋D$_{12}$＋Loc＋NP"结构。例如：

（17）下来底下几个到下面来几个人，不要都挤在车上。（*到底下来几个。）

（18）赶紧上去大柳塔几个人赶紧到大柳塔去几个人。（*赶紧到大柳塔去几个人。）

（19）我看见上去窑顶上一只猫儿我看见一只猫上窑洞顶上去了。（比较：窑顶上上去一只猫儿）

（20）明明儿看见回去咱们家一个人么明明看见咱家进去一个人嘛。（比较：咱们家回去一个人）

"过"以及类似趋向动词的"走"带处所宾语可以表示位移的途径，例如：

（21）你们去成都过西安不？

（22）神木去北京要过太原嘞。

（23）要走鄂尔多斯才能到包头嘞。

（24）你这回去呼市走薛家湾也走包头也你这次去呼市过薛家湾还是过包头？

值得注意的是，位移的源点只能用介词"朝_从、在、向"介引，放在趋向动词前面。在地道的神木口语中，"下山、下梁、下楼、下炕、出村、出沟"等都不能说。"下车、出国、起床"能说，但都带有普通话色彩，应是受普通话影响而出现的，如"起床"在地道口语中的说法是"起"。例如：

（25）我朝_从大柳塔来。

（26）那些倒［tsɔ^{53}］朝_从沟里出来了他们已经出了沟了。

这样，在神木话中，表位移终点和位移源点的方式正好形成互补关系。前者不能用"介＋Loc＋D"结构，后者只能用这种结构。

2.3 趋向动词作补语及与宾语的位置关系

趋向动词作补语时，不论结构形式还是读音形式，都可分为两类：一类是"来、去"，动趋之间必须加"得"，补语读语法重音；另一类是"上、下……"和"上来、下来……"，动趋之间不能加"得"，补语不读语法重音。

2.3.1 "来、去"作补语

"来、去"充当趋向补语,不能直接置于位移动词"走、跑、刮[kua²¹³]跑、逛跑"等后面,而要用助词"得[təʔ⁰]"连接。动趋式后面可以带当事宾语作谓语,或带处所宾语充当连动式前项。其中补语"来[lɛ⁴⁴]/去[kʰəʔ⁴]"读语法重音。例如:

(27)北面个[kuo⁰]走得来[lɛ⁴⁴]一个人 北面走过来一个人。表示正在走来。

(28)那和尚一下倒[tsɔ⁵³]跑得来[lɛ⁴⁴]了 那家伙一下子就跑来了。

(29)一下跑得去[kʰəʔ⁴]四个人,那些哪能伺应下嘞 一下子去了四个人,他们怎么招待得了呢。

(30)投走得去[kʰəʔ⁴]大柳塔就黑了 等走到大柳塔天就黑了。未然句。①

"来、去"在[+致移]义动词"搬、挪、搞[nɔ²¹³]扛、抬、送"等后面作补语,也要用"得"连接。动词的受事可以充任句子主语、介词宾语或动词宾语,后者要置于补语之后,不能在动趋之间。例如:

(31)礼钱给口[niɛ²¹³]你姑姑捎得去了。

(32)你把那捻儿山药给咱拉得来 你把那点儿土豆拉来。

(33)我哥哥拿得来一箱子狗头枣儿。

(34)夜里给小王拿得去三百块钱 昨天给小王拿去三百块钱。

(35)你给老王家送得去两坛坛酒 你给老王家抬两坛子酒送去。

(36)口[niɛ²¹³]两个给咱搬得来两张桌子 你们俩给咱搬两张桌子来。

---

① "V位移+[təʔ⁰]+D₂"也可能是偏正短语,这时"走/跑"等充当状语,表示行为的方式,要重读,"来/去"是中心语,不重读。其中的"[təʔ⁰]"相当于北京话的"着",也许记作"地"更恰当。例如:"你咋价走[təʔ⁰]来了 你怎么走着来了?""赶紧跑[təʔ⁰]去[kʰəʔ⁴],不敢营误了 快跑着去,别拖拉了。"这时,"[təʔ⁰]"可用表示动作方式的"上"替换,如前两例可以说成"你咋价走上来了?""赶紧跑上去……"。

因此,神木话的"V位移+[təʔ⁰]+D₂"结构是同形异构体,有歧义。两种结构的区别是:第一,说话时,偏正结构须重读充当状语的位移动词,目的是强调动作方式,述补结构不能重读位移动词;第二,偏正结构中的"[təʔ⁰]"可以用"上"替换,述补结构中的"[təʔ⁰]"不能用其他词替换;第三,偏正结构的"来/去"后一般不带宾语,述补结构的"来/去"后则可带表人、动物的宾语(例29)和表位移终点的处所宾语(例30),再如:"你跑得来神木做甚来了?"第四,如果要翻译成普通话,偏正结构要译成"走着来、跑着去",动补式要译成"走来、跑去"。

刘丹青先生在讨论中指出,苏南吴语中普遍存在和神木话相同的"V+得+趋"式歧义结构,并提醒作者能否在结构上找到分化的方法。

2.3.2 其他趋向动词作补语

D₁单独充当趋向补语的情况不一，"上、下、起、开、过"可以，如"拿上、搁下、端起、躲开、搁过"等，补语不读轻声。如果要后接宾语，只能跟受事宾语，不能跟处所宾语，"爬上山""走过教室"等都不能说。"进、出、回"则既不能单独作补语，也不能带宾语，"拿出一封信""走进教室"等也不能说。

复合趋向动词充当补语相当自由，不带处所宾语时跟普通话没有什么不同。动词与趋向补语之间不加"得"，读音和单用时相同。如：

跑出来　走进来　爬出来　拿进来　搞_扛进来　提起来

跑进去　走出去　爬进去　拿出去　搞_扛出去　放起去

2.3.3 复合趋向补语带宾语

2.3.3.1 带处所宾语时的语序

动趋式带处所宾语表示位移终点时，神木话的常用格式是"V+D₁+Loc+D₂"。一般情况下，如果结尾部分没有"来/去"，句子就站不住，如不能说"*我们一搭_起走进家里""*把这些菜抬进家里"。只有当处所词是三个以上音节时，结尾处偶尔可以不带"来/去"，如"我整整儿走了一天才走回咱们村"。例如：

（37）刚去了三个月倒逛_跑回家来了。

（38）把这些山药_{土豆}倒进窖里头去。

（39）把猫儿断出外头去_{赶出院子里去}。

（40）要是不用的话，就把车子推回咱们家来。

动趋式带处所宾语充当连动式前项则比较自由，可以用"V+D₁₂+Loc"和"V+D₁+Loc+（D₂）"格式。前者与例（13）—（16）相平行。例如：

（41）你跑回来神木做甚来了。＝你跑回神木（来）做甚了_{你跑回神木来干什么？}

（42）硬断回去家里把书习下。＝硬断回家里（去）把书习下_{硬是追到家里把书抢下来。}

（43）咱拿上去山上再分。＝咱拿上山上去再分_{咱拿到山上再分。}

（44）这袋子白面背回去家里还把人熬死着嘞。＝这袋子白面背回家里去还把人熬死着嘞_{这袋儿白面背到家里能把人累死。}

与趋向动词作谓语相同，神木话不能用"V+D₁+Loc+D₂"表示位移动作的源点，如不能说"跑出礼堂来""跳下桌子去""抬下桌子去""放起地上去"，只能说"朝/从礼堂跑出来""朝/从桌子上跳下去""朝/从桌子上抬下去""（把风筝）

朝/从地上放起去"。也不能用"V+过+Loc"表示位移的途径,如不能说"*走过教室(边边)""*跑过大街",只能说"朝/从教室边边上走过去""朝/从大街上跑过去"。就这一点来看,神木话和普通话不同,与关中话部分相同,部分不同。①

2.3.3.2 动趋式带受事、当事宾语时的语序

神木话的动趋式带受事、当事宾语,其首选位置是趋向补语之后,其次是趋向补语之间。即"V+D$_{12}$+O">"V+D$_1$+O+D$_2$",没有"V+O+D$_{12}$"格式。陈述句和祈使句情况相同。如"你给我拿下来一本书"最常用,"你给我拿下一本书来"可以说,但频率低于前句,"你给我拿一本书下来"完全不能说。这样,神木话就比普通话少了一种语序(陆俭明 2002:13—14)。例如:

(45)你给咱_{表请求、商量语气}搬过来一个凳凳。>你给咱搬过一个凳凳来。(*你给咱搬一个凳凳过来。)

(46)你敢_{表确认语气}给家里寄回去一捻儿钱_{你给家里寄一点钱回去}。>你敢给家里寄回一捻儿钱去。(*你敢给家里寄一捻儿钱回去。)

(47)外头飞回来_{进来}一个蝇子。>外头飞回一个蝇子来。(*外头飞了一个蝇子回来。)

(48)老张掐[nɔ²¹³]_扛进来一麻袋山药_{土豆}。>老张掐进一麻袋山药来。(*老张掐了一麻袋山药进来。)

这时不能用"V+D$_{12}$+Loc+Np"格式,如例(46)不能说成"你敢寄回去家里一捻儿钱"。反映出趋向动词作谓语和作补语在组合能力上的不平衡性。

2.4 趋向补语的可能式和反复问形式

趋向补语可能式的形式因趋向动词而有所不同。除了"去"以外,其他趋向补语可能式的肯定形式是"V+D+嘞",中间不带"得",和普通话及其他北方方言

---

① 据唐正大(2008)的考察,关中话表达终点位移事件的格式是:"V+到(ə)+G+Loc(处所词+方位词)+D$_d$(来/去)"。用唐正大的表示法把神木话这一格式表达出来是"V+D$_n$+G+D$_d$",两者存在较大的差异。柯理思(2008:219)描写,山西岚县话表达终点位移事件的类型与神木相同,如:"把俺妹妹送回住舍去哩(把妹妹送回家了)。"说明晋语方言在这一点上存在一致性。关中话表达源点位移事件的格式是"介+G+Loc+V+D$_n$+/到(ə)+D$_d$",神木话与之基本相同。

不同。否定形式是"V+不+D",和普通话相同。反复问形式是肯定否定相迭,但中间不带"嘞"。例如:

(49) 我真儿就能拿来嘞_{我今天就拿得来。}

(50) 这捻儿炭我们两个抬回去嘞_{这点儿煤我们俩能抬回去。}

(51) 临到头上_{到需要的时候}连三百块钱也掏不出来。

(52) 你掭[nɔ²¹³]起掭不起这根檩子_{你扛得起扛不起这根檩?}

"去"充当补语时,只有带"得"才能构成可能式的肯定式、否定式以及反复问形式,不带"得"的形式不能成立。"V得去"后仍带"嘞"表示可能。同时,由于音节的关系,否定式和反复问中将宾语放到后头的频率极低。例如:

(53) 我一个人就掭[nɔ²¹³]得去嘞_{我一个人就扛得去。}

(54) 捆成一捆捆就背得去嘞_{捆成一捆儿就背得去。}

(55) 这孩伢儿真儿拗住了,死下也哄不得去_{这孩子今天拗住了,好歹都哄不去。}

(56) 你能把改霞劝得去不_{你能把改霞劝得去吗?}/你把改霞劝得去劝不得去_{你能把改霞劝得去吗?}

因此,"去"和其他趋向补语在带不带"得"上处于不平衡状态。

根据以上情况,我们可以作两点分析:

第一,趋向补语可能式的肯定形式"V来嘞""V得去嘞",当是用表肯定判断的方式表示可能,与结果补语可能式的表达方式(吃完嘞/吃不完;做好嘞/做不好)相一致。如果把这个补语"硬译"成普通话,神木人会说"拿来呢、掏出来呢"等,可以证明末尾的"嘞"表断定语气。

第二,神木话"来/去"作补语构成的动趋式是"V得来/V得去","去"的可能式是"V得去嘞/V不得去",这两种格式的存在表明,"V来嘞、V不来"的早期形式也当是"V得来嘞、V不得来",后来受结果补语可能式的同化,删除了其中的"得",但"去"仍然保留了原来的格式。至于"去"的可能式为什么不和"来"及其他趋向动词同步,可以解释如下:神木话的"去"紧跟动词时必须读[kə ʔ⁰],而作补语的"去"读[kʰə ʔ²⁴],其读音、功能平行对立,位置互补,如果可能式删除"得",就会打破这种格局。可以认为,内部结构的系统性抵制了来自其他动补式、动趋式的类推力量。

2.5 趋向动词的方位词化

"往"是表示位移方向、终点的介词,其后常常介引方位词等表方所的词语。如"往南走""往东面拐""往家里搬""往高处抬"等。值得注意的是,神木话的趋向动词也可在"往"的后面表位移的方向、终点。如:

来:往来走 往来搬 去:往去走 往去搬

上:往上贴 往上抬 下:往下刮 往下扶

进:往进搬 往进走 出:往出抬 往出掏

回:往回走 往回开 起:往起搁 往起站

开:往开搋_扯 往开滚 过:往过抬 往过拆_拿

上来:往上来拿 往上来抬 上去:往上去举 往上去抬

下来:往下来抬 往下来溜_{出溜} 下去:往下去拿 往下去溜_{出溜}

进来:往进来搬 往进来擩_{捅、伸} 进去:往进去擩 往进去断_赶

出来:往出来拉 往出来拆_拿 出去:往出去搬 往出去断_赶

回来:往回来抬 往回来劝 回去:往回去走 往回去拿

起来:往起来抬 往起来坐 起去:往起去放 往起去举

开来:往开来搬 往开来想

过来:往过来挪 往过来挤 过去:往过去挪 往过去拆_拿

从以上各例可以看出,所有趋向动词都能在"往+D+V$_{[+位移,+致移]}$"格式中出现。其中单音节词的出现频率更高。它们在句子中充当状语,可用于感叹句以外的任何句类。例如:

(57)那里都拾掇好了,能往去搬了_{能搬去了}。

(58)把脑往起抬,撑成近视眼着也_{抬起头来,小心把眼睛看成近视眼}。

(59)把腿往开来挪给下儿,把人卜烂得_{把腿往一边挪挪,绊人哪}!

(60)真儿_{今天}的风不大不小,好好儿往起去放风筝。

在充当介词"往"的宾语这一点上,趋向动词非常像方位词,请比较:

往外走 往里走 往前挪 往后挪

往里头走 往外前_{外头}走 往左面挪 往右面挪 往前面挪 往后面挪

可以说,神木话中发生了趋向动词的方位词化,即趋向动词具有了方位词的特点。由于"上、下"同时属于趋向动词和方位词,所以,当"上、下"放在"往"后头,动词表示[+位移/+致移]时,可以进行两种分析,如:"往上走、往上爬、往上挪、往上拿、往上搁、往上放"后头可以加"来/去"变成"往上来走/往上去爬"等,应看作趋向动词方位词化后作介词宾语,但也可以说成"往上头走、往上头爬……",即方位词作介词宾语,而"往上看、往上瞭_望、往上瞅"等[-位移]动词作谓语时,就只能分析为方位词作介词宾语。这种能作两可分析的现象,正是导致说话人将趋向动词重新分析为方位词的桥梁。神木话趋向动词的方位词化,反映了语言中事物的位移与其所处的方位之间的相通性。是一种由动而静的演化方式。陕北、关中方言都存在同类现象。①

3 "上、下、起、开、开来"作补语后的语法化②

"上、下、起、开、开来"等充当补语以后,在神木话中发生了程度不同的语法化,其结果、路径都与普通话有一定的差别。

3.1 "上"的语法化

"上"除了表位移外,还可表结果,且能构成可能式。③ 根据前面动词的不同而有"达到、到、住、过"等意思,可以归纳为"达成"义。例如:

(61) 则么吃上好水了_{总算吃到好水了}。/动弹一天_{干一天活儿}连顿饱饭也吃不上。

(62) 这搭儿晒上太阳嘞_{这儿能照得到太阳}。/这搭儿晒不上太阳_{这儿照不到太阳}。

(63) 这下咋也挨上我了_{这下大概轮到我了}。/再咋也挨不上你分家产_{无论如何都轮不到你分家产}。

(64) 你和我大相跟上_{你和我爸一起走}。/我们两个相跟不上_{我们俩走不到一起}。

---

① 柯理思(2009)对官话中"往+回/起/出+V"的用法作了系统的调查,并讨论了其形成过程。她将这类格式与"往+方位词+V"格式合称为"副词性成分"。柯理思的调查结果是,官话中可以这样用的趋向动词有"回、起、进/出"几个,西北方言中能够进入该格式的趋向动词更多。

② 神木话的"起、出"等有许多引申意义,本节主要讨论语法上的引申用法,对意义上的引申不作描写。略举数例:"说不上"表示"有可能、难说":这事情还说不上能行嘞。真年_{今年}能考上研究生不? 而着还说不上着嘞_{现在还难说}。"估起"表示"算起来":估起也不算贵。"出"引申指"出货":吃出/吃不出(荞麵吃不出,软米吃不出)、蒸不出、煮不出。

③ 在"上"和"下"的虚化用法中,还应分出结果补语和动相补语两个阶段。为了不影响对主要问题的讨论,本文不严格区别结果补语和动相补语,统称为结果补语。

由作结果补语进一步虚化，"上"可以在动词、形容词之后和动宾之间表"达成体"。① 所谓"达成"，是指动词、形容词短语所表示的动作、行为、状态已经出现，但还未结束；或在量上达到了一定的程度。"上"附着在持续动词或形容词之后，表示开始并继续，附着在非持续动词和名量、时量、动量宾语之间，表示这个行为的达成。

这时，其读音有明显的变化：作补语时读[ʂã⁵³]，一般不轻读。作体标记后发生弱化，声母变为[x]甚至脱落，读[xã⁵³-xã⁰-ã⁰]，紧紧黏附在前字后头，其中在动、宾之间最弱，音节独立性最差，有时仅在前音节上增加一个模糊的[ã]。如"踢上两脚"读[tʰiã⁴⁵³ liã²¹ tɕiəʔ⁴]，"耍上麻架"读[ʂuaã²¹⁵ ma⁴⁴ tɕia⁵³]。

由于"上"表结果和表达成体之间是渐变关系，所以当句子表示某件事已经达到了一定的结果，且宾语不表数量时，就可能有两种分析，甚至可能造成歧义。如下面两句话都有 a、b 两种理解。a 义的"上"可用普通话"到"来对译，是结果补语；b 义的"上"则找不到合适的词对译，只能用"开始 VP……"翻译，是达成体标记。

（65）神木人享受上免费医疗了。

a 义指"神木人享受到了免费医疗"，否定式是"神木人没享受上免费医疗"，不强调时间性。b 义指"神木人开始享受免费医疗了"，否定式是"神木人还没享受上免费医疗来嘞神木人没有开始享受免费医疗呢"（来嘞：先事时助词+语气词，可勉强对译为"呢"）。从否定句可以看出，表 b 义时句子强调时间因素，即在一定时间范围内事件进行的状态，而这正是体意义的反映。如果句子中指明时间，或动词后带数量宾语，则只有"达成体"一种理解：神木人 2009 年享受上免费医疗了。神木人享受上免费医疗三年了。

（66）我们领上补贴了。

a 义指"我们领到补贴了"，即补贴拿到手了，否定式是"我们没领上补贴"。

---

① 笔者在《陕北晋语语法比较研究》中，表示赞同刘勋宁先生关于"了"为实现体标记的观点，但因为我们将"上"所表示的语法意义归纳为"实现"，所以暂时将动词后的"了"归入完成体标记。2009 年 9 月，趁刘先生到陕西师大讲学，笔者曾就这一点向刘先生请教，经过反复推敲，目前我们认为，"上"可以归入"达成体"，"了"应为"实现体"的标记。"上"与"了"的根本区别在于，"上"表示的是非完整体，"了"属于完整体。刘先生指出，"达成"的功利性、目标意味比"实现"强。

b 义指"我们开始领补贴了",但现在是不是拿到手可不一定,否定式是"我们还没领上补贴来嘞"。如果说"我们领上补贴多时了",也只有"达成体"一种理解。[1] 再如:

（67）我们一共寻上［ʂã⁵³］三个人_{我们一共找到三个人。}（已然句,表结果）

（68）给我们寻上［ã⁰］三个人就够了_{替我们找三个人就够了。}（未然句,表达成体）

上面几例的两重解释,反映出"上"由结果补语语法化为达成体标记,曾经过重新分析。

"上"充当达成体标记,不仅意义高度虚化,形式和功能也有一系列变化。读音弱化已见上文,功能上有三点:① 不能构成"V 不上"的可能式;② 搭配的动词范围扩大,"上"表结果时,主要结构式是"V［+持续］+上（+O）",此时大量出现"A+上""V［-持续］+上"等结构,出现"扔_丢上（五百块）、减上（二十）、给上（两个馍馍）、离上（两回婚）、死上（三回）"等动词的词汇意义与"上"的趋向义、结果义本不相容的搭配;③ 宾语的范围由名词、"数量+名"向时量、动量宾语扩展,出现了"爬上一阵儿、吹打上一气、走上三回、哭上两鼻子、踢上两脚、笑话上一顿"等结构。刘丹青（1996）指出:"动词和动量补语（即本文的动量宾语——引者）之间应该是完成体助词常用的位置。"（刘丹青 1996：16）这个判断也适用于"上"。例如:

（69）咱把东西贴上,人熬上,最后还教人家超贱上_{咱贴着东西,人累着,最后还得让人家骂着。}

（70）真年_{今年}这个天,这阵儿倒冷上了_{这时候就开始冷了。}

（71）我洗上衣裳了_{开始洗衣服了},这阵儿走不了。

（72）你扔上_{丢了}那么多东西还不叫人说。

（73）150 减上_{减去}30 等于 120。

（74）你给上他十块钱,不要教那嚎_{你给他十块钱,别让他哭。}

（75）那个再贪污上几百万_{他再贪污几百万}也判不了死刑。

（76）教人家笑话上一顿则么高兴了_{让人家嘲笑一顿就高兴了。}

以上各例,不带"上"大都站不住,少数可不带的意义有变化。例（70）之类表天气变化的形容词谓语句可以不带,但没有"上"时单纯表示发生了由"不冷"

---

[1] 上两例是就字面来分析的,实际口语中,根据"上"的读音轻重,一般能够区分 a、b 两义,不会造成歧义。

到"冷"的变化(句尾"了"的作用),没有"开始冷并会继续冷"的意义。例(73)也可不带"上",这时"达成"义消失,只表示一般的"减掉",而且口语中会自然地说出"上"来。在这类句子中,"上"已经完全脱离了空间、结果范畴,只能表示抽象的事件的"达成",是单纯的体助词。

值得注意的是,"上"用在非持续动词和数量宾语之间时,只能用于未然句,或者充当条件句、让步句的前分句,不能用于已然句。如最后5例。其原因在于,"达成"形成于"V$_{持续}$+上"结构,本来的语义特征是"开始并继续",是无界的;后来搭配范围扩及"V$_{非持续}$+上+O$_{数量}$",而"V$_{非持续}$+O$_{数量}$"则是有界的,两者存在矛盾。未然句表达尚未发生的意愿、命令等,条件句、让步句的前分句带有虚拟性,句中的数量宾语表示说话人希望、虚拟出现的结果,都无所谓"有界还是无界",这就与"V$_{非持续}$+O$_{数量}$"的有界性不矛盾了。换句话说,只有在未然句中,"上"的达成义同"V$_{非持续}$+O$_{数量}$"的有界性的矛盾才被中和。有的句子离开具体的语言环境难以判断是已然句还是未然句,其实它们是时间上的"中性句",只表示一般的事情或道理,并不强调已然和未然,如例(73)。

在达成体标记的基础上,"上"又可黏附在及物动词上,成为类似后缀的成分,相当于普通话的"着"。"V+上"充当连动式前项,表示后项的方式。例如:

(77) 听上:听上□[niɛ^{213}]你哥哥甚也闹不好听你哥哥的话什么都搞不成。

(78) 哄上:哄上营做营生哄着让干活儿。

(79) 提上:提上根棍子去哪去也提着根棍子要去哪儿?

(80) 跟上:跟好人,出好人,跟上师婆会跳神跟着巫婆会跳神。(谚语)

由达成体标记引申出的另一种用法是,构成类似熟语的"的"字短语"V$_{及物}$上+的",表示"可V的",可用于肯定式和否定式,但以否定式更常见,如"说上的(没个说上的)、做上的(寻个做上的、没个做上的)、骂上的(没个骂上的)、夸上的(没个夸上的)"等,"上"的作用仍然相当于一个后缀,表示的正是达成意义。

由于普通话没有达成体标记,因此翻译神木话的"上"时颇难找到合适的表达方式,或用"开始"等词汇手段代替,或译成"着、了",或干脆不译出来。

"上"的语法化轨迹可图示如下:

谓语→趋向补语→结果补语→达成体标记→"V上"表方式

→"V上+的"短语

3.2 "下"的语法化

"下"作补语读[xa⁵³]。由作趋向补语引申为结果补语,可以构成肯定和否定的可能式。例如:

(81) 我拿搓板儿硬把狗的洗下了 我用搓板生生把它洗掉了。/油腻太厚了,洗衣机洗不下 洗不掉。

(82) 这么大一孔窑能窊[ʂɤ̃⁴⁴]下十个人嘞 这么大一孔窑洞,住得下十个人。/家里挤得爽利窊不下 家里挤得实在住不下。

(83) 不要看不是个儿养的,也可亲下嘞 别看不是亲生的,其实能亲得下。/公公婆婆再咋也亲不下 公公婆婆再怎么说也不能发自内心地亲。

(84) 老师讲的我解[xɛ⁵³]下了 懂了。/我一满解不下 实在不懂。

(85) 而着这孩伢儿,能得吃去吃不下,穿去穿不下 现在这孩子,惯得吃的嫌不好,穿的也嫌不好。

(86) 我们女子问下人家了 我们家姑娘找到婆家了。/二十大几的女子了问不下个人家 二十大几的姑娘找不到个婆家。

其中例(81)表示脱离原来的位置,例(82)表示能满足要求,例(83)(84)表示能做到,"解下/解开"是陕北话的特征词语,例(85)只有否定句,表示不愿做某事,难以找到普通话词语来对译,例(86)表示事情有了结果。"下"的上述用法尽管很抽象,但尚能归纳为某一类结果意义,其中有的可用"了[liɔ²¹³]"①替换,可见属于结果补语。

(87) 一阵阵担下一瓮水 一会儿担了一缸水。

(88) 做买卖短下人家钱 做买卖欠了别人钱了。

(89) 那个 他 可没少说下你的坏话。(比较:他说不下我几句坏话吧?)

(90) 打麻架可多输下钱儿了 打麻将可输了不少钱。

这类句子由动宾短语充当谓语。"下"的意义更抽象,表示行为的结果已经成就,可用"了₁[ləʔ⁰]"替换,不能省去。及物动词都能进入这类结构,如"请下人、认下个干儿子、出下事、买下票、幸 惯 下毛病、踏下饥荒 欠了债、起下名字、和下

---

① 神木话"了"有三读,读[liɔ²¹³]是实义动词,可作谓语和补语,可带宾语;读[ləʔ⁰]是实现体助词,位于动词之后、动宾之间;读[lɛ⁰]是语气词兼当事时助词(有人叫已然体助词),位于句末。

人为下人、惹下人、可没少送下、可多送下了"等,从语音形式看,这时的"下"可轻读可不轻读,为[xa⁵³/xa⁰],不过它们仍可构成"V不下O"的可能式,如"担不下一瓮水""短不下你的钱欠不了你的钱""给不下多少""长[tʂʰã⁴⁴]不下多不了多少"。可见还没有语法化为纯粹的体标记,处在结果补语和完成体标记之间的过渡阶段。

(91) 这家人缺下德了,净出横事嘞这家人缺了德了,净出凶险的事。

(92) 老李娘的殁下三天了老李他妈死了三天了。

(93) 家里来下一圪都人家里来了许多人。

(94) 一个礼拜去下三回一星期去了三趟,你也去得太勤了吧。

以上例句没有"V不下"形式,动词由及物扩展到不及物(殁、死、来、去),宾语由受事扩展到当事(例93)、时间(三天)、动量(三回),"下"只表动作结果的实现。这时只能轻读为[a⁰],紧紧黏附在前字上,甚至与前字合音为一个半音节。可以用"了₁[lə?⁰]"替换,不能省去。体标记的特征更加明显。其他如"骗下人、哄下人、吹下牛、跌下顺做了有理的事、错下三道题、等下两个钟头"等都没有相应的可能式,应属典型的体标记。

在形容词谓语句中,"下"表示抽象的变化义。"A+下"着眼于现在与过去的比较,表示事物的状态(主要是其程度)发生了变化。它的搭配能力极强,前面的形容词既可以是积极义的,也可以是消极义的,因此"下"的作用是抽象地表示状态及其程度的变化,已经突破了"由强到弱"的语义限制。有些意义对立的反义形容词,都可以对称地使用"下"。如"大下/猴小下、宽下/窄下、暖下/冷下、红下、绿下"(石毓智1992)。这一点对于认识"下"的语法性质是十分重要的。在比较的语境中,"A+下"的后面还可带数量宾语。如:

(95) 你看去胖下了你看着胖了。/我这几年才瘦下了。

(96) 白夜儿一天比一天长下了,黑地一天比一天短下了白天一天比一天长了,夜晚一天比一天短了。

(97) 真儿比夜里要冷下三四度嘞今天要比昨天冷了三四度呢。

(98) 这条缝子又比那两天宽下一寸了这条缝儿又比前两天宽了一寸了。

需要强调的是,在形容词谓语句中,位于句尾"了"前的"下"可以省去,省去后前后比较的作用明显减弱。如"猴小下了"强调"变小了"的过程义,说话人心目中有明确的参照时间,"猴小了"则只是说"小了",没有参照时间,不强调"变小"的过程。

"V/A+O"之间的"下"可用"了₁[lə?⁰]"替换,替换后句义有所不同:带"下"的句子有比较的意味,带"了"的则没有。如例(93)"家里来下一圪都_{许多}人"有"嫌多"的意味,当事宾语如果变成"三个人",就只能说"家里来了三个人",是纯客观的叙述。再如例(97)如果不带"要""嘞",也只能说"真儿比夜里冷了三四度"。"下"和"了"之间的这种区别,可以归纳为:"下"带有主观性,往往给句子带来比较的意味,"了"没有主观性,不会带来比较意味。这是"下"的原始趋向义仍在发挥作用的结果,同时表明其语法化并不彻底。①

"下"的语法化轨迹可图示如下:

谓语→趋向补语→结果补语→完成体标记

3.3 "起"的语法化

"起"的趋向义是由下向上移动,着眼点在起点。在位移动词、致移动词后作补语。可以和"起来"互换。例如:

站起　　搐[nɔ²¹³]起_{扛起}　　背起　　装起

站起来　搐起来_{扛起}　　　背起来　装起来

当前面的动词与位移无关时,"起"表示事情做好了、做完了等结果意义,大致表"做好"可以跟"起来"互换,"做完"不行。如"扎涮起/起来_{打扮起来}、请起/起来(人)_{指说媒、说合}、收拾起、收紧_{收拾紧}起"等,再如:

(99)演员都是穿扮起/起来_{打扮起来}好看。

(100)行李都打摞起了_{行李都收拾好了}。

进一步引申为可能补语,表示"有/没有……的能力(尤指经济能力)",常用于否定句和反复问,有的完全不用于肯定句。这时不能用"起来"替换。普通话"起"也有这种用法(吕叔湘主编1999:441)。例如:

(101)甲:要不咱们打赌来_吧。乙:我们可打不起。

(102)甲:咱去北京串去来_{咱们到北京玩儿去吧}。乙:你能串起嘞,我们是串不起_{你能}

_{玩儿得起,我可玩儿不起}。

___
① "下"和"了"的关系错综复杂,这里只是简单提及。本文暂将"了"归入实现体标记,"下"归入完成体标记,容今后全面考察。

由表能力又进一步虚化为表"可能",用"V/A+不+起"表示"不会 V/A",即
"没有……的可能"。这时,"起"只能用于否定的未然句。其中部分动词可用
"V 起 V 不起"表反复问,但频率不如否定形式高。普通话的"起"不能这样用。
例如:

(103) 晌午吃了三个馍馍两碗菜,饿不起_{中午吃了三个馒头两碗菜,不会饿。}

(104) 真儿咋也昏不起了吧_{今天大概不会头昏了吧?}

(105) 你说那两个嚷起嚷不起_{你说他们俩会不会吵起来?}

(106) 没吃甚难消化的东西,肚子憋不起_{肚子不会胀。}

值得注意的是,与之相对的肯定可能式是"V/A+也[ia⁰]",而不是"V+起",
如"下也_{会下雨}/下不起_{不会下雨}、冷也_{会冷}/冷不起_{不会冷}、打架也_{会打架}/打不起架_{不会打架}、头
疼也_{会头疼}/头疼不起_{不会头疼}",表趋向、结果、能力都不能用这种格式表示肯定的可
能。这种变换式可以用来区别"V/A+不+起"的可能义与其他意义。①

神木话"起"的另一种常见用法是表示起始义,用于动词、形容词之后和动
宾之间。这时不能用"起来"替换,句末必须有"了₂"。"V/A 起"的否定用
"没",如"没哭起、没冷起"等。这种用法的"起"当属起始体标记。例如:

(107) 自从长青殁了,我妈一下儿倒哭起了_{我妈动不动就哭起来了。}

(108) 这种爬场货,连亲戚六人也哄起了_{这种没出息的东西,连亲戚都开始骗了。}

(109) 七几年兴起个种油砂豆,兴了两年则_就不兴了。

(110) 神木这个天气,一过八月十五就冷起了。

普通话中"起"也可在动词后表开始义,只是没有发展成为起始体标记,而
是由"起来"表起始体(吕叔湘主编 1999:439—443)。"起"与普通话的"起来"
作用相当,但并不完全相同。第一,普通话的"起来"表示动作开始并继续进行,
或状态开始出现并继续发展,神木话的"起"(及"开、开来",见下文)单纯表示开
始,并无继续进行或发展的意思。第二,普通话中同"起来"搭配的形容词多表
积极意义,包括一些意义抽象的词(同上:441—443)。神木话"起"没有这一限
制,但搭配面较窄,如"冷、忙、熁[tɕʰyɤ]_{闷热}、能、权换_{做作}"等,数量有限。

"起"大概到宋代才出现表起始的用法,比作趋向补语要产生得晚(太田辰

---

① 邢向东(2002:622—623)对神木话后事时助词"也"表可能和情理的用法做过描写,请
参看。

夫 2003：198—199,志村良治 1995：56)。① "起"的起始义的形成,应当是两方面因素起作用的结果。

一方面,由趋向补语语法化而来。"起"作趋向补语表示由下到上的位移,尤其着眼于位移的起点。物体空间位移的起点,即是时间上动作、状态的起点,因此可用空间上的"起"来隐喻时间上的"始"。语法上的具体表现是"起"搭配动词的扩大,由[+位移][+致移]义动词,向[-位移][-致移]义动词扩展,再由动词向形容词扩展。其引申关系可用下面三个句子表现出来:

(111) 他站起了。(动作/空间:向上)

(112) 他嚎起_{哭起来}了。(动作/时间:动作开始:起始)

(113) 他冷起了。(状态/时间:状态出现:起始)

另一方面,可能和"起"的早期动词义有关。"起"在先秦就有"兴起、产生、开始"的意义,在句子中充当谓语(王力主编 2000：1344)。普通话仍有"从……起"的偏正短语。由表"开始"义充当补语,再逐渐演化为体标记,也不无可能。

同时,就神木话来说,在"起"语法化为体标记的过程中,表示"没有……的可能"的"V/A+不+起",也当从否定的方面起到了重要的促进作用。

"起"由充当起始体标记,又进一步虚化为"……的时候"之义,而且位置灵活,可以在动宾之间或宾语之后,还能同时出现在这两个位置上。② 它之所以能够引申出表时间的用法,是由于某一事件、状态的"起始"本身就是划分不同时间段的自然界限,换句话说,某一动作、状态的开始,也就是一个新的时间段"开始的时候"。如:

(114) 睡起把灯关了_{睡觉时把灯关掉}。

(115) a. 你去起榆林把我叫上_{你去榆林的时候叫上我}。

　　　b. 你去榆林起把我叫上_{你去榆林的时候叫上我}。

　　　c. 你去起榆林起把我叫上_{你去榆林的时候叫上我}。

(116) a. 投你考起大学考生就少下了_{到你考大学的时候考生就少了}。

---

① 比如,据张美兰(2003：280—281)考察,《祖堂集》中"起"充当趋向补语共 90 例,全部表示动作的方向。据吴福祥(1996：387—388)考察,敦煌变文中趋向动词"起"的用例共 10 例,只充当趋向补语和结果补语,没有表开始的用法。

② 其间的重新分析过程请参看邢向东(2006：178)的讨论。

b. 投你考大学起考生就少下了 _{到你考大学的时候考生就少了。}

c. 投你考起大学起考生就少下了 _{到你考大学的时候考生就少了。}

"起"表时间时的位置是一个颇有意思的问题。我们认为,它反映了神木话中"V+助+O"和"V+O+助"两种语序的竞争及其结果。首先,在晋语乃至整个西北方言中,表进行、持续体的"着"位置在宾语之后,采用"V/A(+O)+着"语序。同时,神木话还用"V/A(+O)+着"表"(过去)……的时候",如"走着_{走的时候(过去)}、猴着_{小时候}、养你着_{生你的时候}"(邢向东 2002:602—603)。与之平行,表"(未来)……的时候"的手段有"V/A(+O)+起",如"走起_{走的时候(将来)}、疼起_{疼的时候(将来)}、看见他起_{看见他的时候(将来)}",两相对应,十分整齐,体现了类推的力量。不过,在神木话及其他晋语、西北方言中,表"实现体、完成体、达成体、起始体"等的助词,位置都在动宾之间,如"起"表起始体的格式是"V/A+起+O"。^① 这样,在方言中就出现两种语序的竞争:一方是表时间的"V/A(+O)+着"(平行类推),另一方是起始体标记的"V/A+起+O"(功能扩展),两种力量并存、竞争,以致出现"V 起 O 起"的叠床架屋的表达方式。不过,从竞争的最终结果看,还是类推的力量占了上风。

正因为如此,加上汉语语法中位于句末、分句末的成分有语气词化的倾向,最终导致"VO 起"中的"起"继续了语法化进程,由表示时间进一步语法化为表示虚拟意义的句中语气词。这种用法只能位于整个 VP 充当的假设分句之后。动宾之间的"起"则没有发展出这种用法,仍然停留在表趋向、起始、时间的阶段。^② 例如:

(117)说起_到这个事情起就是你的不对了 _{要说到这个事情的话,就是你的不对了。}

(118)怕惊做饭起咱就下馆子去来吧 _{懒得做饭的话咱就去下馆子。}

(119)你要再耍水起,操心腿把子着 _{你要再游泳的话小心你的腿}!

由这种用法进一步扩展,"起"还可在代词、名词短语后作话题标记。尽管前面成分的性质已经不同,但"起"表虚拟的意味还在。句子的使用范围明显受限,大多用于比较的语境或暗含比较的意思,不能表达已然事件。例如:

---

① 王鹏翔(2002)报告,陕北话"开"表起始有"VO 开、V 开 O"两种语序,应是指陕北南部方言。
② 从近代汉语和晋语方言的情况来看,就动宾短语来说,一般情况下位于整个短语之后的成分,最有可能语法化为表语气、提顿意义的助词,如近代汉语的"时"(江蓝生 2002:291—301),山西晋语的"佬"(郭校珍 2008:8—26),神木话的"来"等。大同话表时间和提顿语气的"顿儿",则处于"V 顿儿 O""VO 顿儿"竞争的阶段(郭校珍 2008:26)。

（120）我们起从来也不敢这么价_{我们从来都不敢这样}。

（121）我哥哥起做甚也行嘞，我起做甚也不行_{我哥干什么都行，我干什么都不行}。

（122）房子起我也买起嘞_{房子哩我也买得起}。（邢向东 2006：168—175）

另一方面，在对话中与人争辩，反驳对方时，说话人将"起"后面的话隐含掉，直接用"起"煞尾，构成虚拟句。这时句子的语气十分强烈，实际上是"虚拟+反问"的复合语气（邢向东 2007：1025—1041）。① 其中"要不是起"已带有一定的熟语性，例如：

（123）甲：这么高圪楞_{土楞}你不敢跳。

　　　　乙：要敢跳起_{怎么不敢}！

（124）甲：天天坐在炕上就等得吃嘞_{就等着吃}！

　　　　乙：要不是起_{你胡说}！

（125）甲：你这不是吹嘞吧_{你这别是吹牛吧}？

　　　　乙：要不是起_{就不是}！

"起"的语法化轨迹可图示如下：

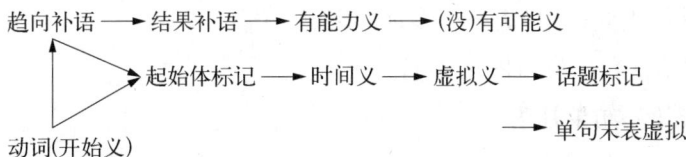

3.4　"开、开来"的语法化

"开"可以充当趋向补语，表示分开、离开，能与［＋位移］［＋致移］义动词搭配。有的句子中意义比较抽象，但还没有脱离位移义。口语中更常见、更自由的手段是用"开来"，其用法与"开"相同，"来"的意义完全虚化，像一个不表义的音节。例如：

（126）我们起紧躲开了。

（127）把这个麻袋拆开来，放在这搭儿累事的_{把这个麻袋拿开，放在这儿碍事呢}。

（128）英语我扔开_{丢开}多年了。

（129）这孩伢儿总算把奶擩开来了_{这孩子总算断了奶了}。

---

① 晋语中，句中虚词可以通过隐含后面的部分实现语气词化，请参阅邢向东（2007）。

它们放在意义比较抽象的动词后作结果补语，表示"解脱、明白"等意义。例如：

（130）事情都说开来了，以后就好好过日子吧。

（131）这下解[xε⁵³]开了懂了。

（132）人老了，爽利听不开话了。

"开、开来"还能在动词、形容词之后，表示动作、行为、状态的起始，该用法是"离开"义的引申。当属起始体标记：

（133）孩伢儿又嚎开了孩子又哭起来了。

（134）天刚暖了两天，又冷开了又开始冷了。

（135）刚才还晴晴儿的个天，说下倒下开来了说下就下起来了。

（136）内蒙人一喝酒就唱开来了唱起来了。

"开、开来"的起始体用法，应是直接由趋向补语引申出来的。从人的认知看，空间上某一物体与另一物体分离，相当于时间上一种动作、状态结束，另一种动作、状态开始，因此可以用本义为离开的词隐喻时间上的起始。正如人们表达空间上和时间上的间隔同样用"离……多远/多长"一样。

"开/开来"的语法化轨迹可图示如下：

谓语→趋向补语→结果补语

　　　　　　　→起始体标记

3.5 "上、下、起、开/开来"作体标记的区别

3.5.1 "上"表达成体，"下"表完成体，其语法作用的区别，可以通过下面的例句体现出来："说上婆姨了"意思是开始找对象了，但还没有订婚，"上"表示"说婆姨"的行为已经开始实施，但未有结果；"说下婆姨了"意为已经和女方确定关系，订婚了，"下"表示"说婆姨"的结果已经成就。"天冷上了"意思是"天冷"的状态开始出现，气温低了，但没有跟前几天比较的意思。"天冷下了"意为"天比前几天冷了"，突出的是状态的变化，但绝对气温是不是低可不一定。有趣的是，把"天冷上了"和"天冷下了"翻译成普通话，都只能说"天冷了"。可见，普通话的"A+了"其实包含了"状态已经达成""状态已经发生变化"两个意义。同样带动量宾语，"一天去上三回"只能用于未然句，"一天去下三回"只能用于已然句。

3.5.2 "起、开(来)"与"上"的意义相近,搭配关系、句法环境也有相同之处,如都能用在持续动词、形容词后头,其后都可加"了₂",但意义和用法都有不同。从意义看,两者的出发点不同,"V/A+起/开"着眼于动作、状态开始的那一刻和开始前,"V/A+上"着眼于动作、状态开始后的那一段时间。比如"一到收夏就忙开/上了_{一到夏收就忙起来了}"一句话中,两个词互相替换后意义不同,语境也有区别,"……忙开了"是说到夏收季节就开始忙了,至于忙到什么时候,句子没有任何暗示,可扩展为:"收夏前还不咋_{不怎么}忙,一到收夏就忙开了。""……忙上了"是说从夏收开始要忙一段时间,其中有"持续一段时间"的含义,可扩展为:"一到收夏就忙上了,忙到八月才能闲下嘞。"句子扩展的部分,正凸显了"开"和"上"之间语法意义、运用环境的不同。再如,"八九月还不冷,到十月就冷开了。""十月冷上,得明年四月才能暖嘞。"两句的"开、上"不能互相替换。造成这种差别的根源在于它们语法化的出发点不同:"上"是从"达成"的结果义进一步语法化为体标记,因此可表达动作、状态的"开始并继续",而"起、开"是从趋向义直接引申为体标记,它们在空间上着眼于"起点"或"分离",隐喻到时间上,注重的是动作、状态开始的那一瞬间。

3.5.3 在神木话中,起始体标记"开、开来"和"起"功能重叠,搭配关系、语义特点、风格特点都很接近,这种并存现象应当是方言接触的结果:"起"和"开"在许多晋语和西北方言中并存。① 同时表明其语法化程度不高,还处在多个成分共同表示某一语法意义的阶段。

4　结　语

4.1　神木话趋向动词表位移用法与普通话、关中话的差异

① 神木话趋向动词"来、去"可以直接带处所宾语,构成"来神木、去北京"的格式,与普通话相同,与关中话不同。② 神木话复合趋向动词带处所宾语的

---

① 郭校珍认为,山西晋语的体标记"起(来)"和"开"在体意义上没有差别,"起(来)"是受普通话影响出现的用法(郭校珍 2008:103—104,125—128)。王鹏翔(2002)也指出陕北话中"开"的使用频率比"起"高,而且"VO 开""V 开 O"格式可以自由替换,"起"则不可。就神木话来说,"起"的语法化程度更高。

格式是:"Ⅰ.D₁+Loc+(D₂)","Ⅱ.D₁₂+Loc"格式;动趋式带处所宾语的格式是:"Ⅰ.V+D₁+Loc+(D₂)","Ⅱ.V+D₁₂+Loc",格式Ⅱ与普通话、关中话都不同,只能作连动式前项,例如:"先回去村里再说。""那点儿肉拿回去神木倒[tsɔ⁵³]已经臭了。"格式Ⅰ与普通话相同,与关中话不同(王军虎1997,Tang & Lamarre 2007,唐正大2008)。③ 神木话动趋式带受事、当事宾语,首选位置是动趋式之后,其次是复合趋向补语之间,不能在动、趋之间,这一点与普通话不同,与关中话部分相同。④ 神木话趋向动词有方位词化的用法,能在"往"的后头充当宾语,与普通话不同,与关中话一致。

4.2　神木话趋向动词的语法化与普通话的差异

① 神木话的"上、下、起、开、开来"分别发展出达成、完成、起始三种体标记的用法。普通话的"起来"表示起始体,"下去"表示继续体,与神木话不同。以上差异说明趋向补语都有向体貌标记语法化的倾向,但不同的方言选择的具体词语不同。② 神木话"起"可表时间、语气,与普通话不同。至于动趋式中趋向动词的结果意义,神木话也和普通话有所不同。

4.3　在神木话趋向动词的语法化历程中,功能的泛化、转移(如语义的虚化,与谓词搭配关系的改变与扩展,动词后宾语的改变与扩展、成分的移位)与重新分析发挥了十分重要的作用,二者之间又是互相交织、互相促进的;类推作用的力量也不可低估。它们的语法化历程再次表明,所有语法化的发生,都必须具备两个条件:特定的结构,特定的句类和语言环境。①

参考文献

郭校珍　2008　《山西晋语语法专题研究》,华东师范大学出版社。
江蓝生　2002　《时间词"时"和"后"的语法化》,《中国语文》第4期,291—300页。
柯理思　1995　《北方官话里表示可能的动词词尾"了"》,《中国语文》第4期,267—278页。
柯理思　2003　《汉语空间位移事件的语言表达——兼论述趋式的几个问题》,《现代中国语研究》第5期。
柯理思　2008　《北方话的"动词+趋向补语+处所名词"格式》,《晋方言研究》,希望出版社,

---

① 关于这一点,请参看刘坚等(1995)、王锦慧(2004)的论述。

215—222 页。

柯理思　2009　《18 世纪以来"往+谓词(里)"式副词性成分的发展》,第五届汉语语法化问题国际学术研讨会论文。

柯理思、刘淑学　2001　《河北冀州方言"拿不了走"一类的格式》,《中国语文》第 5 期,428—438 页。

刘丹青　1996　《东南方言的体貌标记》,载张双庆主编《动词的体》,香港中文大学吴多泰中国语文研究中心。

梁银峰　2007　《汉语趋向动词的语法化》,学林出版社。

刘　坚、江蓝生、曹广顺、白维国　1992　《近代汉语虚词研究》,语文出版社,146—158 页。

刘　坚、曹广顺、吴福祥　1995　《论诱发汉语词汇语法化的若干因素》,《中国语文》第 3 期,161—169 页。

刘勋宁　1988　《现代汉语词尾"了"的语法意义》,《中国语文》第 5 期,321—330 页。

陆俭明　2002　《动词后趋向补语和宾语的位置问题》,《世界汉语教学》第 1 期,5—17 页。

吕叔湘主编　1999　《现代汉语八百词》(增订本),商务印书馆。

强星娜　2009　《汉语话题标记的类型学研究》,中国社会科学院博士论文。

石毓智　1992　《论现代汉语的"体"范畴》,《中国社会科学》第 6 期,183—201 页。

太田辰夫　2003　《中国语历史文法》,北京大学出版社。

唐正大　2008　《关中方言趋向表达的句法语义类型》,《语言科学》第 2 期,168—176 页。

王锦慧　2004　《"往""来""去"历时演变综论》,台湾里仁书局。

王军虎　1997　《西安方言的几个句法特点》,《西北大学学报》第 3 期,32—33 页。

王　力主编　2000　《王力古汉语字典》,中华书局,1344 页。

王鹏翔　2002　《陕北方言的动态类型》,《延安教育学院学报》第 4 期,38—40 页。

吴福祥　1996　《敦煌变文语法研究》,岳麓书社。

邢向东　1994　《神木话的结构助词"得来/来"》,《中国语文》第 3 期,208—209 页。

邢向东　2002　《神木方言研究》,中华书局。

邢向东　2006　《陕北晋语语法比较研究》,商务印书馆。

邢向东　2007　《移位和隐含:论晋语句中虚词的语气词化》,《语言暨语言学》第 4 期,1025—1041 页。

邢向东、张永胜　1997　《内蒙古西部方言语法研究》,内蒙古人民出版社。

张美兰　2003　《祖堂集语法研究》,商务印书馆,280—281 页。

志村良治　1995　《中国中世语法史研究》,江蓝生、白维国译,中华书局。

朱德熙　1982　《语法讲义》,商务印书馆。

Tang & Lamarre　2007　A Contrastive study of the Linguistic encoding of motion events in standard Chinese and in the guanzhong Dialect of Mandarin(Shaanxi).《中国语言学集刊》2007.1:137－170。

杭州方言位移事件表征的句法结构和语篇特点①

姜淑珍[1]　高任飞[2]

（1 浙大城市学院外国语学院，2 浙江财经大学人文学院）

1　引　言

　　杭州方言是太湖片中使用范围最小、人数最少的小片（李荣等 1987），仅通行于杭州市中心城区部分地域。杭州是南宋的都城，宋氏南渡，大量说官话的汴梁人迁入当时的临安城（现杭州），以及后来多次人口变迁的影响，使得吴语和官话有了深度接触。杭州方言在语音、词汇和语法层面上都兼有官话和吴语的成分，这是一个不争的事实（游汝杰 2012，汪化云 2014，盛益民 2018 等）。那么，杭州方言的位移事件表达这一范畴与官话和吴语哪一个更加接近，在句法结构和语篇风格上呈现出哪些特点？这是以往论著尚未论及的话题。

　　本文首先对杭州方言位移事件表征模式进行详细描写，尝试揭示该方言位移事件的句法结构特点，即"哪些结构可用以编码位移事件"；再通过量化统计，揭示该方言位移事件的语用倾向和语篇特点，即"实际应用中使用哪些结构"；最后，通过"普通话—杭州方言—上海方言"的量化比较，探讨杭州方言位移事件的类型归属问题。

　　本文的主要语料来源是以《三个和尚》为诱导的杭州方言口语语料。《三个

---

① 本文为国家社科基金一般项目（19BYY047）"汉语东南方言位移事件词化类型研究"的阶段性成果。主要发音人为杨祖荫先生、张汝增女士、高志明先生、单涛先生、张艺女士、谢冰凌女士，还有多位杭州友人参与了调查。上海方言承蒙盛益民教授协助采集，盛益民教授和柳俊博士提供了中肯的意见和建议。作者对以上提供帮助的人士表示由衷感谢，文中谬误概由作者负责。

和尚》是根据中国民间谚语改编,由上海美术电影制片厂1981年制作的动画短片。短片长约18分钟,彩色,有背景音乐,无对白与字幕。该默片由"三个和尚没水吃、寺庙失火、三个和尚齐心协力救火直至后来三人合作吊水"的系列情节构成,包含了大量位移情节,可以很好地诱导发音人在自然状态下用母方言讲述影片所呈现的画面和情节。

本文的主要发音人(按年龄排序)基本情况如下:

(1)男性,中专,退休,1944年出生。

(2)女性,大专,退休,1951年出生。

(3)男性,大专,职员,1969年出生。

(4)男性,本科,职员,1978年出生。

(5)女性,硕士,教师,1987年出生。

(6)男性,大专,职员,1998年出生。

六位发音人均长期生活在杭州中心城区,均以杭州方言为家庭语言,年龄呈梯度差异。采集的六个语篇共计18 237个字,包含361个位移事件。语料采集过程中,我们要求发音人观看默片,共两遍,第一遍为试看,1—2分钟,只看不说,理解故事大概和描述任务;第二遍完整观看视频,同时用本地方言描述画面中的内容。录像过程中,不暂停视频回顾情节,只需用方言描述出见到的即时画面。我们期待发音人能够在完全自然放松的状态下一次性完成描述,即使出现口误、遗漏、迟疑等情况,也不必暂停重新录制。

虽然每位发音人叙述的时间相同,但是由于个人习惯、口述能力等不同,每位发音人的口述语篇长短会有一定的差异,其中所包含的位移事件数目也有所不同。

另外,我们还参照了以《梨子的故事》短片作为诱导的语料,发音人是《三个和尚》的2号和4号发音人。还有少量语料来自作者日常所听所记,以及母语者内省。

2 杭州方言位移事件的表征模式

本小节描写杭州方言位移事件的表达格式。先介绍用到的缩略符号,F=位移主体/动体(figure);G=位移背景(ground);V=副事件动词(含方式动词和致使动词);V$_{path}$=路径动词(path verb);Prep=前置词(preposition);D=直指动词(dectic verb)。自然语料中位移主体常依语境省略,下文格式描写中仍注明 F。

为描写方便,从语义上将位移事件分为源点(source)、目标(target)、终点(goal)和途径(Route)四类。

1. 源点位移事件

杭州方言表达源点事件,源点往往无须介词引介,而是话题化置于句首(格式一和格式二);也使用"从"作为源点标记,但是加"从"略显正式(格式三)。

格式一:G+F+V+V$_{path}$+D (S型)

(1) a. 庙里厢一個①小和尚挑了两只水桶走出来。(庙里一个小和尚挑了两只水桶出来。)

   b. 树高头一条毛辣虫吧嗒一记跌落来。(吧嗒一下,从树上掉下来一条毛毛虫。)

   c. 河江里厢蛮老老鱼捞上来。(从河里捞上来很多鱼。)

格式二:G+V$_{path}$/D+F (V型)

(2) a. 老老远个地方来了一个小伢儿,骑了部脚踏车。(从远处来了个小孩子,骑了辆自行车。)

   b. 楼下底上来两個穿红衣裳个和尚。(从楼下上来两个穿红衣服的和尚。)

   c. 那年子,城里来了個医生。(那年,从城里来了个医生。)

格式三:F+Prep+G+V+V$_{path}$+D (S型)

(3) a. 河江里蛮老老鱼从水里厢跳出来。(河里很多鱼从水里跳出来。)

   b. 阿明从楼高头落来,就上班去嗮。(阿明从楼上下来,就上班去了。)

   c. 饭从锅子里盛出来就好吃嗮。(饭从锅子里盛出来就可以吃了。)

   d. 嗰张纸儿是我刚刚从书高头扯落来嗮。(这张纸是我刚刚从书上撕下来的。)

---

① 杭州方言中音[kəʔ⁷]且与本文相关的词有三,功能分别为通用性很强的个体量词、近指代词以及结构助词,本字可能均为"个"。为避免混淆,分别记为"個""嗰""个"。

格式四：F+Prep+G+V~path~+D　（V 型）

(4) a. 摘梨儿个老倌刚好<u>从树高头落来</u>。（摘梨子的老头刚刚从树上
下来。）

　　b. 我昨日子齐巧碰着<u>他从单位出来</u>。（我昨天刚好遇见他从单位
出来。）

以上格式一、三可用以表征自移事件（autonomous motion）和致移事件
（caused motion），格式二、四只用以描写致移事件。

2. 目标位移事件

目标和终点的区分在于前者是预先设定但是未到达的终点，语用上是可以
取消的，后者是已经达成的，语用上不可以取消。杭州方言目标位移的表达
式有：

格式一：F+Prep+G+V(+V~path~+D)　（S 型）

(5) a. 胖和尚来东拼命<u>望河江对朝游</u>。（胖和尚正拼命往河对面游。）

　　b. 他摸了摸头，<u>望下底走</u>。（他摸了摸头，往下面走。）

　　c. 豪飔豪飔，贼骨头<u>朝你啯埭逃过去</u>嗰。（快点，快点，小偷朝你这边
跑过去了。）

　　d. 凳儿<u>望我啯埭移过来</u>一眼眼。（凳子往我这边移过来一点点。）

格式二：F+Prep+G+D　（V 型）

自移事件中也可以不出现方式动词，直接以路径动词作为主动词。例如：

(6) a. 他清早八早就<u>望外面去</u>嗰。（他一大早就往外去了。）

　　b. 啯部车子<u>望上海去</u>的。（这部车子往上海开的。）

　　c. 他<u>朝东面去</u>嗰。（他朝东面去了。）

"望"在杭州方言中有文白两读，白读为［mɑŋ¹³］阳去调，文读为［uaŋ¹³］（望
江门，希望）。老派多读白读，而新派多用文读，常被误解为"往"。但是，杭州方
言"往"［uaŋ⁴⁴⁵］是阴去调，调型不合。另，"朝"略文，不如"望"口语化。

吴语普遍不接受"V+望+背景"的句式，杭州方言亦然。但是"V+往+背景"
格式在杭州方言中虽偏文，但还是可接受的。例如：

(7) a. 啯部车子<u>开往/＊望上海</u>的。（这部车子开往上海。）

　　b. 啯批货<u>运往/＊望四川</u>的。（这批货运往四川。）

"开往"当视为受普通话的影响而产生的"杭普话"。

格式三：F+V+过+D （S型）

"V+过去"也能表征目标位移，位移目标一般是隐含的。这里"过"不表"经过"。可用于自主和致移事件。

(8) a. 他看到一条河江，倒忙跑过去。（他看到一条河，赶忙跑过去。）

   b. 他急煞乌拉送过来/去，客人已经耐不牢走歪嘚。（他火急火燎送过来/去，客人已经等不及走掉了。）

   c. 只箱子帮我推推过来/去。（只箱子帮我推过来。）

格式四：F+过+D （V型）

"过"作为路径动词，只用于自移事件。

(9) a. 他瞌眬懵懂过来/去，发觉今朝不上课。（他迷迷糊糊过来，发现今天不上课。）

   b. 半夜三更，你一叫，我跌煞绊倒就过来嘚。（半夜三更，你一叫，我急急忙忙地就过来了。）

格式五：F+V+拢(+D)/开(+D) （S型）

"拢、开"是表示从外围向某一中心点聚拢和从某一点往相反方向散开，这两个词是自带方向性，只能作趋向补语，不能用作路径动词，即不能用于 V 型中。例如：

(10) a. 下底闹架儿嘚，大家都走拢来嘚。（下面吵架了，大家都聚过来了。）

   b. 嗰老倌看了看，就走开嘚。（这个人看了看，就走开了。）

   c. 凳儿拿开，路让出来。（凳子拿开，路让出来。）

   d. 积木搞好，你自家收拢来。（积木玩好，自己收好，放在一起。）

3. 终点位移事件

根据邓宇、李福印(2015)的实验，末端次事件是汉语母语者关注的重点，换言之，终点位移事件被表征的频率很高。杭州方言表达终点位移事件的格式丰富。格式一、二、三表到达某一个位置，路径动词或补语为"到"；格式四、五、六表到达并进去某一个三维空间，路径动词或补语为"进"。

格式一：F+V+到+G(+D) （S型）

(11) a. 又是一个和尚，走啊走啊走啊，走到他们庙里厢(来)嘚。（又是一个和尚,走啊走啊走啊,走到他们的庙里来了。)

b. 老鼠都<u>跑到他们鞋子里厢(去)</u>嘚。[老鼠都跑到他们鞋子里(去)了。]

c. 拨¯桶儿<u>弄到他前头去</u>。(把桶弄到他前面去。)

d. 箱子<u>搬到仓库里厢(来)</u>。[箱子搬到仓库里(来)。]

格式二:F+到+G(+D) (V 型)

(12) a. 你豪飚讴他<u>到唧里来</u>。(你快点叫他到这里来。)

b. <u>到河江边儿高头去</u>。(到河边去。)

c. <u>到了山下</u>,挑了两桶水,再回去。(到了山下,挑了两桶水,再回去。)

格式三:F+来到+G (V 型)

(13) a. 蓝衣裳个和尚<u>来到河江旁边</u>。(蓝衣服的和尚来到河边。)

b. 他总算<u>来到庙里厢</u>。(他总算来到庙里。)

格式四:F+V+进+D (S 型)

(14) a. 老鼠<u>爬进去</u>嘚。(老鼠爬进去了。)

b. 东西都<u>掼进去</u>。(把东西都扔进去。)

格式五:F+V+进+G (S 型)

(15) a. 只老鼠<u>抽¯进鞋子里厢</u>嘚。(那只老鼠钻进鞋子里了。)

b. 衣裳统统<u>掼进洗衣机里厢</u>嘚。(衣服统统扔进洗衣机里了。)

格式六:F+进+D (V 型)

(16) a. 豪飚拨纱窗关关牢,蚊虫<u>进来</u>嘚。(蚊子进来了。)

b. 你<u>进去</u>,叫他出来。(你进去,叫他出来。)

格式七:F+进+G (V 型)

(17) a. 只老鼠<u>进鞋子里厢</u>嘚。(那只老鼠进了鞋子里了。)

b. 8 号球<u>进洞</u>,你就赢嘚。(8 号球进洞,你就赢了。)

以上 V 型也只能用于自移事件。F 和 G 的位置以及直指词"来、去"的隐现问题较为复杂,详见下一节讨论。

4. 途径位移事件

途径位移事件的路径动词是"过"。途径的界碑(milestone)可以由介词

“从”介引（格式一、二），也可以将界碑置于动词之前（格式三、四），或 VP 之后（格式五、六）。和其他类型一致，V 型只用于表征自移事件。

格式一：F+从+G+V+过+D （S 型）

（18）a. 老鼠从台桌高头爬过去。（老鼠从桌子上爬过去。）

b. 他从我身边跑过去，就没见歪＝嘚。（他从我身边跑过去，不见了。）

c. 铅笔盏儿从窗门格埭拿过来拨我。（铅笔盒子从窗子拿过来给我。）

格式二：F+从+G+过+D （V 型）

（19）a. 有個穿红衣裳个志愿者刚刚从我身旁边过去嘚。（有个穿红衣服的志愿者刚刚从我身边过去了。）

b. 从武林路穿过去，就到断桥边儿高头嘚。（武林路穿过去，就到断桥边了。）

格式三：F+G+V+过+D （S 型）

（20）a. 他鞋子脱掉，溪沟跨过来。（他鞋子脱掉，跨过小溪。）

b. 她牙齿咬咬，石头高头跳过去。（她咬咬牙，从石头上面跳过去。）

c. 哪個门踢过去，左边还是右边？（从哪个门踢过去，左边还是右边？）

格式四：F+G+过+D （V 型）

（21）a. 六公园穿过来，嗰么，你就会得看到嘚。（穿过六公园，然后，你就会看到了。）

b. 嗰片竹林过去，就到玉泉鱼跃嘚。（穿过这篇竹林，就到玉泉鱼跃了。）

格式五：F+V+过+G （S 型）

（22）a. 你走过嗰片竹林，就是玉泉鱼跃嘚。（你走过这片树林，就是玉泉鱼跃了。）

b. 和尚一脚跨过嗰個溪坑，走到对岸去嘚。（和尚一脚跨过这条小溪，走到对岸去了。）

c. 箱子搬过桥，就算你赢嘚。（箱子搬过桥，就算你赢了。）

格式六：F+过+G （V型）

（23）a. 过了嗰爿竹林，就是玉泉鱼跃嘚。（过了这片竹林，就是玉泉鱼跃了。）

b. 和尚过了嗰条河江，跑到对朝去嘚。（和尚过了这条河，走到对面去了。）

c. 轮胎过线，就算你违章嘚。（轮胎过线，就算你违章了。）

3 杭州方言位移事件表征的结构特点

汉语普通话的位移事件类型归属学界比较有争议（史文磊 2014，2021），但是前期研究一致表明吴语具有较明显的S型语倾向。Yiu（2014）指出汉语五大方言中吴语表现出最多的S型语特征（吴>官>客>闽>粤）。姜淑珍（2019）和Lin（2020）分别指出苍南吴语和温州方言几乎不用V型结构编码位移事件。盛益民（2021：185—186）也指出绍兴柯桥话是比较典型的S型位移事件类型。本小节从结构类型的选择、位移主体和背景的位置、体标记的使用和位置、否定和正反问的格式、趋向补语的选择以及终点题元标记的使用等六个方面来论述杭州方言位移事件表达的句法结构特点。

1. S型和V型结构的选择

杭州方言可使用S型和V型两类结构来表征位移事件。自移事件中，既可使用方式动词作为主动词，也允许路径动词用作主动词，两者几乎同样自然。例（23—25）是诱导性语料中不同发音人对同一事件的描述，a句均为S型结构，b句均为V型结构。例如：

（24）a. 摘梨儿个老倌从树高头爬落来嘚。（摘梨子的人从树上爬下来了。）

b. 嗰個老倌从树高头落来嘚。（这个人从树上下来了。）

（25）a. 太阳开出来嘚。（太阳出来了。）

b. 太阳上来嘚。（太阳上来了。）

（26）a. 随后驮了個扁担、两只桶儿跑落去，挑水去嘚。（随后拿了根扁担和两只桶爬下去，挑水去了。）

    b. 大和尚走了快,脚长,赶紧<u>落去</u>挑水灭火。(大和尚走得快,脚长,赶紧下去挑水灭火。)

和大部分汉语方言一样,致移事件必须采用 S 型结构,即路径动词没有致使功能。详见上一节四类事件中的描述。

2. 位移主体和背景的位置

杭州方言位移主体和背景的位置都比较灵活,例如,位移主体可出现在 V+V$_{path}$+D 中以及前后的任何一个语法槽。例如:

(27) a. 他驮出来<u>一百块洋钿</u>,放勒桌子高头。(他拿出来一百块钱,放在桌子上。)

    b. 他驮出<u>一百块洋钿</u>来,放勒桌子高头。(同上)

    c. 他驮<u>一百块洋钿</u>出来,放勒桌子高头。(同上)

    d. 他<u>一百块洋钿</u>驮出来,放勒桌子高头。(同上)

(28) a. 嗰辰光屋里厢跑进来<u>個邋里邋遢个老倌</u>。(这时屋里跑进来一个邋里邋遢的人。)

    b. 嗰辰光屋里厢跑进<u>一個邋里邋遢个老倌</u>来。(同上)

    c. 嗰辰光屋里厢跑了<u>一個邋里邋遢个老倌</u>进来。(同上)

    d. 嗰辰光屋里厢<u>一個邋里邋遢个老倌</u>跑进来嗧。(同上)

    e. 嗰辰光<u>一個邋里邋遢个老倌</u>跑进屋里厢来嗧。(同上)

(28d,e)为 G 位置的差异。汉语普通话中 G 最常见的位置在 V$_{path}$之后(如:走进教室),或通过源点标记介引置于动词之前(如:从外面进来)。杭州方言位移事件 G 的位置相对灵活,可以放在 VP 之后或 VP 之前,但不能放在 V 和 V$_{path}$之间。例如:

(29) a. 刚刚看到个小伢儿<u>走进弄堂里厢(去)</u>嗧。(刚刚看到个小孩子走进弄堂里去了。)

    b. 刚刚看到个小伢儿<u>弄堂里厢走进(去)</u>嗧。(同上)

    c. 刚刚看到個小伢儿<u>望弄堂里厢走进去</u>嗧。(刚刚看到个小孩子往弄堂里走进去了。)

    d. *我刚刚看到個小伢儿<u>走弄堂进去</u>嗧。

(29d)这种 V-G-V$_{path}$格式,在南部吴语温州话中常见(走后边门出$_{从后门走出去}$)。

3. 体标记的使用和位置

位移事件中体标记和否定词的位置是测试主动词的重要手段。杭州方言自主位移中"V+V$_{path}$+D"结构中 V 后一般不加体标记"了$_1$",只能在句末加上相当于"了$_2$"的事态助词"嘚"。例如：

（30）a. *他跑了进去。| 他跑进去嘚。（他跑进去了。）

　　　b. *他冲了进来。| 他冲进来嘚。（他冲进去了。）

但是杭州方言中有一个动后的体标记"嗒"，表动作完成的同时常附带有责备、事与愿违等负面情绪，可构成"V+嗒+V$_{path}$+D"结构。例如：

（31）a. 饭吃嗒落去一点也不壮的。（饭吃下去，一点也没结实起来。）

　　　b. 灶头烧火他管自己跑嗒出去。（灶上开着火，他管自己跑出去。）

　　　c. 人跑嗒进去，衣裳掼勒外头。（人跑进去，衣服扔在外面。）

杭州方言也不能在"V$_{path}$+D"中间加"了$_1$"。例如：

（32）a. *他落了去。| 他落去嘚。（他下去了。）

　　　b. *他进了去。| 他进去嘚。（他进去了。）

　　　c. *我马上过了来。| 我马上过来嘚。（我马上过来了。）

但在致移事件中，只有当位移主体出现在致使动词后时，V 后或可以加"了"，其他情况则不能加体标记"了"。例如：

（33）a. 倒（了）两桶水落去。（倒了两桶水下去。）

　　　b. 两桶水倒落去。（两桶水倒下去。）

　　　c. *两桶水倒了落去。

　　　d. *倒落了两桶水去。

　　　e. *倒落去了两桶水。

但是，杭州方言中却有"V 了 D"结构，语义接近普通话的"V+V$_{path}$+D"。例如：

（34）a. 走到山高头一座庙，他走了去，同原本厥个小和尚鞠了个躬。（走到山上的一座庙，他走了过去，和原先这个小和尚鞠了个躬。）

　　　b. 我嗰埭有串钥匙，你们阿弟跑了来，驮了就走嘚。（我这儿有串钥匙，你弟弟跑过来，拿了就走。）

　　　c. 随后，拨=个小和尚一道叫（了）去嘚。（随后，把这个小和尚一起叫

163

过去了。)

    d. 你拨ᵘ桌子高头一百块洋钿拿(了)来。(你把桌子上面一百块钱拿过来。)

以上结构语义相当于"走过来,跑过来,拿过来,叫过来"。在自移事件中"了"不能省略,而致使位移中可以省略。

4. 否定和正反问的格式

杭州方言否定词可加在趋向补语之前,例如"跑不进去,拿不落来"。如果路径动词用作主动词,否定词则加在直指动词之后,如"出不来、进不去、落不来、落不去",以上与普通话相似。

但正反问有自己的特点。自移事件中,可用 V 型重复路径动词,也可用 S 型重复方式动词,形成 V+neg+VC,但是不能形成 VC+neg+VC 结构。例如:

(35) a. 你超市去没去过? | 你超市去不去? | 你过不过去? | 你出不出来?① (你有没有去过超市? | 你要不要去超市? | 你要不要走过去? | 你要不要出来?)

    b. 你走不走过去? | 你走没走过去? (你要不要过去? | 你有没有过去?)

    c. *你走过去不走过去? | *你走过去不过去?

吴方言大多不使用(35a)的格式或非常受限制,如绍兴柯桥方言(盛益民 2021：186)、温州方言等;普通话一般不使用(35b)的格式,而周边吴语常用。杭州方言则两种格式均使用。

致移事件中,正反问也是将 V 重复,构成 V+neg+VC。

(36) a. 嗰本书你驮不驮了去? (这本书你要不要拿去?)

    b. 嗰张桌子搬不搬进去? (这张桌子你要不要搬进去?)

5. 简单和复合趋向补语的使用

杭州方言的趋向补语可分为简单趋向补语和复合趋向补语,如下表所列:

---

① 除重复主动词外,还可表达为"有没有 VP",如"超市有没有去过? | 有没有过去? | 有没有出去? | 有没有走过去?"等,而且发音人语感"有没有 VP"更常用。

表1　杭州方言主要趋向补语

	上	落	进	出	开	拢	起	回	倒	来	去	到	勒
-来	+	+	+	+	+	+	+	+	+	-	-	-	-
-去	+	+	+	+	+	+	-	+	+	-	-	-	-

杭州方言趋向补语的主要特点可归纳为以下三条：

（一）既可用复合趋向补语，也可用简单趋向补语，两者选择比较自由。例如：

（37）a. 阿明拿出一百块洋钿。（阿明拿出一百块钱。）

b. 阿明拿出来一百块洋钿。（同上）

（38）a. 驮一把尺出来开始量。（拿一把尺子出来开始量。）

b. 一把尺驮出，开始量嘚。（一把尺子拿出来，开始量了。）

（39）a. 拨⁼小和尚当成個水桶掼进去。（把小和尚当成一个水桶扔进去。）

b. 他又舀了两瓢，然后拨⁼瓢儿掼进了水缸里头。（他又舀了两瓢，然后把瓢儿扔进水缸里头。）

（二）吴语表达往返类路径的趋向补语一般老派用"转"，"回"一般为新派的用法。而杭州方言的往返路径动词，则新老派均用"回"，可用作主动词或者趋向补语。例如：

（40）a. 奉化话：走转来。（走回来。）

b. 苍南吴语：走转来，望转走。（走回来，往回走。）

c. 温州话：走拉转。（走回来。）

d. 绍兴话：买转来。（买回来。）

杭州方言不单用"转"表示"往返"义，但可以和"回"组成复合短语"回转"。例如：

（41）a. 他回转来驮衣裳。（他回来拿衣服。）

b. 我回转去睏個晏觉再来。（我回去睡个午觉再来。）

此外，"转"还可表"（身体、物体）翻转"或"恢复到原先的状态"。

（42）a. 他拨⁼它倒转来看了看。（他把它倒过来看了看。）

　　b. 他拨＝乌龟翻转呢,又开始赶路。(他把乌龟翻过来呢,又开始赶路。)

(43) a. 啯小和尚又醒转,他又开始念经嘚。(这个小和尚又醒过来,他又开始念经了。)

　　b. 结果,醒转来又开始念经。(结果,醒过来又开始念经。)

吴语也常用"归"表示"返回(到家中)",杭州方言"归"不作补语。

(三)杭州方言趋向补语"倒"也可以和直指动词构成复合趋向补语,这在周边吴语中罕见。例如:

(44) a. 豪飔跌煞绊倒跑过去,啪啦哒一记,跪倒来,开始吃水。(赶快火急火燎跑过来,啪啦哒一下,跪倒,开始喝水。)

　　b. 厥个和尚到庙里厢看到菩萨,袖子管掸掸,开始拜,跪倒去,一拜,两拜。(这个和尚到庙里看到菩萨,掸掸袖子,跪下去开始拜,一拜,两拜。)

　　c. 结果念到后首么,打瞌眈嘚㭪。人要注＝倒去嘚㭪。(结果念到后来呢,打瞌睡了,人往前倾,头快着地了。)

　　d. 他突然之间掼倒来,一动不动。(他突然摔倒,一动不动。)

　　e. 他们打算拨啯面墙推倒去。(他们打算把这面墙推倒。)

6. 终点题元标记"勒"和"到"的使用

有一类动词可表"动作完成—状态持续",如"坐、挂、跳",动作是双段式的,往往强调的是后段,即状态的持续。南部吴语中此类动词后的终点标记经常缺省,而北部吴语终点题元则需要通过介词来标引。例如:

(45) a. 苍南吴语:老鼠跳该桌头上。(老鼠跳到这张桌子上。)

　　b. 绍兴话:老鼠跳啦益＝個桌床高头。(老鼠跳到这张桌子上。)

杭州方言此类动词后需要加终点题元标记"勒",和北部吴语一致。

(46) a. 旁边一只蝴蝶儿专门要调排他,停勒他头高头。(旁边一只蝴蝶老是要捉弄他,停在他头上。)

　　b. 插勒路旁边让蝴蝶儿停勒高头。(插在路边让蝴蝶停在上面。)

　　c. 他想了个好办法,拨＝花儿插勒啯地高头。(他想了个好办法,把花插在地上。)

　　d. 啯胖和尚吃力煞嘚,坐勒边儿高头开始休息嘚。(这个胖和尚很吃力,坐在地上开始休息了。)

如果仅表示位移至某一位置,则终点题元标记用"到"。

(47) a. 他走到庙里厢。(他走到庙里。)

　　b. 吭哧吭哧吭哧跑到嗰庙里头去。(吭哧吭哧吭哧跑到这庙里去。)

　　c. 连忙逃到山底下去呢!(连忙跑到山下。)

但是也存在两可的现象,以下是同质诱导语料中不同表达。

(48) a. 他拨゠水桶里的水倒到水缸里厢。(他把水桶里的水倒到水
　　　　缸里。)

　　b. 拨゠厥個水倒勒缸里厢。(把这个水倒到缸里。)

(49) a. 他拨゠头注勒嗰水里厢。(他把头钻到水里。)

　　b. 一记头拨゠头注到了河江里。(一下子把头钻到河里。)

例(48)(49)中,用"到"强调"水、头"位移至"水缸、河江",用"勒"则偏向
于表达位移主体"水、头"停留在某一容器中。

综上,杭州方言自移事件中往往 V 型和 S 型并用,两类结构均可用以表征
各类自移事件;但由于路径动词不具有致使义,致移事件必须以 S 型结构编
码;体标记只能加在主动词之后;V 型中"了"不能加在路径动词之后;正反问
中重复主动词,可以是 S 型结构中的致使或方式动词,也可以是 V 型结构中
的路径动词;可用复合和简单趋向补语,终点题元需要标记引介等。总之,
杭州方言位移事件表达格式丰富且灵活多变,体现了接触性方言兼容并蓄
的特点。

4　杭州方言位移事件表达的语篇特点

Slobin(2004)指出位移事件类型的差异不仅仅体现在句法结构上,同样也
体现在语篇风格上。句法结构上,杭州方言在位移事件可以使用 S 型和 V 型两
种结构;那么在语篇风格上,是否同其他吴语一样,也具有强烈的 S 型倾向?我
们通过语篇进行量化统计和跨方言比较,来回答上述问题。

1. 位移事件语篇类型倾向

本小节将《三个和尚》诱导性语料进行量化统计,考察杭州方言的位移事件
语篇类型倾向。结果如表 2 所示:

表2 《三个和尚》语篇中位移事件编码类型统计

发音人	自移事件		致移事件		
	S 型	V 型	S 型	V 型	分计
1	33	9	18	0	60
2	27	13	10	0	50
3	12	13	8	0	33
4	55	14	23	0	92
5	40	16	19	0	75
6	28	9	14	0	51
小计	195	74	92	0	361

由表2可知,虽然杭州方言可自由选择S型或V型结构来编码自移事件,但是实际语篇中S型结构的数量远高于V型结构,即该方言语用上偏好S型结构。致使位移则和汉语大部分方言一致,只用S型结构,不用V型结构。

由于"来、去"的作用是指示位移的方向,在世界语言中,不管是V型语还是S型语均常用作主动词,它们和其他路径动词是有区别的;表"到达"的"到"(如"到了庙里")表现也有别于其他路径动词。由于受默片内容的影响,语料中有不少固定表达,主要为"上山、下山/落山、落雨",虽然结构上均为V型结构,但是它们不能用以区分语言的使用倾向。有鉴于此,我们将四类和其他趋向成分做主动词相区分。统计数据如下:

表3 杭州方言《三个和尚》语篇中V型结构的分类

发音人	V 型结构分类					
	V 型 1	V 型 2				
	V_{path}	来	去	到	固定结构	分计
1	3	5	0	0	1	9
2	1	5	2	4	1	13

发音人	V 型结构分类					
	V 型 1	V 型 2				
	V_{path}	来	去	到	固定结构	分计
3	6	4	0	1	2	13
4	1	2	1	0	10	14
5	4	5	3	2	2	16
6	2	2	3	0	2	9
小计	17	23	9	7	18	74

"到、来、去"的格式主要有："到了+G"；"来了−G"；"来到+G"；"到+G+来/去"；"去+G+目的VP"。典型的例句如下：

(50) a. 到了对朝么他鞋子穿穿咯。（到了对岸呢，他把鞋子穿上。）

  b. 来了只老鼠。（来了只老鼠。）

  c. 到河江里去。（到河里去。）

  d. 来到了河旁边，看看，啯个水蛮清嗻。（来到河边，看一看，这水挺清的。）

  e. 啯么胖和尚就去山下底挑水嗻。（这个胖和尚就去山下挑水了。）

除以上句型外，杭州方言中以路径动词作为主动词的例句在语篇中少量出现，只有零星的几个格式。例如：

(51) a. 他挑水蛮老老快就上来嗻。（他挑水很快就上来了。）

  b. 太阳从东边出来，打西边落去。（太阳从东边出来，打西边落下。）

  c. 他们三個都蛮开心，出去看云。（他们三个都挺开心，出去看云。）

  d. 他鞋子里也进来条鱼。（他鞋子里进来条鱼。）

  e. 厥個胖和尚一步两步又回到庙里厢。（这个胖和尚一步两步又回到庙里。）

  f. 烟尘捧捧交起来。（烟尘滚滚地升起来。）

从以上讨论可知，杭州方言语篇中，发音人使用 V 型结构的数量很少，结构受限。为进一步了解该方言的类型特征,我们使用同一默片和同一方式采集了普通话和北部吴语太湖片上海方言语料,用以进行跨方言比较。其中,普通话发音人的方言背景涵盖了官话、吴语、赣语、闽语。三类语篇的字数分别为:普通话 17 577 字,杭州话 18 237 字,上海话 13 705 字。①编码类型统计数据如表 4 所示:

表 4 杭州方言、普通话、上海方言《三个和尚》语篇位移事件编码类型统计比较

发音人	自主位移			致使位移		小计
	S 型	V 型－1	V 型－2	S 型	V 型	
普通话	198(60.7%)	72(22.1%)	56(17.2%)	190(98.4%)	3(1.6%)	519
杭州方言	195(72.5%)	17(6.3%)	57(21.2%)	92(100%)	0(0%)	361
上海方言	121(70.8%)	22(13.5%)	27(15.8%)	104(100%)	0(0%)	275

从表 4 可知,杭州方言位移事件词化类型倾向,与北部吴语上海方言基本一致,比汉语普通话的 S 型倾向更加强烈,这与 Yiu(2014)的研究结论,相较汉语普通话,吴语表现出更强的 S 型语言特征是一致的。而且杭州方言和上海方言的 V 型结构中,路径动词用作主动词(表 4 中的 V 型－1)的比例要明显低于普通话,这就说明,杭州和上海方言均很少使用典型的 V 型结构。

2. 位移事件语篇中的位移动词和趋向补语

我们对《三个和尚》语料中的方式动词、致使动词,以及作主动词的路径动词和趋向补语均做了统计。数据如下:

方式动词:走、跑、跪、趔弯、撑、爬、翘、滑、注(头)钻入、贴到、穿、逃、跳、踏踩踏、赶₁、趴、坐、立、跨、升、开₁、漫、绕、瘫、倒₁、飞、瞇、旋转、攉挥、狳＝(舌头)吐出、抠＝钻(30)

致使动词:翻₁、塞、脱、拉、抢、倒₂、带、搬、吊、放、驮拿、拿、插、挑、弄、抱、喝、担、吞、注、打、泼、舀、摸、晃(25)

---

① 各发音人的口述长短有别,如上海方言的一位老年发音人,语篇较短,但是故事完整,整体的类型倾向并不会受到太大的影响。我们在录音开始前会提醒发音人,略微多关注位移画面。从收集的语料看,发音人对位移的关注也有个别差异。另外,方言结构确实对语篇长度有影响,比如潮汕方言和哈尔滨方言的篇幅普遍较普通话和吴语简短。该问题我们拟另文再论,此处不赘述。

路径动词：来、去、落、到、出来、落去、上去、来到、回来、回到、进来、起来(13)

趋向补语：来、去、到、勒、倒、倒来、倒去、落、落来、落去、起来、上来、进、过、过来(15)

杭州方言能够充当路径动词和趋向补语的词是有限的，即是封闭的类，通常局限于表 1 所列的趋向动词/补语表格之中；而充当主要动词的方式、致使位移则是开放的类，这是 S 型语言的特征之一(Talmy 2009)。

从方式、致使动词自身是否包含位移信息，可以分为两类，一类是编码[+方式/致使+位移]双重语义要素的(如"走、跑、跳、飞、翻₁、塞、拉、吊"等)；另一类不包含[位移]要素，为[+方式/致使－位移]，比如"睏、叫、打"等，位移信息是整个构式赋予的。后者的例句如下：

(52) a. 小和尚有时光还有点瞌睏，头低落来睏到了木鱼高头。（小和尚有时候还有点昏昏欲睡，头低下来睡到木鱼上。）

   b. 他们想，拨゠嗰老倌叫起来，拉起来。（他们想，把这个人叫起来，拉起来。）

   c. 嗰水都冒珍惜唻，因为都要从山底下打过来的啦！（这水都很珍贵的，因为都要从山下打过来啦！）

5 小　　结

杭州方言位移事件表达，从句法结构上看，可自由选择 V 型或者 S 型格式，灵活多变。从语篇使用来看，杭州方言主要采用 S 型格式，V 型格式实际上使用频率较低，而且多数为非典型结构。因此，从位移事件范畴来看，该方言具有接触性语言兼容并蓄的特点；但语言使用上，主要表现出吴语的特征。杭州方言位移事件表达结构和语篇的不一致，表明了句法结构的可及性(syntactic availability)或可兼容性(compatibility)与语篇使用倾向(pragmatic tendency)往往是不一致的；同时也体现了 Talmy 从句法结构上对世界语言位移事件类型的划分，与 Slobin 从语篇风格的角度所作出的类型判断是不完全一致的。最后，杭州方言是活的接触性非常鲜明的语言，其位移事件范畴的特点，也为我们进一步观察汉语位移事件类型特征提供一个窗口。

参考文献

邓　宇、李福印　2015　《现代汉语运动事件切分的语义类型实证研究》,《现代外语》第 2 期,
　　194—205 页。

姜淑珍　2019　《苍南吴语位移事件与路径表达的多功能模式研究》,中国社会科学出版社。

李　荣等　1987　《中国语言地图集》,朗文出版(远东)有限公司。

盛益民　2021　《吴语绍兴(柯桥)方言参考语法》,商务印书馆。

盛益民　2018　《宋室南渡和临安官话对吴语的影响——若干词汇、语法的例证》,*Language
　　and Linguistics*(《语言暨语言学》)第 3 期,439—472 页。

史文磊　2014　《汉语运动事件词化类型的历时考察》,商务印书馆。

史文磊　2021　《汉语运动事件词化类型演变新探》,上海教育出版社。

汪化云　2014　《从语法现象看杭州方言的性质》,《方言》第 4 期,356—364 页。

游汝杰　2012　《方言趋同与杭州方言的"柯因内语"性质》,《中国语言学报》第 15 期,13—
　　26 页。

Lin, Jingxia　2020　Typological shift in lexicalizing motion events：The case of Wenzhou,
　　Linguistic Typology.

Talmy, Leonard　2000　*Towards a Cognitive Semantics: Typology and Process in Concept
　　Structuring*. Cambridge：Massachusetts Institute of Technology Press.

Talmy, Leonard　20009　Main Verb Properties and Equipollent Framing. In Guo. J. & E. Lieven
　　N. Budwig, S. Ervin-Tripp, K. Nakamura & S. Özcaliskan. (eds.) *Cross-linguistic
　　Approaches to the Psychology of Language: Research in the Tradition of Dan Isaac Slobin*.
　　Mahwah, NJ：Lawrence Erlbaum Associates：389－401.

Slobin, Dan I　2004　The many ways to search for a frog. In Sven Strömquist & Ludo Verhoven
　　(eds.), *Relating events in narrative: typological and contextual perspectives vol. 2*, 219－
　　257. Mahwah, NJ：Lawrence Erlbaum Associates.

Yiu, Carine　2014　*The Typology of Motion Events: Empirical Approaches to Language Typology*,
　　Mouton De Gruyter.

吴语绍兴话位移事件的
词化类型与论元配置 *

盛益民

(复旦大学中文系,复旦大学现代语言学研究院)

1 引　言

　　自从 Talmy(1985、2000)提出运动事件①的类型学框架以来,得到学界的广泛关注。Talmy 认为,动态的位移事件作为宏事件(macro-event)由主事件(major event)与副事件(co-event)组成。其中主事件包括四个要素:动体(Figure):指一个运动主体,它相对于背景而运动;背景(Ground):指一个参照物体,运动主体相对它而运动;运动(Motion):指运动本身这一抽象概念,即位移(静态事件表存在);路径(Path):指运动主体相对于背景所运动的路径。副事件则包括方式(Manner)、致因(Cause)等。比如"张三走进了光华楼"中,"张三"是动体,"光华楼"是背景,"进"是路径,"走"是方式。

　　根据位移事件中核心图式(即路径)的词化模式(lexicalization pattern),Talmy 将位移事件整合类型分成两大类:V 型(Verb-framed,动词框架)和 S 型(satellite-framed,附加语/卫星框架)。V 型框架中,路径由核心动词或者动词词根编码,副事件(方式、致使等)由附加语编码;而 S 型框架中,路径由附加语编码,副事件通常由核心动词编码。以 V 型框架为主导的语言称为 V 型语(动词框架语言),以 S

---

* 本文得到复旦大学亚洲研究中心 2019 年度课题资助项目和教育部后期资助 2021 年度一般项目(21JHQ035)的支持。文章承蒙柯理思、柳俊、孙克敏等师友的指教,特申谢忱,文责自负。

① 对于 motion event,学界有"运动事件"与"位移事件"等多种翻译。本文用"运动事件"作为上位概念,下位包括动态的"位移事件"和静态的"存在事件""处所事件"。

型框架为主导的语言称为 S 型语(附加语/卫星框架语言)。Matsumoto(2003)对这个二分法进行了改进:文章认为使用"动词"会引起误导,比如西班牙语、日语中的附加语成分也可以由动词性成分来表达,所以文章建议把 V 型语改叫核心框架语(head-framed languages),S 型语改叫非核心框架语(nonhead-framed languages)。

而 Slobin(2004)则认为 Talmy 的二分法无法涵盖连动结构,应该为其设立第三种类型,即 E 型(equipollently-framed languages,同等框架类型),E 型语言的路径和方式分别由语法地位对等的成分编码;Zlatev & Yangklang(2004)等也持类似的观点。而 Croft *et al.*(2010)则为位移事件词化类型提出四分法,除了动词框架、附加语框架之外,文章指出还应该包括对称(symmetrical)框架和双重框架(double framing),其中对称框架不仅包括 Slobin(2004)所讨论的连动(serial),还包括并列(coordination)和复合(compounding)。不过 Talmy(2009)认为 Slobin(2004)界定 E 型语言的标准太过宽泛,所讨论的 E 型多不成立,E 型只是很少的现象,人类语言占主流的还是 V 型与 S 型。

对于汉语普通话位移事件的词化类型,学界有较大的争议,详参史文磊(2014)等的综述。争议的重点有两个方面:一方面,汉语的动趋式如何定性?沈家煊(2003)、柯理思(2003)、史文磊(2014)等已经证明,动趋式中的动词是句法核心,趋向补语是一个封闭类的卫星成分。另一方面,如何看待普通话中路径成分既能作补语,又能单独充当谓语核心的问题?柯理思(2003)提出普通话位移事件词化类型为分裂模式的观点最具有启发性。Talmy(1985、2000:28)根据外部事件致使者/致移者的隐现将事件分为致移事件(agentive,也称"他移")、有生自移事件(self-agentive,也称"自主位移")、无生自移事件(nonagentive,也称"非自主位移")三类,柯理思(2003)认为三类事件在普通话中有不同的表现:致移事件只能用动趋式(如"拿本书过来"),为 S 型;有生自移事件则既有用动趋式的 S 型(如"他走过来了"),也有由路径成分直接充当谓语核心的 V 型(如"他过来了");而无生自移事件,则也是倾向于使用动趋式的 S 型为常(如"泪水流出来")。如果考察古今汉语的演变,这种分裂性不难理解:V 型继承自上古汉语,而 S 型的动趋式则由上古汉语的并列结构或者连动结构发展而来(柯理思 2003,张敏、李予湘 2009,史文磊 2014)。

姚玉敏(Yiu 2014)将研究范围扩展到汉语方言,通过考察普通话、上海吴语、梅县客家话、厦门闽语、香港粤语五种不同的汉语方言,提到了不同汉语方言的差异:香港粤语和厦门闽语表现出更靠近古汉语的特征,而梅县客家话与普通话比较接近,上海吴语比其他四种方言表现出更多的 S 型特征。不过,上海吴语的路径成分单独充当谓语核心的现象非常普遍,因此从定性上来看,跟普通话一样仍然是分裂型的。而在浙江吴语中,则已经发展出非常典型的卫星框架 S 型来,如林静夏(Lin 2021)对温州话的讨论。

本文打算以笔者的母语绍兴柯桥话为例讨论绍兴话的位移表达,关于绍兴柯桥话的相关情况及音系请参盛益民(2014、2021)的具体介绍。本文的主要发音人为 SBS,1955 年出生,世居绍兴柯桥,口音地道;同时,部分例句为笔者自拟。

下面第 2 节考察分析路径成分和直指成分的句法表现,来确定绍兴话位移事件的词化类型;第 3 节主要考察绍兴话动趋式及其可能式的构造形式;第 4 节在区分不同事件类型的基础上,分析处所成分、客体成分的句法配置;最后是全文的总结。

2 趋向成分及位移事件的词化类型

2.1 路径成分和直指成分

Talmy(1985,2000)把直指成分(deixis)处理为路径的一个特殊次类。不过 Choi & Bowerman(1991)很早就已经指出,很多语言直指成分的词化模式与路径成分不同,文章把直指成分单独列成一类。我们也赞同区分两类的观点,国内学界在讨论趋向成分时,也多是把直指成分叫做"主观趋向成分",路径成分叫做"客观趋向成分"。

绍兴话的路径成分、直指成分及相互组合可以列表如下:

表 1　绍兴话趋向成分表

	上 zoŋ²³¹	落 loʔ²	起 tɕʰi⁵³	倒 to⁵³	进 tɕiŋ⁵⁵	出 tsʰeʔ⁵	过 ku⁵⁵	开 kʰe⁵³	拢 loŋ²³¹	转 tsə̃⁵³	归 tɕy⁵³
来 le¹³¹	上来	落来	起来	—	进来	出来	过来	开来	拢来	转来	归来
去 tɕʰi⁵⁵	上去	落去	—	倒去	进去	出去	过去	开去	拢去	转去	归去

除了用词差异(如向下用"落"而不用"下")之外,绍兴话路径成分、直指成分与普通话不同之处有以下几点:

第一,跟普通话一样,表示向上位移有"上""起"两个,而表示向下位移绍兴话也有"落""倒"两个,"倒"也是表示身体相关的向下位移。"倒"虽然也能用于构成复合趋向成分,不过只能与"去"搭配,而相对于"起",还只能用于有生自移,与其原初表示身体的倒下有密切关系。

(1) 诺<u>坐倒去</u>嚡!(你坐下去呀!)noγ^2 zo$^{231-11}$ to^{-55} tçʰi^{-31}meγ^{-11}

(2) a. 只瓶篆$^{=}$<u>起来</u>。(把那只瓶子捡起来。)tseγ^{5-33} beŋ^{131} dzə$^{231-11}$ tçʰi^{-55} le^{-31}

b. 只瓶<u>掼落</u>/*<u>倒去</u>。(把那只瓶子扔下去。)

tseγ^{5-33} beŋ^{131} guɛ̃$^{11-11}$ loγ^{5-55}/to$^{53-55}$ tçʰi^{-31}

第二,绍兴话表示聚散方向有专门的路径成分"拢、开",表示逐一进行有专门的路径成分"转",例如:

(3) 有事体哉,亲眷家都会<u>走拢来</u>啯。(有事情了,亲戚们都会聚拢而来。)

ɦiɤ$^{231-33}$ zʅ$^{11-23}$ tʰi^{-31} tse^{-11} tçʰiŋ$^{53-33}$ tçyə$^{53-33}$ ko^{-53} tu$^{53-33}$ ɦue$^{11-33}$ tsɤ$^{53-33}$ loŋ$^{-55}$

le^{-31} goγ^{-11}

(4) 些东西弗可<u>驮开去</u>。(那些东西别往外拿去。)

seγ^{5-33} toŋ$^{53-33}$ çi^{-55} feγ^{5-33} kʰo^{-33} do$^{131-11}$ kʰe^{-55} tçʰi$^{55-55}$

(5) 香烟一个个啯<u>分转来</u>。(香烟一个人一个人地分过去。)

çiaŋ$^{53-33}$ iɛ̃$^{-55}$ ieγ^{5-33} koγ^{-55}koγ^{-55} gəγ^{-5} feŋ$^{53-33}$ tsə$^{-55}$ le^{-55}

第三,对应于普通话表示返回源点的"回",绍兴话有"转、归"两个,"转"表示返回非家、国的源点,而"归"专指返回家或者国。① 请看下面的例句:

(6) a. 我教室里当时要<u>回转去</u>啯。(我马上得回教室里去。)

ŋo^{231} tçio$^{55-55}$ seγ^{-31}li^{-11} toŋ$^{55-55}$ zʅ$^{-55}$ io$^{55-33}$ ɦue$^{131-11}$tsə$^{-55}$ tçʰi^{-55}goγ^{-55}

b. *我教室里当时要<u>归去</u>啯。(我马上得回教室里去。)

ŋo^{231} tçio$^{55-55}$ seγ^{-31}li^{-11} toŋ$^{55-55}$ zʅ$^{-55}$ io$^{55-33}$ tçyə$^{53-33}$ tçʰi^{-55}goγ^{-31}

① 绍兴话也有"回",不过我们认为其并非路径成分,理由有二:第一,只能在固定组合"回转"中表示返回义,绍兴话中并无"回来""回去"等;第二,"回"不能充当补语,例如不能说"*驮回去"。绍兴周边部分地区一开始使用路径成分"回",是宋室南渡之后官话对吴语的影响(盛益民2018a、翁汀汀2022)。

Kupier & Merrifield（1975）将主体在日常生活中最常返回的地方（通常就是居住的地方）称为"据点"（Base）。跨语言来看,返回类路径对源点是否为据点比较敏感,常常会有专门的词形编码返回据点类。上古汉语的"归"本义为"女子出嫁",后来专指"出嫁的女儿返回娘家",后引出一般的返回家或者国这类据点,绍兴话"归"编码背景信息的这类情况应该是对古汉语的继承。

第四,绍兴话只有"来、去"两个直指趋向成分。"来"指朝向说话人,为向心直指动词（venitive）；"去"指离开说话人,为离心直指动词（andative）。柯理思（2013）认为,不少北方方言中"走"也发展出直指成分的功能,表示无目的离开说话人。绍兴话仍然用"去",①例如:

（7）伢要去哉。（我们要走了。）ŋa²³¹ iɔ⁵⁵⁻³³ tɕʰi⁵⁵⁻⁵⁵ tse⁻³¹

第五,下一节将会提到,除了"来、去、归",其他所有的趋向成分都不能直接作谓语。趋向动词"来、去"可带主体论元宾语,"来、去、归"都不能带处所宾语,如例（8）；处所成分或者直接用于动词之前或者由"到"［ta⁰］②等介词引介,如例（9）。

（8）来嗰个人（来了个人）le¹³¹⁻³³ teʔ⁻³³ gəʔ²⁻³³ n̠iŋ¹³¹、*来上海 le¹³¹⁻³³ zɔŋ¹¹⁻¹¹ he⁻⁵³

（9）a. 渠是上海来嗰。（他是从上海来的。）ɦi¹³¹ zeʔ²⁻³³ zɔŋ¹¹⁻²³ he⁻³¹ le¹³¹⁻¹¹ goʔ⁻⁵³

   b. 侬儿子屋里头归嘚哉。（你儿子倒已经回来了。）
      na²³¹⁻³³ n̠i¹³¹⁻²³ tseʔ⁻³¹ uoʔ⁵⁻³³ li⁵⁵ dɤ⁻³¹ tɕy⁵³⁻³³ ta⁻⁵⁵ tse⁻³¹

   c. 诺啥介光到伢里来/去？（你什么时候来/去我们那儿？）
      noʔ² so⁵⁵⁻⁵⁵ ka⁻³¹ kuɔŋ⁻³¹ ta⁵⁵⁻³³ ŋa²³¹⁻²³ li⁻³¹ le⁻¹¹ /tɕʰi⁻¹¹

此外,普通话和绍兴话对应的路径成分在具体用法上也会有一些差异,盛益民（2014、2021）已经有所讨论,本文不再赘述。

2.2 词化类型:典型的卫星框架语

本节根据趋向成分的句法属性,讨论绍兴方言位移事件的词化类型。

---

① 当然,受普通话影响,不少绍兴话母语者也开始用"走"表示离开。
② 绍兴话中,介词"到"音［ta⁰］,与动词的"到"［tɔ⁰］不同音。

本文强调区分词汇现象与语法现象的重要性。部分词汇化的形式如"出出版、出门、进屋房屋落成仪式、进货、上车、落班下班、(太阳)落山"等属于词汇现象,不能作为判断的依据,并不在本节的讨论范围内。

2.2.1 致移/他移事件

柯理思(2003)指出,普通话表达致移/他移事件时,只能使用动趋式;而姚玉敏(Yiu 2014)发现粤语的路径动词则仍然可以表达致移/他移事件。绍兴话的情况与普通话一致,不论是路径成分还是直指成分,都一律只能用动趋式表达致移/他移事件。

先来看路径成分,都只能作为补语。例如:

(10) 只篮去拎起来嚜!(把那只篮子拎起来呀!)

tseʔ$^{5-33}$ le^{131} tɕʰi$^{55-33}$ ʔleŋ$^{53-33}$ tɕʰi^{-55} le^{-55} meʔ$^{-55}$

(11) 诺件衣裳收渠进,条裤晾渠出。(你把那件衣服收进来,把裤子晾出去。)

ɲoʔ^{2} dʑiẽ$^{231-33}$ i$^{53-33}$ zoŋ$^{131-55}$ sɤ$^{53-33}$ ɦi$^{131-55}$ tɕiŋ$^{-55}$ dio$^{131-33}$ kʰu^{55} loŋ$^{11-23}$ ɦi^{-31} tsʰeʔ$^{-11}$

(12) 东西弗可摊开来哉,都理些拢。(东西别摊开来了,都收拾起来吧。)

toŋ$^{53-33}$ ɕi$^{53-55}$ feʔ$^{5-33}$ kʰo^{-55} tʰɛ̃$^{53-33}$ kʰe$^{53-55}$ le^{-31} tse^{-11} tu$^{53-55}$ li$^{231-23}$ seʔ$^{5-31}$ loŋ^{11}

当不强调致使事件时,则需要使用傀儡致使动词"撼""弄",例如:

(13) 只箱子伽撼上/落亨哉。(那只箱子他们已经弄上/下去了。)

tseʔ$^{5-33}$ ɕiaŋ$^{53-55}$ tseʔ$^{-31}$ ga^{131} ɲiẽ$^{231-11}$ zoŋ$^{-55}$/loʔ$^{-55}$ haŋ$^{-55}$ tse^{-31}

(14) 我两口柜弄归来咚哉。(那几口柜子我已经搬回家了。)

ŋo^{231} ʔliaŋ$^{53-33}$ kʰiɤ$^{-33}$ dʑy^{11} loŋ$^{11-11}$ tɕy^{-55} le^{-55} toŋ$^{-55}$ tse^{-31}

直指成分也只能用动趋式,不过致使动词与直指成分之间必须加"得"(如"衣裳拨我驮得来/去衣服给我拿来/拿走"),进一步请参 3.2 节的讨论。

2.2.2 自移事件

普通话在表达有生自移事件时,既可以用动趋式,也可以由趋向动词作谓语核心;表达无生自移事件,则倾向于用动趋式(柯理思 2003)。而在绍兴话则大有不同,主要可以分为两类:

一类是"归"以外的路径成分"上、落、起、进、出、过、开、拢、转",在绍兴话中

都是唯补词,不能充当谓语核心。① 先来看有生自移事件,只能用动趋式,例如:

(15) 诺快些*(抢)落去嚜!(你快点跑下去呀!)

noʔ^{2} kʰua$^{55-55}$ seʔ$^{-55}$ dʑiaŋ$^{231-11}$ loʔ$^{-55}$ tɕʰi^{-31} meʔ$^{-11}$

(16) 伽当时都*(丛)拢去哉。(他们马上就聚过来了。)

ɡa^{131} tɔŋ$^{55-55}$ zɿ$^{-55}$ tu^{-55} dzoŋ$^{131-11}$ loŋ$^{131-55}$ tɕʰi^{-31} tse^{-11}

再看无生自移事件,也只能用动趋式,例如:

(17) 太阳*(开)出来哉。(太阳出来了。)

tʰa$^{55-55}$ ɦiaŋ$^{131-55}$ kʰe$^{53-55}$ tsʰeʔ$^{-31}$ le^{-11} tse^{-11}

(18) 只瓶门外头*(趚)进来嘞。(那只瓶子从外面滚进来了。)

tseʔ$^{5-33}$ beŋ^{131} meŋ$^{131-11}$ ŋa^{-55} dɤ$^{-55}$ le$^{11-11}$ tɕiŋ$^{-11}$ le^{-11} ɡoʔ$^{-11}$

普通话若不凸显位移的方式,可以用复合趋向动词"进来""出去"等直接表示位移。而绍兴话有两种方式:一种是借助于处所介词短语,如用"望外头去"表示"出去";另一种是仍然用动趋式,往往是选用该动体最为高频、最无标记的位移方式,对人来说是"走"。例(19)其实说话人并不关注是用"走"还是"跑"的方式,绍兴话"走"有往傀儡方式动词发展的趋势。

(19) 诺快些*(走)上去。(你快点上去。)

noʔ^{2} kʰua$^{55-55}$ seʔ$^{-55}$ tsɤ$^{53-33}$ zɔŋ$^{-55}$ tɕʰi^{-31}

另一类是直指成分"来、去"与表示返回据点的"归",既可以作谓语,也可以作补语。

先来看作谓语的情况,此时不凸显动作的方式。"来、去"可以单独作谓语,或者构成连动式,②如例(20)。而"归来/去"和"归"都可以单独作谓语,如例(21)。

(20) 诺啥介光来/去? 揿啥西去?(你什么时候来/去? 干什么去?)

noʔ^{2} so$^{55-55}$ ka^{-31} kuɔŋ$^{-31}$ le^{131}/tɕʰi^{55} ȵiẽ$^{231-33}$ so$^{55-55}$ ɕi^{-31} tɕʰi^{-11}

---

① 当然,受普通话影响,路径成分作谓语核心在年轻人中越来越普遍,这方面需要进行社会语言学调查。

② "来/去"用于连动句有"来/去+VP"与"VP+去"两种语序,柯理思(Lamarre 2020)将其纳入关联位移(associative motion)的讨论范围。两种语序的异同较为复杂,详参盛益民(2014、2021)的讨论。

（21）豪悛归来/归去，㑚儿子归嗲哉。（赶紧回家，你儿子回来了。）

ɦɔ$^{131-11}$sɔ$^{-53}$ tɕy$^{53-33}$le^{-53}/tɕʰi^{-53} na$^{231-33}$ ȵi$^{131-23}$tseʔ$^{-31}$ tɕy$^{53-33}$ta^{-55}tse^{-31}

再来看作补语的情况，此时一定凸显动作的方式。例如：

（22）伽望东首走得去哉。（他们向东走去了。）

ga^{131} maŋ$^{11-33}$ toŋ$^{53-55}$sɤ$^{-31}$ tsɤ$^{53-55}$te^{-31}tɕʰi^{-11}tse^{-11}

（23）渠学堂里抢归来嗰。（他从学校跑回家的。）

ɦi^{131} ɦɔʔ$^{2-11}$dɔŋ$^{131-55}$li^{-31} dʑiaŋ$^{231-31}$tɕy^{-55}le^{-31}goʔ$^{-11}$

跨语言研究已经表明，直指成分更容易编码为核心动词，比如英语中指示成分 go、come 是动词，而路径成分 out、in、up、down 等则是小品词。而绍兴话的"归"也编码了据点这个背景信息，两者都已经指明了运动的方向，所以绍兴话中处理成同一类。[①]

把动词框架记为"V 型"，卫星框架记为"S 型"，那么以上讨论可以总结为下表：

表 2　绍兴话趋向成分的词化表现

	路径成分										直指成分	
	上	落下	起	进	出	过	开	拢	转回	归回	来	去
他移	S 型											
自移	S 型										S 型/V 型	

3　动趋式的构造方式

我们把路径成分记为 Dp，直指成分记为 Dd。下面 3.1 节讨论绍兴话动趋式的基本构成，3.2 节讨论连接成分"得"的使用情况，3.3 节讨论动趋式相关的情态、时体问题。

---

① 根据刘岩（2015：67）的统计，在老舍的《骆驼祥子》中，有 86 个"回"表达自移事件的句子（另有 4 例作"往"补语的），其中 75 例是作主要动词，11 例是作补语。与其他路径成分比较后发现，"回"单独充当谓语核心的比例也比其他成分高不少。

3.1　动趋式的构造

绍兴话中,动词与直指趋向成分 Dd 之间往往需要有连接成分"得",下一节专门讨论。V‑Dp‑Dd(如"走进来""驮_拿上去""掼_扔开去"等)的构造与多数方言没什么差别;而 V‑Dp 则有鲜明特点,本节着重讨论这一类。

居红(1992)、刘月华(1998∶36)等指出,普通话 V‑Dp 比较受限,除非加直指成分"来、去"或者带处所宾语,否则不能接受。例如:

(24) 下课了,孩子们跑出[*](去/教室)。

而绍兴话的 V‑Dp 则要自由很多。当用于已然事件,需要有处所或者直指成分出现:或者出现处所成分,如例(25);或者有直指趋向成分"来、去",如例(26);或者后接负载了直指信息的存续体标记"嘚、咚、亨"出现,如例(27)。

(25) 屋里头走出当时做嬉客去哉。(走出家里马上去玩儿了。)

　　uoʔ$^{5-55}$li^{-55}dɤ$^{-31}$ tsɤ$^{53-33}$tsʰeʔ$^{-53}$ tɔŋ$^{55-55}$zɿ$^{-55}$ tso$^{55-33}$ çi$^{53-55}$kʰaʔ$^{-31}$tɕʰi^{-11}tseʔ$^{-11}$

(26) 走出[*](去)吃饭哉。(出去吃饭了。)

　　tsɤ$^{53-33}$tsʰeʔ$^{-55}$tɕʰi^{-31} tɕʰieʔ$^{5-33}$ vɛ̃$^{11-11}$tse^{-53}

(27) 只电视机驮上亨哉。(电视机拿上去了。)

　　tseʔ$^{5-33}$ diẽ$^{11-11}$zɿ$^{-11}$tɕi^{-11} do$^{131-11}$zɔŋ$^{-55}$haŋ$^{-55}$tse^{-31}

当用于未然语境,除了单用 V‑Dp 之外,还能出现宾语构成 V‑O‑Dp 结构,[①]例如:

(28) 诺豪悢薘起。(你赶快爬起来/起床。)

　　noʔ^{2} ɦiɔ$^{131-11}$sɔ$^{-53}$ bɜ̃$^{131-11}$tɕʰi^{-55}

(29) 拨我驮渠出嚡!(给我把它拿出来!)

　　peʔ$^{5-33}$ŋo^{-33} do$^{131-11}$ɦii^{-55}tsʰeʔ$^{-31}$meʔ$^{-11}$

3.2　连接成分"得"

柯理思(2002)指出,不少汉语方言不允许直指成分与不表趋向的方式、致使动词直接组合,中间必须加上连接成分。绍兴话不仅直指成分 Dd 与动词之

---

① 关于绍兴话的 VOR 结构,请参盛益民、朱佳蕾(2020)的讨论。

间可以加连接成分"得"[teʔ⁵]，复合趋向补语 Dp－Dd 与动词之间也可以加连接成分"得"。下面分别讨论。

3.2.1　V－得－Dd

先来看他移事件，不论是现实情境还是非现实情境，致使动词与"来、去"组合中间必须加连接成分"得"；只有当持拿义动词"驮拿"与"来"搭配，且为现实事件时，才可以省略"得"。例如：

（30）拨伽驮*（得）去哉。（被人拿走了。）peʔ⁵⁻³³ga⁻³³do¹³¹⁻¹¹teʔ⁻⁵⁵tɕʰi⁻³¹tse⁻¹¹

（31）只电视机抬*（得）来嚡！（那台电视机抬来呀！）

　　tseʔ⁵⁻³³ diẽ¹¹⁻¹¹z̩⁻¹¹tɕi⁻¹¹ de¹³¹⁻¹¹teʔ⁻⁵⁵le⁻³¹meʔ⁻¹¹

（32）本书去驮*（得）来。（那本书赶紧拿来。）

　　peŋ⁵³⁻³³ ɕy⁵³ tɕʰi⁵⁵⁻³³ do¹³¹⁻¹¹teʔ⁻⁵⁵le⁻⁵⁵

（33）钞票已经驮（得）来亨哉。（钱已经拿来了。）

　　tsʰɔ⁵³⁻³³pʰiɔ⁻⁵³ ɦiə¹³¹⁻¹¹tɕiŋ⁻⁵³ do¹³¹⁻¹¹（teʔ⁻⁵⁵）le⁻⁵⁵haŋ⁻⁵⁵tse⁻³¹

再来看自移事件。只有"去"可以用于"V－得－去"结构，且表示的是"离开"的意思。例如：

（34）渠老早逃得去哉。（他早就逃走了。）

　　ɦi¹³¹ lɔ²³¹⁻¹¹tsɔ⁻⁵⁵ dɔ¹³¹⁻¹¹teʔ⁻⁵⁵tɕʰi⁻⁵⁵tse⁻³¹

"V－得－去"结构中也可以出现宾语，不过宾语限于量词和人称代词。此时"得"往往是可选的。例如：

（35）诺书去买（得）本来。（你去拿本书来。）

　　noʔ² ɕy⁵³ tɕʰi⁵⁵⁻³³ ma²³¹⁻²³teʔ⁵⁻³¹peŋ⁻¹¹le⁻¹¹

（36）个西瓜只管驮（得）伽去。（他们的西瓜尽管拿走。）

　　gəʔ⁵⁻³³ ɕi⁵³⁻³³kuo⁻⁵⁵ tsoʔ⁵⁻³³kuə̃⁻⁵⁵ do¹³¹⁻¹¹teʔ⁻⁵⁵ga⁻³¹tɕʰi⁻¹¹

3.2.2　V－得－Dp－Dd

绍兴话的趋向连接成分"得"还能用于动词与复合趋向补语之间，构成"V＋得＋Dp＋Dd"，不过主要是用于非现实情境之中。"得"常常是可选的，加了"得"之后可以加重语气。例如：

（37）件衣裳好收（得）进来哉。（那件衣服可以收进来了。）

　　dʑiẽ¹¹⁻³³ i⁵³⁻³³zoŋ⁻⁵⁵ hɔ⁵³⁻³³ sɤ⁵³⁻³³teʔ⁻⁵⁵tɕiŋ⁻³¹le⁻¹¹tse⁻¹¹

（38）呆歇我会带（得）归去嗰。（等会儿我会带回去的。）

ɦie¹³¹⁻¹¹ çi⁻⁵³ ŋo²³¹ ɦue¹¹⁻³³ ta⁵⁵⁻⁵⁵ teʔ⁻⁵⁵ tɕy⁻⁵⁵ le⁻³¹ goʔ⁻¹¹

关于绍兴、萧山一带连接成分"得"在"V+得+Dp+Dd"中的隐现规则，请参郑姣（2020）的进一步讨论。

3.3 情态、时体

绍兴话在动趋式之间加能性标记"得/弗"构成能性动趋式，例如：

（39）喫得/弗落（吃得/不下）、走得/弗进（走得/不进）

tɕʰieʔ⁵⁻³³ teʔ⁻⁵⁵/feʔ⁻⁵⁵loʔ⁻³¹   tsɣ⁵³⁻³³ teʔ⁻⁵⁵/feʔ⁻⁵⁵ tɕiŋ⁻⁵³

（40）走得/弗过来（走得/不过来）、耿得/弗归去（拿得/不回来）

tsɣ⁵³⁻³³ teʔ⁻⁵⁵/feʔ⁻⁵⁵ ku⁻⁵⁵ le⁻³¹   do¹³¹⁻²³ teʔ⁻³¹/feʔ⁻³¹ tɕy⁻¹¹ tɕʰi⁻¹¹

有意思的是，"归来""归去"可以有对应的可能式，这与上文提到"归"可以单独充当谓语也是一致的。例如：

（41）归得/弗来（回得/不来）、归得/弗去（回得/不去）

tɕy⁵³⁻³³ teʔ⁻⁵⁵/feʔ⁻⁵⁵ le⁻³¹   tɕy⁵³⁻³³ teʔ⁻⁵⁵/feʔ⁻⁵⁵ tɕʰi⁻³¹

而由直指成分充当补语构成的 V－Dd 并没有对应的能性式，这大概是为了与动趋连接成分"得"区分开来。

普通话还可以在 V－Dp－Dd 结构的动词之后加入完整体标记"了₁"，而绍兴话则没有这种用法。例如：

（42）*渠外头走嘚进来。（他从外面走了进来。）

ɦi¹³¹ ŋa¹¹⁻¹¹dɣ⁻¹¹ tsɣ⁵³⁻³³ teʔ⁻⁵⁵ tɕiŋ⁻⁵⁵ le⁻³¹

不过，绍兴话另有一个表示完结意义的体标记"带゠"ta⁰，可以用于动补结构之中，具体请参盛益民（2021：190—191）的介绍。

4　动趋式的论元配置

4.1　自移事件的论元配置

自移事件中，主要涉及表示动体（Figure）的主体论元和表示背景（Ground）的处所论元。下面逐一讨论。

4.1.1 主体论元

普通话中,主体论元主要是作主语;当主体论元是不定指的时候,也可以作宾语构成存现句。例如:

(43) 那/一个人走了进来;走进来一个人

除了"来、去",地道的绍兴话则是不允许主体成分作宾语的,例如:

(44) *走进来个人(走进来一个人)tsɤ$^{53-33}$ tɕiŋ$^{-55}$ le^{-31} gəʔ$^{2-33}$ n̩iŋ^{131}

(45) a. 眼泪水流出来(眼泪流下来)ŋɛ̃$^{231-11}$ li^{-55} sʅ$^{-55}$ liɤ$^{131-23}$ tsʰeʔ$^{-31}$ le^{-11}

　　　b. *流出来眼泪水 liɤ$^{131-23}$ tsʰeʔ$^{-31}$ le^{-11} ŋɛ̃$^{231-11}$ li^{-55} sʅ$^{-55}$

4.1.2 处所成分

普通话中直指趋向动词"来、去"带处所宾语只能表示终点成分;在动趋式中,则只有非直指趋向成分 Dp 可以带处所宾语,柯理思(2008)将各类 Dp 与处所语义角色的关系总结为下表:

表3　普通话非直指趋向成分所带处所的语义角色

	进	出	上	下	过	回	到
源　点		√		√			
经由①(包括经过点)	√	√	√	√	√		
终　点	√	√	√	√		√	√

而在绍兴话中,所有处所成分都不能作趋向成分的宾语,只能前置于谓语核心,所以不能说"走出教室里""走教室里出""遾进洞里头去_{钻进洞里去}"等。

先来看起点和经由成分。起点成分都只能用于谓语动词之前,且不需要介词引介。例如:

(46) 伢[楼顶]跑落来嗰。(我们从楼上跑下来的。)

　　　ŋa^{231} lɤ$^{131-23}$ teŋ$^{-31}$ dʑiaŋ$^{231-11}$ loʔ$^{-55}$ le^{-31} goʔ$^{-11}$

而经由成分可以由"望"引介,也可以不用介词。例如:

(47) 诺先望[大门里]走出,再[小门里]走进。(他先走出大门,再走进小门。)

---

① 原文称为"途径"。

no?² çiẽ⁵³ maŋ¹¹⁻³³ do¹¹⁻¹¹ meŋ⁻¹¹li⁻¹¹ tsɤ⁵³⁻³³ tsʰe?⁻⁵³ tse⁵⁵ çiɔ⁵³⁻³³ meŋ⁻⁵⁵li⁻³¹ tsɤ⁵³⁻³³ tɕiŋ⁵³

再来看目标成分。在普通话中，与无界的目标成分①搭配的，只能是方式动词或者路径动词，而不能是动趋式，例如只能说"往东走、往左手边上去"而不能说"往东走过去、往左手边爬上去"。而在绍兴话中，目标成分与动趋式却是不排斥的，例见下。②

（48）望［北首］走过去（往北走）maŋ⁵³⁻³³ po?⁵⁻³³ sɤ⁻⁵³ tsɤ⁵³⁻³³ ku⁻⁵⁵ tɕʰi⁻³¹

（49）望［高头］爬上去（往上面爬）maŋ⁵³⁻³³ kɔ⁵³⁻³³ dɤ⁻⁵⁵ bɛ̃¹³¹⁻¹¹ zɔŋ⁻⁵⁵ tɕʰi⁻⁵⁵

最后是终点成分。终点介词"到"与非直指趋向成分 Dp 不共现，出现 Dp 时，处所成分直接前置于谓语，例如：

（50）渠老早［教室里］走进亨哉。（他早就走进教室了。）

ɦi¹³¹ lɔ²³¹⁻¹¹ tsɔ⁻⁵⁵ tɕiɔ⁵³⁻³³ se?⁻⁵⁵li⁻³¹ tsɤ⁵³⁻³³ tɕiŋ⁻⁵⁵ haŋ⁻³¹ tse⁻¹¹

而直指成分的终点成分则只能由介词"到"引介，例如：

（51）车开到［北京］去。（车开到北京去。）tsʰo⁵³ kʰe⁵³⁻³³ ta⁻³³ po?⁵⁻³³ tɕiŋ⁻⁵⁵ tɕʰi⁻³¹

4.2 他移事件的论元配置

再来看致使位移事件中，客体论元（记为 P）的配置问题。

如果是客体成分为代词，可以作为宾语，但是只有 V－P－Dp－(Dd) 一种语序。例如：

（52）快些拉［我］出（来）嚜！（快点拉我出来呀！）

kʰua⁵⁵⁻⁵⁵ se?⁻⁵⁵ ?la⁵³⁻³³ ŋo⁻⁵⁵ tsʰe?⁻³¹（le⁻¹¹）me?⁻¹¹

如果是名词性成分，则需要考察其指称属性。当客体论元是定指性成分，那么只能作为话题前置于谓语核心，例如：

（53）渠［碗下饭］驮进亨哉。（他把那碗菜拿进来了。）

---

① Jackendoff(1983：165)将英语中的位移路径分为两类，有界路径（bounded paths）和无界路径（unbounded paths），有界路径包含终点（goals）和起点（sources），目标（direction）和途径（route）则属于无界路径。

② 这大概因为，普通话中的动趋式在情状类型上属于完结情况，是有界的，与无界的目标结构不相容；而绍兴话中动趋式则不是有界的，并不排斥目标结构。

ɦi^{131} uə̃$^{53-33}$ ɦo$^{11-11}$vɛ̃$^{-11}$ do$^{131-11}$tɕiŋ$^{-55}$haŋ$^{-55}$tse^{-31}

（54）［两只袋］我先拎落去哉。（那几只袋子我先拎下去了。）

ʔliaŋ$^{-33}$tseʔ$^{-33}$ de^{11} ŋo^{231} ɕiẽ^{53} ʔleŋ$^{53-55}$loʔ$^{-31}$tɕ^{h}i^{-11}tse^{-11}

当客体论元是不定指成分。根据动趋式分为三种情况：V－Dp结构一般不允许带名词性客体宾语；①“V－得－Dd”出现宾语的情况，3.2.1节已经讨论，本处不赘；V－Dp－Dd可以允许P位于动词与趋向补语之间，或者整个动趋式之后，但是前者更为地道，例如：

（55）a. 我背［袋米］上去。（我背袋米上去。）ŋo^{231} pe$^{53-33}$de^{-33} mi$^{231-23}$zɔŋ$^{-31}$tɕ^{h}i^{-11}

b. *我背上［袋米］去。ŋo^{231} pe$^{53-33}$zɔŋ$^{-33}$ de^{-33} mi$^{231-23}$tɕ^{h}i^{-31}

c. ?我背上去［袋米］。ŋo^{231} pe$^{53-33}$zɔŋ$^{-33}$tɕ^{h}i^{-33} de^{-33} mi^{231}

当然，客体成分与处所成分也可以在句中同现，例如：

（56）渠［教室里］驮嘚［本书］出来。（他从教室里拿了本书出来。）

ɦi^{131} tɕiɔ$^{55-55}$seʔ$^{-31}$li^{-11} do$^{131-33}$teʔ$^{-33}$ peŋ$^{-33}$ ɕy$^{53-55}$ts^{h}eʔ$^{-31}$le^{-11}

5 总　结

总结本文的讨论，绍兴话位移事件有以下几方面的特点：

第一，词化类型上，是比较典型的S型。根据表1，如果仅就不包括直指成分的路径成分来考察位移事件的词化类型，那么绍兴话只有表示“回家、回国”义的“归”可以单独作谓语核心。从中可以看出，绍兴话位移事件词化类型是比较典型的卫星框架型（S型）。类似的表现在浙江境内的吴语中比较普遍，如临海（卢笑予：私人交流）、温州（林静夏2020、Lin 2021）、苍南（姜淑珍2019）等；而在浙江吴语以外的方言，我们还暂未看到发展到典型S型的。这方面也是浙江吴语重要的类型创新。进一步的讨论请参盛益民（2018b）。

第二，在动趋式的构造方面，相较于普通话，绍兴话V－Dp的使用更为自由。这也常见于南方方言，比如琼海方言、玉林方言中，V－Dp也可以自由地使用；而在温州话中，甚至只有V－Dp和V－Dd，而不存在V－Dp－Dd。

① 部分发音人接受“V－P－进/出”，例如“篮驮只进（拿只篮进来）”。

第三,绍兴话不仅动词和直指成分之间可以出现连接成分"得",动词与复合趋向补语之间也可以出现"得"。"得"的以上功能,在明清时期的吴语文献中也有体现。下面举两个例子,更进一步的讨论拟另文详述。

(57)既弗是索命,半夜三更<u>奔得来</u>做啥?(《缀白裘》)

(58)那其间我就<u>踱得出来</u>,搭子狗肉架子,立拉个死人身边。(《缀白裘》)

第四,宾语的语序方面,绍兴话中除了人称代词和无定客体成分可以用于 V 与 D 之间外,所有的处所成分、客体成分均一律需要前置于动词。这与绍兴话中强烈的话题显赫与动后限制有关系,具体请参盛益民、陶寰(2019)的讨论。

参考文献

柯理思 2002 《汉语方言里连接趋向成分的形式》,《中国语文研究》第 1 期,26—44 页。

柯理思 2003 《汉语空间位移事件的语言表达——兼论述趋式的几个问题》,《现代中国语研究》第 5 期,1—18 页。

柯理思 2008 《北方话的"动词+趋向补语+处所名词"格式》,乔全生主编《晋方言研究——第三届晋方言国际学术研讨会论文集》,希望出版社。

柯理思 2013 《新兴动趋式"V 走"的发展及其动因》,载《木村英树教授还历纪念·中国语文法论丛》,白帝社。

姜淑珍 2019 《苍南吴语位移事件的句法表达类型》,《语言类型学集刊》(二),世界图书出版公司。

居 红 1992 《汉语趋向动词及动趋短语的语义和语法特点》,《世界汉语教学》第 4 期。

刘月华 1998 《趋向补语通释》,北京语言文化大学出版社。

刘 岩 2015 《现代汉语运动事件表达模式研究》,南开大学博士学位论文。

林静夏 2020 《温州方言的位移事件表达及特殊位移动词"走"》,陈忠敏等主编《吴语研究》(十),上海教育出版社。

沈家煊 2003 《现代汉语"动补结构"的类型学考察》,《世界汉语教学》第 3 期,17—23 页。

史文磊 2014 《汉语运动事件词化类型的历时考察》,商务印书馆。

盛益民 2014 《吴语绍兴柯桥话参考语法》,南开大学博士学位论文。

盛益民 2018a 《宋室南渡和临安官话对吴语的影响——若干词汇、语法的例证》,*Language and Linguistics*(SSCI)19.3:439–472,Benjamin Publish Co.。

盛益民 2018b 《汉语位移事件词化类型走到了何处?》,中国境内语言与方言"运动事件"表达类型学术研讨会(常熟理工学院)参会论文。

盛益民 2021 《吴语绍兴(柯桥)话参考语法》,商务印书馆。

盛益民、陶 寰 2019 《话题显赫与动后限制——塑造吴语受事成分前置的两大因素》,《当代语言学》第 2 期。

盛益民、朱佳蕾 2020 《绍兴方言隔开式动补结构的句法表现与语义限制》,《方言》第 3 期,311—320 页。

翁汀汀 2022 《吴语返回义动词的词汇类型、地理分布与历时更替》,浙江大学硕士学位论文。

张 敏、李予湘 2009 《先秦两汉汉语趋向动词结构的类型学地位及其变迁》,"汉语'趋向词'之历史与方言类型研讨会暨第六届海峡两岸汉语史研讨会"(台湾"中研院"语言研究所)论文。

郑 姣 2020 《吴语萧山话位移事件的类型学研究》,复旦大学硕士学位论文。

Choi Soonja, & Melissa Bowerman 1991 Learning to express motion events in English and Korean: The influence of language specific lexicalization patterns. *Cognition* 41(1): 83-121.

Croft W., J. Barddal, W. Hollman, V. Sotirova & C. Taoka 2010 Revising Talmy's typological classification of complex event constructions. In H. C. Boas (ed.), *Contrastive Studies in Construction Grammar*. 201-236. Amsterdam: John Benjamins.

Kuiper, Albertha & William R. Merrifield 1975 Diuxi Mixtec verbs of motion and arrival. *International Journal of American Linguistics*, Vol. 41: 32-45.

Lamarre, Christine (柯理思) 2007 The Linguistic Encoding of Motion Events in Chinese: With Reference to Cross-dialectal Variation. In C. Lamarre and T. Ohori (eds.), *Typological Studies of the Linguistic Expression of Motion Events*, *Volume 1: Perspectives from East and Southeast Asia*, 3-33. Tokyo: Center for Evolutionary Cognitive Sciences at the University of Tokyo.

Lamarre, Christine (柯理思) 2008 The Linguistic Categorization of Deictic Direction in Chinese: With Reference to Japanese. In D. Xu (ed.), *Space in Languages of China: Cross-linguistic, synchronic and diachronic perspectives*. 69-97. Dordrecht: Springer.

Lamarre, Christine (柯理思) 2020 An associated motion approach to northern Mandarin motioncum-purpose patterns. In Janet Zhiqun Xing (ed.), *A Typological Approach to Grammaticalization and Lexicalization*, 131-163. Berlin/Boston: De Gruyter Mouton.

Lin, Jingxia (林静夏) 2021 Typological shift in lexicalizing motion events: The case of Wenzhou, *Linguistic Typology* 25(1): 1-38.

Matsumoto, Y. 2003 Typologies of lexicalization patterns and event integration: clarifications and reformulations. In Shuji Chiba et al.(ed.), *Empirical and Theoretical Investigations into Language: A Festschrift for Masaru Kajita*, 403-418. Tokyo: Kaitakusha.

Slobin, D. I. 2004 The many ways to search for a frog: linguistic typology and the expression of motion events. In Sven Strömqvist & Ludo Verhoeven (eds.), *Relating Events in Narrative vol.2: Typological and Contextual Perspectives*, 219-257. Mahwah, New Jersey: Lawrence Erlbaum Associates.

Talmy, L. 1985 Lexicalization patterns: Semantic structure in lexical forms. In T. Shopen (ed.), *Language Typology and Syntactic Description: Grammatical Categories and the Lexicon Vol. 3.* 57-149. Cambridge: Cambridge University Press.

Talmy, L. 2000 *Toward a Cognitive Semantics*, *Volume II: Typology and Process in Concept Structuring*. Cambridge, MA: MIT Press.

Talmy, L. 2009 Main verb properties and equipollent framing. In Guo, Jiansheng et al. (ed.),

Crosslinguistic Approaches to the Psychology of Language: Research in the Tradition of Dan Isaac Slobin, pp. 389 – 402. New York: Psychology Press.

Yiu, C. Y. (姚玉敏) 2014 *The Typology of Motion Events: An Empirical Study of Chinese Dialects*. Berlin/Boston: De Gruyter Mouton.

Zlatev, Jordan & Peerapat Yangklang 2004 A third way to travel: the place of Thai in motion-event typology. In Sven Strömqvist & Ludo Verhoeven (eds.), *Relating events in narrative, vol. 2: Typological and contextual perspectives*, 159 – 190. Mahwah, New Jersey: Lawrence Erlbaum Associates.

汉语位移事件表达的变化和变异：
吴语温州话的个案研究 *

林静夏

（新加坡南洋理工大学人文学院）

1 背 景

位移事件的语言表达是认知语义和类型学研究的重点之一。Talmy（1975、1985、2000）所提出的词汇化类型模式更是激发了众多相关探究。他的研究指出两种主要的位移动词，即方式动词（manner-of-motion verbs）和路径动词（path verbs）。前者表达事物在空间位移的方式，如英语中的 *fly* 和 *walk*，后者表达事物移动的方向，如英语中的 *exit* 和 *descend*。Talmy 还进一步提出，根据位移事件的词汇化类型（lexicalization pattern），世界上的语言可分为两大类：卫星框架语言（Satellite-framed languages），即位移的路径信息由动词的卫星成分（例如词缀、助词）表达，和动词框架语言（Verb-farmed languages），即位移的路径信息由动词表达。前者包括英语、俄语、德语等，后者包括法语、土耳其语、日语等。

Talmy 之后也有多个研究提出不同的词化类型。例如一些学者（Ameka & Essegbey 2001, Slobin 2004, Zlatev & Yangklang 2004 等）发现泰语、埃维语、阿寒语等语言采用语法地位相同的成分来表达方式和路径信息，并称之为平衡框架语言（"Equipollently-framed languages", Slobin 2004）。也有学者（Slobin

---

* 本研究的早期部分成果先后在斯坦福大学（2016）、第十届国际吴方言学术研讨会（2018）、武汉大学（2022）、澳门大学（2022）和香港科技大学（2022）做过报告，其中部分内容已发表在 *Linguistic Typology*（Lin 2020）和《吴语研究》第十辑（林静夏 2020），本论文在此基础上扩大了讨论范围，并校整了早前研究中的语言数据。研究期间本文作者收获了众多老师、学者、编辑和审稿人的启发性建议，对此深表谢意。

2004，Ibarretxe-Antuñano 2009，Filipović 2007、2013 等）认为比起个别的类型，应从连续统（continuum）的角度分析讨论词汇化。一些学者也关注位移事件表达在语言内部的历时变化（intra-linguistic variation），例如 Kopecka（2013）和 Fagard（2019）等发现法语经历了由卫星框架向动词框架的演变。

汉语的位移事件表达也引起了诸多学者的兴趣。学者一般认为从古代汉语到普通话，汉语经历了由动词框架为主向卫星框架为主的变化（Shi & Wu 2014，史文磊 2015，Peyraube 2006，马云霞 2008，cf. Tai 2003，Lamarre 2008 等）。例如，Peyraube（2006）指出魏晋南北朝后期趋向补语才出现，而马云霞（2008）也发现同一时期一些路径动词失去方向义。此外，Chen and Guo（2009）发现现代标准汉语中，由路径动词构成的位移结构占 22.89%，而 Shi and Wu（2014）发现该类型的位移结构在上古汉语中占多数，高达 74.53%。

一些学者也考察汉语方言中的位移事件表达，例如粤语（Yiu 2013、2014），晋语神木话（邢向东 2011），关中官话（Tang & Lamarre 2007，唐正大 2008），吴语苍南温州话（姜淑珍 2019），荆州八宝官话（Paul et al. 2021）。少数研究也探讨方言间的类型差异。例如 Yiu（2014）发现当代吴语（上海）比普通话（台湾）、客家话（香港）、粤语（香港）、闽语（厦门）的卫星框架特征更明显，而林素娥（2017、2019、2020）分析 19 世纪末 20 世纪初的吴语资料，发现浙江沿海吴语（台州话、温州话）较苏沪吴语（苏州话、上海话）卫星框架特征更突出。

本文则以温州话口语语料（鹿城区和乐清市，以下简称"温州话"）为基础，以自主（self-agentive）和非自主（non-agentive）位移事件为调查范围，重点讨论表达位移方式和方向的语素，以及这些语素如何构成位移结构。通过与普通话、其他汉语方言以及近代温州话的比较，本研究发现温州话向卫星框架类型发展的速度比普通话及其他汉语方言更快。其主要表现包括：第一，在位移语素方面，当代温州话中路径动词数量极少、语义范围更小，路径补语的动词特征少，中性位移动词"走"的使用占优势；第二，在位移结构方面，当代温州话强烈倾向使用卫星框架、排斥动词框架，两者的使用频率分别为 93.7% 和 6.3%。

本文的主要语料来自"温州方言口语语料库"（Wenzhou Spoken Corpus，以下简称"WSC"，Newman et al. 2007）。该语料库共约 15 万词，于 2004—2006 年间收集。本研究所选择的语料按口语类型可分为三类：《百晓讲新闻》电视新闻

（约 11.5 万词,77%）、亲友电话录音（约 2.1 万词,14%）、面对面交谈（约 1.3 万词,8%）。这三类语料同时包含了正式和非正式口语,因此具有一定的代表性。本研究对语料进行了较全面的调查：即从语料库的词汇表中人工筛出可能表达位移的所有语素,再在语料库中查证这些语素是否表达位移,并收集包含这些位移语素的所有位移结构做进一步分析。

2　温州话的路径语素

WSC 共发现 13 个路径语素,按照是否能用作独立的动词这一标准,这些语素可分为三类,如表 1 所示。此外值得注意的是,当代温州话中基本不使用"到达"位移义的语素。①

表 1　温州话的路径语素

只用作卫星(共 10 个)	只用作动词(共 1 个)	可用作动词或卫星(共 2 个)
来(364,39.2%) 出(132,14.2%) 去(102,11.0%) 过(59,6.4%) 底(55,5.9%) 拢(9,1.0%) 上(8,0.9%) 转(8,0.9%) 起(4,0.4%) 开(2,0.2%)	遘(36,3.9%)	落(124,13.3%) 走(26,2.8%)

2.1　只用作动词卫星的路径语素

表 1 显示 WSC 中共有 10 个路径语素不能用作独立的动词。以"出、来"为例,两者在普通话中均可作独立的位移动词,但在温州话中不被允许,如(1)所

---

① 本研究在 WSC 中发现两例"赶到现场",但该用法可能受到了普通话影响。本研究的温州话发音人(出生于 1950 年代和 1980 年代的男性和女性各一名,共 4 人)都认为"方式动词+到+地点名词短语"结构不自然。

示。这些路径语素必须出现在其他位移动词后面,例如(2)中,"出"在方式动词"射"后。

(1) a. *渠**出**拉大门伐。(他出了大门了。)

    b. *渠**来**伐。(他来了。)

(2) 渠**射出**伐。(他跑出来了。)

从分布看,温州话中的这些路径卫星可分析为趋向补语。但与普通话相比,这些补语的动词特征更少,这从三个方面可以看出。第一,在普通话中,趋向补语一般不单独使用(3a),而需要后接地点名词短语作宾语(3b),或后接表达指示趋向的"来/去"形成复合补语(3c),或同时后接地点名词短语和"来/去"(3d)(刘月华 1998,Lamarre 2008,Lin 2019)。然而温州话的路径卫星不可带地点宾语,也不可后接"来/去"(4b—c)。如(4e)所示,位移结构若需表达地点信息,则地点短语("大门")需直接出现在方式动词("射")之后。此外,温州话中,非指示趋向的路径卫星(如"出、过、起")与指示趋向"来/去"也不可组成复合补语(4d),因此普通话中"跑出来"这样的结构,在温州话中只能表达为"跑出"或"跑来",并通过其他方式(如语境)补充形式上无法表达的"来"或"出"信息。

(3) 普通话

    a. [?]他跑出了。

    b. 他跑出大门了。

    c. 他跑出来了。

    d. 他跑出大门来了。

    e. *他跑大门出(来)了。

(4) 温州话

    a. 渠射出伐。

    b. *渠射出大门伐。

    c. *渠射出来伐。

    d. *渠射出大门来伐。

    e. 渠射大门出伐。

第二,普通话中,"方式动词+趋向补语+地点名词短语"结构中,体标记一般出现在趋向补语后,因而可将方式动词与路径语素分析为复合动词,如(5)所示。然而温州话不允许这样的组合,完整体标记"拉"需直接后缀于方式动词,如(6)所示。也就是说路径语素不可带体标记,也不与方式动词组成复合动词。

（5）普通话：他跑出了大门。

（6）温州话

  a. *渠射出拉伐。

  b. 渠射拉出伐。（他跑出来了。）

第三,温州话的路径卫星一方面动词特征更少,另一方面则具有更多的名词功能。其中一个表现为所有路径卫星可在介宾结构中作方向词。Lamarre（2013）和王琦、郭锐（2013）关注趋向动词或补语在介宾结构中作方向词的现象,如"回"在"往回走"中用作介词"往"的宾语,并指出该用法在清朝开始出现。至今普通话中可作方向词的趋向动词极少,主要为"回、上、下"。然而如表2所示,温州话中所有路径卫星(包括可用作动词或卫星的"落")都可在介宾短语中作方向词。①

表2　路径卫星在介宾中作方向词（温州话 vs. 普通话）

路径语素	温州话的路径卫星		普通话趋向补语在介宾中作方向词
	（a）作路径卫星	（b）在介宾中作方向词	
来	射（房间里）来	望来射	*往来跑
出	射（大门）出	望出射	*往出跑
去	射（房间里）去	望去射	*往去跑
过	射（大门）过	望过射	*往过跑
底	射（房间里）底	望底射	*往进跑
拢	射拢	望拢射	*往拢跑

---

① 王琦、郭锐（2013）调查了"回、起、出、过、进、去、来"在6个方言（共27个方言点）中作方向词的情况,结果显示都可作方向词的方言只有西北官话的晋语大包片,温州话中表"向上"的补语不可作方向词。然而本文表2表明"上、起"在温州话中也可作方向词。此外,邢向东（2011）也发现晋语神木话的所有趋向补语都可作方向词。不过从当前总体研究来看,趋向补语可作方向词的汉语极少。表2中另需注意的是,温州话中"过"作动词补语时与普通话的"过"同义,但作方向词时,表"里面"义,其语义差别的原因还需进一步探讨。

续　表

路径语素	温州话的路径卫星		普通话趋向补语在 介宾中作方向词
	（a）作路径卫星	（b）在介宾中作方向词	
上	射（楼梯）上	望上射	往上跑
转	射（房间里）转	望转射	往回跑
起	飞起	望起飞	*往起飞
开	射开	望开射	*往开跑
落	射（楼梯）落	望落射	往下跑／*往逃跑

以上显示在当代温州话中，"来、出、过"等路径语素不可作为动词表达空间位移，且不存在表达"到达"义的位移动词和补语。然而值得注意的是，WSC 显示这些语素确实存在动词用法，但仅见于表达位移的固定短语（如"出国、出门"）或者比喻义位移事件结构，如（7）。由此我们可推测，这些路径语素在早期温州话中曾经具有表达空间位移的动词功能。本文将在第 7 节作更详细的讨论。

（7）a. 八月十五呢快会**到**伐。（八月十五快到了。）（WSC）

　　b. 电**来**伐电**来**伐。（电来了电来了。）（WSC）

　　c. 该年耶**过**一半爻罢。（今年又过了一半了。）（WSC）

2.2　只用作动词的路径语素

"遁"是 WSC 中唯一一个只用作动词的路径语素，表达向下的位移动作（如8a）。"遁"具有动词的典型特征，例如可重叠（8b），可后带其他路径语素（8c），也可后带地点名词短语（8d）。

（8）a. 人老爻哪牙齿会**遁**爻。（人老了哪牙齿会掉。）（WSC）

　　b. 极个地方家长伬学生，大学录取个通知书带来罢，冇钞票，眼泪**遁遁**，冇办法不走读。（贫困地区的家长和学生，大学录取通知书寄到了，没有钱，直掉眼泪，没有办法只好不去上学。）（WSC）

　　c. 雕起个佛呢沃**遁**落爻。（雕塑起来的佛像呢都掉落了。）（WSC）

　　d. 西红柿沃**遁**地下爻。（西红柿都掉地上了。）（WSC）

除"遁"以外,"升、降"也可用作位移动词,例如本研究的四位发音人可接受 (9—10)中的例句。然而 WSC 中未发现这两个语素的动词用法,说明其使用频率可能并不高。

(9) a. 太阳**升**天上伐。(太阳升到天上了。)

    b. 飞机**降**地下伐。(飞机降到地上了。)

(10) a. 太阳**升**起伐。(太阳升起了。)

    b. 飞机**降**落伐。(飞机降落了。)

2.3 可用作动词或卫星的路径语素

WSC 显示"落"和"走"同时具有路径动词和路径卫星两种用法。其中"走"的用法较为多样特殊,下文将单独介绍,本小节着重介绍"落"。

WSC 中共 124 例"落"用于非致使位移结构。其中 61 例(49.2%)作卫星成分,出现在位移动词后(如"遁、流、射"),且"落"与其他卫星路径的句法表现相同。而其余 63 例(50.8%)作动词。但与普通话相比,温州话中"落"的动词用法相当受限:我们在 WSC 中发现其只用于三种物体,即雨(34 例)、雪(26 例)、潮水(3 例),分别如(11a—c)所示,而树叶、人、眼泪等物体向下的位移都不用"落"表达。

(11) a. 雨**落**爻以后天呢阿凉零儿起。(雨下了之后天气也凉快了一点。)(WSC)

    b. 有两天雪**落**起厚显厚。(有几天雪下得非常厚。)(WSC)

    c. 冇办法,只好等潮**落**以后再走归。(没有办法,只好等潮水落下后再回家。)(WSC)

2.4 小结

综上所述,温州话的路径语素有两个较为明显的特点。第一,在普通话中还可作动词的趋向补语,其在温州话中对应的语素不具备动词功能。而且相比普通话的趋向补语,温州话中的这些路径语素所保留的动词特征更少、名词特征更多。第二,尽管温州话中"遁"和"落"可作位移动词,该方言缺少典型的路径动词。从 WSC 的数据来看,温州方言中能表达路径的动词只有两三个,明显少于其他语言,包括普通话、英语等卫星框架语言。此外,温州话的这几个路径动词主要表达垂直向下的位移,而其他语言存在表各种方向的路径动词。另外值得注意的是,这些路径动词只能表达在空中进行的向下位移事件,而其他语言中表向下位移的动词一般无此限制。例如普通话的"上、下、升、降"和英语的 *ascend*、*descend* 可表空中或其他媒介(如液体)中的位移。综合以上特点,我们发现温州话中可用动词框架型表达的位移事件极为有限,这也说明温州话作为动词框架语言的可能性极低。

3 温州话的位移方式语素

本研究在 WSC 中共找到 35 个表达位移方式的语素(表 3)。表 3 显示温州话中的一些位移动词在普通话中不使用或与普通话的对应词存在语义差异。例如温州话更常使用"泅"表达游泳,但普通话一般不使用该词;"荡"在温州话中可表闲逛,但该义很少见于普通话。

表 3 WSC 中的位移方式动词(共 699 次使用频率)

1	开(126,18.0%)	13	冲(11,1.6%)	25	潋(4,0.6%)
2	走(106,15.2%)	14	荡(闲逛)(10,1.4%)	26	溢(溢)(4,0.6%)
3	逃(69,9.9%)	15	剚(钻)(9,1.3%)	27	旋(2,0.3%)
4	赶(52,7.4%)	16	碰(迈)(8,1.4%)	28	搟[(水)冲](2,0.3%)
5	射(40,5.7%)	17	跳(7,1.0%)	29	浮(2,0.3%)
6	乘(38,5.4%)	18	游(泳)(7,1.0%)	30	$lø^{33}$(转悠)(2,0.3%)
7	飞(32,4.6%)	19	溜(7,1.0%)	31	滴(2,0.3%)
8	$suɔ^{31}$(走)(31,4.4%)	20	步(步行)(7,1.0%)	32	围(2,0.3%)
9	爬(26,3.7%)	21	踤(滚)(6,0.9%)	33	跑步(1,0.1%)
10	撞(23,3.3%)	22	漂(5,0.7%)	34	飘(1,0.1%)
11	泅(19,2.7%)	23	推(漂)(5,0.7%)	35	闯(1,0.1%)
12	流(18,2.6%)	24	钻(4,0.6%)		

表3的所有位移语素都可作动词,(12)的"流、荡、逃"是其中三个例子。

(12) a. 倈水还在搭**流**。(那些水还在流。)(WSC)

   b. 我倈宿市区第一桥、五马街、公园路**荡**一圈,还是觑着几下个姆姆讨饭丐儿。(我们在市区第一桥、五马街、公园路逛了一圈,还是看到了好几个儿童乞丐。)(WSC)

   c. 伉渠兄弟早早**逃**爻罢。(早就和他弟弟逃了。)(WSC)

本文第2节指出温州话的位移结构中,地点名词短语(标记为G)必须出现在方式动词后。以下(13)是WSC中的另外两个例子。

(13) a. 渠早早**逃广东**爻。(他早就逃到广东了。)(WSC)

   b. 该头猫头鹰**飞我拉个鸡场里**。(这只猫头鹰飞到我家的养鸡场里。)(WSC)

(13)的例句都包含"方式动词+G"结构,尽管该结构没有出现表"到达"义的路径语素,但都可理解为位移体以某种方式到达某个地点,即逃到广东(13a)和飞到养鸡场里(13b)。因此,我们需要探讨"方式动词+G"这一结构的"到达"义的来源。这个问题关系到该结构的词汇化类型:如果到达义来自方式动词,那么该动词就不单纯表方式,而兼表"方式"和"方向",相应地,这些结构也不能分析为卫星框架型,而应分析为平衡框架型。然而本文认为温州话中方式动词仅表方式,不表方向,即"方式动词+G"是卫星框架型。以下本文将通过比较古汉语、普通话及其他语言来证明。

"方式动词+G"表方向性的位移事件这一现象在文言文(如上古汉语)和普通话中也存在,分别如(14)的"奔山"和(15)的"飞树上"所示。此外,汉语及一些其他语言(如英语和意大利语)中也存在"方式动词+非方向介词+G"表方向性位移的现象,例如(16)和(17)分别包含非方向介词"在"和*in*,但两个结构都表达有方向的位移。

(14) 白公**奔山**而缢。(《左传》,上古汉语后期,引用自马云霞2008:29)

(15) 后来野鸡**飞树上**了。(Google,查询时间2022年9月22日)

(16) 乌鸦又叫了一声……**飞在墙上**。[引用自Tham 2013:346(12)]

(17) *John **jump in this pool***. (Nikitina 2008)

学界对"方式动词(+非方向介词)+G"结构方向义的来源提出过两种主要

的看法。第一种看法指出，这些结构中的"方式动词"实际上为"方式+方向"动词，即方向义来自该方式动词（Özçalışkan & Slobin 2000，Zlatev & Yangklang 2004，Slobin 2004，Folli & Ramchand 2005，Fábregas 2007，Hsiao 2009 等）。但这一看法无法解释温州话中的现象。首先，一些学者质疑"方式+方向"动词是否为一类独立的位移动词（如 Beavers et al. 2010，Rappaport Hovav & Levin 2010，Levin & Rappaport Hovav 2014）：尽管现有研究显示多个语言存在表方向的"方式动词（+非方向介词）+G"，但这些语言中能用于该结构的动词不尽相同，这一定程度上表明这些研究对"方式+方向"动词的定义或判断无法达成一致。一些研究汉语的学者指出汉语存在"方式+方向"动词（马云霞 2008，Hsiao 2009，史文磊 2015，cf. Lin 2019），但也存在可商榷之处。例如，尽管 Hsiao（2009）和史文磊（2015）都认为现代标准汉语中存在"方式+方向"动词，但前者只发现"升，掉，沉，倒，陨"五个动词（Hsiao 2009：90；101—102），后者仅发现"跨，越，渡，登"四个动词（史文磊 2015：71，180），且两者的动词皆不相同。此外，例句（14）所代表的早期汉语也存在可质疑之处。例如，（18）与（14）来自同一文本，但（18）中的"奔+方向性介词'于'+G"结构表明"奔"并不一定是方式动词。

（18）单子亡，乙丑，**奔于**平畤。（《左传》，上古汉语后期）

在温州话中，将方式动词分析为"方式+方向"动词也会带来问题。如（19）所示，若方式动词"逃"和"爬"蕴含到达义，其与路径语素"出"和"落"的搭配使用就会产生语义冲突，因此应将它们分析为单纯的方式动词。

（19）a. 四个人呢劲起**逃逃出**。（那四个人使劲逃了出来。）（WSC）

　　　b. 井生琐，大人**爬不落**。（这个井很小，大人爬不下去。）（WSC）

前人研究的第二种看法为"方式动词（+非方向介词）+G"的方向义来自语境，即语用产生方向（Nikitina 2008，Beavers et al. 2010，Rappaport Hovav & Levin 2010，Levin & Rappaport Hovav 2014，Tham 2013）。例如 Tham（2013）对现代标准汉语的语料库分析发现，"动词（+非方向介词"在"）+G"结构是否具有方向义，与进入该结构的动词有关联，即耗时越短、路径越短、对具体位移动作的描述越粗略的动词（例如"跳"）进入该结构时，该结构更倾向表达方向性位移。

然而这一看法也不适用于温州话的情况。尽管英语及现代标准汉语中"方式动词(+非方向介词)+G"结构的方向义可由语境解释,但这些语言实际上更常使用方向语素来表达方向。例如,相比较使用"飞树上"及 *jump in this pool* 来表达方向,普通话和英语更常使用带方向介词的"飞到树上"及 *jump into this pool*(Nikitina 2009, Tham 2013)。[①] 但温州话并不存在类似"到"这样的介词用来表达方向。我们的语料库调查也发现绝大多数情况下,G 必须直接出现在方式动词后。因此在温州话中,用"方式动词+G"结构来表达"以某种方式到达某地"是一种句法要求,并不受语境影响。

本研究尝试提出一种新的看法来解释温州话的现象。我们认为当代温州话中,方向性位移的基础结构为"方式动词+G+路径卫星",如"射大门出""开门前过";然而由于温州话不存在表达"到达"义的路径语素,因此表达该方向的位移时,"方式动词+G+路径卫星"结构变成"方式动词+G+Ø"。且"方式动词+G+路径卫星"和"方式动词+G"两个结构中的方式动词都仅表方式,不兼表"到达"的方向,否则难以解释它们在前者仅表方式,在后者兼表方向的不一致现象。从词汇化类型角度而言,鉴于方式动词不表方向,其所在的位移结构应为卫星框架型,而不是平衡框架型。

4 位移语素"走"

本文第 2 节指出"走"在现代温州话中是一个特殊的位移动词,本节将作详细介绍。WSC 中共有 1 264 例"走"用作位移动词。其中作为方式动词表"行走"义的用法仅 106 例(8.4%)。"走"作方式动词(标记为"走_{方式}")时,与其他方式动词表现相同,比如可后接路径语素(20b),可后缀完整体标记,并后带地点名词短语和路径卫星(20c)。因此包含"走_{方式}"的位移结构属于卫星框架型。

(20) a. 你着**走**瘅爻呢……(如果你走累了……)(WSC)

　　b. 雄鸡啊**走出**(雄鸡也走出来)(WSC)

　　c. **走拉门前过**(从门前走过)(WSC)

---

① 例如谷歌(site: cn, 查询时间 2022 年 4 月 12 日)显示"飞树上、飞在树上、飞到树上"这三个结构的频率分别为 3 560,7 900,48 300,表明"方式动词+方向介词+G"是现代标准汉语中表达方向性位移的典型结构。

"走"也可用作路径动词，表"离开"义（标记为"走_{路径}"），如（21）所示。WSC 中共 23 例（1.8%）"走_{路径}"，而包含"走_{路径}"的位移结构属于动词框架型。①

（21）a. 乘车个人哪……赖搭不**走**。（乘车的人呢……还赖在那里不离开）（WSC）

b. 我侬**走**能界房东呢还在搭佗朱女士商量。（我们离开的时候，房东呢还在和朱女士商量。）（WSC）

"走_{路径}"和"走_{方式}"在普通话及其他汉语方言中都存在。然而温州话中较为特殊的是绝大多数的"走"（1 135 例，89.8%）不表"行走"或"离开"。也就是说，"走"的方式和路径信息已脱落，其语义只能理解为"移动"。如（22a）中，说话者和听话者分别位于中国和加拿大，并通过电话讨论听话者找工作的状况。说话者询问去美国找工作是否对听话者更容易。由于从加拿大步行去美国的可能性极小，因此将问句中的"走"理解为中性的"移动"更为合理。而（22b—c）中的"走"也不应理解为"行走"，否则与骑自行车及开车产生语义冲突。在这些位移结构中，"走"（标示为"走_{中性}"）既不表达方式也不表达路径。例如（22b—c）中，方式分别由"踏脚车、开车"表达，路径分别由路径卫星"去、过"表达。从词汇化类型角度来看，由于结构中的路径信息由路径卫星表达，因此该结构在形式上还保持卫星框架的特征，可理解为一种较为特别的卫星框架。

（22）a. **走**美国好寻来啊不？［去美国是不是更好找（工作）？］（WSC）

b. 踏脚车**走**尼泊尔去。（骑自行车去尼泊尔。）（WSC）

c. 阿三开车呢称称恁会**走**市会展旁面过个。（阿三开车呢常常会经过市会展那边。）（WSC）

5 当代温州话位移事件的词汇化类型特征

本节讨论总结当代温州话所呈现的词汇化类型特征。我们在 WSC 中共发现 1 958 例位移结构，表 4 统计了各个词化类型及其频率。

---

① 本研究在 WSC 中发现 3 例"走"作为动词卫星的例子，表达"离开"义，如"逃走"。该用法可能源自路径动词"走"。由于例子较少，本文不作详细讨论。

表 4　当代温州话的词汇化类型

词汇化类型	动词框架	卫星框架		总数(%)
		方式动词	走中性	
频率(%)	124(6.3%)	699(35.7%)	1 132(58.0%)	1 958(100%)

表 4 显示当代温州话强烈倾向采用卫星框架型表达位移,占总数的 93.7%。且值得注意的是最为常见的卫星框架结构以中性位移动词"走"为核心,占了卫星框架型的 61.8% 及所有位移结构的 58.0%。另外,本文第 1 节曾指出动词框架型位移结构在上古汉语中占 74.53%(Shi & Wu 2014),在现代标准汉语中降至 22.89%(Chen & Guo 2009),而表 4 显示当代温州话比普通话更排斥动词框架型,仅占 6.3%。本文第 2 节指出温州话中路径语素的一个主要特点为路径动词数量极少、语义范围小,而表 4 中动词框架结构的低频使用现象与该特点一致。

6　当代温州话与其他汉语方言

本节将比较当代温州话与其他汉语方言在位移事件表达上的异同。表 5 根据当前文献整理了吴、闽、客家、粤、官话、晋语中路径语素的功能与分布,主要包括路径语素在该方言中是否能独立用作动词,与方式动词及地点名词短语的相互语序。① 其中 Vm、Sp、Sd、G 分别代表方式动词、非指示路径卫星、指示路径卫星、地点名词短语。从表 5 可发现,当代温州话中路径语素基本不可作动词,而其他方言中的路径语素多还具有动词功能。即便是苍南温州话(姜淑珍 2019),其指示路径语素"来、去"也还可作动词。此外,表 5 显示本文所考察的温州话中,路径卫星的动词特征最少,主要表现在所有卫星都不可直接带 G(即"Sp+G"),也不可带 Sd("来、去")组成复合补语(即"Sp+Sd")。相较而言,客家话和官话中的路径卫星在带 G 和 Sd 方面的限制最少;其他吴方言(包括苍南温州

---

① 一些现有文献对方言里的位移事件表达做了相当详尽的描述(例如 Yiu 2014),但为了便于多方言比较,本文仅整理分析了路径语素的情况。表 5 用"?"标示文献中未找到的结构,将来研究还需进一步考察这些结构是否存在。

话)虽受限,但都还存在带 Sd 的用法(即"Vm+Sp+Sd"),而且少数路径卫星也可直接带 G(即"Vm+Sp+G")。综合以上,我们可以认为相比较普通话或其他汉语方言,当代温州话对动词框架型的排斥最为强烈。

表5 路径语素在当代温州话与其他汉语方言中的功能与分布

方言	方言点	路径动词	路径卫星(补语)			
			Vm+Sp+G	Vm+Sp+G+Sd	Vm+Sp+Sd	Vm+Sp+Sd+G
吴	温州话(市区、乐清)	×(极少量垂直位移动词)	×	×	×	×
	苍南温州话(姜淑珍2019)	×(但多于市区、乐清温州话,如"来、去")	×("到、囥、过"等少数除外)	?	√	×
	常州、苏州、上海等其他吴方言(刘丹青2001、2003;Yiu 2014)	√	×("到"等少数路径卫星除外)	×("到"等少数路径卫星除外)	√	×
闽	厦门(Yiu 2014)	√	√	×	√	√
客家	香港(Yiu 2014)	√	√	√	√	√
粤	香港(Yiu 2014)	√	√	×	√	√
官话	关中(Tang & Lamarre 2007;唐正大 2008)	√	×	×("到/着/-"除外)	√	×
	荆州八宝(Paul et al. 2021)	√	√	√	√	?
晋	神木(邢向东 2011)	√(少量受限制)	×	√	√	√

7 当代温州话与近代温州话

以上调查和比较显示,相比普通话和汉语方言,温州话更加排斥动词框架

203

型,更倾向于使用卫星框架结构。为了进一步了解这些倾向的形成及动因,我们需要查看早期温州话的位移表达及演变过程。限于历史资料的欠缺,本研究仅采用了 19 世纪末近代温州话的两种语料。一是 *Introduction to the Wenchow Dialect*(Montgomery 1893,中文译名《温州方言入门》)。这是"第一本系统的温州方言课本"(《温州方言文献集成》第 5 辑,2020),对 19 世纪末的温州话进行了较为全面的记录。该课本的"散语"部分包括短语、句子和小段落,本研究查找其中的位移事件结构并作进一步分析。本研究的第二种近代温州话语料为 *Chao-Chi Yi-Su Chi-Tuh Sang Iah Sing Shi*(Soothill 1894,中文译名《耶稣基督新约圣书》)的温州话译本。本研究选取《马太福音》前 10 章和《使徒行传》前 5 章的语料作进一步分析。

7.1　近代与当代温州话位移表达的差异

本研究发现当代与近代温州话有三个较为主要的差异。第一,在当代温州话中只能作卫星(补语)的路径语素(例如"来、去、过、进、出、拢"),在近代温州话中可用作动词,如(23)所示。[①]

(23) a. yao^1　ga-nyie　nang　**li**?

　　　有　　|-|　　人　　来

　　　谁来了?［Montgomery 1893,33(28)］

b. 'ao-neh　gi-ge　ah-pah　tsoa^2-soa,　ng^1　djah　**k'i^2**　poa-moa

　　后日　　其-|　阿伯　葬丧　　　我　着　去　　帮忙

　　他们的父亲后天送葬,我得去帮忙。［Montgomery 1893：166(25)］

c. **ku^2**　koa^2

　　过　江

　　过江［Montgomery 1893：87(12)］

[①] *Introduction to the Wenchow Dialect* 中的例子包含拼音、汉字、英文翻译。本文引用拼音及汉字,英文翻译则由本文作者替换为普通话翻译。该书中一些没有字形的汉字采用"|"标出,一些拼音也未标出声调,本文皆按原文引用。*Chao-Chi Yi-Su Chi-Tuh Sang Iah Sing Shi* 仅有拼音,本文也按原文引用,并加上对应的汉字及普通话翻译。

d. **tsang²**　chang

　　进　　　　　京

　　进京［Montgomery 1893：86(1)］

e. nang **ch'üeh** yüe¹-mang, gi tsung¹ fu¹-si¹-tish li-k'e vû¹mu¹

　　人　出　　远门　　　其总　　不舍得　　离开　父母

　　一个人出远门的时候,总是舍不得离开父母。［Montgomery 1893：
　　164(19)］

f. **lung¹**　yüe²　k'i²

　　拢　　岸　　去

　　靠岸去［Montgomery 1893：251(743)］

此外,本文第 2 节指出当代温州话中不存在表达"到达"义的路径语素,但
近代温州话中不但有"到",且可用作独立的动词。如(24)所示,"到"可用作句
子中唯一的动词(24a),可直接带地点名词短语(24b),也可同时带地点名词短
语和"来"(24c)。

(24) a. gi djao²-nyie li-ge；ng¹ z¹ zie-kai² ngüeh-neih **töe²**-ge.

　　其 旧年　　来-|；我 是 前个　　月日　　到-|

　　他去年来的,我是上个月到的。［Montgomery 1893：66(37)］

b. **töe²** k'ah-dza²-de ziu² tszh e² shieh-ih-shieh

　　到　客栈-|　　就 只 要 歇一歇

　　到客栈就只是休息一下。［Montgomery 1893：88(23)］

c. gi-da-ko lœ¹-kai² nang z¹ djao²-nyie¹ **töe²** kih-li li-ge

　　其大家 两个　人 是 旧年　　到 || 来-|

　　他们两个都是去年到这里来的。［Montgomery 1893：66(33)］

第二,本文第 2 节指出当代温州话的路径卫星不可带地点名词短语,但近代
温州话并无此限制。如(25)所示,"过"和"到"分别后接"河"和"河北省-de"。

(25) a. ng¹ e² tsao¹ **ku²** whu, ts'ing k'a ng¹ koa¹nyaoh-doa¹ yao²djiœ

　　我 要 走 过 河 请 | 我 讲|-宕　　　有 桥

　　我要过河。请跟我说哪里有桥。［Montgomery 1893：148(21)］

b. t'û¹-fi² oh t'ai-**töe²** Whu-paih sœ¹-de, p'ung²-djah nang ziu² sah.

土匪　　|　退-到　　河北　　省-|　碰着　　　人　　就　　杀

土匪都退到河北省内,遇到人就杀。[Montgomery 1893:103(21)]

第三,本文第 2 节指出当代温州话中,非指示的路径卫星不可与表指示的"来/去"组成复合趋向补语,但这样的例子可见于近代温州话。以下(26a—b)分别为"走出去"和"走过来"的例子;而(26c)显示"不"可插入"泅"和"过去"之间,表达否定可能,进一步说明非指示和指示路径卫星可组成复合补语。

(26) a. gi　**tsao¹-ch'üeh　k'i²**　ba¹

其　走-出　　　去　罢

他出去了。[Montgomery 1893:92(17)]

b. tse²satse²sz²　ts'ing¹　gi　**tsao¹-ku²-li**

再三再四　　请　　其　走-过-来

再三请他过来。[Montgomery 1893:144(20)]

c. koa¹　k'oh shie¹　ng¹　**ziu fu¹ ku² k'i²**

江　阔　|　我　泅　不　过　去

江太宽了,我游不过去。[Montgomery 1893:147(17)]

不过值得注意的是,在近代温州话资料中,我们没有发现"非指示路径语素+指示路径语素"组成复合趋向动词(如"出来、进去")的例子。以 *Chao-Chi Yi-Su Chi-Tuh Sang Iah Sing Shi*(Soothill 1894)为例,在普通话中翻译为复合趋向动词的例句,在温州话中一般翻译为"走+非指示路径语素(+指示路径语素)"。如(27)所示,*came out* 在普通话中可翻译为动词"出来",但温州话译文为"走出";(28)中 *went in* 在普通话中可翻译为动词"进去",但温州话译文为"走底去"。

(27) 英语:And he said to them, Go. And they came out. (*The Bible In Basic English*, *Matthew*, 8.32)①

普通话:耶稣说,去吧。鬼就出来,进入猪群。

近代温州话:

---

① *The Bible In Basic English* 的语料来源:https://www.o-bible.com/bbe.html(查询时间:2022年 5 月 2 日)。

Yi-sû taì gi-dà-ko koá, k'ì. Gi-dà-ko **tsaó-ch'üeh**, ziuh

耶稣 对 渠-大-家 讲 去 渠-大-家 走-出 就

toè tsi-daì toa-chung k'ì

到 猪-堆 当中 去（Soothill 1894：30）

（28）英语：he went in（*The Bible In Basic English*，*Matthew*，9.25）

普通话：耶稣就进去

近代温州话：

Yi-sû tsaó-tí-k'ì

耶稣 走-底-去（Soothill 1894：30）

7.2 近代与当代温州话位移表达的相同点

本文的调查也发现当代温州话中两个较为特别的位移表达用法也见于近代温州话。第一是动词"走"的语义泛化。"走"在近代温州话中已频繁用于表达中性"移动"。如（29）所示，"走"在（29a）中表"步行"的位移方式；但在（29b）中表中性，即（29b）的"走路"表达行走，而不专指步行。此外，尽管近代温州话中"来、去"等路径语素可作动词，但也经常作为趋向补语出现在位移中性动词"走"之后，如（29c）所示。

（29）a. nyi¹ z̈ï **tsao¹**-li-ge， z̈ï djï mo¹ li-ge ne?

你 是 走-来-｜ 是 骑 马 来-｜ ｜

你是走路来的，还是骑马来的？［Montgomery 1893：46（20）］

b. nyi¹ **tsao¹** lû² shï¹-hüe¹ zo²ts'i ah shï¹-hüe¹ zo¹jüe?

你 走 路 喜欢 坐车 阿 喜欢 坐船

你出行喜欢坐车还是喜欢坐船？［Montgomery 1893：88（24）］

c. yaó ih-kài duh-shï-nang **tsaó-li**

有 一个 读书人 走来

有一个文士来了。（Soothill 1894：29）

第二，上文提到在近代温州话中，路径语素可直接带地点名词短语，但也存在大量方式和中性位移动词直接带地点名词的现象，如（30）的例句所示。

（30）a. chang² löe¹-nyang-k'ah **tsao¹** **die-de** shiœ shie pa² vaih-ge

禁 老人客 走 殿-｜ 烧 香 拜 佛-｜

禁止妇女去庙里烧香拜佛。[Montgomery 1893：160(26)]

b. **tsao¹ lao-de zie¹ k'i²**

走 楼-│ 上 去

到楼上去。[Montgomery 1893：240(556)]

c. n-tá **tsaó hé-diæ lû-de** kù

无-胆 走 许-带 路-底 过

不敢经过那一带路。(Soothill 1894：30)

d. ié-tsi-ge nang **döe zing-tí k'ì**

养-猪-个 人 逃 城-底 去

养猪的人逃到城里去了。(Soothill 1894：31)

7.3 温州话位移表达的变化

表6总结了近代与当代温州话中的位移结构,兼与普通话作比较。我们可以发现近代温州话用来表达位移的方式比当代温州话更为丰富,也比普通话丰富。当代温州话和普通话中的所有位移结构在近代温州话中基本都存在。[①] 这说明从近代(19世纪末)到当代,位移事件的表达在温州话中发生了向卫星框架型方向的快速演变,这具体表现在:第一,"过、来"等的动词用法全部消失,只用作卫星,而"到"连卫星用法也消失;第二,路径卫星失去直接带地点名词短语及指示语素("来、去")的能力。这些变化的具体过程及原因值得将来的进一步探讨。

表6 近代温州话与当代温州话中的位移表达(兼与普通话比较)

	位移结构	近代温州话[②]	当代温州话	普通话
路径动词 (Vp)	Vp+G	√ 过江	×(少量固定 短语除外)	√ 过江

---

① 本研究未在所选的近代温州话资料中找到"Vp+Sd"结构,将来还需查找更多资料以确定是否存在该结构。

② 表6中近代温州话的例句均来自 *Introduction to the Wenchow Dialect*(Montgomery 1893)和 *Chao-Chi Yi-Su Chi-Tuh Sang Iah Sing Shi*(Soothill 1894)。为便于阅读,本文将原文的拼音转为对应的汉字。

续　表

	位移结构	近代温州话	当代温州话	普通话
路径动词 （Vp）	Vp+Sd	？	×	√ 过来
	Vp+G+Sd	√ 到埃及去	×	√ 到埃及去
路径卫星 （Sp）	Vm+Sp	√ 走出	√	×
	Vm+Sd	√ 逃去	√	√ 逃去
	Vm+Sp+Sd	√ 走转来	×	√ 走回来
	Vm+Sp+G	√ 退到河北底	×	√ 退进河北
	Vm+Sp+G+Sd	√ 走上山底去	×	√ 走上山顶去
	Vm+G	√ 走殿底（去庙里）	√	×
	Vm+G+Sp	√ 弯别屋宕过 （路过别的房子）	√	×
	Vm+G+Sd	√ 走该里来（来这儿）	√	×
	Vm+G+Sp+Sd	√ 走楼底上去（上楼去）	×	×

8　总　　结

　　综合本文内容，我们发现温州话中位移事件表达的词汇化类型在历史上发生了演变，且演变方向与汉语的整体方向一致，即都向卫星框架型演变。但比起普通话及其他汉语方言，温州话的变化速度更快，其卫星框架结构的高频使用（93.7%）说明当代温州话已高度靠近纯卫星框架型。此外，当代温州话的位移结构也呈现出一些较为明显的特点：第一，路径动词数量极少、语义范围小；第二，路径补语的动词特征更少、名词特征更多；第三，中性位移动词"走"的使用占优势。从跨语言角度来说，本研究所呈现的温州话个案，一定程度上丰富了位移事件表达的语言变异和变化的研究资料。

　　在将来研究中，我们还需考察更全面的温州话历史文本资料，从而更深入了解其变化及动因。此外,本文仅着重讨论了自主(self-agentive)和非自主(non-agentive)位移事件,将来研究还需分析致使(agentive)位移事件,并查看温州话在这三种主要位移事件的表达上是否存在词汇化差异。

参考文献

姜淑珍 2019 《苍南吴语位移事件与路径表达的多功能研究》,中国社会科学出版社。

林静夏 2020 《温州方言的位移事件表达及特殊位移动词"走"》,陈忠敏、徐越编《吴语研究》(第十辑),上海教育出版社。

林素娥 2017 《早期宁波话位移事件词化类型》,*Bulletin of Chinese Linguistics* 10:177 - 196。

林素娥 2018 《早期上海话位移事件的词化类型》,*Language and Linguistics* 20.3:388 - 417。

林素娥 2020 《早期吴语位移事件词化类型之比较——基于〈路加传福音书〉土白译本的考察》,《语言科学》第 1 期,28—48 页。

刘丹青 2001 《方所题元的若干类型学参项》,《中国语文研究》12,11—23 页。

刘丹青 2003 《语序类型学与介词理论》,商务印书馆。

刘月华 1998 《趋向补语通释》,北京语言文化大学出版社。

马云霞 2008 《汉语路径动词的演变与位移事件的表达》,中央民族大学出版社。

史文磊 2015 《汉语运动事件词化类型的历时考察》,商务印书馆。

唐正大 2008 《关中方言趋向表达的句法语义类型》,《语言科学》第 2 期,168—176 页。

王 琦、郭 锐 2013 《汉语趋向动词用作方向词现象初探》,《语言学论丛》第 47 辑,70—102 页。

《温州方言文献集成》编委会 2020 《温州方言文献集成》第 5 辑,南京大学出版社。

邢向东 2011 《陕北神木话的趋向动词及其语法化》,*Language and Linguistics* 12.3:565 - 593。

Ameka, Felix K. & James Essegbey 2001 Serialising languages:satellite-framed, verb-framed or neither. Paper presented at *The 32nd Annual Conference on African Linguistics*, University of California, Berkeley.

Beavers, John, Beth Levin & Shiao Wei Tham 2010 The typology of motion expressions revisited. *Journal of Linguistics* 46.2, 331 - 377.

Chen, Liang & Jiansheng Guo 2009 Motion events in Chinese novels:Evidence for an equipollently-framed language. *Journal of Pragmatics* 41, 1749 - 1766.

Fábregas, Antonio 2007 The exhaustive lexicalisation principle. *Tromsø University Working Papers on Language & Linguistics* 34.2, 165 - 199.

Fagard, Benjamin 2019 From il s'envole hors to il sort du nid:A typological change in French motion expressions. In Michel Aurnague and Dejan Stosic (eds.), *The Semantics of Dynamic Space in French: Descriptive, Experimental and Formal Studies on Motion Expression*, 110 - 138. Amsterdam:John Benjamins.

Filipović, Luna 2007 *Talking About Motion: A Crosslinguistic Investigation of Lexicalization Patterns*. Amsterdam:John Benjamins.

Filipović, Luna 2013 Typology as a continuum:Intratypological evidence from English and

Serbo-Croatian. In Juliana Goschler & Anatol Stefanowitsch（eds.）, *Variation and Change in the Encoding of Motion Events*, 17 – 38. Amsterdam: John Benjamins.

Folli, Raffaella & Gillian Ramchand　2005　Prepositions and results in Italian and English: An analysis from event decomposition. In Henk J. Verkuyl, Henriette De Swart & Angeliek Van Hout（eds.）, *Perspectives on Aspect*, 81 – 105. Dordrecht: Kluwer Academic Publishers.

Hsiao, Huichen　2009　*Motion Event Descriptions and Manner-of-motion Verbs in Mandarin*. PhD dissertation, The State University of New York at Buffalo.

Ibarretxe-Antuñano, Iraide　2009　Path salience in motion events. In Jiansheng Guo, Elena Lieven, Nancy Budwig, Susan Ervin-tripp, Kei Nakamura & Seyda Ozcaliskan（eds.）, *Crosslinguistic Approaches to the Psychology of Language: Research in the Tradition of Dan Isaac Slobin*, 403 – 414. New York: Psychology Press.

Kopecka, Anetta　2013　Describing motion events in Old and Modern French: Discourse effects of a typological change. In Juliana Goschler & Anatol Stefanowitsch（eds.）, *Variation and Change in the Encoding of Motion Events*, 163 – 184. Amsterdam: John Benjamins.

Lamarre, Christine　2008　The Linguistic Categorization of Deictic Direction in Chinese — with Reference to Japanese. In Dan Xu（ed.）, *Space in Language of China*, 69 – 97. Dordrecht: Springer.

Lamarre, Christine　2013　When lexicalization meets grammaticalization: The development of "wang+path" adverbials in Northern Chinese. In Guangshun Cao, Hilary Chappell, Redouane Djamouri & Thekla Wiebusch（eds.）, *Breaking down the Barriers: Interdisciplinary Studies in Chinese Linguistics and Beyond*, *Language and Linguistics* Monograph Series 50, 887 – 909. Taipei: Academia Sinica Institute of Linguistics.

Levin, Beth & Malka Rappaport Hovav　2014　Manner and result: A view from *clean*. In Rob Pensalfini, Myfany Turpin & Diana Guillemin（eds.）, *Language Description Informed by Theory*, 337 – 358. Amsterdam: John Benjamins.

Lin, Jingxia　2019　*Encoding Motion Events in Mandarin Chinese: A Cognitive Functional Study*. Amsterdam: John Benjamins.

Lin, Jingxia　2020　Typological shift in lexicalizing motion events: The case of Wenzhou. *Linguistic Typology*.

Montgomery, P.H.S.　1893　*Introduction to the Wenchow Dialect*. Shanghai: Kelly & Walsh.

Newman, John, Jingxia Lin, Terry Butler & Eric Zhang　2007　Wenzhou Spoken Corpus. *Corpora* 2.1, 97 – 109.

Nikitina, Tatiana　2008　Pragmatic factors and variation in the expression of spatial goals: The case of into vs. in. In Anna Asbury, Jakub Dotlacil, Berit Gehrke & Rick Nouwen（eds.）, *Syntax and Semantics of Spatial P*, 175 – 209. Amsterdam: John Benjamins.

Özçaliskan, Şeyda, and Dan I Slobin　2000　Climb up vs. Ascend Climbing: Lexicalization Choices in Expressing Motion Events with Manner and Path Components. In S. Catherine Howell, Sarah A. Fish, and Thea Keith-Lucas（eds.）, *Proceedings of the 24th Annual Boston University Conference on Language Development*, 2, 558 – 570. Somerville, MA: Cascadilla

Press.

Paul, Jing, Samantha N. Emerson, Şeyda Özçalışkan 2021 Does dialect matter in the expression of motion? Ways of encoding manner and path in Babao and standard Mandarin. *Lingua* 270.

Peyraube, Alain 2006 Motion events in Chinese: A diachronic study of directional complements. In Maya Hickmann & Stephane Robert (eds.), *Space in Language: Linguistic Systems and Cognitive Categories*, 121 – 135. Amsterdam & Philadelphia: John Benjamins.

Rappaport Hovav, Malka & Beth Levin 2010 Reflections on manner/result complementarity. In Edit Doron, Malka Rappaport Hovav & Ivy Sichel (eds.), *Syntax, Lexical Semantics, and Event Structure*, 21 – 38. Oxford: Oxford University Press.

Shi, Wenlei & Yicheng Wu 2014 Which way to move: The evolution of motion expressions in Chinese. *Linguistics* 52.5, 1237 – 1292.

Slobin, Dan I. 2004 The many ways to search for a frog: Linguistic typology and the expression of motion events. In Sven Stromqvist & Ludo Verhoeven (eds.), *Relating Events in Narrative: Vol. 2. Typological and Contextual Perspectives*, 219 – 257. Mahwah: Lawrence Erlbaum Associates.

Soothill, William Edward 1894 *Chao-Chi Yi-Su Chi-Tuh Sang Iah Sing Shi*. London: British and Foreign Bible Society.

Tai, James H-Y. 2003 Cognitive relativism: Resultative construction in Chinese. *Language and Linguistics* 4.2, 301 – 316.

Talmy, Leonard 1975 Semantics and syntax of motion. In John P. Kimball (ed.), *Syntax and Semantics*, vol. 4, 181 – 238. New York: Academic Press.

Talmy, Leonard 1985 Lexicalization Patterns. In Timothy Shopen (ed.), *Language Typology and Syntactic Description*, 3, 57 – 149. Cambridge: Cambridge University Press.

Talmy, Leonard 2000 *Toward a Cognitive Semantics*, vol. 2. Cambridge: MIT Press.

Tang, Zhengda and Christine, Lamarre 2007 A Contrastive Study of the Linguistic Enco ding of Motion Events in Standard Chinese and in the Guanzhong Dialect of Mandarin (Shaanxi). *Bulletin of Chinese Linguistics* 1.2, 135 – 168.

Tham, Shiao Wei 2013 When motion and location yield direction: The case of Mandarin. In Editors Chundra Cathcart, I-hsuan Chen, Greg Finley, Shinae Kang, Clare S Sandy & Elise Stickles (eds.), *Proceedings of the 37th Annual Meeting of the Berkeley Linguistics Society*, 344 – 358.

Yiu, Carine Yuk-man 2013 Directional verbs in Cantonese: A typological and historical study. *Language and Linguistics* 14.3, 511 – 569.

Yiu, Carine Yuk-man 2014 *The Typology of Motion Events*. Berlin /Boston: De Gruyter Mouton.

Zlatev, Jordan & Peerapat Yangklang 2004 A third way to travel: The place of Thai in motionevent typology. In Sven Stromqvist & Ludo Verhoeven (eds.), *Relating Events in Narrative: Vol. 2. Typological and Contextual Perspectives*, 159 – 190. Mahwah: Lawrence Erlbaum Associates.

早期吴语位移事件词化类型之比较

——基于《路加传福音书》土白译本的考察

林素娥

（上海大学文学院）

1 引　言

Talmy（1985,1991,2000a、b）根据位移事件中核心图式（core schema）的编码方式,将世界语言的整合类型分为：V 型（verb-framed,动词框架）或以 V 型为主导的语言,S 型（satellite-framed,卫星框架）或以 S 型为主导的语言。在 V 型框架中,由核心动词或词根编码位移路径,而核心动词外围的附属成分（动名词、从句等）编码伴随事件（co-event）（方式和致使等）,如西班牙语、日语等;在 S 型框架中,路径则由附加语编码,伴随事件则常由核心动词编码,如英语、现代汉语等。Slobin（1996a、b,2004,2006）则进一步从语言使用和篇章结构等角度提出考察 V/S 语言在路径、方式、背景、修辞风格等方面的语言使用倾向度,并通过数据统计和倾向对比来观察语言位移事件编码的类型倾向。在该理论框架下,对汉语共同语位移事件词化的结构类型学研究成果颇丰,不过,对其类型归属仍存在不同看法。Talmy（1985,2000：108—109）、Matsumoto（2003）、沈家煊（2003）等认为汉语为 S 型或非典型的 S 型语言;Tai（2003）则认为汉语为 V 型语言,Slobin（2004,2006）、Zlatev & Yangklang（2004）、Chen & Guo（2009）、阚哲华（2010）则指出汉语还具有 E 型（即均等框架型,Equipollently-framed language）;而 Lamarre（2003,2008a、b）,Beavers、Levin & Tham（2010）等则认为汉语属于混合型。而 Li（1993,1997）、Peyraube（2006）、冯胜利（2000,2002）、Xu（2006）、马云霞（2008）、史文磊（2010,2011a、b,2014a）、Shi & Wu（2014）等先后从历时角度探讨了汉语位移事件词化类型从 V 型到 S 型的演变过程及其机制,汉语普通话位移事件表达的复杂性是历时积淀的结果。

汉语位移事件词化类型的复杂性或多样性,也表现在汉语方言中。Yiu(2013,2014a、b)、姚玉敏(2015)对粤语、普通话和吴闽客等方言位移事件词化模式进行了对比研究,得出在从"V>S"的转变上,粤语最慢,所以趋向动词仍可表致移事件,且动趋式融合度不及普通话,语法化进程慢于普通话,而吴语则 S 框架型特征最突出,词化类型转变最快。根据这种跨方言位移事件词化类型演变的差异,她进一步推测,汉语方言位移事件词化类型特征与基本词序 VO 语序具有相关性。即 VO 语序强,V 框架型更突出,从 V 型演变为 S 型也越慢,如粤语,反之也成立,如吴语。可见,跨方言位移事件的词化类型研究不仅可以展示位移事件词化类型之间的同异,也可为汉语位移事件的词化类型演变及其机制的研究提供线索,所以开展"方言调查和比较研究"(Lamarre2003,2008a)对考察汉语位移词化类型发展确实具有重要意义。

尽管如此,但方言位移事件词化类型研究仍处于起步阶段,特别是同一大区方言内部各次方言之间位移事件的词化类型比较研究仍是空白。虽然 Yiu(2014a、b)用苏州话和上海话语料得出吴语词化类型较其他方言 S 框架型特征更显著,那么其他吴方言词化类型是否与苏沪一致呢? 先来看例(1)。

(1) a. 官话:<u>进</u>了圣殿,正遇见耶稣的父母<u>抱着孩子进来</u>。(《路加》2: 27)

　　b. 苏州话:<u>进</u>之殿,贴准耶稣个爷娘,<u>抱之小干进去</u>。

　　c. 上海话:<u>进</u>之殿,耶稣个爷娘<u>抱之小团进来</u>。

　　d. 宁波话:<u>走进</u>圣殿里去,正好耶稣爹娘<u>抱勒奶欢走进来</u>。

　　e. 台州话:<u>走进</u>圣殿,<u>带个细佬走进</u>。

　　f. 温州话:<u>走进</u>殿底转,<u>把团团耶稣带底来</u>。

例(1)选自《路加传福音书》(2: 27)(文中简称《路加》)在吴语五个方言点的土白译本。例句中所用两个分句,表达两个场景。前一分句表达一个自移事件,后一分句表达致移事件。在前一事件表达中,官话和苏沪吴语皆用趋向动词"进"单独编码路径,而浙江三地吴语"进"则作方式动词"走"的补语即附属成分,须构成[方式动词+路径]的组合模式表达;后一事件中苏沪与浙江沿海吴语(除温州话外),皆采用连动式表达,但连动结构后项动词在苏沪和浙江沿海吴语也采用不同形式,苏沪吴语用复合趋向动词编码路径信息,而宁波话、台州话也须说成[方式动词+路径]的模式。由此可见,苏沪吴语位移事件与浙江沿海吴语似乎存在类型倾向上的差异,那么这种差异的具体表现是什么呢? 形成内部差异的原因又是什么呢? 其原因对揭示汉语位移事件词化类型从 V 框架型到 S 框架型的演变又会有什么启示呢? 本文拟逐一讨论这些问题。

要进行不同语言或方言位移事件词化类型之间的比较,最重要的条件是以不同语言或方言对相同事件或场景的语言表达为语料,而《圣经》的方言土白译本为该研究提供了较为理想的语料。正如游汝杰(2002:35,36)所言"《圣经》方言译本,为不同方言的共时比较提供了宝贵资料。方言共时比较的前提,是必须有用不同方言记录下来的内容或项目一致的资料。方言《圣经》是非常理想的资料,真可以说是天造地设……排比这些资料就可以研究各历史时期方言的异同,特别是词汇和语法方面的异同。如此理想的资料,舍方言《圣经》别无可求"。因此,本文拟选取《路加》(为《圣经·新约》四福音书中的一卷)的官话(1919 年版)、苏州话(1923 年版)、上海话(1913 年版)、宁波话(1853 年版)、台州话(1897 年版)和温州话(1894 年版)译本(文中例句皆出自这些文献,不再一一标明年代),逐一排比同一事件的各方言表达,观察它们表达结构的同异。当然作为译文,自然多少会受到原著或其他参照译本(主要是官话译本)的影响,如温州土白译文中借用官话处置标记"把",不过仍反映了温州话的语序,因为用"把"字标记的成分为表定指的受事成分,而这类受事成分在温州话中也常只用于谓词前。为了避免因为成分或结构的偶然借用而造成的误差,本研究对位移事件表达结构及其词化类型的分析,不仅依据某些具体的事件或场景的语言表达,同时对《路加》中所有位移事件的表达结构进行统计分析,从概率上讨论词化类型的倾向性。

基本思路:Talmy(1985,2000b:66)根据致移者的隐现,将位移事件分为他移(agentive)、非自主(non-agentive)和自主(self-agentive)三类。这三类位移事件在汉语普通话及方言中的词化类型不尽相同(Lamarre2003,2008a、b,Yiu2014a、b、姚玉敏 2015),在汉语史中的演变速度及制约机制也不完全一样(史文磊 2014a)。故本文的讨论也将按照位移事件三分法展开。他移事件也称为致移事件,而非自主位移则称之为无生自移事件,自主位移称为有生自移事件。描写它们在早期苏州话、上海话、宁波话、台州话和温州话中的表达模式,并结合统计,考察五个方言点位移事件的词化类型特征及吴语内部位移事件词化类型的差异,探讨形成差异的原因或机制以及对汉语位移事件词化类型演变研究的启示。

所用符号和文献排列说明:V 型指动词框架型(verb-framed),S 型指卫星框架型(satellite-framed),E 型指均等框架型(equipollently-framed),"F"表示 figure(图像),即位移体;"V原因/方式"为表运动方式(manner)或原因(cause)信息的动词,"V路径/指示/路径+指示"为表趋向、指示信息的动词和由[趋向+指示]构成的复合式趋向动词,"P"表示 Path(路径),包括述趋式中的"到达"因素、指示(the Deictic Component of the Path)等,与"V路径/指示/路径+指示"相对,"P路径/指示/路径+指示"充当"V原因/方式"的附属成分,"L"表示处所,">"表演化等。

文中将官话列入原因有二:一是便于理解,二是在必要的时候便于对比。译本原文文字形式不同,苏州话、上海话为汉字版,直接引用,宁波话、台州话和温州话皆为罗马字版,为便于阅读,将罗马字皆转写为汉字。

2 早期吴语致移事件表达模式及其内部差异

早期吴语中已不见路径动词单独编码致移事件,表致移事件的模式主要有:[原因动词+趋向动词]、[原因动词+趋向补语]和只用原因动词表达,分别用符号表示为[V原因+V路径/指示/路径+指示]、[V原因+P路径/指示/路径+指示]和[V原因],其中以[V原因+P路径/指示/路径+指示]模式最为常见,表达结构也因位移体的位置不同,存在不同的形式。下面逐一介绍。

2.1 [V原因+V路径/指示/路径+指示]模式

[V原因+V路径/指示/路径+指示]模式,表现为连动式和兼语式。若为连动式,其中"V路径"的致移主体为句子主语或施事,若为兼语式,"V原因"为兼语动词,位移体是"V路径"的位移主体。如:

(2) a. 官话:起来,<u>拿你的褥子回家去</u>吧。(《路加》5:24)

    b. 苏州话:起来,<u>拿倷个榻床到屋里去</u>。

    c. 上海话：起来，<u>拿之侬个床铺咾走</u>。

    d. 宁波话：爬起来，<u>扭勒铺板归屋里去</u>。

    e. 台州话：侓起，<u>扭铺板，转屋里去</u>。

    f. 温州话：爬起，<u>担你个床走你屋里去</u>。

（3）a. 官话：……耶稣却<u>打发他回去</u>。（《路加》8：38）

    b. 苏州话：……耶稣<u>叫俚去</u>。

    c. 上海话：……耶稣倒<u>叫伊去</u>。

    d. 宁波话：……耶稣<u>讴佢去</u>。

    e. 台州话：……耶稣<u>呕佢去</u>。

    f. 温州话：……耶稣<u>叫佢走去</u>。

（4）a. 官话：有一个管会堂的，名叫睚鲁，来俯伏在耶稣脚前，<u>求耶稣到他家里去</u>。（《路加》8：41）

    b. 苏州话：是管会堂个，来俯伏拉耶稣脚下，<u>求耶稣到俚屋里去</u>。

    c. 上海话：是管会堂个，来俯伏拉耶稣脚下，<u>恳求耶稣到伊个屋里</u>。

    d. 宁波话：有一个人叫勒睚鲁，是管聚会堂个，走来扑落耶稣个脚下，<u>请佢到佢屋里去</u>。

    e. 台州话：有一个人名字睚鲁，是管聚会堂，走来扑落耶稣脚前，<u>求佢到佢屋里去</u>。

    f. 温州话：有一个管会堂个人走来，名叫睚鲁，就扑落耶稣个脚边，<u>求佢到佢屋里去</u>。

    例（2）仍为连动式，结构中"V$_{原因}$"与"V$_{路径}$"句法地位平等，也正如此，两者之间在韵律上可以停顿，如（2e）台州话，句法上可添加并列连词，如（2c）上海话用连词"咾"连接两个动作，形成句法性连动式。连动式中"V$_{路径}$"由句子主语实施，在只能采用[V$_{原因}$＋P$_{路径}$]模式表达的方言中，趋向词就不能直接用来编码路径了。如例（2f）温州话用"走＋L＋去"对译。不过，这类连动式中"V$_{原因}$"虽为造成"F"位移的原因，但"V$_{原因}$＋F"与"＋V$_{路径}$"之间并不具有[先后]关系，前者只是后者的背景，为非典型的连动式，高增霞（2003：31）称之为"典型的边缘连动式"。而从《路加福音》吴方言各译本来看，并未发现典型的连动式用于致移事件的表达。

例(3)、(4)为兼语式,句中兼语既为受事也为位移主体,大多用表指示的动词编码路径,如例(3b—e)。与连动式一样,"V指示"在温州话中要表达为[V方式 + P指示]的组合式,如例(3f)温州话"走去"。

不管是连动式还是兼语式,句中表运动原因的动词和表位移路径的动词句法地位平等,属于双核心结构,体现了早期吴语致移事件仍具有 E 框架型语言的特征。不过,较之[V原因 + P路径/指示/路径+指示]模式,它是一种次要形式。

2.2 [V原因 + P路径/指示/路径+指示]模式

该模式在五个方言点中皆为优势表达,因 F 位置不同,具体表达为不同的结构,其类型有:一、F + V原因 + P路径/指示/路径+指示;二、V原因 + F + P路径/指示/路径+指示;三、V原因 + P路径 + F(+ P指示)。下面逐一介绍。

(一)(F +)V原因 + P路径/指示/路径+指示

该类结构中位移体常充当话题,或出现在上文语境中,或在上文已提供了相关信息,其所指皆为有定对象。如:

(5) a. 官话:就<u>取下来</u>用细麻布裹好。(《路加》23:53)

　　b. 苏州话:就<u>拿下来</u>裹拉细麻布里之。

　　c. 上海话:<u>擎下来</u>裹拉细麻布里之。

　　d. 宁波话:就<u>抲落来</u>,用布裹好仔。

　　e. 台州话:就<u>抲落</u>,用细麻布包好。

　　f. 温州话:<u>把佢放落</u>,用细麻布包起。

(6) a. 官话:耶稣就上去,请他把<u>船撑开</u>。(《路加》5:3)

　　b. 苏州话:耶稣上之西门个船,请俚<u>撑开来</u>。

　　c. 上海话:耶稣上去请伊<u>撑开来</u>。

　　d. 宁波话:耶稣跳落去,讴佢<u>船撑开</u>一眼。

　　e. 台州话:耶稣<u>落船</u>,讴西门<u>撑出</u>丁。

　　f. 温州话:耶稣就<u>落一只船</u>,是西门个,叫佢从岸里<u>撑开</u>。

(7) a. 官话:你们往对面村子里去,进去的时候,必看见<u>一匹驴驹</u>拴在那里……可以解开<u>牵来</u>。(《路加》19:30)

　　b. 苏州话:吴笃到对面个镇上去,进去个时候,必要看见<u>小驴子</u>缚拉笃……解之<u>牵得来</u>。

c. 上海话：俫到对面个村上去,进去个时候,必要看见缚拉个<u>小驴子</u>……解脱之咾<u>牵来</u>。

d. 宁波话：你拉走到对面个乡村去,走进就会碰着<u>一匹小驴子</u>桩间……解之,<u>牵勒来</u>。

e. 台州话：你许好到对面乡村去,走进就会碰着<u>一条小驴</u>系间……解告,<u>牵来</u>。

f. 温州话：你大家到对面乡村去,走底个时候就会眙着<u>一条小驴儿</u>吊牢……把佢解爻<u>牵来</u>。

(8) a. 官话：两个女人一同推磨,要<u>取去一个</u>,<u>撇下一个</u>。(《路加》17：35)

b. 苏州话：两个女眷一陶牵磨,<u>一个收去</u>,一个留住。

c. 上海话：两个女人一同牵磨,<u>一个收去</u>,<u>一个剩拉</u>。

d. 宁波话：有两个女人并排牵磨,<u>一个会收上去</u>,<u>一个会剩落东</u>。

e. 台州话：有两个女人聚队磨磨,<u>一个会收去</u>,<u>一个会剩告</u>。

f. 温州话：有两个女人相伴扼磨,<u>一个会收去</u>,<u>一个会剩落</u>。

(9) a. 官话：……<u>伸出手来</u>。他把手一伸,手就复了原。(《路加》6：10)

b. 苏州话：……<u>倷个手伸出来</u>。俚伸出手来末,就全愈哉。

c. 上海话：……<u>侬个手伸出来</u>。伊就伸之出来末,伊个手就全愈哉。

d. 宁波话：……<u>你个手伸担出来</u>。佢就伸出来,手就好兑。

e. 台州话：……<u>你个手拢出</u>,佢就拢出,手就好告。

f. 温州话：……<u>你个手做出</u>,佢把手做出,手就痊愈。

例(5)—(9)吴语五个方言点致移事件表达中位移体皆充当话题,或承上文隐去,或直接放在谓词前。

(二) V_{原因}+F+P_{路径/指示/路径+指示}

该类结构中位移体F处于动词与趋向词之间,与连动式表层结构一样,不过,该结构中表路径或指示的趋向词不再充当句法核心,只是"V_{原因}"的补语成分。这类结构在早期吴语中较为常见,特别是当F由音节形式简短的代词充当时。如:

(10) a. 官话：又打发第三个仆人去,他们也打伤了他,<u>把他推出去</u>了。

(《路加》20：12)

b. 苏州话：又差第三个去，种田人也打伤之哙<u>赶俚出去</u>。

c. 上海话：又差第三个用人去，种田人也打伤之伊哙<u>赶伊出去</u>。

d. 宁波话：第三遭差人去，佢拉仍是介打打伤，<u>赶佢出</u>。

e. 台州话：第三套差人来，佢许仍旧拨佢打伤，<u>赶佢出</u>。

f. 温州话：第三遍差一个人去，佢大家打伤个，又把佢<u>赶出爻</u>。

(11) a. 官话：于是<u>把他推出</u>葡萄园外杀了。(《路加》20：15)

b. 苏州话：就赶到<u>园外头</u>哙杀脱俚。

c. 上海话：就<u>赶伊到园外头</u>哙杀脱之。

d. 宁波话：<u>赶佢出园外</u>。

e. 台州话：就<u>推佢出园外</u>。

f. 温州话：就<u>把佢赶出园外</u>杀佢。

(12) a. 官话：耶稣站住，吩咐<u>把他领过来</u>。(《路加》18：40)

b. 苏州话：耶稣立定之，吩咐<u>领俚来</u>。

c. 上海话：耶稣立定之，分付<u>领伊来</u>。

d. 宁波话：耶稣立落，<u>挡佢过来</u>。

e. 台州话：耶稣倚牢，吩咐佢许<u>带其来</u>。

f. 温州话：耶稣倚搭，吩咐其大家<u>领其来</u>。

(13) a. 官话：你们中间谁有驴或有牛，在安息日掉在井里，不立时<u>拉它上来</u>呢？(《路加》14：5)

b. 苏州话：吓笃当中有牛哙驴子，跌拉井里，啥人拉安息日上，勿就<u>拖俚起来</u>吓。

c. 上海话：俩当中啥人有驴子或者牛，拉安息日上跌拉地潭里之，岂勿就<u>拖伊起来</u>个否？

d. 宁波话：你拉安息日若是有一匹驴子，或者一头牛跌落地坑里，谁侬弗立刻去<u>撩佢上来</u>呢？

e. 台州话：你许若有驴或者牛跌落水井，就是安息日你许哪一个弗立刻去<u>撩其上来</u>？

f. 温州话：你大家当中乜人有驴儿或是牛遁落井里，弗会随手就是礼拜日<u>把佢抱起</u>呢？

（14）a. 官话：就<u>把他送到</u>希律<u>那里去</u>。（《路加》23：7）

　　　b. 苏州话：就<u>解俚到</u>希律场化<u>去</u>。

　　　c. 上海话：就<u>解伊到</u>希律墙头<u>去</u>。

　　　d. 宁波话：就<u>送佢到</u>希律屋荡<u>去</u>。

　　　e. 台州话：就<u>送佢到</u>希律<u>所在</u>。

　　　f. 温州话：就<u>差佢到</u>希律旁搭<u>去</u>。

例(10)—(14)官话一般用处置介词将位移体前移,表原因的动词与表路径或指示信息的趋向词形成结构更为紧凑的述补式。吴语除温州话外,皆采用位移体居中结构,趋向词表达的是致移的结果,语义指向原因动词,句法上为动词的附属成分,与连动式或兼语式有明显不同。比如,趋向词与前面的 VP 之间不能添加连词,词序不可颠倒,韵律上也不能有停顿。因此,尽管该类结构在形式上与双核心的连动式相似,实际上已发展为 S 框架型结构。

尽管这类结构在吴语五个方言点都常用来表致移事件,不过若位移体为名词性短语,且表有定信息时,苏沪吴语较浙江沿海吴语选择该结构的倾向性更强,而浙江沿海吴语采用次话题结构更常见。如：

（15）a. 官话：<u>夺过他这一锭来</u>,给那有十锭的。（《路加》19：24）

　　　b. 苏州话：<u>夺俚个十两来</u>拨拉有一百两个。

　　　c. 上海话：<u>夺伊个一个磅来</u>,拨拉有十磅个。

　　　d. 宁波话：<u>佢葛块银子</u>,你拉挖佢上来,好拨葛个有十块钿主顾。

　　　e. 台州话：<u>佢个块银子抙来</u>,拨有十块主子。

　　　f. 温州话：<u>佢个粒银捉去</u>,句许个有十粒个。

（16）a. 官话：<u>把那肥牛犊牵来</u>宰了,我们可以吃喝快乐。（《路加》15：23）

　　　b. 苏州话：<u>牵壮个小牛来</u>杀,俚可以吃咾快活。

　　　c. 上海话：<u>牵壮个小牛来</u>杀,俚可以喫咾作乐。

　　　d. 宁波话：<u>壮壮个小牛牵出来</u>,杀之。

　　　e. 台州话：还有葛只壮个小牛,<u>牵来</u>杀告。

　　　f. 温州话：还有<u>壮壮个牛儿捉来</u>鲅爻。

（17）a. 官话：<u>拿你的帐</u>写八十。（《路加》16：7）

　　　b. 苏州话：<u>拿傣个账来</u>,写八十。

　　c. 上海话：<u>拏侬个账来</u>，写八十。

　　d. 宁波话：<u>你个票子扲来</u>，写八十石。

　　e. 台州话：<u>你个票子扲来</u>，写八十担。

　　f. 温州话：<u>你票担来</u>写八十。

从例(15)—(17)可见，浙江沿海吴语较苏沪使用话题结构的倾向强，即用结构1更常见，尽管结构1和2都采用了[动词+卫星]的组合模式，属于 S 框架型。

（三）V$_{原因}$+P$_{路径}$+F(+P$_{指示}$)

该类结构中位移体作为受事居于宾语位置，"V$_{原因}$P$_{路径}$"在结构上为更典型的述补式。如：

（18）a. 官话：第二天<u>拿出二钱银子来</u>，交给店主说……（《路加》10：35）

　　b. 苏州话：明朝<u>拿出二钱银子</u>，拨东家咾说……

　　c. 上海话：明朝<u>拏出二钱银子</u>，拨拉开客寓个人咾话……

　　d. 宁波话：<u>扲出二钿银子</u>交代屋主里人……

　　e. 台州话：<u>拿出二钿银子</u>交拨店主……

　　f. 温州话：<u>担出两钿银</u>句客盏个主家……

（19）a. 官话：耶稣<u>赶出一个</u>叫人哑巴的鬼。（《路加》11：14）

　　b. 苏州话：耶稣<u>赶脱一个</u>使人做哑子介鬼。

　　c. 上海话：耶稣拉<u>赶脱一个</u>哑子个鬼。

　　d. 宁波话：耶稣来间<u>赶出一个</u>鬼，是个哑鬼。

　　e. 台州话：耶稣<u>赶出一个</u>鬼，是哑佬鬼。

　　f. 温州话：耶稣<u>赶出一个</u>哑个鬼。

该类结构中的 F 只限于无定对象，如例(18)、(19)。若位移体表有定对象，苏沪吴语与浙江沿海吴语所用结构也存在差异。如：

（20）a. 官话：于是<u>把书卷起来</u>，交还执事，就坐下。（《路加》4：20）

　　b. 苏州话：耶稣<u>卷拢之书</u>，授拨管事个人咾坐之。

　　c. 上海话：耶稣<u>卷拢之书</u>，授拉管事个人咾坐之。

　　d. 宁波话：耶稣<u>书收拢</u>，交付办事人，就坐落。

　　e. 台州话：耶稣<u>书卷告</u>，交付办事人，就坐落。

    f. 温州话：就把书合拢，句还管事个人，就坐落。

例(20)中"书"特指在犹太人会堂里所用的经书，为有定对象，在苏沪吴语中仍可处于宾语位置上，而浙江沿海吴语皆前置，充当次话题。

若位移体为表身体部位义的名词时，苏沪吴语使用"V$_{原因}$+P$_{路径}$+F+P$_{指示}$"结构表达，而浙江沿海吴语须使用话题结构表达。如：

(21) a. 官话：耶稣举目看着门徒说……(《路加》6：20)

    b. 苏州话：耶稣搐起眼睛来……

    c. 上海话：耶稣搐起眼睛来……

    d. 宁波话：耶稣眼睛抬担起，看门徒……

    e. 台州话：耶稣仰起望门徒……

    f. 温州话：耶稣眼睛抬起眙眙佢个门徒就讲……

(22) a. 官话：耶稣领他们到伯大尼的对面，就举手给他们祝福。(《路加》24：50)

    b. 苏州话：耶稣领俚笃到伯大尼，举起手来祝福俚笃。

    c. 上海话：耶稣领伊拉出去到伯大尼个对面，举起两只手来祝福伊拉。

    d. 宁波话：耶稣领勒门徒走出到伯大尼，两只手点担起祝福拨佢拉。

    e. 台州话：耶稣带领门徒走出到伯大尼，两只手点起祝福佢。

    f. 温州话：耶稣把佢大家领出到伯大尼，手举起祝福佢大家。

例(21)、(22)苏沪吴语用"V$_{原因}$+P$_{路径}$+F+P$_{指示}$"结构，而浙江沿海吴语只用话题结构表达，也就是说，浙江沿海吴语中不用"V$_{原因}$+P$_{路径}$+F+P$_{指示}$"结构。

可见，尽管吴语五个方言点都用[动词+卫星]的模式，但同一位移事件常会选择不一样的结构类型来表达，其中话题结构的选择倾向在浙江沿海吴语中较苏沪更强，而苏沪吴语则是选择位移体居宾语位置的倾向强于浙江沿海吴语。

2.3 [V$_{原因}$]模式

早期上海话中也仍可见到只用 V$_{原因}$表致移的结构，特别是苏沪吴语。也就是说，比较而言，用专门的词形来表达路径的倾向在苏沪吴语中不如浙江沿海吴语强烈。如：

（23）a. 官话：他是靠着鬼王别西卜<u>赶</u>鬼。（《路加》11：15）

　　　 b. 苏州话：俚靠鬼王别西卜咾<u>赶</u>鬼。

　　　 c. 上海话：伊是靠鬼王别西卜咾<u>赶脱</u>鬼个。

　　　 d. 宁波话：佢是靠着鬼王别西卜<u>赶出</u>葛星鬼。

　　　 e. 台州话：佢是靠着鬼王别西卜<u>赶出</u>鬼。

　　　 f. 温州话：佢靠着鬼王别西卜<u>赶</u>鬼个。

（24）a. 官话：因为你们把知识的钥匙<u>夺</u>了去……（《路加》11：52）

　　　 b. 苏州话：因为吥笃<u>夺</u>之知识个钥匙，自家勿进去。

　　　 c. 上海话：因为俉<u>夺</u>之知识个钥匙，俉自家勿进去。

　　　 d. 宁波话：因为知识个钥匙拨你<u>夺勒去</u>兑。

　　　 e. 台州话：<u>夺</u>知识个钥匙，你许自己弗走进。

　　　 f. 温州话：因为你大家把知识个锁匙<u>担去</u>爻。

例（23）、（24）苏沪吴语皆只用表原因的动词表致移，浙江沿海吴语用趋向补语将路径信息编码出来的倾向更明显，如（23d、e）、（24d、f）。

我们对《路加》吴语译本致移事件表达中动词结构模式的文本分布进行了统计，具体见表1（［V$_{原因}$+V$_{路径/指示/路径+指示}$］为双核心模式，包括连动式和兼语式；［V$_{原因}$+P$_{路径/指示/路径+指示}$］为［动词+卫星］模式，包括Ⅰ—Ⅲ类结构，［V$_{原因}$］模式中原因动词融合了路径，单独列为一类）。

表1　早期吴语致移事件表达中动词结构统计表

		苏州话	上海话	宁波话	台州话	温州话
双核心模式		16(12%)	17(14%)	17(13.8%)	16(13.9%)	15(13%)
［动词+卫星］模式	结构Ⅰ	28(21.5%)	26(22.8%)	70(56.9%)	56(48.7%)	70(61%)
	结构Ⅱ	40(30.7%)	33(28.9%)	17(13.8%)	17(14.7%)	12(10.5%)
	结构Ⅲ	8(6%)	5(4%)	11(8.9%)	8(6.9%)	11(9.6%)
原因动词		38(29%)	37(32%)	8(6.5%)	18(15.6%)	6(5%)
合　计		130(100%)	118(100%)	123(100%)	115(100%)	114(100%)

由表1可见,吴语五个方言点致移事件表达结构中的双核心模式分布都不足15%,是一种次要类型;而[动词+卫星]模式是基本形式,在苏沪吴语中分布比例过半,浙江沿海吴语中更是超过70%,特别是宁波话和温州话;此外,早期吴语致移事件也可只用原因动词表达,且在苏沪吴语中占比较高,不过原因动词在表致移事件时虽不用趋向词编码位移路径,但大多需要用结果成分来补充说明原因动词实施的结果。值得注意的是,原因动词模式与[动词+卫星]模式似乎构成对立互补关系,即若[动词+卫星]模式分布比例高,那么单用原因动词表达的倾向就弱,如浙江沿海吴语,反之也成立,如苏沪吴语。

由以上可见,早期吴语致移事件词化类型虽具有混合性,基本上属于 S 型,吴语内部,浙江沿海吴语的 S 型特征较苏沪吴语更为典型,主要表现在[动词+卫星]模式表致移事件的倾向强烈,同时,也应[动词+卫星]模式的要求,单独使用表原因的动词编码路径的分布比例也低。

3　早期吴语有生自移事件表达模式及内部差异

早期吴语有生自移事件表达结构主要有两大类:一类是路径动词模式,即趋向动词编码路径类,包括单音节趋向动词和由[路径+指示]构成的双音节复合趋向动词,这些结构也表明早期吴语有生自移事件仍具有 V 框架型语言特征;一类是趋向词做补语编码路径信息,即[方式动词+卫星]模式,表明其 S 框架型语言特征。除此之外,也仍可见到融合了方式和路径的动词表达类。吴语内部有生自移事件表达在对这两种模式的选择上具有较显著的差异。

3.1　路径动词模式

早期吴语中单音节趋向词仍可后带表处所的宾语来表达自移路径。不过,从搭配来看,一般多为较固定的组合,有词汇化倾向。如:

(25) a. 官话:有一天耶稣和门徒上了船,对门徒说:"我们可以渡到湖那边去。"(《路加》8:22)

　　　b. 苏州话:耶稣同门徒下之船,对俚笃说:"倷要摆渡到湖归边去。"

　　　c. 上海话:耶稣同门徒下之船,对伊拉话:"倷要到湖个对岸去。"

    d. 宁波话：耶稣等佢门徒<u>落船</u>,等佢拉话:"阿拉且渡过湖葛岸去。"

    e. 台州话：耶稣搭门徒<u>落船</u>,搭佢许讲:"我许好过湖到对岸去。"

    f. 温州话：耶稣伉门徒<u>落船</u>,就对佢大家讲:"你大家渡过到湖个对岸去。"

（26）a. 官话：耶稣<u>上了岸</u>,就有城里一个被鬼附着的人,迎面而来。(《路加》8：27)

    b. 苏州话：耶稣<u>上之岸</u>,有一个城里个人碰着俚。

    c. 上海话：耶稣离之船咾<u>上之岸</u>,撞着一个人从城里出来。

    d. 宁波话：耶稣<u>上岸</u>,碰着一个人从城里走出来。

    e. 台州话：耶稣<u>上岸</u>,碰着一个人,是城里出来。

    f. 温州话：耶稣<u>走上岸</u>罢,有一个人从城底走出个碰着耶稣。

（27）a. 官话：耶稣带着彼得、约翰、雅各,<u>上山</u>去祷告。(《路加》9：28)

    b. 苏州话：耶稣带之彼得、约翰、雅各,<u>上山</u>祈祷。

    c. 上海话：耶稣带之彼得、约翰、雅各,一淘<u>上山</u>祈祷。

    d. 宁波话：耶稣带勒彼得、约翰、雅各,<u>走上山里</u>去祷告。

    e. 台州话：耶稣带彼得、约翰、雅各,<u>走上山</u>祷告。

    f. 温州话：耶稣带彼得、约翰、雅各,<u>走上山里</u>祷告。

（28）a. 官话：那时……在城里的,应当<u>出来</u>,在乡下的,不要<u>进城</u>。(《路加》21：21)

    b. 苏州话：个个时候……拉城里个人,应该<u>出去</u>,拉乡下个人,勿要<u>进城</u>。

    c. 上海话：伊个时候……拉城里个人,应该<u>出去</u>,拉乡下个人,勿要<u>进城</u>。

    d. 宁波话：葛个时候……来城中个主顾都该<u>走出</u>,来田畈里主顾呒恼<u>走进去</u>。

    e. 台州话：葛时候……在城里主子应该<u>走出</u>,在乡下个弗可<u>走进</u>。

    f. 温州话：许能界……在城底个应该<u>走出</u>,在乡下个弗应该<u>走底里</u>。

从例(26f)、(27d—f)、(28d—f)可见,即使是相对固定的搭配,如"上岸""上山""进城"等,在温州话、台州话和宁波话等浙江沿海吴语中也已不再单独用趋向动词表路径信息了,而须采用[方式动词+卫星]的组合模式。

当由[路径+指示]构成的双音节趋向词表路径信息时,在苏沪吴语和浙江沿海吴语中也存在编码模式的差异,特别是温州话。如:

(29) a. 官话:他们就<u>回去</u>,预备了香料香膏。(《路加》23:56)

    b. 苏州话:就<u>转去</u>,预备之香料咾香油。

    c. 上海话:难末伊拉<u>归去</u>,预备之香料咾香油。

    d. 宁波话:就<u>归去</u>,把香料麻油备好仔。

    e. 台州话:就<u>转去</u>,备办香料香油。

    f. 温州话:就<u>走转去</u>,预备香料搭麻油。

(30) a. 官话:那托来的人<u>回到</u>百夫长家里……(《路加》7:10)

    b. 苏州话:差来个人<u>归去</u>……

    c. 上海话:差来个人<u>归去</u>……

    d. 宁波话:差去个主顾<u>归到</u>屋里……

    e. 台州话:差来主子<u>转到</u>屋里……

    f. 温州话:差来个人<u>走转</u>屋里去……

(31) a. 官话:但这女人从我<u>进来</u>的时候,就不住的用嘴亲我的脚。(《路加》7:45)

    b. 苏州话:独是俚从我<u>进来</u>个时候,亲我个脚勿歇。

    c. 上海话:独是伊从我<u>进来</u>个时候,亲我个脚勿停。

    d. 宁波话:从我<u>走进来</u>,嘴巴嗅我脚弗歇。

    e. 台州话:佢从我<u>走进来</u>,嘴唇唉我脚弗歇。

    f. 温州话:佢从我<u>走进来</u>个时候优我个脚亲嘴弗歇。

(32) a. 官话:他们就<u>进去</u>,只是不见主耶稣的身体。(《路加》24:3)

    b. 苏州话:<u>进去</u>,勿看见主耶稣个身体。

    c. 上海话:伊拉就<u>进去</u>,但是勿看见主耶稣个身体。

    d. 宁波话:<u>走进去</u>,呒呐看见主耶稣个尸首。

    e. 台州话:<u>走进</u>,弗望着主耶稣个尸首。

    f. 温州话:<u>走底去</u>,寻弗着主耶稣个身体。

(33) a. 官话:及至他<u>出来</u>。(《路加》1:22)

b. 苏州话：实耿长远<u>出来</u>之。

c. 上海话：伊<u>出来</u>之末。

d. 宁波话：已经<u>走出来</u>兑。

e. 台州话：佢<u>走出</u>弗能对佢许讲。

f. 温州话：<u>走出来</u>，唔能优佢大家讲。

(34) a. 官话：耶稣赶出一个叫人哑巴的鬼。鬼<u>出去</u>了……(《路加》11：14)

　　　b. 苏州话：耶稣赶脱一个使人做哑子介鬼。鬼<u>出去</u>之末……

　　　c. 上海话：耶稣拉赶脱一个哑子个鬼。鬼<u>出去</u>之末……

　　　d. 宁波话：耶稣来间赶出一个鬼，是个哑鬼。鬼一<u>走出</u>……

　　　e. 台州话：耶稣赶出一个鬼，是哑佬鬼。鬼<u>出来</u>……

　　　f. 温州话：耶稣赶出一个恶个鬼。鬼<u>走出</u>爻……

(35) a. 官话：使徒<u>回来</u>，将所作的事告诉耶稣。(《路加》9：10)

　　　b. 苏州话：使徒<u>转来</u>，拿所做个事体来告诉耶稣。

　　　c. 上海话：使徒<u>转来</u>，睪所做个事体来告诉耶稣。

　　　d. 宁波话：使徒<u>走转来</u>，把佢拉样样做个事干话向耶稣道。

　　　e. 台州话：使徒<u>转来</u>，所做事干都通知耶稣。

　　　f. 温州话：使徒<u>走搭转</u>，就把所做个事干讲匄耶稣听。

(36) a. 官话：人要从这边<u>过到</u>你们那边，是不能的，要从那边<u>过到</u>我们这
　　　　　边，也是不能的。(《路加》16：26)

　　　b. 苏州话：要从此地<u>到</u>倷个搭，勿能彀个，从归搭<u>到</u>伲场化，也勿能
　　　　　彀个。

　　　c. 上海话：要从第块<u>到</u>俪墙头，勿能彀个，从伊块<u>到</u>伲墙头，也勿能
　　　　　彀个。

　　　d. 宁波话：若要<u>走过</u>你拉葛边<u>去</u>，弗能够，来葛边，若要<u>走过</u>阿拉荡边
　　　　　<u>来</u>，也弗能够。

　　　e. 台州话：在以边若要<u>走过</u>你间边<u>去</u>，弗能够，在间边也弗能<u>走过</u>以
　　　　　边来。

　　　f. 温州话：使得该里要<u>走过</u>你搭<u>去</u>弗能够，在旁搭要<u>走过</u>你搭里个也
　　　　　弗能够。

从例（29）—（36）可见，苏沪吴语复合趋向动词仍较自由地用来编码有生自移事件中的位移路径，而在浙江沿海吴语中受到限制，虽然例（29d、e）、（30d、e）中宁波话和台州话、（35e）台州话仍可直接用作动词编码路径，但浙江沿海吴语用[走+趋向词]表达有生自移的倾向十分强烈，尤其是温州话。浙江沿海吴语如宁波话、温州话等[走+趋向词]中"走"表义已虚化，语义核心在趋向词上，不过从句法来看，"走"与编码路径信息的趋向词构成的仍是述补结构，方式动词"走"仍为句法核心。如：

（37）a. 佢没有走进去。（佢走了，但是没有进去）

　　　b. 佢走没走进去？

　　　c. ᵖ佢走进去没走进去？

　　　d. ＊佢走进去没进去？

例（37a）[走+趋向词]结构中趋向词在否定辖域之内，这种"吸引否定词"的能力也表明它的补语身份。例（37b—d）正反问句形式表明，"走"而非"进去"为句法核心。

韵律上，"走"仍重读，符合句法核心的韵律特征，而趋向词往往读轻声，构成前重后轻的韵律格式，表明其句法和语义功能上的弱化，即作"走"的补语。由此可见，尽管早期浙江沿海吴语中[走+趋向词]组合中"走"的词义已泛化，丢失具体的"方式"信息，而只表位移，但仍为整个句法结构即述趋组合的核心，因此"走"的语义句法特征也正说明浙江沿海吴语中[动词+卫星]模式的发达。

3.2 ［V方式+卫星］模式

虽然苏沪吴语有生自移事件采用动词编码路径的倾向似乎远比浙江沿海吴语强，但并不意味着苏沪吴语属于 V 框架型语言。［V方式+卫星］也是苏沪吴语有生自移事件的表达模式之一。如：

（38）a. 官话：于是<u>进前</u>按着杠，抬的人就站住了。（《路加》7：14）

　　　b. 苏州话：就<u>走上去</u>，放手拉材罩上、扛个人立定哉。

　　　c. 上海话：就<u>走上去</u>，按手拉扛尸首个架子上，扛个人立定哉。

　　　d. 宁波话：就<u>走拢去</u>，手按勒抬个架子顶，抬个主顾就立落。

　　　e. 台州话：就<u>走来</u>，手摸摸材杠，扛个主子就倚牢。

f. 温州话：就<u>走到</u>,手园棺材个架上面,抬个人就猗搭。

(39) a. 官话：偶然有一个祭司,从这条路下来,看见他就从那边<u>过去</u>了。 (《路加》10：31)

b. 苏州话：贴准有一个祭司,从个条路上下去看见之咾<u>走过</u>哉。

c. 上海话：有一个祭司,从第条路下去,看见之,拉伊边<u>走过</u>哉。

d. 宁波话：偶凑有一个祭司从葛搭路走落来,看见葛个人,就<u>避过</u>葛边块走。

e. 台州话：就有一个祭司从葛搭路走落,望着个人,就<u>避过</u>葛边<u>走去</u>。

f. 温州话：有一个祭司走落个条路,眦着佢,就<u>走过</u>旁搭过。

(40) a. 官话：内中有一个见自己已经好了,就<u>回来</u>大声归荣耀与神。(《路加》17：15)

b. 苏州话：内中一个,看见自家全愈哉,<u>缩转来</u>大之声音,归荣耀拉神。

c. 上海话：看见自家全愈之末,就<u>缩转来</u>。

d. 宁波话：佢拉中央一个人得知佢自个病好兑,<u>倒走转</u>,响响赞美神明。

e. 台州话：内中一个人,晓得自个病好告,<u>走转</u>,高声荣华上帝。

f. 温州话：当中有一个眙着自医好罢,就<u>走转</u>,大大个声音归荣华句上帝。

由此可见,早期吴语有生自移事件不仅可采用动词编码路径信息,也皆可以用[V_{方式}+卫星]模式表达。

早期吴语中也可见到将路径信息融于方式动词的表达形式。如：

(41) a. 官话：又<u>俯伏</u>在耶稣脚前感谢他。(《路加》17：16)

b. 苏州话：<u>俯伏</u>拉耶稣脚下咾谢谢。

c. 上海话：<u>俯伏</u>拉耶稣脚下咾谢谢伊。

d. 宁波话：<u>扑倒</u>佢个脚下,谢谢佢。

e. 台州话：<u>扑落</u>耶稣脚前,感谢佢。

f. 温州话：又<u>扑落</u>耶稣个脚边,感谢佢。

(42) a. 官话：耶稣周游各城各乡传道,宣讲神国的福音。(《路加》8：1)

  b. 苏州话：耶稣<u>走</u>遍各城各镇。

  c. 上海话：耶稣<u>走</u>遍各城各镇。

  d. 宁波话：耶稣<u>走</u>过各城里。

  e. 台州话：耶稣<u>走</u>过各城里各乡村。

  f. 温州话：后来耶稣<u>游</u>过各城各乡村。

  在仅用方式动词表达的结构中，仍可以观察到苏沪吴语与浙江沿海吴语间的差异。当苏沪吴语只用方式动词来表达位移方式和路径时，浙江沿海吴语则倾向于将路径信息分离，用趋向词表达出来。如例(41e、f)和例(42d—f)等。

  以《路加》各方言译本为文本，对有生自移事件的动词结构模式进行统计，见表2。

表2　吴语五方言有生自移事件表达中动词结构比例统计表

	苏州话	上海话	宁波话	台州话	温州话
V$_{方式}$+卫星	59(16.5%)	61(16.9%)	290(51%)	230(62%)	297(76%)
V$_{方式}$	33(9%)	33(9%)	11(2.7%)	9(2.4%)	9(2.3%)
V$_{路径}$	265(74%)	267(74%)	99(24%)	131(35%)	83(21%)
合计	357(100%)	361(100%)	409(100%)	370(100%)	389(100%)

  由表2可见，苏沪吴语有生自移事件虽也采用[V$_{方式}$+卫星]模式，不过占比不足1/5，如苏州话为16.5%，上海话为16.9%，而浙江沿海吴语采用该模式表达皆超过50%，其中温州话更是高达76%，可见该结构在浙江沿海吴语中的优势，也表明浙江沿海吴语有生自移事件词化结构类型基本上属于S型框架；而苏沪吴语只用方式动词或趋向动词编码有生自移事件的比例则远远高于浙江沿海吴语，特别是用趋向动词直接编码路径，苏沪占比74%，这也表明早期苏沪吴语有生自移事件仍以V型框架为主。

  综上可知，早期吴语有生自移事件词化类型也具有混合性，为V框架型和S框架型的混合，而在吴语内部，苏沪吴语有生自移事件V框架型特征显著，而浙江沿海吴语则S框架型特征显著。也正因为浙江沿海吴语的S框架型特征突出,所以要求将方式动词和路径信息分别用不同词形表达出来,因此独用方式动词的比例也较苏沪吴语的分布比例低得多。

4 早期吴语无生自移事件表达模式及内部差异

无生自移事件在早期吴语五个方言点中皆以[V$_{方式/原因}$+卫星]组合为基本表达结构,其中在浙江沿海吴语中该模式几乎已成唯一形式。如:

(43) a. 官话:要得财主桌子上<u>掉下来</u>的零碎充饥,并且狗来舐他的疮。(《路加》16:21)

  b. 苏州话:要拿财主人台上<u>落下来</u>个粒屑来吃,并且有狗来舐俚个疮。

  c. 上海话:要拿财主人台上<u>落下来</u>个粒屑来吃,并且有狗来舐伊个疮。

  d. 宁波话:葛有佬个桌顶<u>跌落</u>个零碎东西,要想抲来吃,还有黄狗走来舐舐佢个疮。

  e. 台州话:个财主个桌上<u>跌落</u>个零碎要想抲来吃,有狗来舐佢个疮。

  f. 温州话:要吃财主桌里<u>遁落</u>个零碎,并且狗也走来舐舐其个疮。

(44) a. 官话:他们就来把鱼装满了两只船,甚至船要<u>沉下去</u>。(《路加》5:7)

  b. 苏州话:装满之两只船,将要<u>沉下去</u>快。

  c. 上海话:装满之两只船,要<u>沉下去</u>快。

  d. 宁波话:两只船鱼都装满兑,差一眼要<u>沉落去</u>。

  e. 台州话:两只船鱼都填满,要<u>沉落</u>。

  f. 温州话:两只沃装满,就要<u>沉落</u>。

(45) a. 官话:就有火与硫磺从天上<u>降下来</u>,把他们全都灭了。(《路加》17:29)

  b. 苏州话:从天上<u>落</u>火咾硫磺<u>下来</u>,减脱之拢总人。

  c. 上海话:从天上<u>落</u>火咾硫磺<u>下来</u>,减完之拢总人。

  d. 宁波话:火等硫磺从天<u>落落来</u>,人一切都灭掉兑。

  e. 台州话:火搭硫磺从天<u>降落</u>,人都灭告。

  f. 温州话:火种搭硫磺从天上<u>降落</u>,把佢大家通通沃灭爻。

例(43)—(45)无生自移事件在吴语和官话中皆用[V_{方式/原因}+趋向词]结构表达,其中趋向词充当动词的补语,为卫星成分,表明无生自移事件在早期吴语中的词化类型属于S框架型。

不过,苏沪吴语仍见用路径动词单独表无生自移事件。如:

(46) a. 官话:有<u>落在</u>荆棘里的,荆棘一同生长。(《路加》8:7)

   b. 苏州话:有个<u>落拉</u>荆棘里,荆棘一淘生起来。

   c. 上海话:有个<u>落拉</u>荆棘里,荆棘一淘长起来。

   d. 宁波话:有星<u>跌落</u>刺蓬缝里,刺搭佢大家刨出来。

   e. 台州话:有些<u>跌落</u>刺蓬中央,刺聚队长起。

   f. 温州话:还有俫遁<u>落</u>刺蓬当中,刺蓬相伴抽起。

(47) a. 官话:你们中间谁有驴或有牛,在安息日<u>掉在</u>井里……(《路加》14:5)

   b. 苏州话:吴笃当中有牛咾驴子,<u>跌拉</u>井里,啥人拉安息日上……

   c. 上海话:俫当中啥人有驴子或者牛,拉安息日上<u>跌拉</u>地潭里之……

   d. 宁波话:你拉安息日若是有一匹驴子,或者一头牛<u>跌落</u>地坑里……

   e. 台州话:你许若有驴或者牛<u>跌落</u>水井,就是安息日……

   f. 温州话:你大家当中乜人有驴儿或是牛遁<u>落</u>井里……

"落""跌"本来融合了方式和路径信息,苏沪吴语仍可单独用来表无生自移事件,而浙江沿海吴语中采用方式和路径信息分离的方式,表路径的功能主要落在趋向补语"落"上,如例(46d—f)、(47d—f)。

《路加》吴语译本中无生自移事件的动词结构模式分布情况见表3。

表3　吴语无生自移事件表达中动词结构比例统计表

	苏州话	上海话	宁波话	台州话	温州话
V_{方式/原因}+卫星	23(62%)	21(60%)	39(95%)	37(92.5%)	34(87%)
V_{方式}	8(21.6%)	8(23%)	1(2.4%)	1(2.5%)	3(7.7%)
V_{路径}	6(16%)	6(17%)	1(2.4%)	2(5%)	2(5.1%)
合　计	37(100%)	35(100%)	41(100%)	40(100%)	39(100%)

由表3可见,无生自移事件在各地吴语中皆以[V_{方式/原因}＋卫星]为基本模式,特别是浙江沿海吴语,该模式的分布高达90%,近乎为唯一编码形式。不过,苏沪吴语中用方式或原因动词和路径动词单独表无生自移事件仍占有一定比例。

5　早期吴语位移事件词化类型差异的成因

综上可见,早期吴语位移事件词化类型具有混合性,各类位移事件在吴语中皆不止一种表达模式,且吴语内部在同类位移事件词化类型上存在较明显的差异。如致移事件虽仍使用双核心模式,具有E框架型特征,但皆以[V_{方式/原因}＋卫星]为基本表达模式,表明早期吴语致移事件词化类型皆以S框架型为主导的特点,不过,浙江沿海吴语较苏沪的S框架型特征更突出;有生自移事件词化类型为V型和S型的混合,其中苏沪吴语仍以V型为主导,而浙江沿海吴语则以S型为主导;无生自移事件皆以S型为主导,但浙江沿海吴语体现出更典型的S型特征。将早期吴语位移事件词化类型及其内部差异再以简表呈现如表4。

表4　早期吴语位移事件词化类型

	致移事件	有生自移	无生自移
	E型+S型	V型+S型	V型+S型
苏沪吴语	S型为主导	V型主导	S型主导
浙江沿海吴语	S型典型	S型主导	S型典型

由表4可见,浙江沿海吴语较苏沪吴语在各类位移事件表达上S框架型更突出,即使是有生自移事件,苏沪吴语仍以V型为主导,但浙江沿海吴语也已发展为S型为主导的方言,特别是傀儡方式动词"走"与趋向词构成的结构高频出现,甚至在温州话中几乎成为唯一的表达形式,反映了浙江沿海吴语位移事件作为S框架型语言的基本要求。

那么到底是什么原因导致浙江沿海吴语位移事件词化类型具有较苏沪更典型的S框架型特征呢?而这种共时的差异是历时演变速度不同的表现,因此若从历时来看,浙江沿海吴语为何会比苏沪吴语位移事件在从V型到S型的转变过程中发展更快？影响其演变速度不平衡的因素是什么呢？考察其中原因，可为探讨汉语词化类型的演变机制提供线索。

Yiu(2013，2014a、b)在跨方言位移事件词化类型考察中指出方言词化类型演变速度的快慢与其基本词序 VO 具有相关性。即强 VO 语序，则 V 框架特征更突出，或从 V 演变为 S 框架型速度慢，弱 VO 语序，则 S 框架型特征更突出，或从 V 框架型演变为 S 框架型更快。这种观察很具有启发性，不过，并未讨论为何 VO 词序的强弱会与汉语方言词化类型的转变相关？比如，表达致移事件时，粤语因 VO 语序要求仍用趋向动词带位移体或处所宾语(V$_{路径}$+O/L)的词序，而吴语 VO 语序弱，则 NP(位移体或处所宾语)出现在动词后作宾语的倾向弱，那么这种倾向又是如何在位移事件表达中导致趋向词更易发展为方式或原因动词的卫星成分呢？也就是说，若 VO 语序与位移事件词化类型具有相关性，那么到底是什么因素影响到这种相关性，仍需要讨论。下面我们根据吴语内部位移事件词化类型及其差异，进一步探讨导致基本词序与位移事件词化类型演变的关系。

从 2.2 可知，虽然苏沪吴语和浙江沿海吴语致移事件皆以[动词+卫星]模式表达为基本形式，不过，该模式具体表现为三种结构，其中之一是致移事件中的位移体作为受事前置于 VP 前，形成话题结构或者处置介词提宾式，而处置介词提宾式在早期吴语中除温州话译本中借用官话的"把"外，实际上并不常见，常见的形式是话题结构和次话题结构，这类结构在苏沪吴语文献中的分布远不如浙江沿海吴语。由表 1 可知，苏沪吴语中位移体充当受事宾语的比例(苏州话为36.7%，上海话为32.9%)要高于充当话题(苏州话为21.5%，上海话为22.8%)，而浙江沿海吴语中位移体充当话题或处置介词宾语的比例(宁波话为56.9%，台州话为48.7%，温州话为61%)远远高于充当宾语的(宁波话为22.7%，台州话为21.6%，温州话为20.1%)。具体如例(17)—(19)、例(22)—(24)，苏沪吴语与浙江沿海吴语对话题结构和 VO 结构的选择倾向存在较显著差异：浙江沿海吴语优先选择或只能选择话题结构表达，而苏沪吴语位移体充当受事宾语。致移事件表达中苏沪和浙江沿海吴语对话题结构和 VO 结构选择倾向的不同，其实只是其基本词序类型的具体表现而已。也就是说，浙江沿海吴语具有较苏沪吴语更强的话题化倾向，受事优先甚至强制性充当话题或次话题。林素娥(2015)

描写了早期上海话课本和宁波话课本类文献中的各类话题结构,并基于统计分析认为早期宁波话与同时期上海话皆为话题优先典型的语言,话题结构丰富,使用频率高,特别是受事话题化倾向强,而早期宁波话较之上海话 TV 结构分布率更高,不仅表有定的受事名词优先充当话题,甚至出现了典型的表不定指的 NP 也可以前置的现象。如:

(48) a. 一把椅子掇来。Bring a chair.(《便览》1910:4)

     b. 一百块洋钱我已经收到兑。I have already received one hundred dollars.(同上:147)

例(48)中"一量名"皆表不定指,与话题表定指或已知信息相矛盾,但在早期宁波话中也可以前置于 VP。

此外,疑问句中,表示焦点信息的疑问词也可前置。

(49) a. 倷阿里去? Where are you going? (《便览》1910:5)

     b. 我曷里一个好挖? Which shall I take? (同上:12)

例(49b)疑问代词为句中信息焦点,"在吴语中疑问代词宾语是最不能前置的","不宜充当话题"(刘丹青 2003:185—187),却仍前置于 VP。这类 VP 前的疑问词也与话题的已知性相违。

这类表不定指或未知信息的 NP 在早期宁波话中前置于 VP 与 TV 结构的类推不无关系。也就是说,是 TV 结构的类推导致宁波话中出现了真正的 OV 结构。

至今吴语内部基本句法类型仍存在差异。徐烈炯、刘丹青(1998),刘丹青(2001,2003)指出吴语为较普通话话题优先更典型的汉语方言,特别是江浙吴语中 TV 结构进一步泛化,话题的常用性和强制性较苏沪吴语更显著,且常常排斥 VO 语序,具有 OV 语序萌芽的倾向。也就是说,较之苏沪吴语,宁波话、温州话等江浙吴语的 VO 语序特征更弱。

据此,我们认为浙江沿海吴语较苏沪吴语致移事件更常用话题结构只是前者较后者话题优先更典型的句法类型的具体表现。而 TV 或者 OV 倾向强,从句法结构来看,会导致致移事件中充当受事的位移体前移,从而使得表原因或方式的动词与趋向词紧邻,这种线性结构更便于从连动式语法化为述补结构。当句法核心左倾,连动式中后项即趋向词语义指向位移体而非致移体或句子主语,

[V$_{方式/原因}$＋V$_{趋向词}$]重新分析为[V$_{方式/原因}$＋P$_{趋向补语}$]，就形成了更为典型的[V$_{方式/原因}$＋卫星]的模式。从苏沪吴语和浙江沿海吴语来看，话题化倾向越强，致移事件采取[V$_{方式/原因}$＋卫星]倾向越显著，反之也成立，由此可推知，话题化是导致位移事件从 V 或 E 框架型演变为 S 框架型的重要因素。

汉语史上话题化在位移事件词化类型演变中的作用也是如此。梁银峰（2007：15）指出，汉魏时期"V$_t$＋去"带受事宾语时，常用"NP$_1$＋V$_t$＋NP$_2$＋去"结构表达，不过也开始出现"NP$_2$"前移为话题的格式"NP$_2$＋NP$_1$＋V$_t$＋去"，史文磊（2011a，2014a：54，98）也赞同"NP$_2$"的话题化对"去"语法化的推动作用。也就是说，他移事件中位移体因话题化作用而前移，"来/去"语法化为补语，且从上古到中古，"因指向信息从隐含于语境转为由显性形式标记"（史文磊 2011b，2014a：157）使得"来/去"在"V＋来/去＋O"结构中进一步明确其语义句法功能。由此可知，浙江沿海吴语和苏沪吴语话题化倾向与 S 框架型特征之间的相关性，也再次验证了话题化对汉语位移事件词化类型演变的重要作用。

那么为何浙江沿海吴语中有生自移事件较苏沪吴语采取[动词＋卫星]模式的倾向也要强得多呢？

Peyraybe（2006：128）、梁银峰（2007）、魏兆惠（2005）、史文磊（2014a：51—52）等指出自移事件动趋结构产生的重要触发因素是位移体从动前后置于宾语，其演变格式为：NP$_{动体}$＋V$_1$＋V$_2$→V$_1$＋V$_2$＋NP$_{动体}$。自唐以后越来越多的核心动词后开始带补语（来/去），表达指向信息。其演变例示为：V>V＋来/去（如"出>出来/去""入>进来/去"）；V＋O>V＋O＋来/去（如"之、适、如、至＋O">"到＋O＋来/去"，"奔/走至＋O">"跑到＋O＋来/去"）（史文磊 2011b）。"当趋向动词 V$_2$ 后出现了动体时，它就不再倾向于看成独立的句法实体，导致两个动词之间的句法边界被削弱，开始向一个句法成分整合。久而久之，V$_2$ 从主要谓语发展为次要谓语，转为 V$_1$ 的补语。其定型大约在中古后期"，史文磊（2014a：52）一方面同意"动体后移对动趋结构产生的触发作用"，并构拟其演变过程为：

$$NP_{动体}＋V_1＋V_2＋（NP_{背景}）→V_1＋V_2＋（NP_{动体}）→V_1＋V_{补语}＋（NP_{动体}）→NP_{动体}＋V_1＋V_{补语}$$

$$\uparrow \qquad\qquad \uparrow \qquad\qquad \uparrow$$

运动焦点化　　　　V$_2$ 语法化　　　　格式类推

另一方面也指出"从文献记载所显示的汉语来看，一直都是以 SVO 为主导语序。我们猜测,动体的后移很可能源于语用的需要。譬如在叙述'忽然十字地裂(裂),涌出一人'的时候,'一人'后置并非任意为之,而是承接'忽然地裂'事件之突发,强调'涌出'在先、动体后现这样一个认知过程"。并认为"动体后移仅仅是 V₂ 语法化的诱因之一,语法化的促发因素还有其他来源,其过程也往往要经历相当长的时间才能完成"。

不过,对这一过程,仍有可商榷之处。首先,词或结构发生语法化的重要条件之一是高频使用,而动体后移很显然在古汉语甚至现代汉语及其方言中都只是一种次要结构,正如史文磊所言,只是一种带有特定语用色彩的结构,并非高频使用的结构,作为一种非高频使用的结构,即使触发了语法化,要类推到基本结构或高频结构中也有一定的困难,需要其他促发因素的可能性很大。其次,由"来/去"语法化为运动方向时,应双音化要求常与表路径的趋向词构成复合词,这些复合趋向词在汉语中仍可以作为动词编码路径,在自移事件中仍表现了 V 型语言的特征,只有表方式的动词后接表指示或到达的补语成分表明汉语朝着 S 型语言演变。如在浙江沿海吴语中自移事件主要采取[V方式+卫星]。而这种动趋结构与致移事件表达中"TV原因+趋向补语"的结构是一致的,这种相似性让我们相信自移事件词化类型向着 S 框架演变与致移事件中"TV原因+趋向补语"结构的发展不无关系。也就是说,话题化促发或推动了致移事件表达从连动式发展为动趋式,而作为一种基本结构,往往具有类推性,即"V原因"从致移动词(也是及物动词)类推至其他动词(方式动词,如"走、爬、跳、飞"等),这样,致移事件"V原因+趋向补语"结构对自移事件表达中的"V方式+趋向补语"的形成和发展起到了推动作用,也就是说,致移事件在话题化作用下从 E 框架向着 S 框架发展的同时,也带动了自移事件从 V 框架向着 S 框架的发展。从汉语史来看,冯胜利(2002)、Peyraube(2006)、梁银峰(2007)、史文磊(2010,2011b,2014a,2015)、Shi & Wu(2014b)等先后指出"来/去"在表他移事件的连动结构中更容易补语化,在表他移的及物动词后重新分析为补语,随之类推至非及物动词。史文磊(2014a:113,2015)指出,中古以后,"来/去"在他移事件(即致移事件)中发生的语法化演变,促生了大量的附加语构架型(即 S 框架型)结构,即路径信息由动词的附属成分编码。这也成为汉语从 V 框架型语言向 S 框架型语言演变的重要证据之一。由此看来,这一演变过程及相应的机制也发生在吴语位移事件词化类型的演变中,且因为吴语内部话题化倾向的强弱不同,从致移事件到自移事件的类推作用也存在强弱的差异。苏沪吴语话题化倾向较浙江沿海吴语弱,[V原因+卫星]对自移事件的类推作用也弱于浙江沿海吴语,所以自移事件特别是有生自移事件表达仍大量采用路径动词来编码,并未见大量使用[V方式+卫星]结构,而浙江沿海吴语中话题化倾向强,[V原因+卫星]对自移事件的类推作用也较强,相应地[V方式+卫星]结构也大量用来表自移事件。

因此,基于汉语史位移事件词化类型演变的相关成果和早期吴语位移事件词化类型及其内部差异,我们得出结论:话题化倾向与位移事件S框架型的典型化程度或从E/V框架型向S框架型演变的快慢之间具有相关性。浙江沿海吴语话题化倾向强,各类位移事件S框架型特征突出或典型,苏沪吴语话题化倾向较浙江沿海吴语弱,位移事件特别是无生自移事件和致移事件虽皆以S框架型为主导,但不及浙江沿海吴语典型;若从演变来看,也可以说,浙江沿海吴语位移事件在从E/V框架型以较苏沪吴语更快的速度演变为S框架型语言。

6 结　语

方言位移事件词化类型比较研究对考察汉语词化类型发展具有重要价值。不仅可以了解方言位移事件词化类型与共同语之间的异同,也可为汉语词化类型的历时演变研究提供线索。本文利用一百多年前《圣经》的吴方言译本,对早期吴语五个方言点的位移事件表达模式进行对比考察:早期吴语位移事件词化类型具有混合性,即为E或V框架型与S框架型的混合,不过对于不同位移事件,吴语内部混合性的具体表现并不相同。就致移事件来说,苏沪吴语虽皆混合了E框架和S框架,但浙江沿海吴语为更典型的S框架型;自移事件虽混合了V框架和S框架,但苏沪吴语有生自移事件以V框架型为主导,而浙江沿海吴语则以S框架型为主导,无生自移事件,苏沪吴语和浙江沿海吴语皆以S框架为主导,但浙江沿海吴语为更典型的S框架型方言。可见,吴语内部位移事件词化类型的差异主要体现在S框架的典型度上,其中浙江沿海吴语较苏沪吴语位移事件的词化类型为更典型的S框架型。因此,从吴语内部位移事件表达模式所反映的词化类型来看,不仅不同位移事件的词化类型存在差异,同类位移事件在同一大方言区的不同方言点中也可能存在显著差异。

　　早期吴语内部位移事件词化类型的差异,则与其话题化倾向的强弱表现出相关性。从致移事件来看,浙江沿海吴语位移体充当话题或处置介词宾语的比例高于苏沪吴语,而这其实反映了浙江沿海吴语和苏沪吴语在话题化倾向强弱上的不同。浙江沿海吴语话题化倾向强,致移事件采用[动词+卫星]模式表达的分布更高,而苏沪吴语话题化倾向较浙江沿海吴语弱,致移事件采用[动词+卫星]模式表达的比例也略低。话题化的强弱不仅与致移事件词化类型直接相关,还影响到自移事件词化类型的发展。致移事件表达模式[动词+卫星]对自移事件具有类推作用,这也推进了自移事件从 V 框架型结构发展为 S 框架型结构,话题化倾向越强,向 S 框架型转变更快也更彻底,浙江沿海吴语自移事件表现出较苏沪吴语更典型的 S 框架型特征。当然导致浙江沿海吴语较苏沪吴语位移事件词化类型更偏 S 型的机制应该还有其他原因,比如自移事件表达中有生自移和无生自移存在较显著的差异,"也许反映了人一般的认知机制:位移的主体如果缺乏自己移动的意志和能力,特别是作为受动者(patient)的时候,可能会促使说话者把位移方式或原因也表达出来"(柯理思 2003)。但可以断定的是话题化应该是其中一个重要的因素。

参考文献

Beavers, John, Beth Levin, & Shiao Wei Tham　2010　The typology of motion expressions revisited. *Journal of Linguistics* 46(2):331-377. Cambridge University Press.

Chen, Liang and Guo, Jiansheng　2009　Motion Events in Chinese Novels:Evidence for an Equipollently-framed Language. *Journal of Pragmatics* 41(9):1749-1766.

Feng, Shenli(冯胜利)　2000　Hanyu shuangyinhua de lishi laiyuan 汉语双音化的历史来源[Historical origin of bisyllablization in Chinese],*Xiandai zhongguoyu yanjiu* 现代中国语研究[Contemporary research in Modern Chinese] 1:123-138.

Feng, Shenli(冯胜利)　2002　Hanyu dongbu jiegou laiyuan de jufa fenxi 汉语动补结构来源的句法分析[A syntactic analysis of the origin of motion resultative construction in Chinese],*Yuyanxue luncong* 语言学论丛(第26辑)[*Essays on Linguistics* (26)], 178-208. Beijing:Shangwu yinshuguan 北京:商务印书馆[Beijing:The Commercial Press].

Gao, Zengxia(高增霞)　2003　*Xiandai hanyu liandongshi de yufahua shijiao* 现代汉语连动式的语法化视角[*Serial verb construction in Modern Chinese:A Study of Grammaticalization*],Zhongguo shehui kexueyuan yanjiushengyuan boshi xuewei lunwen 中国社会科学院研究生院博士学位论文[Ph. D. dissertation, Chinese Academy of Social Sciences].

Kan, Zhehua（阚哲华）2010 Hanyu weiyi shijian cihuihua de yuyan leixing tanjiu 汉语位移事件词汇化的语言类型探究［Motion event typology in Mandarin Chinese revisited］, *Dangdai yuyanxue* 当代语言学［*Modern Linguistics*］2：126 - 135.

Ke, Lisi（柯理思）2003 Hanyu kongjian weiyi shijian de yuyan biaoda：jianlun shuqushi de jige wenti 汉语空间位移事件的语言表达——兼论述趋式的几个问题［Expressions of motion events in Chinese：discussing about constructure of verb-directional resultative］, *Xiandai zhongguoyu yanjiu* 现代中国语研究［*Contemporary research in Modern Chinese*］5：1 - 18.

Lamarre, Christine 2008a The Linguistic Categorization of Deictic Direction in Chinese — with reference to Japanese. *Space in languages of China：Cross-linguistic, synchronic and diachronic perspectives*, ed. by Dan Xu, 69 - 97. Dordrecht：Springer.

Lamarre, Christine 2008b Tyūgokugo no itihennkabun to boisu 中国语の位置変化文とヴォイス［Construction of position change and modality in Chinese］. *Boisu no taisyōkenkyū：tōajia syogo kara no siten* ヴォイスの対照研究——东アジア诸语からの视点［*Comparative Study on Modality from an East Asianlanguage perspective*］, eds. by Ogoshi, Naoki（生越直树）& Kimura, Hideki（木村英树）& Washio, Ryuichi（鹰尾龙一）, 109 - 142, Tokyo：Kurosio.

Li, Fengxiang 1993 *A Diachronic Study of V-V Compound in Chinese*. Ph. D. dissertation, State University of New York dissertation.

Li, Fengxiang 1997 Cross-linguistic Lexicalization Patterns：Diachronic Evidence from Verb-complement Compounds in Chinese. *Berlin: Sprachtypol, Univ. Forsch. (STUF)* 50(3)：229 - 252.

Liang, Yinfeng（梁银峰）2007 *Hanyu quxiangdongci de yufahua* 汉语趋向动词的语法化［*Gramaticalization of directional verbs in Chinese*］, Shanghai：Xuelin chubanshe 上海：学林出版社［Shanghai：Xuelin Press］.

Lin, Sue（林素娥）2015 *Yibaiduo nian lai wuyu jufa leixing yanbian yanjiu: jiyu xiru wufangyan wenxian de kaocha* 一百多年来吴语句法类型演变研究——基于西儒吴方言文献的考察［*Study of syntactic typology in Wu dialects in recent more than one hundred years: based on the missionaries materials*］, Beijing：Zhongguo shehui kexue chubanshe 北京：中国社会科学出版社［Beijing：China Social Science Press］.

Liu, Danqing（刘丹青）2001 Hanyu fangyan de yuxu leixing bijiao 汉语方言的语序类型比较［A comparative study of word order in Chinese dialects］, *Xiandai zhongguoyu yanjiu* 现代中国语研究［Contemporary research in Modern Chinese］2：24 - 38.

Liu, Danqing（刘丹青）2003 *Yuxu leixingxue yu jieci lilun* 语序类型学与介词理论［*Word order typology and theory on preposition*］, Beijing：Shangwu yinshuguan 北京：商务印书馆［Beijing：The Commercial Press］.

Ma, Yunxia（马云霞）2008 *Hanyu lujing dongci de yanbian yu weiyi shijian de biaoda* 汉语路径动词的演变与位移事件的表达［*Evolution of path verb in Chinese and the expressions of the movement event*］, Beijing：zhongyang minzu daxue chubanshe 北京：中央民族大学出版社［Beijing：Central University for Nationalities Press］.

Matsumoto，Y. 2003 Typologies of Lexicalization Patterns and Event Integration：Clarifications and Reformulations. *Empirical and Theoretical Investigations into Language: A Festschrift for Masaru Kajita*, eds. by Shuji Chiba et al., 403－418. Tokyo：Kaitakusha.

Peyraube，Alain 2006 Motion Events in Chinese：A Diachronic Study of Directional Complements. *Space in Languages: Linguistic Systems and Cognitive Categories*, eds. by M. Hickmann and S. Robert, 121－138. Amsterdam：John Benjamins.

Shen，Jiaxuan（沈家煊） 2003 Xiandai hanyu "dongbu jiegou" de leixingxue kaocha 现代汉语"动补结构"的类型学考察[The typological investigations of motion resultative constructions in Modern Chinese], *Shijie hanyu jiaoxue* 世界汉语教学[*Chinese Teaching in the World*] 3：17－23.

Shi，Wenlei（史文磊） 2010 *Hanyu yundong shijian cihua leixing de lishi kaocha* 汉语运动事件词化类型的历时考察[*Lexicalization pattern shift of motion events: A case study from Chinese*], Nanjing daxue boshi xuewei lunwen 南京大学博士学位论文[Ph. D. dissertation, Nanjing University].

Shi，Wenlei（史文磊） 2011a Hanyu yundong shijian yaosu cihua moshi de lishi yanbian 汉语运动事件要素词化模式的历时演变[On diachronic changes of lexicalization of semantic elements of motion events in Chinese history]. *Yuyanxue luncong* 语言学论丛[*Essays on Linguistics*(43)]281－312. Beijing：Shangwu yinshuguan 北京：商务印书馆[Beijing：The Commercial Press].

Shi，Wenlei（史文磊） 2011b Hanyu yundong shijian cihua leixing de lishi zhuanyi 汉语运动事件词化类型的历时转移[The pattern shift of the motion event integration in Chinese：A typological study based on morpho-syntactic features], *Zhongguo yuwen* 中国语文[*Studies of the Chinese Language*] 6：483－498.

Shi，Wenlei（史文磊） 2014a *Hanyu yundong shijian cihua leixing de lishi kaocha* 汉语运动事件词化类型的历时考察[*Lexicalization pattern shift of motion events: A case study from Chinese*], Beijing：Shangwu yinshuguan 北京：商务印书馆[Beijing：The Commercial Press].

Shi，Wenlei（史文磊） 2014b Yuyan kucang xianhexing zhi lishi kuozhang jiqi xiaoying：dongqushi zai hanyushi shang de fazhan 语言库藏显赫性之历时扩张及其效应——动趋式在汉语史上的发展[Diachronic extension of Linguistic Inventory Mightiness：Evolution of directional resultative-verb-compounds in Chinese], *International Journal of Chinese Linguistics* 1：293－324.

Shi，Wenlei（史文磊） 2015 Hanyu yundong shijian zhixiang biaoda de lishi yanbian ji xiangguan wenti 汉语运动事件指向表达的历时演变及相关问题[Evolution of Deictic-of-motion expressions in Chinese and related issues], *Bulletin of Chinese Linguistics* 8：226－244.

Shi，Wenlei. & Wu，Yicheng 2014 Which way to move：The evolution of motion expressions in Chinese. *Linguistics* 52(5)：1237－1292.

Slobin，Dan I. 1996a From "thought and language" to "thinking for speaking". *Rethinking*

Linguistic Relativity, eds. By J. Gumperz, & S. Levinson, 70–96. Cambridge：Cambridge University Press.

Slobin, Dan I.   1996b   Two ways to travel：Verbs of motion in English and Spanish. *Grammatical Constructions: Their Form and Meaning*, eds. by M. Shibatani, & S. A. Thompson, 195–219. Oxford：Oxford University Press.

Slobin, Dan I.   2004   The Many Ways to Search for a Frog：Linguistic Typology and the Expression of Motion Events. *Relating Events in Narrative: Typological and Contextual Perspectives*. eds. by S. Strömqvist and L. Verhoeven, 219–257. Mahwah, NJ：Lawrence Erlbaum Associates.

Slobin, Dan I.   2006   What Makes Manner of Motion Salient：Explorations in Linguistic Typology, Discourse, and Cognition. *Space in Languages: Linguistic Systems and Cognitive Categories*, eds. by M. Hickmann and S. Robert, 59–81. Philadelphia：John Benjamins.

Tai, J.   2003   Cognitive Relativism：Resultative Construction in Chinese. *Yuyan ji Yuyanxue* 语言暨语言学［*Language and Linguistics*］4(2)：301–316.

Talmy, Lames H. Y.   1985   Lexicalization Patterns：Semantic Structure in Lexical Forms. *Language Typology and Syntactic Description*, Vol. 3: *Grammatical Categories and the Lexicon*, ed. by T. Shopen, 57–149. Cambridge：Cambridge University Press.

Talmy, Lames H. Y.   1991   Path to Realization：A typology of event conflation. *Proceedings of the 17th Annual Meeting of the Berkeley Linguistics Society*, eds. by L. A. Sutton, C. Johnson, & R. Shields, 480–519. Berkeley, CA：Berkeley Linguistics Society.

Talmy, Lames H. Y.   2000a   *Toward a Cognitive Semantics*. Vol. 1. Cambridge, MA：the MIT Press.

Talmy, Lames H. Y.   2000b   *Toward a Cognitive Semantics*. Vol. 2. Cambridge, MA：the MIT Press.

Wei, Zhaohui（魏兆惠）   2005   Lun lianghan shiqi quxiang liandongshi xiang dongqushi de fazhan 论两汉时期趋向连动式向动趋式的发展［Evolution from serial verbs to directional resultative-verb-compounds］, *Yuyan yanjiu* 语言研究［*Studies on linguistics*］1：109–112.

Xu, Liejiong（徐烈炯）and Liu, Danqing（刘丹青）   1998［2007］ *Huati de jiegou yu gongneng* 话题的结构与功能［*Constructure and function of topic*］, Shanghai：Shanghai jiaoyu chubanshe 上海：上海教育出版社［Shanghai Education Press］.

Xu, Dan   2006   *Typological Change in Chinese Syntax*. Oxford：Oxford University Press.

Yao, Yumin（姚玉敏）   2015   Chonggou zaoqi hanyu fangyan yufa weiyi shijian de leixing 重构早期汉语方言语法位移事件的类型［Reconstructing Early Dialectal Grammar Typology of Motion Events］, *Bulletin of Chinese Linguistics* 8：267–288.

Yiu, Carine Yuk-man   2013   Directional Verbs in Cantonese：A Typological and Historical Study, *Language and Linguistics* 14. 3：511–569.

Yiu, Carine Yuk-man   2014a   Typology of Word Order in Chinese Dialects：Revisit the Classification of Min, *Yuyan ji Yuyanxue* 语言暨语言学［*Language and Linguistics*］15(4)：539–573.

Yiu, Carine Yuk-man   2014b   *The typology of Motion events: An empirical study of Chinese dialects*. Berlin：De Gruyter Mouton.

You，Rujie（游汝杰）   2002   *Xiyang chuanjiaoshi hanyu fangyan zhuzuo shumu kaoshu* 西洋传教士汉语方言著作书目考述［*Investigation of writings of Chinese dialects of western missionaries*］，Heilongjiang：Heilongjiang jiaoyu chubanshe 黑龙江：黑龙江教育出版社［Heilongjiang Education Press］.

Zlatev, J. & P. Yangklang   2004   A third way to travel：The place of Thai in motion-event typology. *Relating Events in Narrative: Typological and Contextual Perspectives*，eds. by. S. Strömqvist & L. Verhoeven, 159–190. Hillsdale, NJ：Lawrence Erlbaum.

安徽黟县方言位移表达研究 *

黄维军

（复旦大学中文系/安徽大学安徽语言资源保护与研究实验室）

1 引　　言

黟县位于安徽省黄山市西北部,辖5镇3乡,约有9.4万人口。根据赵日新
(2005),黟县境内柯村镇、宏潭乡、美溪乡属徽语旌占片,碧阳镇、宏村镇、西递
镇、洪星乡、渔亭镇属徽语休黟片。根据笔者调查,碧阳镇、宏村镇、西递镇、洪星
乡四个乡镇主要说黟县话;渔亭镇位于黟县南部,处在黟县、休宁、祁门三县的交
界处,主要说渔亭话;柯村镇位于黟县、祁门、石台三县交界处,主要说柯村话;宏
潭乡的东部、北部与黄山市黄山区交界,主要说宏潭话;美溪乡南邻祁门县、北接
石台县,主要说美溪话。黟县方言是黟县话、渔亭话、柯村话、宏潭话、美溪话的
总称。以上只是黟县方言的大致情况,实际的分类会更加复杂。本文所述的黟
县方言具体是黟县宏村镇方言(下文直接称为黟县方言)。

位移事件是指位移主体在空间中发生平移运动并产生位移轨迹的事件。现
代汉语位移事件的表达形式主要是"方式动词+趋向补语(趋向动词)",有时也
可以直接使用趋向动词来表达位移事件(Talmy 2000：109,柯理思2003,沈家煊
2003)。黟县方言位移事件同样可以采用以上两种方式。位移路径的具体表达
手段是趋向动词,趋向动词可以分为直指趋向动词(deictic directional verb)和非
直指趋向动词(non-deictic directional verb)。直指趋向动词与说话者所处的位
置有参照关系,主要是"来""去"两个。非直指趋向动词与说话者所处的位置没

---

* 本文为2020年度重大项目"吴语语料库建设和吴语比较研究"的阶段性成果。

有参照关系,如"上""下""起""进""过""回"等。非直指趋向动词可以与直指趋向动词组合成复合趋向动词,如"上来""上去""下来""下去""起来""起去""进来""进去""过来""过去""回来""回去"。黟县方言的趋向动词如下表所示:①

	上 soŋ⁵³	下 xoːx⁵³	起 tɕʰiɛi⁵³	进 tɕiɛi³²⁴	过 kau³²⁴	回 xuɐu⁴⁴
来 lɐu⁴⁴	上来 soŋ⁵³lɐu⁴⁴	下来 xoːx⁵³lɐu⁴⁴	起来 tɕʰiɛi⁵³⁻³¹ lɐu⁴⁴	进来 tɕiɛi³²⁴lɐu⁴⁴	过来 ku³²⁴lɐu⁴⁴	回来 xuɐu⁴⁴lɐu⁴⁴
去 kʰɐu³²⁴	上去 soŋ⁵³ kʰɐu³²⁴	下去 xoːx⁵³ kʰɐu³²⁴	起去 tɕʰiɛi⁵³⁻³¹ kʰɐu³²⁴	进去 tɕiɛi³²⁴ kʰɐu³²⁴	过去 ku³²⁴ kʰɐu³²⁴	回去 xuɐu⁴⁴ kʰɐu³²⁴
					过身 ku³²⁴sʅ³¹	回头 xuɐu⁴⁴tʰɐu⁴⁴

需要说明的是,黟县方言"起来"既可以表示普通话的"起来",即"由下到上",也可以表示普通话的"出来",即"由里到外";"起去"表示普通话的"出去"。厦门话的"起来"有时可以对应"出来",不过厦门话中还有"出来"的说法;崇明、海门等方言的"出来"相当于普通话的"起来"(蔡瑱 2014:121、144)。黟县宏潭方言的"起床"用"出来"表示,而且起始体标记也是"出来"(原娟 2009:99、118)。以此看来,"起来"和"出来"的用法在不同方言中都有一些交叉情况。黟县方言"回来/去"很少使用,特别是"回去",基本上不使用,②"回来/去"有时候会用"回头"的说法。"过身"有时候可以表示"过去"的意思。"回头""过身"是以人的身体部位作为参照,与一般的趋向动词不太一样。

---

① 黟县方言中也有动词"出","出"单用时只表示"发芽",如"尔种子出了"。另外,"出"多用在"出国""出门""出院"等词汇环境中,黟县方言中没有"来""去"的说法,"出"一般不作趋向补语,如不能说"*走出教室","出"作趋向补语时需要与"进"同时出现,形成"V进V出"的并列形式,如"捧进捧出/跟进跟出/飞进飞出"。"出"在黟县方言中可能并没有明显的趋向意义,本文暂不讨论。

② 75万字的语料中只出现两例"回去",其中一例还是在单人述说语料中,并不是在日常会话语料中,带有普通话色彩。因此"回去"的使用频率确实非常低,但如果说黟县方言中没有"回去"这个词,恐怕不符合绝大多数黟县人的语感。

"上"作趋向动词时读作上声53。"上"作方位词读阳去(浊去和清入)3,如:楼上、桌上、身上;放在名词或量词前面表示"前一段时间"或"前一次"时读阳去3,如:上半年、上回、上次;作构词成分也读阳去3,如:马上、上海、上午、早上、上好_{确实、很好}。"下"作趋向动词时读作上声53;放在名词或量词前面表示"后一段时间"或"下一次"时读上声53,如:下半年、下个月、下次;作方位词读上声53,如:楼下、桌下;作构词成分也读上声53,如:手下、夜下_{晚上}、下冬_{冬天}、下日_{以后}、下午、灶下_{厨房}、底下。"下"作时量词和动量词读阳去3,如:等下、嬉_玩下、拎_拿下、做下;作动词表示"就着菜把主食吃下去"时读阳去3,如:下饭。"过"单用时读[kau³²⁴],放在"过来""过去""过身"中读[ku³²⁴],[ku³²⁴]应该是语流音变的结果。①

2 趋向动词表示位移

黟县方言直指趋向动词、非直指趋向动词、复合趋向动词可以直接表示位移,基本限于自移事件,即位移体能够自己决定并控制自己的移动,主语基本上限于人或者动物。一些自然界的物体如太阳、月亮等也可用于自移事件。这种情况在类型学上属于动词框架(verb-framed)结构。

2.1 趋向动词单用

趋向动词单用时,只表示位移,不表示位移的起点、经由或者终点。**直指趋向动词**"来/去"可以单独作谓语动词,可以充当连动式的前项或后项;**非直指趋向动词**除"上"外,基本都不能单独作谓语动词,也不能位于连动式中;**复合趋向动词**基本都可以用于简单句,多数时候充当连动句式的前项。太阳、月亮等自然界物体充当主语时,只能用复合趋向动词作谓语。例如:

(1)尔_你来啦。|去吃饭。|买物_{东西}来。

(2)尔上啦。|*渠_他起/进/过/回了。|*进吃饭。

---

① 黟县方言共有5个单字调,分别是阴平31(清平、浊入)、阳平44、上声53(清上、浊上)、阴去324、阳去3(浊去、清入)。

（3）渠起_出去了。｜进来嬉_玩。｜买菜回来。

（4）热头_{太阳}下去了。｜月光_{月亮}起_出来了。

"回头"可以单独作谓语,也可以充当连动句式的前项或后项;"过身"可以单独作谓语,也可以充当连动句式的后一项。例如:

（5）初五去,初八即要回头了。_{初五去,初八就要回来了。}

（6）渠看见我半时几日不曾跟上去,渠又回头寻我。_{他看见我半天没跟上去,他又回来找我。}

（7）我过身,渠看见我了。_{我经过(那儿),他看见我了。}

（8）渠都驮两袋米过身了。_{他都扛两袋米过去了。}

2.2 趋向动词+处所宾语

部分趋向动词可以直接带上处所宾语(下文记为 P),表示不同的位移路径。"回头""过身"不能直接带处所宾语。**直指趋向动词**"来/去"的宾语只能是"家",不能带其他宾语。"来/去家"表示"回家"的意思,其句法表现与"来/去"较为一致,后文会详细描述。另外"来/去家"还能带补语,如可以说"来家得早_{回来得早}""去家得勤_{回去得勤}"等,因此"来/去家"已经高度词汇化。普通话"来/去+P"在黟县方言中一般说成"到+P+来/去"。例如:

（9）*去学堂。｜到黟县来。

黟县方言**非直指趋向动词**除"起"外,多数可以带处所宾语,与普通话基本一致。一般来说,普通话的非直指趋向动词"回""进""下""上"带处所宾语可以表示终点,"过"带处所宾语表示经由点,"下""起"带处所宾语可以表示起点。黟县方言基本也是这种情况。例如:

（10）上际联、下屯溪(终点)、下黄山(起点)、进灶下_{厨房}、过桥、回山东

复合趋向动词不能直接带处所宾语表示位移的终点,只能将处所词放在复合趋向动词的中间,"起_出来/去""过来/去"通常不能带处所宾语。例如:

（11）*上来黄山｜*下来屯溪｜*进去灶下_{厨房}｜*回去山东

（12）上黄山来｜下屯溪来｜进灶下去｜回山东去

（13）*起来门｜*起门来｜*过去河｜*过河去

复合趋向动词可以带由无定指人名词充当的宾语,一般出现在存现句或祈使句中。"过来/去""回来/去"没有这种用法。例如:

（14）又上来了两个。

（15）下去一个侬_人！

（16）差下_儿儿屋里起去一个侬了。<small>①</small> <small>刚才房间里出去了一个人。</small>

（17）外头进来两个因<small>女孩</small>。

2.3 介词短语+趋向动词

除了充当趋向动词的宾语外,处所成分也可以用介词介引,放在趋向动词的前面,表示不同的位移路径。

2.3.1 起点位移

黟县方言通常用介词"从"来介引起点位置,介词短语一般放在动词前面。

直指趋向动词"来"前面可以加上"从+P"表示以某一处作为起点发生位移,"从"有时候可以省去。"去"前面一般不能加上表示起点的处所。例如:

（18）渠(从)北京来。

（19）[*]我从黟县去。

非直指趋向动词中"下"可直接带处所宾语表示起点,如"下山"。"上""下"前面可以加上表示起点位移的介词短语,而且表示处所的词语一般是处所指代词。其他非直指趋向动词很少有类似的用法。例如:

（20）从尔背_儿上。<small>从这儿上。</small>｜从那下。<small>从那儿下。</small>

复合趋向动词前面可以加上表示起点位移的介宾短语。"从"有时候可以省略不说。例如:

（21）从大岭头上去。｜从黄山下来。｜从家里起_出去。｜从外头进来。

（22）凤英(从)那边过来,一根拐戳着。<small>凤英从那边过来,拄着一根拐杖。</small>

"回头"前面可以加上"从+P"表示以某一处作为起点发生位移,"从"有时候可以省去。例如:

（23）等我嬉嬉(从)老胡家回头,渠还坐是那弄。<small>等我玩好从老胡家回来,他还坐在那里。</small>

2.3.2 终点位移

黟县方言一般用"望""到"来引介位移的方向和终点。"望"一般表示方向,

---

① 两个"儿"相连的词,前一个"儿"为儿化,后一个"儿"为儿尾。儿化用小号的"儿"字表示。

后面的处所不一定是终点。"到"一般引介位移的方向和终点。"望+P""到+P"都位于动词的前面。

直指趋向动词"来""去"前面可以加上"望+P""到+P"表示位移的终点和方向。**非直指趋向动词**一般不需要用介词短语表示终点位移,"上""下""进""回"后面有时候可以直接带表示终点的处所,如"上山、上床铺、下歙县、进屋、回宿舍"。**复合趋向动词**不能表示终点位移事件。例如:

(24) 渠望住街上去了。| 我到北庄去。| 渠今日到我家来。

(25) *到歙县过去。| *望歙县进来。

2.3.3 经由位移

歙县方言可以用"从"来引介经由的处所,"从+P"放在动词前面。经由处所有时候可以直接位于方式动词后面,趋向动词则跟在经由处所后面,构成"方式动词+P+趋向动词"形式,而且这一种用法比前一种用法更常用一些,因为"从+P"还可以表示起点位移,如果没有语境的支撑,"从+P"可能会有两种解读,而且更倾向于理解成起点位移,因此表达经由位移时,"方式动词+P+趋向动词"这种方式更常用一些,不过这种形式只能用于自移事件中。

非直指趋向动词除"过"外一般不能用于表示经由位移事件,"过"后面可以带表示经由位移的处所,如"过桥、过河、过马路"。**直指趋向动词**"来""去"和**复合趋向动词**前面可以加上"从+P"表示途经的处所,也可以使用"方式动词+P+趋向动词"的形式来表示途经的处所。例如:

(26) ?从那背儿下好走。从那个地方下去好走。

(27) 尔从北庄来要远点儿儿一点儿,转一个大圈。| 尔走北庄来要远点儿儿,转一个大圈。

(28) 渠从那片桑树地上来,老虎样个似的。| 渠走那片桑树地上来,老虎样个。

(29) 我从合肥过来要近□[tʰa⁵³]物许多。| 我开合肥过来要近□[tʰa⁵³]物。

"过身"侧重于"经过"的意思,通常使用"方式动词+P+过身"的形式来表示途经的处所。例如:

(30) 到安庆去要走石台过身。去安庆要经过石台。

(31) 渠那日推车推我家门口儿过身。他那天推车经过我家门口。

3　动趋式表示位移

动趋式表位移时,动词一般用来说明位移的原因或者方式,趋向动词表示位移路径。当动词带上趋向词表位移时,既可以表示自移事件,也可以表示致移事件。黟县方言使用动趋式表示位移的情况在类型学上属于卫星框架(satellite-framed)结构。

3.1　动词与趋向词的组合方式

直指趋向动词"来/去"可以直接跟在方式动词后面作补语,构成"V来/去",也可以在中间加特定成分"得"以后再作补语,构成"V得来/去"。"V来/去"用得比较少,特别是"去"前的方式动词非常受局限,一般只有"拎拿、担拿";"来"前的方式动词可以是"拎、担、送、带、打、讨、排"等。"V得来/去"用得比较多,是比较地道的表达形式,方式动词的使用也比较自由。"来/去家"跟在方式动词后面作补语时也是同样的情况,例如:

(32)拎(得)来、送(得)来

(33)拎(得)去、担(得)去

(34)拎(得)来/去家_{拿回家}

非直指趋向动词"上""下""进""过"可以直接跟在方式动词后面作补语,"回"一般不能作趋向补语。例如:

(35)走上、爬上|走下、爬下|走进、跑进|走过、开过|*走回

复合趋向动词都可以直接与方式动词组合作补语。以笔者的语感来看,"回来/去"作趋向补语可能带有普通话的色彩,"回来/去"本身在语料中就很少见到。例如:

(36)爬上来、走下来、爬起来、收进来、走过来、赶回来

(37)拎上去、走下去、寄起去、围进去、飞过去、走回去

"回头""过身"也可以直接与方式动词组合作补语。例如:

(38)走回头、开过身

3.2 动趋式表示自移事件

自移事件是指生命体自主移动的事件。自移动词有"走、跑、飞、爬、骑、开"等。方式动词后面只带**直指趋向动词**或**复合趋向动词**作补语一般可以独立成句;方式动词后面只带**非直指趋向动词**作补语一般不能成立,非直指趋向动词后面必须带处所宾语才可以成立。总之,动趋式单独作谓语的话,其中动趋式必须包含直指趋向动词"来""去"。例如:

(39)渠走得来个。_{他走来的。}

(40)渠跑上/下/起/进/过来了。

(41)*渠跑上/下/起/进/过了。

"V回头""V过身"也可以表达自移事件。例如:

(42)渠开到尔背ㄦ发现不能走,渠又开回头个。_{他开车开到这个地方发现不能走,他又开回去的。}

(43)覅渠走我家尔背ㄦ,除非渠飞过身差不多。_{禁止他走我家这个地方,除非他飞过去差不多。}

普通话的无定位移主体可以放在动词后构成"存现句",黟县方言口语中很少有这种用法,只在单人述说语料中找到一例,如下例(44),带有强烈的普通话色彩。下例(45)更地道的说法是"有黑ᵄ几个侬从山上走下来"。当自主位移主体是非人类的有生物如动物时,该位移主体可以放在方式动词和趋向补语之间,如下例(46)。

(44)天上飞来了一些仙女,一共七个。

(45)ˀ山上走下来几个侬。

(46)菜园里走了一只鸡进来。

在自移事件中,表示位移起点时,可以在动趋式前面加上"从+P","从"有时候省略不说,如下例(47)(48);表示位移终点时,可以在动趋式前面加上"望+P",或者在方式动词后面趋向补语前面加上"到+P",如下例(49)(50);表示位移经由时,可以在动趋式前面加上"从+P",也可以使用"方式动词+P+趋向动词"的形式,如下例(51)。

(47)我从杭州开过来。_{我从杭州开过来的。}

(48)渠(从)街上走得来个。_{他从县城走来的。}

(49)渠望我尔边走过来。_{他往我这边走过来。}

(50)明日我开到屯溪去。_{明天我开到屯溪去。}

（51）尔从图书馆那边走过来啦。<small>你从图书馆那边走过来吧。</small>|尔走图书馆那边过来啦。
<small>你从图书馆那边走过来吧。</small>

动趋式的趋向补语为"下"时，后面可以直接跟上起点处所，如"跳下车、走下山、走下阁、爬下床铺"；动趋式的趋向补语为"上、下、进"时，后面可以直接跟上终点处所，如"爬上山、跳上床铺、开下屯溪、走进屋"，这种情况黟县方言更多是用"V到+P+来／去"的形式，如"开到屯溪去"；动趋式的趋向补语为"过"时，后面可以直接跟上经由处所，如"开过桥、跨过山"。需要指出的是，这一类现象在黟县话中虽然可以被接受，但是都不太常用。

3.3 动趋式表示致移事件

致移事件是指施事的动作行为致使受事发生位移的事件，用于致移事件的动词叫致移动词，如"拎、担、送、寄、园、摆"等。补语为直指趋向动词或复合趋向动词的动趋式可以用于致移事件中，补语为非直指趋向动词的动趋式必须带上处所宾语才能用于致移事件中。

3.3.1 无处所成分

当补语为**直指趋向动词**时，无定受事成分一般放在动词之后趋向补语之前，如下例（52），依笔者的语感，无定受事放在趋向补语之后的句子不太常见，如下例（53）；有定受事成分一般放在句首做话题或位于处置句中做处置介词的宾语，如下例（54）（55）。

（52）渠拎了一本书来。<small>他拿了一本书来。</small>

（53）[?]渠拎（得）来一本书。<small>他拿来一本书。</small>

（54）那个碗拎（得）来。<small>那个碗拿来。</small>

（55）到那封信送得去。<small>把那封信送去。</small>

当补语为**复合趋向动词**时，普通话中无定受事成分可以位于方式动词后，也可以位于非直指趋向动词后，还可以位于直指趋向动词后，如"拿一本书出来""拿出一本书来""拿出来一本书"。黟县方言中无定受事成分一般只能出现在方式动词后或者直指趋向补语后，不能出现在非直指趋向补语后。例如：

（56）渠拎了一本书起来。<small>他拿了一本书出来。</small>

（57）渠拎起来一本书。<small>他拿出来一本书。</small>

(58)﹡渠拎起一本书来。他拿出一本书来。

无定受事位于动词后时,如果是祈使句"尔拎一本书起来",表示"让你拿出一本书来";如果是陈述句"渠拎了一本书起来",既可以表示"他拿出了一本书来",也可以表示"他拿了一本书,然后从房间里出来",即该句子也可以看作是一个连谓结构。①

在无处所的致移事件里,普通话中有定受事成分一般使用处置句或话题句,如"把语文书拿出来""语文书拿出来"。黟县方言也是采用这种表达方式,例如:

(59)到语文书拎起来。把语文书拿出来。

(60)语文书拎起来。语文书拿出来。

当补语为"回头""过身"时,受事成分一般在句子前面已经有所介绍。例如:

(61)尔家小明吃渠一根烟,渠过几日非定要吃回头。你家小明吃他一根烟,他过几天非得吃回去。

(62)尔个儿儿到户口迁到外头去,下日迁不回头了。你现在把户口迁到外面去,以后还不回来了。

(63)前日把一担柴,我看见渠挑过身。前天捆一担柴,我看他挑过去。

(64)渠不走我家地底,渠家物扛过身差不多。他不走我家地的话,他家东西扛过去差不多。

3.3.2　有处所成分

表示致移的动趋式除了可以带受事宾语外,还可以带处所成分。表示致移的"V回头"和"V过身"通常不带处所成分。

当补语为**直指趋向动词**时,一般用介词"从"来介引起点处所,"从+P"位于动趋式之前,无定受事位于动趋式之后或者位于方式动词和直指趋向动词之间,如下例(65)(66),有定受事成分则用话题句和处置句来表示,位于动趋式之前,话题句的有定受事位于"从+P"之前,如下例(67),处置句的有定受事可以在"从+P"之前,也可以在"从+P"之后,如下例(68)。一般用"望"和"到"来表示终点和方向,"望/到+P"位于方式动词之后趋向动词之前,无定受事在方式动词

---

① 黟县方言的连读变调非常少且不规律,因此两种解读无法从连调模式上体现出来。两种解读主要根据语境来区分。如果说话人和所描述的对象"渠"都在房间内,"渠"从抽屉里拿了一本书出来,则"渠拎了一本书起来"理解成动趋式;如果说话人在房间外面,所描述的对象"渠"在房间里面,"渠拎了一本书起来"则理解成连谓结构。

之后"望/到+P"之前,此时整个句子适合看成一个连谓结构,如下例(69)(70),有定受事用话题句和处置句来表示,位于动趋式之前,有定受事只能用"到+P"来表示终点位移,如下例(71)(72)。

(65) 渠从上海带来一个好物。他从上海带来一个好东西。

(66) 渠从上海带一个好物来。他从上海带一个好东西来。

(67) 那物我从上海带(得)来个。那东西我从上海带来的。

(68) 尔到那钱从银行里取(得)来。你把那钱从银行里取来。|尔从银行里到那钱取(得)来。你从银行里把那钱取来。

(69) 渠拎一本书望教室去了。他拿一本书往教室去了。

(70) 渠拎了一本书到教室里去了。他拿了一本书到教室去了。

(71) 那本书渠拎到教室里去了。那本书他拿到教室里去了。

(72) 渠到那本书拎到教室里去了。他把那本书拿到教室去了。

当补语为**非直指趋向动词**时,处所成分不需要用介词短语来引介,一般直接跟在趋向动词后面,多表示终点位移,且非直指趋向动词一般为"上""下""进"。无定受事一般位于方式动词之后趋向动词之前,此时整个句子适合看作连谓结构。有定受事用于话题句和处置句中。例如:

(73) 渠拎了一床被上阁。他拿了一床被子上楼。

(74) 那床被尔拎上阁啦。那床被子你拿上楼吧。

(75) 渠到那床被拎上阁了。他把那床被子拿上楼了。

(76) 我送了一箱苹果下屯溪。我送了一箱苹果到屯溪去。

(77) 那苹果送下屯溪。那苹果送到屯溪去。

(78) 到那苹果送下屯溪。把那苹果送到屯溪去。

(79) 那衣裳折折囥进橱。那衣服叠好放进衣橱。

(80) 到那衣裳折折囥进橱。把那衣服叠好放进衣橱。

当补语为**复合趋向动词**时,一般用于表示起点位移和经由位移。起点位移和经由位移都是用介词"从"来介引,"从+P"位于动趋式之前,无定受事位于动趋式之后或者位于方式动词和复合趋向动词之间,有定受事成分则用话题句和处置句来表示,位于动趋式之前,有定受事可以在"从+P"之前,也可以在"从+P"之后。起点位移如下例(81)—(84);经由位移如下例(85)—(88)。

（81）渠从屉里拎了两本书起来。他从抽屉里拿了两本书出来。

（82）渠从屉里拎起来两本书。他从抽屉里拿出来两本书。

（83）那本书从屉里拎起来。那本书从抽屉里拿出来。

（84）到那本书从屉里拎起来。把那本书从抽屉里拿出来。|从屉里到那本书拎起来。从抽屉里把那本书拿出来。

（85）渠从桌底下递一本书过来。他从桌子底下递一本书过来。

（86）渠从桌底下递过来一本书。他从桌子底下递过来一本书。

（87）那本书从桌底下递过来。那本书从桌子底下递过来。

（88）到那本书从桌底下递过来。把那本书从桌子底下递过来。|从桌底下到那本书递过来。从桌子底下把那本书递过来。

4 可 能 式

普通话复合趋向动词之间可以插入"得"或"不"构成可能式，如"进得去""下不来"等，黟县方言复合趋向动词没有这样的用法。黟县方言动趋式的可能式是在动词和趋向补语之间插入"得"或"不"。方式动词与趋向补语有不同的组合方式，因此其可能式也不完全一致。

前面提到，黟县方言直指趋向动词"来/去"作补语时前面一般会出现"得"，如"带得来""送得去"分别表达"带来""送去"的意思。因此补语为**直指趋向动词**的可能式不是简单地插入"得"或"不"，而是插入"得"或"不"的同时，直指趋向动词前还会出现"担⁼[toːɤ³¹]"，如"带得担⁼来""送不担⁼去"分别表示"带得来""送不去"的意思。① "担来/去"似乎是一个整体充当补语，"担⁼"不太像是另外的补语标记。"担⁼来/去"只能存在于可能式中，没有"﹡带担来带来""﹡送担

---

① "担⁼[toːɤ³¹]"可能也是"得"。"V得来/去"的可能式按理说应该是"V得得来/去"，前一个"得"为能性补语标记，后一个"得"为趋向补语的固有成分，因为两个"得"相连，所以后一个"得"的读音发生变化，由[ɤːɤ³]变成[toːɤ³¹]。类似的情况在其他语言现象中也存在，如表示"下面"的方位词"低底[tɛːɤ³¹ tɛːɤ⁵³]"，还有另一种说法是"担⁼底[toːɤ³¹ tɛːɤ⁵³]"。肯定式和否定式中"担⁼[toːɤ³¹]"目前已经不能还原为"得[ɤːɤ³]"。因为否定式需要与肯定式对应使用，所以即使否定式中没有两个"得"连用，日常口语中也还是常常说成"担⁼"。

去_{送去}"的说法。"来/去家"的可能式也是同样的情况，一般会在前面出现"担⁼"，如"拎得担⁼来家""拎不担⁼来家"表示"拿得回家""拿不回家"的意思。致移事件的受事成分一般放在句首作话题。例如：

（89）渠年纪太大了，走不担⁼去。_{他年纪太大了，走不过去。}

（90）尔物推也推得担⁼去哇。_{这种东西推也推得过去啊。}

（91）凭我尔种电缆_儿借不担⁼来啊？_{凭我这种电缆借不来吗？}

（92）个_儿儿叫渠做事都叫不担⁼来。_{现在叫他做事都叫不来。}

（93）尔物太重了，我拎不担⁼去家。_{这东西太重了，我拿不回家。}

柯理思、刘淑学（2001）把冀州话的"了/唠"分析为傀儡趋向补语，柯理思（2003）认为普通话"走过来"的"过"也可以看作是傀儡趋向补语，即"V过来"实际接近"V来"的意思。所谓"傀儡"，指的是说话者本来不需要把位移的具体趋向（非直指趋向动词）表达出来，但是为了满足汉语的表达模式（即方式动词后面的趋向补语由非直指趋向动词和直指趋向动词组成），从而发展出一个泛化的趋向补语。这种傀儡补语在晋语、吴语、湘语中都可以见到。黟县方言直指趋向动词"来/去"作补语时前面一般会出现"得"，如"V得来/去"，其可能式为"V得担⁼来/去"或"V不担⁼来/去"。"V得来/去"中"得"和可能式中的"担⁼"就是傀儡趋向补语。

这里再介绍另外一种观点，冯力（2010）指出上海话"V得来/去"中"得"表示完成和持续两个功能。他认为复合趋向补语中处于前面的非直指趋向补语"进、出、上、下……"不仅表示动作施加于事物后的移动方向和动作对象的位置变化，而且以动作完成后事物所处的新位置来表示动作发生后的结果状态，因而具有表示完成态的功能。趋向词"来/去"在动作动词之后主要表示动作的方向。动作完成的语法意义则由处在动作动词后的非直指趋向补语显示。上海话的趋向词"来/去"只表示说话人主观参照方向，而并无普通话中兼表完成态的功能。因此，上海话中复合趋向补语里的"得"正是在"进、出、上、下"类位置意义不明确，只清楚"来、去"的方向的情况下，填补这个空缺，以达到表示时态或结果的目的。

黟县方言的趋向词"来/去"也没有表示完成的意义，如不能说"减去、揩去"等词。黟县方言的"V得来/去"实际意义相当于普通话的"V来/去"，"得"的意义并不明确,如果一定要分析其中"得"的功能的话,"得"基本表示完成,方式动词 V 和"来/去"表示先后关系,如下例(94)—(105);很少情况下表示持续,方式动词和"来/去"表示同时关系,在语料中只发现两个例子,如下例(106)(107);有的时候"得"既不能理解成完成也不能理解成"持续",下例(108)—(112)中出现否定副词"不曾""不",因此后面的"得"应该不是表示完成的意义,根据语境,也不是持续的意义。

(94)尔去到小红叫得来。你去把小红叫来。

(95)小红的钱讨得来了吧?小红的钱要来了吗?

(96)我是店里嬉得来。我是从店里玩来。

(97)到我耳朵套寻得来。把我耳罩找来。

(98)渠那豆腐买得来不即刻吃个。他那豆腐买来不马上吃的。

(99)所有个喜鹊都飞得来,搭了一个桥。所有的喜鹊都飞来,搭了一个桥。

(100)那物是从街上驮得来个。那东西是从县城拿来的。

(101)渠到尔侬钱扣得去。他把你们的钱扣去。

(102)侬家做喜事尔走得去何以?人家结婚你去干什么?

(103)警察到渠捉得去了。警察把他抓去了。

(104)尔侬谈天渠即录得去。你们聊天,他就(把你们的话)录下来。

(105)渠到我介绍得去个。他把我介绍去的。

(106)老物打麻将,经常狗跟得来啊。老人打麻将,狗经常会跟(着)来。

(107)手机跌掉,我回头寻,借别侬家手机一路打得去。手机丢了,我回头找,借别人的手机一路打过去。

(108)那个电脑我行后来家即不曾带得去了。那个电脑我后来回家就没带走了。

(109)渠不拎得来即算了哇。他不拿来就算了。

(110)行后小红去讨,不曾讨得来即发老火。后来小红去要,没有要来就发火。

(111)那石板不拉得去,那路不能做哇。那石板不拉去的话,路就不能修啊。

(112)渠钱包不曾带得去。他钱包没带去。

从上面的分析可以看出,柯理思(2003)和冯力(2010)都认为"V 得来/去"中"得"是一个相当于非直指趋向补语的成分,两者不同的是,柯理思(2003)认为"得"是为了满足汉语表达需要产生的傀儡补语,而冯力(2010)认为"得"主要为了表示时态。从黟县方言的情况看,"得"并不具有明确的意义,柯文的观点似乎更符合黟县方言的实际情况。

补语为**复合趋向动词**时,自移事件的可能式与普通话基本一致,如果有处所成分,处所成分放在句子前面做话题,如下例(113)(114)。致移事件的可能式通常则会将受事放在句首,如下例(115)(116)。

(113)尔个坡太陡了,我骑不上去。这个坡太陡了,我骑不上去。

(114)结冰了,水龙头里水流得起来吧?结冰了,水龙头里水流得出来吗?

(115)尔物太重了,我拎不起来。这东西太重了,我拎不起来。

(116)个儿儿疫情,尔物寄起去吧?现在疫情,这东西寄得出去吗?

补语为**非直指趋向动词**的可能式不太常见,补语后面一般会出现处所成分,受事成分则一般位于句首做话题。例如:

(117)尔物屁儿轻个,尔一个儿儿都搬得上阁。这东西很轻的,你一个人都能搬上楼。

5 结 语

黟县方言位移事件的表达方式与普通话存在一定差异。主要表现在:黟县方言的直指趋向动词"来/去"一般不能直接带宾语,通常使用"到+P+来/去"形式;黟县方言的趋向动词整体比普通话少,没有"出来/去"的说法,而是用"起来/去"代替,"回""回来/去"的用法也很受局限;"来/去"跟在动词后面单独作趋向补语时倾向于加上特定成分"得",其可能式是用"V+得/不+担"来/去"表示;非直指趋向动词跟在方式动词后面单独作补语的用法不很常见;动趋式带无定受事宾语首选位置是方式动词和趋向补语之间,其次是动趋式之后,一般不能放在复合趋向补语之间。

汉语位移事件的表达类型表现出从动词框架向卫星框架的转变倾向(Talmy 2000:118—119,史文磊2011)。与普通话相比,黟县方言表现出更多的卫星框架语言的特点。主要表现在:第一,趋向动词的数量更少。史文磊(2011)指出古代汉语存在大量的趋向动词,到现代汉语中,趋向动词已经形成一个相对封闭的类别,这是用来判定卫星框架语言的标准之一;第二,存在傀儡补语"得"。柯理思(2003)指出,位移没有明显的"路径"也可以把路径表达出来,可以看作是汉语为了满足卫星框架语言的表达需要而发展出的泛化趋向补语。

参考文献

蔡　琪　2014　《类型学视野下汉语趋向范畴的跨方言比较——基于"起"组趋向词的专题研究》,学林出版社。

冯　力　2010　《上海话的趋向补语"-得来"、"-得去"》,载《汉藏语研究四十年》,黑龙江大学出版社,656—659页。

柯理思　2003　《汉语空间位移事件的语言表达——兼论述趋式的几个问题》,《现代中国语研究》第5期,1—18页。

柯理思、刘淑学　2001　《河北冀州方言"拿不了走"一类的格式》,《中国语文》第5期,428—438页。

沈家煊　2003　《现代汉语动补结构的类型学考察》,《世界汉语教学》第3期,17—23页。

史文磊　2011　《汉语运动事件词化类型的历时转移》,《中国语文》第6期,483—498页。

原　娟　2009　《黟县(宏潭)方言语音研究》,北京语言大学硕士学位论文。

赵日新　2005　《徽语的特点和分区》,《方言》第3期,279—286页。

Talmy, Leonard　2000　*Toward a Cognitive Semantics*, Vol. 2: *Typology and Process in Concept Structuring*. Cambridge：MIT Press.

湘语益阳方言的位移表达

夏俐萍

（中国社会科学院大学，中国社会科学院语言研究所）

引　言

Talmy（2000）根据不同语言位移事件所采用的模式，将世界语言分为卫星框架语言和动词框架语言。在卫星框架语言中，位移路径是一系列相关事件中的核心事件，以英语或者汉语作为代表，即经常用动词词根表达伴随事件（位移的方式和原因"走、跑、踢、搬"等），用卫星来表达位移的路径（出、进、回、过；out /in/back/over 等）。动词框架语言则是用动词来表达位移路径，伴随事件的表达手段按语言不同，以法语或日语为代表。例如：

（1）a. 他跑进屋里来了。

　　 b. He ran into the room.

　　 c. Il entra　　en courant dans la pièce.（法语）

　　　　He entered　running　in　the room.

　　 d. 庭先で彼は　走って来た。（日语）

　　　　room　he Cop　running entered.

从例（1）可以看出，汉语与英语的位移表达手段相似，用动词"跑"表达位移方式，而用趋向补语"进"或介词"out、in"等表达位移路径。但在法语和日语中，位移路径直接用动词来表达，伴随事件在法语中用分词形式表达，日语中仍然用动词来表达。

但是汉语的趋向动词可以作谓语核心，直接表达位移路径，如"去北京、来山东、进来、出去"等，这样一来，汉语显得与法语或日语更为接近。因此柯理思

（2003）认为汉语的位移表达具有混合性质。其中致移事件只能用"动词+卫星"的框架表示，而自移事件可以用趋向动词表达，也可以用"动词+卫星"框架表达。例如：

（2）把这封信送出去。

（3）a. 他出去了。　　　　b. 他走出去了。

汉语除了普通话采用趋向动词或者"动词+卫星"框架表示之外，不少方言表达位移事件采用的手段各有不同，如有些方言中动词和趋向补语之间需要加标记成分。柯理思（2002）对汉语里连接趋向补语的形式进行了广泛考察，发现不同方言中的"V+X+（O）+Dd"中，X形式往往与几种助词相交叉，如体貌助词、连接状态补语的助词、连接处所补语的助词、虚补语以及连接趋向成分的形式等等。这大概可以反映出汉语的补语标记、体标记和动相补语的共同来源。

本文讨论湘语益阳方言的位移事件，限于空间位移及其方向的表达。先交代本文用到的几个概念：D总称为趋向动词，Dd（deictic directional）是直指性趋向动词，表示以说话人为中心的位移路径，包括"来、去[kʰɤ³⁵]"两个。Dp（path directional）指路径动词，表示空间位移路径的趋向成分，包括"进、出、上、下"等等。Dp+d是双音节趋向成分，如"进来、出来、上去、下去"等等。

1　趋向动词表位移

1.1　趋向动词

益阳方言的趋向动词可以整理成下表，其中"来、去"属于直指性趋向动词Dd，其他属于路径动词Dp，Dp与Dd可以构成复合趋向动词。

表1　益阳方言趋向动词表

	上	下	进	出	回	起	开	过	拢
来	上来	下来	进来	出来	回来	起来	—	过来	拢来
去	上去	下去	进去	出去	回去	起去	—	过去	拢去

趋向动词虽然是一个封闭的类，但关于趋向动词的范围，学界仍有争议，例如赵元任（1968/1979）的Dp还包括"拢"，但在朱德熙（1982）、刘月华（1998）的

趋向动词表里面,并没有包括"拢"。在益阳方言中,"拢"是使用得很普遍的趋向动词,表示事物由外围向中心的一种位移活动,不仅能单用,也可以与"来、去"组成复合趋向动词。例如"拢来吃饭_{过来吃饭}""拢去讲一声_{过去说一声}""扫起拢来_{扫到一起来}"。在趋向动词的组合中,"开"不能与"来""去"构成复合式趋向词,但"起"可以有"起来、起去"的用法,如"起来写作业""起去吃饭_{起来吃饭}",崔振华(2007)对此有专门的讨论。

1.2　趋向动词表位移

益阳方言趋向动词直接表位移,基本上限于自移事件,即位移体能够自己决定和控制自己的移动。主语基本上限于人或者动物,但一些自然界的物体如太阳、月亮,以及某些机器类,也可以用趋向动词直接表位移,可以分为三种类型。

1.2.1　趋向动词单用

趋向动词单用时,只单纯表示位移,不指明位移的起点、途经或者终点。直指性趋向动词"来、去"单用时,可以用于简单句及连动句、从属句。非直指性趋向动词不能单独成句。复合趋向动词可以自由地用于简单句、连动句或从属句。

以例(4)—(6)为例。

(4) a. 尔来唠_{你来}!　　b. 买菜去。　　c. 去搞么□ŋie^{33}_{去干什么}?

(5) b. *尔上_{你上}!　　b. *进买菜。　　c. *买一点菜下。

(6) a. 尔上去_{你上去}!　　b. 回去买菜。　　c. 进去搞么□ŋie^{33}_{进去干什么}?

太阳、月亮等自然物体充当主语时,只能用复合趋向动词作谓语。

(7) a. 阿太阳出来哒_{太阳出来了}。　　　　b. 阿月亮下去哒_{月亮下去了}。

1.2.2　趋向动词带处所宾语

趋向动词带处所宾语时,表示位移终点。直指性趋向动词只有"来"可以与处所成分或和处所指示词搭配,"去"不能带处所成分或处所指示词。试比较(8)和(9)。

(8) a. 来北京　　b. 来简里　　c. 来房间里

(9) a. *去北京　　b. *去哦里　　c. *去房间里

即便"来"可以与处所成分搭配,其使用也非常有限,一般不能直接成句,而是作为小句成分,用于连动句前一小句或者从句小句。

（10）a. *快点来北京！　　b. *明朝子来北京。　　c. *来北京一路_趟。

（11）尔来北京搞么□ȵie^{33}_你来北京干什么？

　　　——来北京旅游_来北京旅游。

"来+处所名词"如果要带时体成分，处所宾语后必须带数量短语或时量短语等形式。

（12）他来咖/哒北京*（一年）哒_他来北京一年了。

非直指性趋向动词与处所成分结合表达位移更是少见，只见于一些词汇化的复合词，例如：上厕所 | 过山洞 | 进屋 | 上楼梯_上楼 | 回娘屋里_回娘家，相应的处所成分前也不能加修饰成分。

（13）*上一座山　　*进房间　　*下游泳池　　*回哦所学校里

不过，非直指性趋向动词"过[ku^{33}]"加处所成分可以表示途经位移。

（14）尔到长沙要过郑州_到长沙要经过郑州。

复合趋向动词不能直接带处所宾语表示位移的终点，而要采用"Dp＋Loc＋Dd"的格式将非直指性趋向成分和直指性趋向成分隔开。

（15）a. *进去教室 | *过来屋里 | *回去益阳

　　　b. 进教室里去 | 过屋里来 | 回益阳去

复合趋向动词还可以带由无定指人名词充当的当事宾语，只能出现在祈使句中，或者充当感知动词补足语小句。

（16）上来两个人 | 下去两个小的 | 出去两个！

（17）我看哒上去咖两个人_我见上去了两个人。

1.2.3　Prep+Loc+D

处所成分充当趋向动词的宾语时，只能表示终点位移或者途经位移。处所成分也可以用介词介引，位于趋向动词前面，表示不同的位移途径。

1.2.3.1　起点位移

起点位移事件的介词是"走"，"走"既可以作动作动词，也可以充当表示起点位移的介词。例如：

（18）他走阿袋公里拿出五块钱来_他从口袋里掏出五块钱来。

当"走"介引位移起点时，"来"和"去"直接位于介宾短语之后，表示以某一处所作为起点发生位移是靠近说话人还是远离说话人。

（19）他走长沙来他从长沙来。

（20）他走益阳去他从益阳出发/他去益阳。

直指趋向词"来"或"去"使起点位移事件有向心和离心两种用法。当趋向动词是"来"时，表明位移的终点是面向说话者所在的位置，属于向心位移，如（19）。当趋向动词是"去"时，表明位移的终点是远离说话人的位置，属于离心位移，如例（20）。

非直指性趋向动词"上、下、进、出、过"位于介宾短语之后表示位移时，只能与处所指示词"簡里、哦里"结合。例如"走簡里上、走哦里出"，而且使用十分受限。一般情况下，只有复合趋向补语才能自由地与起点位移介宾短语结合。

（21）走阿屋里出去从屋里出去。

（22）走阿头屋里过来从堂屋过来。

1.2.3.2　终点位移事件

终点位移事件的介词有"走、到"两个，其中"走"既可以介引起点位移，也可以介引终点位移。具体是起点还是终点必须依靠后面的趋向动词确定，当趋向动词为"去"时，"去"既可以表示起点，也可以表示终点，因此例（24）、（25）均有歧义。

（23）他到益阳去他去益阳。

（24）他走益阳去他去益阳/他从益阳出发。

（25）你走何海唧去啊你从哪里走/你去哪里？

非直指性趋向动词以及复合趋向动词都不能表示终点位移事件，只能表示起点位移事件。例如不能说"到益阳进（去）、到房间里出（来）"。

在很多汉语方言中，趋向动词表达起点位移和表达终点位移基本上是互补的，如邢向东（2011）指出，陕西神木话表位移终点和位移源点的方式正好形成互补，表示位移源点用"介+Loc+D"结构，但表示位移终点不能采用这种结构。而在益阳方言中，趋向动词表位移，无论起点位移还是终点位移，最常见的手段是用介词将起点或终点介引出来，趋向动词放在后面。而且介词"走"同时可以表示起点位移和终点位移，显示出复杂的关系。

1.2.3.3　途经位移事件

除了最常用的起点位移和终点位移外，"走"还可以介引途经位移事件，这时的趋向动词用"过去"。

（26）到北京要走郑州（过去）_{到北京要经过郑州。}

在（26）中，趋向动词"过去"可以省略，这是动作动词"走"可以不依靠趋向动词而直接表示途经位移事件。

2 动趋式表位移

动趋式表位移时，动词一般表伴随事件，说明位移的原因或者方式，趋向词表示位移路径。当动词带上趋向词表位移时，既可以表示自移事件，即有生名词的自主移动，也可以表示致移事件，即使某事物发生移动。

2.1 动词与趋向词的组合方式

动词与趋向动词的组合，有直接组合与加标记组合几种类型。

2.1.1 V+D

能与动词直接组合的单音节趋向词只有"开、拢、起"三个。

（27）走开｜搬开｜抬开｜拿开｜抱开

（28）收拢｜扣拢｜拉拢

（29）坐起｜徛起_{站着}｜收起｜放起

其他单音节趋向动词都不能与动词直接结合。例如：

（30）*走上｜*走下｜*走进｜*走出｜*走回｜*走过｜*走拢

2.1.2 V+得／起+Dd

直指趋向词与动词结合时必须带标记，既可以是"得"，也可以是"起"。

（31）走得／起来｜走得／起去｜送得／起来｜拿得／起去

非直指性趋向词"上、下、进、出、过、回"等不能直接与动词组合，也不能与补语标记组合。只能与"来、去"构成复合趋向短语。

（32）*走（得／起）进｜*拿（得／起）上｜*送（得／起）出｜*拿（得／起）回

2.1.3 V+（得／起）+Dd+P

复合趋向词与动词结合时，既可以直接组合，也可以加标记组合，是否加标记没有语用上的差异，但添加标记更为常见。

（33）搬（起／得）上去｜送（得／起）进去｜收（得／起）拢去｜跑（得／起）出去

2.2　动趋式表示自移事件

表示自移事件的动词可以看成是自移动词,主要是由有生物体自主发出的行为动作,例如"走、跑、飞、爬、哭、笑"等等(邢向东 2011)。这些动词可以按不同的组合方式与趋向词结合。

(34) 尔走得来唠_{你走过来吧}。

(34) 尔走得来唠 <small>你走过来吧</small>。

(35) 她气得阿眼泪都流出来哒 <small>她气得眼泪都流出来了</small>。

(36) 一只蚊子飞起过来哒 <small>一只蚊子飞过来了</small>。

在自移事件中,如果要表达位移的起点,则由介词"走"将处所宾语引出,位于动趋式之前;如果表达位移的终点,则由介词"到"引出处所宾语,位于动趋式的动词和趋向补语之间。其中介词"到"常常可以省略不说,动词和处所词之间必须用"得"连接表示动态位移,不能用"起"表示,"得"和"起"必须位于动词之后,不能离开动词存在,关于"得"和"起"用法的不同,可参见夏俐萍、周晨磊(2022)。

(37) 走阿山上跑得来 <small>从山上跑来</small>。

(38) 箇条蛇走阿瓦上□so³³溜出去哒 <small>这条蛇从屋顶上溜出去了</small>。

(39) 走得(到)阿屋里去 <small>走到家里</small>。

(40) 走箇只山上飞得(到)哦只山上去 <small>从这个山头飞向那个山头</small>。

位移路径起点和终点语序的表达体现了时间象似性原则,表示起点的位移路径在前,表示终点的位移路径在后。除此之外,益阳方言表示自移事件的终点位移只能采用"V+得+(到)+Loc+去"的形式,其他的趋向词都不能表达终点位移。

(41) a. 走进屋里　　　b. 走得(到)屋里去

(42) a. 走回宿舍　　　b. 走得(到)宿舍里去

(43) a. 走上神坛　　　b. 走得(到)神坛高处去

(44) a. 飞往长沙　　　b. 飞得(到)长沙去

在例句(41)—(44)中,a 句是普通话形式,在益阳方言中都不能说,只有 b 句才是益阳方言中的自然表达方式。

2.3　动趋式表示致移事件

致移事件是需要在动趋式中出现受事成分的事件,受事成分可以充当动词的宾语,也可以移至句首充当话题。用于致移事件的动词叫致移动词(邢向东 2011),例如"拿、运、送、寄、漂、端、移"等等。动趋式表达致移事件可以按照不同的趋向成分进行分类。

2.3.1　趋向词"开、拢、起"

非直指性趋向性只有"开、拢、起"可以和动词直接组合。而且"V开、V拢、V起"结合紧密,整个结构已经词汇化。这些动趋式带受事成分时,受事宾语只能位于动趋式之后,不能插入动词和趋向词之间。当受事为定指成分或处置式宾语时,也可以位于动趋式之前。

(45) 拿开一本书才至写得作业_{拿开一本书才能写作业}。

(46) 收起箇件衣服到房间里去_{把这件衣服收到房间里去}。

(47) 阿扣子扣拢哒吧_{扣子扣拢了没有?}

(48) 把箇只伢唧抱开_{把这小孩抱开}。

在这些动趋式中,不仅受事宾语要位于动趋式之后,时体标记也要位于动趋式之后。例如:

(49) 他拿起阿柴火去咖哒_{他把柴火拿去了}。

2.3.2　趋向词"来、去"

当动词与直指性趋向词"来、去"搭配时,必须带标记"得"或者"起"。当受事为有定成分时,通常位于句首充当话题或者处置式的宾语。这时动词和趋向词结合在一起。有定受事成分也能位于趋向词之前,标记"得"或"起"之后。

(50) 他把箇本书拿得/起去哒_{他把这本书拿去了}。

(51) 箇本书他拿得/起去哒_{这本书他拿去了}。

(52) 他拿得/起箇本书去哒_{他拿这本书去了}。

当无定受事成分充当宾语时,宾语只能位于动词之后趋向词之前,而且所用标记只能是"起"不能是"得"。

(53) 他拿起一本书去哒_{他拿了本书去了}。

(54) *他拿得一本书去哒_{他拿了本书去了}。

2.3.3　复合趋向词

复合趋向词与受事宾语的结合有不同的语序类型。首先讨论不带标记"得"或起的情况。受事为有定和无定时,语序类型有所不同。例如:

（55）a. 把箇本书拿出来　　b. 箇本书拿出来　　c. 拿出箇本书来

　　　d. ʔ拿出来箇本书　　e. *拿箇本书出来

（56）a. ʔ把一本书拿出来　　b. ʔ一本书拿出来　　c. 拿出一本书来

　　　d. 拿出来一本书　　　e. 拿一本书出来

例（55）中的受事是有定形式，除了可以位于句首充当话题或处置式宾语外，有定受事成分只能位于复合趋向词之间。例（56）是无定形式，不能充当句首话题或处置式宾语，但既可以位于复合趋向词之间，也可以位于趋向词之后或者动词之后。受事成分为有定还是无定影响到动趋式与宾语的语序。

动词与复合趋向词结合时，可以选择性加标记"得"或"起"。当宾语为有定受事时，既可以加标记"得"，又可以加标记"起"。

（57）a. 把箇本书拿得/起出来　　　　b. 箇本书拿得/起出来

　　　c. *拿得/起出箇本书来　　　　d. ʔ拿得/起出来箇本书

　　　e. 拿得/起箇本书出来

可以看出，动词与复合趋向词的标记只能加在动词之后，复合趋向词之前，受事成分不能将复合趋向词隔开。

当宾语为无定受事时，只能采用标记"起"，不能采用标记"得"。

（58）a. ʔ把一本书拿起出来　　　　b. ʔ一本书拿起出来

　　　c. *拿起出一本书来　　　　　d. 拿起出来一本书

　　　e. 拿起一本书出来

与（57）类似，标记"起"也只能加在动词后和趋向词之前。但受事宾语既可以位于动词与趋向词之间，也可以位于整个动趋式之后。

2.3.4　动趋式带处所成分

表示致移的动趋式除了可以带受事宾语外，还可以带处所成分，根据处所宾语是表起点位移还是终点位移，有不同的表达。当表示起点位移时，用介词"走"引出处所成分，位于动趋式主语之后，动词之前。

（59）我看见他走阿袋公里拿出一支笔来 我见他从口袋里拿出一支笔来。

（60）他走阿袋公里拿得哦支笔出来哒 他从口袋里拿出了那支笔来。

当表示终点位移时，用介词"到"引出处所成分。如果受事成分省略或位于句首充当话题，处所成分直接位于动词之后，只能在句末出现直指趋向词"来"

或"去",不能使用其他趋向词,介词"到"可以省略。

（61）箇点衣服收得（到）柜子里去这些衣服收到柜子里去。

（62）把阿石头牿搬得（到）箇里来把石头搬到这里来。

受事成分也可以位于动词之后,用"到"引出处所成分。

（63）放一件衣服到柜子里去放一件衣服到柜子里去。

（64）搬得箇点石头牿到箇里来搬这些石头过来。

当不采用直指趋向词时,类似的表达不能直接采用动趋式,而必须采用连动式表达。

（65）他拿一本书出来放得（到）阿桌子高处去叫他拿本书出来放到桌子上。

（66）他收起哦点衣服放得（到）阿柜子里哒来他收起那些衣服放到柜子里了。

2.3.5 动趋式带当事宾语

动趋式不仅可以带处所宾语和受事宾语,还可以带当事宾语。当事成分是指动作行为的发出者,通常由人或其他有生物体来充当。带当事成分的趋向词仅限于采用复合趋向词,例如"跑进来、走进来"等等。普通话的"走进、走来、跑去"等在益阳方言中不说。当事成分可以位于动趋式之后,也可以位于动词和趋向成分之间,但不能将复合趋向词隔开。

（67）阿屋里走（起）出来一个人房子里走出来一个人。

（68）阿壁上爬起一只蚂蚁子过来哒墙上爬过来一只蚂蚁。

（69）﹡阿屋里走出一个人来哒屋子里走出来一个人。

例（67）和例（68）有细微区别,当事成分位于动趋式之后时,只能表示现在或将来的情况,而当事成分位于动词和趋向词之间时,只能表示过去的情况。试比较:

（70）﹡阿屋里走起出来一个人哒。

（71）﹡阿壁上爬起一只蚂蚁子过来。

3　动趋式的可能式及其反复问式

3.1　可能式

益阳方言动趋式的可能式,会根据动词与趋向词的组合发生变化,主要有以下三种类型。动词与单音节趋向词"开、拢、起"直接组合时,其可能式在动词与趋向词之间加"得"或"不",与动结式的可能式表达方式相同。可能式标记"得"不能加在动趋式之后或者句末。

(72) a. 尔打得开箇只瓶子盖吧_{你能打开这个瓶盖吗}?

　　　b. [?]尔打开得箇只瓶子盖吧?

　　　c. [?]尔打开箇只瓶子盖得吧?

(73) 他打不开箇只瓶子盖_{他不能打开这个瓶盖}。

动词与复合趋向词组合不带标记时,也可以将可能式标记"得"置于动词和趋向补语之间。如果不带受事宾语,由于趋向补语标记和可能式标记"得"同形,句子会有歧义。如果带无定受事宾语,由于无定受事宾语一般不能与补语标记"得"同现,句子不会有歧义,但趋向补语后仍习惯性再加补语标记"得",构成"得……得"的框式结构。

(74) 走得进去(得)_{走进去/能走进去}。

(75) 拿得出一笔钱来(得)_{能拿笔钱出来}。

动词与复合趋向词组合不带标记时,其可能式的否定式区分自移事件和致移事件。自移事件中,可能式的否定式强烈要求带上趋向标记"起",其可能否定标记"不得"位于句末。

(76) 走起进去不得_{不能走进去}。

(77) 尔放心,阿蚊子都飞起进来不得_{你放心,蚊子都飞不进来}。

致移事件中,可能式的否定式与受事宾语的有定还是无定相关。当带有定受事宾语时,强烈要求带上趋向标记"起",其可能式的肯定式和否定式分别在句末加"得"或"不得"。

(78) 我示他拿起箇笔钱出来得_{我说他能拿出来这笔钱}。

(79) 箇点屑子扫起拢去得_{这些垃圾能扫到一起}。

(80) 箇只鸡赶起出去不得_{不能把这只鸡赶出去}。

当带无定受事宾语时,可能式的否定式不能带趋向标记。否定词"不"位于复合趋向词之间,如例(81)。

(81) 拿不出一笔钱来_{拿不出一笔钱}。

可见,动趋式可能式的语序与自移事件或致移事件相关,也与受事宾语的有定性相关。

3.2 反复问式

针对动趋式的反复问式也与是否带趋向补语标记"得/起"有关。当不带趋向补语标记时,反复问式可以是"V不V得+趋+(O)"的形式。

(82)尔打不打得开箇只瓶子啊_{你能不能打开这个瓶子}?

(83)拿不拿得出一笔钱来是阿问题_{能不能拿出一笔钱来是个问题。}

当动趋式带趋向补语标记"得/起"时,其反复问形式需将整个动补结构的正反两个部分进行并列,并用并列连词"啊"进行连接,在形式上已经成为一个选择问句,而不是反复问句。

(84)箇点屑子扫起进去得啊扫起进去不得_{这些垃圾能不能扫进去}?

(85)*箇点屑子扫起不扫起进去得_{这些垃圾扫不扫得进去}?

4 益阳方言趋向范畴的分化与不对称

4.1 起点位移与终点位移的不对称

从空间位移的表达来看,益阳方言并不属于典型的卫星框架语言,而是具有混合特色。首先,趋向动词可以直接表示位移,而不需要充当动词的"卫星"成分。在这一方面,英语比汉语显示出更加具备卫星框架语言的特点,英语中表示路径的成分如 over、down 等表示路径的词语,不能离开动词直接成句。

(86)He ran down the stairs.

    他(跑)下楼。

在例(86)中,英语中的 down 不能直接带处所宾语,而汉语中的动词"跑"可以省略不说,直接用趋向词"下"带处所宾语"楼"。

在表示位移路径时,益阳方言的起点位移和终点位移表现出不对称性。在起点位移中,用介词成分将表示起点的处所名词置于动词之前。这时,表示位移路径的趋向词不可以省略。在表示终点位移时,用介词"到"将表终点的处所名词置于动词之后和趋向词之间,但趋向词可以省去不说。试比较:

(87)他走阿山上跑起*(下来)的_{他是从山上跑下来的。}

（88）泉伢唧走阿箱子底头拿起一件衣服*（出来）<small>小泉从箱子里拿出一件衣服来。</small>

（89）他一口气跑得（到）阿屋里（去哒）<small>他一口气跑到屋里去了。</small>

（90）泉伢唧会放一件衣服到箱子底头（去）<small>小泉会放一件衣服到箱子里去。</small>

在（87）和（88）中，表示起点位移时，趋向成分"下来、出来"等成分不能省略，而在终点位移事件中，"到"将终点位移成分引出，①其趋向词"去"可以省略。这是由于在（89）和（90）中，引出终点位移的成分"到"既可以理解为动词，又可以理解为介词。当理解为动词时，整个句子属于连动式，"到"后面可以直接接终点位移成分，与单用的"到北京、到西安"等用法相同。当"到"理解为介词时，则后面的趋向成分要求出现。可以用既介引起点、又介引终点的介词"走"进行比较。

（91）甲：尔走何海去啊？

　　　乙：走益阳*（去）/到益阳（去）

可以看到，当用介词"走"表示终点位移时，趋向成分"去"不可以省略，而采用"到"引出终点位移时，则趋向成分"去"可以省略，可见，"到"仍然具有动词的性质。当"到"理解为动词性质的成分时，益阳方言终点位移的表达可以采用连动式也可以采用动趋式。连动式的采用也显示出该方言的动词框架而不是卫星框架。

4.2　连动式与动趋式之间的模糊性

汉语是连动显赫的语言。一方面，连动会向并列和主从两个方面进一步扩展，形成更加接近并列或主从的语义关系。另一方面，连动式又是很多结构语法化的源头，例如介词结构、动结式、动趋式等等，这是连动式库藏裂变的结果（刘丹青 2015）。②

由于动趋式是由连动结构裂变而来的，在很多方言中，动趋式和连动式之间存在中间模糊地带。有些句式既可以理解为动趋式，又可以理解为连动式。

（92）他拿（哒）一本书出来<small>他拿了一本书出来。</small>

---

① 这里"到"的动词义并没有消失，既可以认为是连动式也可以认为是动补式。"到"可以直接接终点位移名词。

② 也有些学者将动趋式和动结式看成是连动结构，如 Aikhenvald & Dixon（2006）。

例(92)存在连动式和动趋式两种解读,当理解为连动式时,"拿哒一本书"与"出来"是按时间顺序构成了两个相继发生的事件,两个事件共享一个主语,都是"他",这可以看成是对称性连动式(symmetrical construction)(Aikhenvald & Dixon 2006)。例(92)的另一种解读是"出来"充当"拿哒一本书"的趋向补语,表示受事"一本书"的位移方向。这一种解读中,补语部分不能单独充当一个事件。如作第二种解读,那么下面的解析是错误的。

(93) * 他拿哒一本书,出来他拿了一本书,出来。

在致移结构中,当受事位于整个动词和趋向成分之后,或者用"把"字句将受事宾语提前,句子都不能作连动式的解读,只能作动趋式的解读。这时体标记只能加在整个动趋式之后。

(94) 他拿出来哒一本书他拿出来了一本书。

(95) 他把箇本书拿出来哒。

(94)和(95)只表示受事宾语"书"的位移,不表示施事主语"他"的位移。趋向成分"出来"是对"拿"的动作位移的补充说明,因此整个结构只能看作是动趋式而不是连动式。

以上可以充当连动式或动趋式解读的句式,动词和趋向成分之间仅限于使用标记"哒"。如果使用标记"得"或"起",则不具有连动式解读,只具有动趋式解读。

(96) 他拿得箇本书出来哒他把这本书拿出来了。

(97) 他拿起一本书出来哒他拿了一本书出来了。

可见,在益阳方言中,动趋式与连动式并没有进行彻底的分离,表现为带实现体标记"哒"的成分既可以理解为连动式,又可以理解为动趋式。只有带标记"得、起"的句式,才可以认为是单纯的动趋式。因此,"得、起"可以看成是趋向补语标记,而"哒"则不能看成趋向补语标记。

除了益阳方言,汉语很多方言中的动词与趋向成分之间都可以添加来自实现体的标记"了、唠、得、起、将"等成分(柯理思 2003)。从柯文所举材料来看,这些方言中的受事成分一般都不放于动词和趋向成分之间,使动词和趋向成分结合在一起,因而这些句子一般可以理解为动趋式致移事件而不是连动式。例如:

（98）把山东的土产拣用得着的乱七八糟都给带了来了。(《儿女英雄传》第 38 回 779 页。)

（99）把那封信捎唠去吧。(河北冀州方言)

（100）我亲眼看见跑得来一个小姑娘。(上海方言)

（101）借得来的东西要按时还得去。(长沙方言)

上述例句的有定受事或当事成分都位于句首或句末,使得动词和趋向成分紧挨着,为二者的结合创造了条件。不过,仍然可以看出多数方言中动趋式与连动式的裂变不如动结式与连动式彻底,动趋式的动词和趋向成分之间可以加入受事宾语,但动结式很难加入受事宾语,对比"拿一本书出来"和"看一本书完"。此外,在动词和趋向成分之间的标记成分也阻碍了动词和趋向成分的进一步词汇化,而动结式中间不需要加入其他标记成分,很多都出现了词汇化现象,使得动结式与连动式的界限也更加明显。

4.3 "得、起"标记的不对称性

4.3.1 语法化程度

"得"和"起"是连接动词和趋向成分的两个标记,只能位于动词之后。"得""起"在很多时候能够互用,例如"走得来"和"走起来"。但"得"和"起"的用法也有不同。"得"来源于表实现或达成的动相补语,词义已经虚化。"起"来源于由趋向动词发展而来的动相补语,在某些场合下仍然有表示"离开原点往上"的位移用法。当表示自移事件时,"得"和"起"都是紧附于前面的动词,而后面的补语部分无法成句。

（102）走得来~*走得,来。

（103）走起来~*走起,来。

在表示致移事件时,如果受事成分出现在动词和趋向成分之间,那么用"起"可以理解为动相补语而不是连接趋向成分之间的标记,但"得"没有相应的用法。

（104）他拿得箇件衣服出来哒。~*他拿得箇件衣服,出来达。

（105）他拿起箇件衣服出来哒。~他拿起箇件衣服,出来哒。

（104）采用标记"得",趋向动词之间的成分不能单独成立,而采用"起",趋

向动词之前的成分可以成立,表示伴随状态,后面的趋向动词可以单独成句。但要求趋向动词后带实现体或完成体标记"哒"或"咖哒"。

可见,标记"得"已经完成了由动相补语到动趋式标记的转变,而"起"正处于由动相补语到动趋式标记的转变过程之中。"得"的语法化程度高于"起"。

4.3.2 起点位移与终点位移

来源于趋向动词的"起",同时有表示"起始"的作用。在表达位移路径时,"得"既可以用于起点位移,也可以用于终点位移。而"起"只能用于起点位移,不能用于终点位移。

(106) a. 他昨日子飞得到长沙去哒。　　b. *他昨日子飞起到长沙去哒。

(107) a. 把箇件衣服拿得到铺上去。　　b. *把箇件衣服拿起到铺上去。

如果用于起点位移,既可以用标记"起",又可以用标记"得"。

(108) a. 他走阿山上走得下来哒。　　b. 他走阿山上走起下来哒。

值得注意的是,当受事成分位于动词和趋向补语之间时,表示终点位移也可以用"起"。如例(107b)也可以说成:

(109) 拿起箇件衣服到铺上去。

这里的"起"更多地用来表示动词"拿"的动相补语,有表示位移从低处往高处的意思。与(105)的用法相同,此处不赘。

4.3.3 受事的有定与无定制约

"得"与"起"的另一个区分表现为,在表达致移事件时,"得"只能与有定受事搭配,而"起"既可以与有定受事搭配,也可以与无定受事搭配。

(110) a. 泉伢唧把箇本书还得去哒。　　b. 泉伢唧把箇本书还起去哒。

(111) a. *泉伢唧送得一本书来哒。　　b. 泉伢唧送起一本书来哒。

不仅在趋向式中,在双及物结构式以及致使结构中,有定受事都需要由"得"作为标记引出。例如"把得箇件衣服把他""搞得箇碗饭吃不完"等。关于"得"的性质和用法,可以进一步探索。

小　　结

益阳方言的趋向范畴,既可以采用动词框架,也可以采用卫星框架,是一种混合型框架的方言。从位移表达的类型来看,自移事件可以采用动词框架或卫星框架,而致移事件则只能采用卫星框架。益阳方言的卫星框架表达法是从连动式进一步发展而来的,某些句式既可以分析为连动式,又可以分析为动趋式。连接动词和趋向成分之间的标记有"得"和"起",二者语法化程度不同,在表达起点位移或终点位移,动词所连接的受事是有定或无定方面,二者在使用上有别。

参考文献

崔振华　2007　《湘方言中的"起去"已经语法化》,《汉语学报》第 3 期,65—68 页。

柯理思　2002　《汉语方言里连接趋向成分的形式》,《中国语文研究》第 1 期,26—24 页。

柯理思　2003　《汉语空间位移事件的语言表达——兼论述趋式的几个问题》,《现代中国语研究》(日本)第 5 期,1—18 页。

刘丹青　2015　《汉语及亲邻语言连动式的句法地位和显赫度》,《民族语文》第 3 期,3—22 页。

刘月华　1998　《趋向补语通释》,北京语言文化大学出版社。

夏俐萍、周晨磊　2022　《汉语方言(非)现实情态的寄生与去寄生——以处所标记为例》,《当代语言学》第 5 期。

邢向东　2011　《陕北神木话的趋向词》,*Language and Linguistics* 12.3：565‑593。

赵元任　1968/1979　《汉语口语语法》,吕叔湘译,商务印书馆。

朱德熙　1982　《语法讲义》,商务印书馆。

Aikhenvald, Alexandra Y. & A. M Dixon　2006　*Serial Verb Constructions: A Cross Linguistic Typology*, Oxford University Press.

Talmy, Leonard　2000　*Toward a Cognitive Semantics Vol. 2: Typology and process in Concept Structuring*. Cambridge：MIT Press.

江西吉安云楼方言的位移表达

昌梅香

（陕西师范大学文学院）

1 引　言

1.1　术语简介

本文使用 Talmy（2000）类型学中的一套参数项，来说明云楼方言表达位移事件的方式。在 Talmy 的类型学中，提出位移事件主要由以下几个语义成分构成：位移体（Figure）、参照点（Ground）、位移（Motion）、路径（Path）。①

1.2　云楼方言的趋向动词

关于现代汉语里趋向动词的范围，大家的看法并不一致（陆俭明 2002；Zhengda Tang & Christine Lamarre 2007）。根据趋向动词做补语时其前面能否加入"得"，我们将云楼方言中的趋向动词定为以下 26 个：

（a）上、下、进、出、归、过、起、开

（b）来、去

（c）上来、下来、进来、出来、归来、过来、起来、开来、上去、下去、进去、出去、
归去、过去、起去、开去

一般把（a）组的趋向动词称为非直指性路径动词（non-deictic path verb），简记为 P_{nd}；（b）组的趋向动词称为直指性路径动词（deictic path verb），简记为 P_d；

---

① 不同学者对于这些概念有不同的翻译名称，比如沈家煊把这四者分别翻译为"凸像、背衬、运动、路径"。本文主要采用柯理思或唐正大两位学者翻译过来的术语。见柯理思（2003），唐正大（2008）。

（c）组复合趋向动词是由（a）、（b）两组单纯趋向动词组合而成。因为这组词中间可以插入其他成分,因此我们把它们看作离合式复合趋向动词(陆俭明 2002)。

北京话中没有跟"起来""开来"相配的"起去""开去";"开来"是粘着形式,只能做别的动词的补语,不能单用(朱德熙 2002:128)。但在云楼方言中,"起去""开去""开来"和其他的复合趋向动词一样,可以单独作谓语中心语,也可以充当趋向补语。云楼方言的趋向动词系统如下表:

表 1　云楼方言趋向动词

	上	下	进	出	归	过	起①	开②
来	上来	下来	进来	出来	归来	过来	起来	开来
去	上去	下去	进去	出去	归去	过去	起去	开去

文章为了便于比较,尽量使用其他学者使用过的例句,例句中的处所宾语用"[ ]"符号标示,不能确定方言本字的用同音字或训读代替,并在其下加点"."标示。

2　云楼方言位移事件的表达格式

柯理思(2003)指出:"为了进一步分析汉语(包括其历史和地域变体)表达位移的模式,对动词后带处所宾语和不带处所宾语的格式,应该分别讨论。"云楼方言在表达位移事件时,并不因为参照点(处所宾语)语义角色的不同而在表达形式上受到制约,而与带不带处所宾语有很大的关系。因此在下文的论述中,主要从表达位移事件的形式出发,将云楼方言用来表达位移事件的各种格式进行客观详细的描述,试图寻找这些不同格式之间的转换关系,以及每种

---

① "起"带处所宾语时受到很大的限制,比如不能出现在"Pnd＋G＋Pd""V＋得＋Pnd＋G＋(Pd)"等表达式中。

② "开"不能单独作谓语,只能作趋向补语。动词带上"开"时,可以在其中插入趋向补语标记"得",如"猛行开哟/猛行得开哟快点走开";也可以带处所宾语,如"行开厅下去离开厅里"。常和"来、去"构成离合趋向动词"开来、开去"。

格式在表义上的相同和细微差别,同时对位移事件中"卫星框架"的形式标记
"得"进行一定的探讨,以期对位移事件的各种形式变换以及自由变体起到一
定的解释作用。

2.1 "动词框架"(路径动词)表达位移事件

2.1.1 直指性路径动词+背景名词

表达式一: Pd+G

在云楼方言中,这种格式的使用不受条件限制,和普通话中这种格式的用法
一样。"来""去"所带的处所宾语表示起点或终点。①

我想去一趟[西安]。

我明日想去呀②[医院]做个检查。_{我明天想去一下医院做个检查。}

他明日想来[西安]一下。_{他明天想来西安一会儿。}

你明日一来[西安]歇_{你明天来不来西安玩?}

他前日就来嘚[西安]_{他前天就来西安了。}

我去年嘚来刮[西安]两次嘚_{我去年来了西安两次了。}

从以上例句可知,"Pd+G"表达式的使用非常自由,不受其他条件的限制,
这和我们所知的关中方言不同。北方方言普遍使用的"到+G+Pd"格式,在云楼
方言中使用起来却不自然或者有所限制。③

例如:

我想去一趟[西安]。　　　　[?]我想到西安去一趟。　　我想到西安去。

我明日想去呀[医院]做个检查。　我明日想到医院去做个检查。

他明日想来[西安]一下。　　　[?]他明日想到西安来一下。他明日想到西安来。

你明日一来[西安]歇?　　　　[?]你明日一到西安来歇?　你明日一到西安来?

---

① 唐正大(2008)在文章中区分终点位移事件和目标位移事件,后者为"可能的终点"。本文
采用 Tang & Lamarre(2007)文中"goal"既指"终点",又指"目标",不区分两者。

② "呀"是"一下"的合音。

③ Tang & Lamarre(2007)认为普通话中的"Pd+G"表达式是受南方方言影响的结果。我们
也认为,云楼方言中"到+G+Pd"格式是受到北方方言和普通话影响的结果。文中"来/
去+处所宾语+来/去嘚"格式在部分人中等同于"到+处所宾语+来/去嘚",就是很好的
例证。

他前日就来嘚[西安]。　　　?他前日就到西安来嘚。

他前日就来西安来嘚。

我旧年嘚来刮[西安]两次嘚。?我旧年嘚到刮西安两次嘚。

我旧年嘚到西安到刮两次嘚。

表达式二：Pd+G+Pd 嘚

即"来+处所宾语+来嘚""去+处所宾语+去嘚"格式。

当动作已然,位移事件已经发生时,在云楼方言中就可以用表达式二。以上例子中的已然位移事件,还可以用"Pd+G+Pd 嘚"表达方式：

他前日就来嘚[西安]。　　　他前日就来西安来嘚。

我旧年嘚来刮[西安]两次嘚。　我旧年嘚来刮西安两次来嘚。

更多的例句如下：

小兰来[书院]来嘚小兰来学校了。

他一是来[高头]来嘚他是不是来这里了?

他来我[高头]来嘚他来我这儿了。

他旦头去[哪是]去嘚他刚才去哪里了?

他去[古头]去嘚他去那儿了。

我旧年嘚热天去[美国]去嘚我去年夏天去美国了。

在"来+处所宾语+来嘚""去+处所宾语+去嘚"格式中,处所宾语前后的"来/去"语音形式上有差别。处所宾语前的"来/去"表示本来的词汇意义,语音上没有任何的弱化形式;之后的"来/去"可以语音弱化为[ə],或只表现为其前一个音节调值的延长,或完全省略。处所宾语后的"来/去"在意义上也并不像前面的"来/去"表示完全的词汇意义,表示的是相对抽象的指示义。

近代汉语已有"来+处所宾语+来""去+处所宾语+去"格式,并且从形式演变上来看,我们认为云楼方言中表达式"Pd+G+嘚",应由表达式"Pd+G+Pd 嘚"发展演变而来,即：

$$Pd+G+Pd 嘚>Pd+G+(Pd)嘚>Pd+G+嘚$$

根据温美姬(2012)一文,"来/去+处所宾语+来/去"格式的使用主要集中在赣南、赣中地区的赣语区,云楼方言正是分布在这片区域之中。与温文中有所不同的是,云楼方言"来/去+处所宾语+来/去嘚"格式在使用时,只用于表达已然的位移事件,而不能用于未然和表示祈使语气的位移事件中。从功能上来说,最初产生的"来/去+处所宾语+来/去"格式功能齐全,这种特征一直保留在现代赣中地区的赣语中。只是在云楼方言中这种格式的功能有所衰减,发展变化为只能用于表达已然位移事件。

2.1.2　非直指性路径动词+背景名词

表达式三:Pnd+G

非直指性路径动词,也就是趋向动词(a),和普通话一样,可以直接带处所宾语,表示位移事件。例如:

上[岭(嚷上)]上山(上)

过[河]

进[房颠里面]进房间

归[围底家]回家

起[床]

下[床]

上[车(嚷)]上车(上)

下[车]

下[井(颠)]下井(里)

其中,"起"带处所宾语时,只限于常用的"床"。较之其他非直指路径动词,"起"受很大的限制。

2.1.3　非直指性路径动词+背景名词+直指性路径动词

表达式四:Pnd+G+Pd

进[厅下]去(嘚)

出[外底面]来(嘚)

上[树尾嚷]去(嘚)

下[井颠]去(嘚)

归[围底]去(嘚)回家去(了)

过[该只这条马路]来(嘚)从这条马路过来(了)

这种格式不带"嘚"时,表达未然事件,表示祈使义;带上"嘚"时,表达已然事件,表示叙述义。"起"在这个格式中不能直接带处所宾语。

2.2 "卫星框架"(趋向补语)表达位移事件

2.2.1 伴随事件动词后带直指路径动词

表达式一:V+得+Pd+G

行得来[该]走到这来

搬得来[棚嘚颠]搬到棚子里面来

放得来[阳台壤]放到阳台上来

飞得去[北京]飞到北京去

送得去[书院]送到学校去

借得去[另外只当嘚]借去另外一个地方

在这一位移事件表达方式中,"得"的使用具有强制性,即表示致使或方式的动词和直指趋向动词"来/去"之间,必须有"得",否则在云楼方言中不合语法。

在他移事件中,宾语主要是客体(theme),所以如果动趋式带客体宾语,如"拿出一只箩筐来"这种,有几种可能的语序?"得"的使用情况如何?

当动趋式带客体宾语时,"得"的使用有所选择。不用"得"时,表祈使未然,例如:

拿只箩来[该]拿一只箩筐来这

捉只鱼嘚去[灶前]抓条鱼去厨房

使用"得"时,表叙述已然,例如:

拿得只箩来[该]拿了一只箩筐来这

捉得只鱼嘚去[灶前](嘚)抓了条鱼去厨房了

"V+得+Pd+G"格式后面经常带动词或动词短语,表示位移后的目的。表达式为"V+得+Pd+G+V/Vp",如:

张三打算明日飞得去[北京]歇几工张三打算明天飞去北京玩几天。

把张三送得去[书院]读书把张三送去学校读书。

车子借得来[该]用住一下把车子借来这里先暂时用一下。

不带处所宾语时,V 与 Pd 的组合只能是"V 来"与"V 去"的并列组合,"得"的使用不具有强制性。如：V 来 V 去/V 得来 V 得去。两者在语义上没有区别。如：

行来行去_{走来走去}= 行得来行得去   送来送去 = 送得来送得去

2.2.1.1 以上的格式,表示的是未然事件,具有祈使义。当需要表达已然事件时,在格式末尾加上相应的"(来/去)嘚",表达陈述义。表达式为"V+得+Pd+G+(Pd)嘚"。例如以上例子都可以相应转换为已然事件：

A	B
行得来[该]	行得来[该](来)嘚
搬得来[棚嘚颠]	搬得来[棚嘚颠](来)嘚
放得来[阳台囔]	放得来[阳台囔](来)嘚
飞得去[北京]	飞得去[北京](去)嘚
送得去[书院]	送得去[书院](去)嘚
借得去[另外只当嘚]	借得去[另外只当嘚](去)嘚

"V+得+Pd+G+V/Vp"与"V+得+Pd+G+(Pd)嘚"可以叠套在一起使用,从而形成一个最大化格式"V+得+Pd+G+V/Vp+(Pd)嘚"。如：

飞得去[北京]歇去嘚

送得来[书院]读书来嘚

放得去[锅颠]煮去嘚

2.2.1.2 V+得+Pd+G 有相应的变式"V+得+G+Pd"：

A1	A2
行得来[该]	行得[该]来
搬得来[棚嘚颠]	搬得[棚嘚颠]来
放得来[阳台囔]	放得[阳台囔]来
飞得去[北京]	飞得[北京]去
送得去[书院]	送得[书院]去
借得去[另外只当嘚]	借得[另外只当嘚]去

从语义上来说,A1＝A2。但"得"在两式中的作用却不同。A2 中,"得"的作用在于引介出处所宾语,相当于介词"到"。而在 A1 中,"得"只是"卫

星"模式的一个外在形式标志,是结构助词。"得"在两式中功能的不同,还表现在语音停顿上的不同。例如:

A1　　行得／来［该］

A2　　行／得［该］来

在表示位移事件时,A1可以不受任何限制地转换为A2式,但A2式并不能自由转换为A1式。例如:

A1	A2
*张三跌得去［井颠］去嗻。	张三跌得［井颠］去嗻。
*张三滑得去［地下］去嗻。	张三滑得［地下］去嗻。
*该本书赖得去［围底］去嗻。	该本书赖忘记得［围底］去嗻。

比较中我们发现,"V+得+G+Pd"格式(A2)在表达已然的位移事件时,更侧重于客观的描述;"V+得+Pd+G"格式(A1)在表达已然的位移事件时,对事件有所选择:当发生的事件不如人意时,不能用这种格式。以上例子中的"掉到井里、滑到地上、忘记在家里"这些都是主观上不愿意出现的事情,所以不能用"V+得+Pd+G"格式(A1)。

2.2.2　伴随事件动词后带非直指路径动词

表达式二:V+Pnd+G

2.2.2.1　V+Pnd+G及其变式V+Pnd+得+G

行进［房颠］走进房间里

送归［书院］送回给学校

爬上［树尾曩］爬到树梢上

行下［飞机］从飞机上走下来

滚出［洞颠］从洞里滚出来

放起［橱嗻颠］放好到橱柜里

猎过［桥该边厢］追过桥这边

以上的表达式可以在处所宾语前加上"得",变成V+Pnd+得+G,语义不变。

A1	A2
行进［房颠］	行进得［房颠］
送归［书院］	送归得［书院］

爬上[树尾囊]　　　　　　　爬上得[树尾囊]

行下[飞机]　　　　　　　　行下得[飞机]

滚出[该洞颠]　　　　　　　滚出得[该洞颠]

放起[橱嘮颠]　　　　　　　放起得[橱嘮颠]

猎过桥[该边厢]　　　　　　猎过得桥[该边厢]

2.2.2.2　V+Pnd+G 及其变式 V+得+Pnd+G

"得"也可以放在动词和非直指路径动词之间,即 V+得+Pnd+G:

A1	A2	A3
行进[房颠]	行进得[房颠]	行得进[房颠]
送归[书院]	送归得[书院]	送得归[书院]
爬上[树尾囊]	爬上得[树尾囊]	爬得上[树尾囊]
行下[飞机]	行下得[飞机]	行得下[飞机]
滚出[该洞颠]	滚出得[该洞颠]	滚得出[该洞颠]
猎过[桥该边厢]	猎过得[桥该边厢]	猎得过[桥概边厢]
放起[橱嘮颠]	放起得[橱嘮颠]	*放得起橱嘮颠

当动词后接非直指动词时,"得"是可选项,不是必须的,不像在"V+得+Pd+G"表达式中,"得"必须跟在动词的后面。

在表示位移事件时,A1＝A2＝A3,即 V+Pnd+G＝ V+Pnd+得+G＝ V+得+Pnd+G,但没有"V+得+G+Pnd"格式。例如:

行进[房颠]＝行进得[房颠]＝行得进[房颠]　　*行得[房颠]进

当"V+得+Pnd+G"(A3)单独使用时,可以有两种语义的理解:

a."V+得+Pnd"表示能性补语,即"能 V+Pnd"的意思。"得"是能性补语的标志,其否定形式是用"不"代替"得",即"V+不+Pnd"。

b."V+得+Pnd"表示趋向补语,语义等同于"V+Pnd"。"得"是趋向补语的标志,相应的否定形式为"不+V+得+Pnd"。如"行得进房颠",当作能性补语理解时,义为"能走进房间里",语音上的停顿为"行得进/[房颠]";当作趋向补语理解时,义为"走进房间里",语音上的停顿为"行得/进[房颠]"。

"V+得+Pnd+G"格式既可以表示能性补语,又能够表示趋向补语,具体语义的选择完全取决于语境。

2.2.2.3 "V+Pnd+G"式及其各变式后加"来/去"

以上三式 A1、A2、A3 都可以在末尾根据需要加上直指趋向动词"来/去"，得到以下相应的三种格式，我们用 B 式表示如下：

B1：V+Pnd+G+Pd

B2：V+Pnd+得+G+Pd

B3：V+得+Pnd+G+Pd

B1	B2	B3
行进[房颠]来/去	行进得[房颠]来/去	行得进[房颠]来/去
送归[书院]来/去	送归得[书院]来/去	送得归[书院]来/去
爬上[树尾囔]来/去	爬上得[树尾囔]来/去	爬得上[树尾囔]来/去
行下[飞机]来/去	行下得[飞机]来/去	行得下[飞机]来/去
滚出[该洞颠]来/去	滚出得[该洞颠]来/去	滚得出[该洞颠]来/去
猎过[桥该边厢]来/去	猎过得[桥该边厢]来/去	猎得过[桥该边厢]来/去
放起[橱嘚颠]来/去	放起得[橱嘚颠]来/去	*放得起[橱嘚颠]来/去

B 式在使用中有差别。B1、B2 用于未然的位移事件，可以独立成句，表达祈使义；B3 常以已然体标记"嘚"附着于"来/去"之后，表示已然的位移事件，表达陈述义。如下所示：

未然/祈使　　　　　　已然/陈述

B1 行进[房颠]来/去　　B3 行得进[房颠]来/去嘚

B2 行进得[房颠]来/去

不带处所宾语时，"得"在 V 与 Pnd 的组合中没有强制性，即 V 与 Pnd 的组合有两种形式：

VPnd　　　　放进　　　送上　　　拿归_{拿回来}

V 得 Pnd　　放得进　　送得上　　拿得归_{拿回来}

当表示位移事件的趋向时，"VPnd"与"V 得 Pnd"语义等同，即：

放进=放得进　　送上=送得上　　拿归_{拿回来}=拿得归_{拿回来}

但"V 得 Pnd"格式除了表示趋向位移，还可以表示能性补语结构。如"放得进"可以理解为"能放进去"。

2.2.3 伴随事件动词后带离合趋向动词

表达式三：V+得+PndPd

　　　　　　V+Pnd+得+Pd

当位移事件中的处所宾语不必表达时，我们可以得到"V+PndPd"表达式。"V+PndPd"可以看作是上文的 B 式省略处所宾语转换而来的。以下用 C 式表示：

（B1>）C1	（B2>）C2	（B3>）C3
行进来/去	行进得来/去	行得进来/去
送归来/去	送归得来/去	送得归来/去
*爬上来/去	爬上得来/去	爬得上来/去
*行下来/去	行下得来/去	行得下来/去
滚出来/去	滚出得来/去	滚得出来/去
猎过来/去	猎过得来/去	猎得过来/去
*放起来/去	放起得来/去	放得起来/去

实际上，表达式"V+PndPd"在使用中很不自由，不能单独成句，常常只是用在并列的相同格式中表示位移的比较，语气上表示说话人的一种不耐烦态度、不高兴的心情。例如：

行进来行进去，冇下停个样子。走进来走进去，很忙的样子。

送归来送归去，麻哩麻烦。送来送去，很麻烦。

滚出来滚出去，滚得该身！滚来滚去，把身上弄得很脏！

猎过来猎过去，冇脱！跟过来跟过去，让人不得脱身！

甚至有些"V+PndPd"式不存在，只能使用其相应的变式 C2 或 C3，如上面所举例子中的"*爬上来/去""*行下来/去""*放起来/去"。因此，当动词后面只带复合趋向动词并且不带处所宾语时，更常用、更合语法的格式是：V+得+PndPd 和 V+Pnd+得+Pd。

不带处所宾语的时候，V+得+PndPd 和 V+Pnd+得+Pd 语义上等同，例如：

送进得来 = 送得进来

将能菜送进得来把这些菜送进来 = 将能菜送得进来

可以单独成句，往往表示事件未然，祈使语气。

综上,云楼方言中表达位移事件的各种格式可以概括如下表:

表 2 云楼方言位移事件的各种表达格式

	带处所宾语	不带处所宾语
路径动词框架	Pd+G Pd+G+(Pd)嘚	
	Pnd+G Pnd+G+Pd	
卫星框架	V+得+Pd+G V+得+Pd+G+V/Vp V+得+Pd+G+(Pd)嘚 V+得+Pd+G+V/Vp+(Pd)嘚 V+得+G+Pd	V+得+Pd
	V+Pnd+G V+Pnd+得+G V+得+Pnd+G	V+(得)+Pnd
	V+Pnd+G+Pd V+Pnd+得+G+Pd V+得+Pnd+G+Pd	V+Pnd+得+Pd V+得+Pnd+Pd

3 "卫星框架"中"得"的多功能性及来源探讨

3.1 "得"的多功能性质

当卫星框架中出现处所宾语时,位移事件表达的形式主要可以概括为如下三种:①

放进得[厅下]来	V+	Pnd	+	得+G	+Pn
放得[厅下]来	V+			得+G	+Pn
	V+	得		+G	+Pn
放进[厅下]来	V+	Pnd		+G	+Pn

---

① 当卫星框架中出现处所宾语时,还有"V+得+Pnd/Pd+G"形式,如"放得进[厅下]""放得来[厅下]",其中"得"的性质与不带处所宾语时相同,是趋向补语的标志。

其中"放得[厅下]来"中的"得",如上图所示,既可以处在引介处所宾语的位置上,引介处所宾语;也可以处在 Pnd 所在的句法槽中,用于补上非指示义趋向补语。因此,在"放得[厅下]来"结构中,"得"的这两种功能在一个表达式中得以体现。

在云楼方言中,卫星框架不带处所宾语时,位移事件的表达式可以总结为以下几种:

放得来[厅下]　＞　放得来　　 V＋得＋Pd
放得进[厅下]　＞　放得进　　 V＋得＋Pnd 　　⎫
放得进[厅下]来＞　放得进来 　V＋得＋PndPd ⎬　V＋得＋(Pnd)Pd
　　　　　　　　　　　　　　　　　　 ⎭

放进得[厅下]来＞　放进得来　 V＋Pnd 得＋Pd ⎫
放进[厅下]来　＞　 *放进来 　　　　　　　 ⎬　V＋Pnd＋得＋Pd
　　　　　　　　　　　　　　　　　　　　 ⎭

以上的分析从形式上看"得"分别进入了两种表达式:"V＋得＋Pd/Pnd/PndPd"和"V＋Pnd＋得＋Pd",实际上我们认为这两种表达式又可以进一步归纳为一种,即 V＋得＋Pd/Pnd/PndPd。

因为云楼方言中,"Pnd＋得＋Pd"结构单独使用时,只能是作能性动补结构来理解,例如:

进得来/出得去/下得去/上得去/归得来/起得去/过得来

这些从语义上都只能理解为"能进来/能出去/能下去/能上去/能归来/能起去/能过来"的能性结构,因此"V＋Pnd＋得＋Pd"表达式中,"Pnd"只能理解为与前面的伴随事件动词 V 组合在一起,充当前面伴随事件动词 V 的补语,而不能理解为与后面的"得"组合在一起。所以,"V＋Pnd＋得＋Pd"表达式是"V＋得＋Pd"表达式通过在 V 后添加一个表示位移维向的 Pnd 得到。即 V＋得＋Pd＞V(＋Pnd)＋得＋Pd。

所以,当卫星框架的位移表达式中没有处所宾语出现时,"得"的功能在于连接伴随事件动词和"卫星"(趋向补语),起到一个结构助词的作用,是卫星框架模式的形式标志,即趋向补语的形式标志。

综上,"得"在"卫星框架"中有三种不同的句法功能:引介处所宾语、代替非指示义趋向补语、"卫星框架"的形式标志。这些功能的不同,说明了在表达位移事件的不同模式中,"得"语法化程度的不同。当引介处所宾语时,"得"表示抽象的"达成"义;进一步虚化后,可以填补非指示义趋向动词,发展为一个泛化的趋向补语;①当动词后不出现处所宾语时,"得"的强制性用法使"卫星框架"模式发展为一种"凝固化"的格式,此时"得"语法化程度最高,成为这种格式的形式标记。

处所宾语在动词后的出现与否影响了位移事件的表达方式,"得"在"卫星框架"中具体实施哪种功能,也取决于处所宾语出现与否。

3.2 "得"的来源

王力(1958)、祝彻敏(1960)、岳俊发(1984)、蒋绍愚(2005)等学者对述补结构中"得"的来源都有所论述。大家一致认为,"得"的虚化过程是"得"由"获得"义转化为"达成"义,然后虚化为动词词尾"得"。蒋绍愚认为"V 得 V趋"结构是"V 得"后面加上趋向动词。在最初的时候"V 得"后面加表示趋向的动词,或是表示达成,或是表示可能,这是由语境决定的:当叙述的是已然的事情,"V 得 V趋"表示趋向的达成;同样的结构如果用在未然或假设的语境中,"V 得 V趋"就表示可能的意义了。如:

> 师曰:"还将得游山杖来不?"对曰:"不将得来。"师曰:"若不将来,空来何益?"(《祖堂集》卷五)

以上句子中,"不将得来""不将来"意思一样,加"得"只是更强调了这一动作趋向的达成。之后"得"在该句法位置上进一步虚化成结构助词。

在现代汉语普通话中,"V 得 V趋"结构不再表示动作趋向义,只表示可能义。但在云楼方言中,"V 得 V趋"结构不但表示能性义,而且还表示动作的位移趋向义(位移事件的卫星框架模式),这两种意义分别对应于两种不同的否定格式。例如:

	表"可能"义	表位移趋向义
拿得来	拿不来	不拿得来
放得去	放不去	不放得去
滚得进	滚不进	不滚得进

---

① 柯理思曾经把冀州话的"唠/了"分析为傀儡的趋向补语(2003)。

牵得出	牵不出	不牵得出
爬得上	爬不上	不爬得上
扛得下	扛不下	不扛得下
坐得起	坐不起	不坐得起
行得开	行不开	不行得开
行得进来	行不进来	不行得进来
行进得来	行不进来	不行进得来
走开得去	走不开去	不走得开去
跳得进去	跳不进去	不跳得进去
送得出来	送不出来	不送得出来
流得下去	流不下来	不流得下来

但当"得"前面的动词是表示维向的"上、下、进、出、归、起"类趋向动词时，"V得V$_{趋}$"结构只能是表能性义，而不能表示位移趋向。其否定形式只有能性否定结构，而没有表示位移趋向的否定结构。如：

进得来	进不来	*不进得来
出得去	出不去	*不出得去
归得来	归不来	*不归得来
上得去	上不去	*不上得去
下得来	下不来	*不下得来
起得来	起不来	*不起得来

结　语

云楼方言既可以用路径动词(动词框架语言 verb-framed language)来表达位移事件，也可以用趋向补语(卫星框架语言 satellite-framed language)来表达位移事件，所以云楼方言属于类型学中的"混合类型"语言。

柯理思(2003)在解释为什么汉语(普通话、方言)的述趋式里会出现一些"冗余"成分时，认为这些"冗余"成分的主要作用在于占据语义泛化的非指示义趋向动词的位置，从而发展出一个泛化的"傀偏趋向补语"，并且据她的考察，

"汉语方言中使用类似的'傀儡趋向补语'的方言还包括一部分山西(晋)方言和吴方言(用'得'、'将'等),从整个汉语通行区域来看并不是例外。"和柯理思所指的"傀儡趋向补语"不同的是,云楼方言述趋式中"冗余"成分"得"呈共时多功能性,充当"傀儡趋向补语"只是其中的一个功能。

云楼方言在位移事件的表达中,伴随事件动词后的处所宾语可以表位移目标、起点、路径和方向多种语义角色,句法形式和语义间的关联交错复杂,这些和普通话是一致的,甚至在表达形式上比普通话更纷繁复杂。本文并未把趋向补语带处所宾语和受事宾语一起讨论,这种情况下位移事件的表达受到了更多条件的限制,也就意味着复杂性又有了更进一步的提高。这有待以后更深入的研究。

参考文献

柯理思　2002　《汉语方言里连接趋向成分的形式》,《中国语文研究》第 1 期,26—44 页。

柯理思　2003　《汉语空间位移事件的语言表达——兼论述趋式的几个问题》,《现代中国语研究》第 5 期,1—18 页。

蒋绍愚　2005　《近代汉语研究概要》,北京大学出版社,178—204 页。

陆俭明　2002　《动词后趋向补语和宾语的位置问题》,《世界汉语教学》第 1 期,5—17 页。

沈家煊　2003　《现代汉语"动补结构"的类型学考察》,《世界汉语教学》第 3 期,17—23 页。

唐正大　2008　《关中方言趋向表达的句法语义类型》,《语言科学》第 2 期,168—176 页。

王　力　1958　《汉语史稿》,科学出版社。

温美姬　2012　《江西吉安方言的"来+NP/VP+来"与"去+NP/VP+去"》,《方言》第 3 期,261—265 页。

岳俊发　1984　《得字句的产生和演变》,《语言研究》第 2 期,10—30 页。

张伯江　1991　《动趋式里宾语位置的制约因素》,《汉语学习》第 6 期,4—8 页。

朱德熙　2002　《语法讲义》,商务印书馆,128 页。

Chao, Yuen-Ren　1968　*A grammar of spoken Chinese*, 177－222. Berkeley and Los Angeles：University of California Press.

Lakoff, G.　1987　*Women, fire, and dangerous things: What categories reveal about the mind.* Chicago, IL：The University of Chicago Press.

Peyraube, Alain　2006　Motion Events in Chinese：A diachronic study of directional complements. In Maya Hickmann and Stephane Robert (eds.), *Space in languages*, 121－138. John Benjamins Publishing Company.

Talmy, Leonard　1985　Lexicalization patterns：Semantic structure in lexical forms. In Timothy Shopen (ed.), *Language typology and semantic description, vol. 3: Grammatical categories and the lexicon*, 36－149. Cambridge：Cambridge University Press.

Talmy, Leonard   2000   *Toward a cognitive semantics*, *vol. 2: Typology and process in concept structuring*. Cambridge, MA: The MIT Press.

Tai, James H-Y.   2003   Cognitive relativism: resultative construction in Chinese. *Language and Linguistics* 4/2: 301–316.

Tang, Zhengda & Lamarre, Christine   2007   A Contrastive Study of the Linguistic Encoding of Motion Events in Standard Chinese and in the Guanzhong Dialect of Mandarin (Shaanxi). *Bulletin of Chinese Linguistics* 2.1: 135–168.

安远(龙布)客家话的动趋式 *

叶雁鹏

(浙江大学汉语史研究中心/文学院,法国高等社科研究院)

1 引　言

　　安远县位于江西省南部,赣州市东南部,地处长江水系赣江上游和珠江水系东江源起源地,全县总人口约 35 万人。《中国语言地图集》(第一版)将安远客家话划归宁龙片,第二版将它划归于信片。安远县内的客家话有三种口音,分为南片话、中片话和北片话。中片话以县城话为代表,北片话以龙布话为代表(具体参见廖海明 2002:1)。

　　Talmy(1985,2000)依据位移事件(motion event)中路径(path)信息是如何编码的,将世界语言划分为两种类型,即 V 型(verb-framed,动词框架型)和 S 型(satellite-framed,卫星框架型)。若路径信息由句子的核心动词编码,副事件(co-event,包括方式 Manner 和致使 Cause 等)由诸如附加语之类的卫星成分编码,则为 V 型语言(如:西班牙语、法语、日语、上古汉语等);若路径信息由卫星成分编码,副事件由核心动词编码,则为 S 型语言(如:英语、德语等)。本文将首先详细描写安远(龙布)客家话的趋向成分及位移事件表达,以及动趋式的可能式与反复问式,最后在 Talmy 的运动事件词化类型学说的框架下,归纳龙布客家话的位移表达特点。此外本文附带介绍龙布话中趋向成分的体貌用法。

---

* 本文研究受到国家留学基金公派联合培养博士研究生项目(编号:202106320075)资助。另外本文在写作过程中曾蒙法国国立东方语言文化学院(INALCO)柯理思(Christine Lamarre)教授的悉心指导,吸收了不少有益的意见。复旦大学盛益民教授和常熟理工学院柳俊博士也给笔者提供了不少很好的建议。在此致以诚挚的感谢! 文章若有错误,概由笔者负责。

　　笔者本人母语是龙布话（北片话），文中所据语料来源于日常口语、笔者内省以及笔者调查。龙布话的声调格局：阴平 44、阳平 322、上声 21、去声 53、阴入 2、阳入 5（说明：① 古浊上字主要归上声，有一部分归去声。② 古清去字主要归阳平。③ 入声字据韵尾分调，古咸深山臻四摄入声字归阴入，古宕江曾梗通五摄入声字归阳入）。龙布话的量词 kie^{21} 写作"个"，近指代词 kie^{44} 写作"箇"，领属标记 kie^{44} 写作"嗰"。

　　为叙述方便本文使用了一些字母简称：动词（V），宾语（O），介词（Prep），趋向成分（D），处所宾语（Loc），直指性趋向动词（V_{Dd}），非直指性趋向动词（V_{Dn}），直指性趋向补语（D_d），非直指性趋向补语（D_n）。文中"/"表示替换关系，替换的范围以下划线的形式注出，如"他明天<u>回/去</u>安远"。

2　趋向成分的构成

2.1　趋向动词

　　趋向动词可分为直指性趋向（deictic directionals）动词和非直指性趋向（non-deictic directionals）动词。直指性趋向动词以说话者所处的位置为参照，如"来/去"。非直指性趋向动词与说话者所处的位置没有参照关系，如"上/出/过"等。

　　龙布话中直指性趋向动词只有"来"［luε^{322}］与"去"［ʃy^{21}］。非直指性趋向动词依据其语义类型列表如下：

表 1　龙布话的非直指性趋向成分

语　义	普通话	龙布话	例　　句
下到上	上、起	上［saŋ^{21}］、起［tʃʰi^{21}］	上山。搬上块砖来。倚起来（站起来）。
上到下	下	下［ha^{322}］、落［ləu^{53}］、倒［tɔ^{21}］	下楼梯。跌落井口［tie^{35}］（掉下井里）。放落衫衣（放下衣服）。坐落来（坐下来）。坐倒来（坐下来）。
外到里	进	进［tsin^{322}］	进教室。行进教室。搬进屋下①（搬进家里）。

———————————————

① "屋下"［u^{5}ha^{44}］是一个词，即家里。

续　表

语　义	普通话	龙布话	例　　句
里到外	出	出[tsʰuɐ⁵³]	出教室。行出教室。搬出来。
经过	过	过[kəu³²²]	过桥。行过来。
圆周运动	过	转[tsua²¹]	翻转被来（翻过被子来）。转转身去（转过身去）。
返回源点	回	归[kuei⁴⁴]、转[tsua²¹]	归屋下（回家里）。转学堂（回学校）。
中心向外	开	开[kuɛ⁴⁴]	大家³⁵散开来。
四周聚拢	×	拢[lən²¹]	大家³⁵行拢倕箇来（大家走到我这里来）。

　　在两个语义项上，普通话和龙布话之间存在一对多现象：普通话只有"下"表上到下义，与之对应，龙布话有"下""落""倒"三个词；表返回源点义，普通话只有"回"，龙布话则有"转"和"归"这两个词。另外还有多对一现象，如"转"。此外在词项上也有一些差异，如：表圆周运动，龙布话用"转"，而普通话用"过"；普通话没有相应的词表达四周聚拢义，龙布话有"拢"表达此义。接下来将分析几组趋向动词在语义和句法上的差别。

2.1.1　"来/去"的用法

　　"来/去"可以单独作谓语核心，如例（1a）、（2a）。如果"来/去"后带完成体（perfect）标记"叻"[lei⁵³]，"来/去"要由原调变为中升调35（35是龙布话里专门的完成体变调），如例（1b）、（2b）。"来/去"如果变为35调，则既表示趋向，又表示动作已经发生或者完成，见例（3）、（4）。"来³⁵/去³⁵"放在VP后可表位移趋向与位移目标，但"来³⁵/去³⁵+VP"不能用于非现实语境，见例（5）、（6）。

（1）a. 渠明朝**来**安远。他明天来安远。

　　　b. 渠昨日就**来³⁵**叻安远。他昨天就来了安远。

（2）a. 渠明朝**去**上海。他明天去上海。

　　　b. 渠昨日就**去³⁵**叻上海。他昨天就去了上海。

（3）渠（打大门）进**来³⁵**。他（从大门）进来了。

（4）渠行上**去³⁵**山脑元⁼。他走上了山顶。

（5）a. 渠送得伞**来**[35]。他送着伞来了。

　　　b. *送得伞**来**[35]！送伞来！

（6）a. 渠归屋下**去**[35]。他回家里去了。

　　　b. *渠爱归屋下**去**[35]。他要回家里去了。

2.1.2　"归"和"转"的差别

"归"和"转"都可表返回，两者的句法分布大致相同，但语义上有一些差别。"转"的语义比较复杂，与普通话的"回"不能直接对应。简单来讲趋向动词"转"既可对应普通话的"去"（但"转"所表达的位移路径与说话者所处的位置没有参照关系），又可对应"回"，在语境不明的情况下有两解。如例（7）和例（8），"转"既可理解为回到源点，又可理解为去到某个地方。与此类似，陕西神木晋语的"回"有两种意义，其一与普通话"回"相同，其二指"进"，后者是更地道的方言用法。相应的"回家来"分别指"回到家里来"和"（走）进家里来"，根据语境不同而有不同（邢向东 2011：566）。

（7）渠明朝**转**安远。他明天回/去安远。

（8）渠**转**安远去[35]呐。他回/去安远了。

"归"跟普通话的"回"基本对应。"归"预设先从 A 点到 B 点，再从 B 点返回 A 点，如例（10）隐含的信息是他家在安远或从安远来。

（9）偓爱**归**屋下合⁼。我要回家了。

（10）渠昨日**归**安远去[35]。他昨天回安远了。

"归"和"转"都能在自移事件和他移事件中作趋向补语，表返回义，见例（11）—（14）。

（11）渠将将出去[35]又行**归**/**转**来[35]呐。他刚刚出去了又走回来了。

（12）燕子想飞**归**/**转**树脑亢⁼去。燕子想飞回树上去。

（13）讨碗筷放**归**/**转**壁橱去！把碗筷放回柜子里去！

（14）小张将讨摩托车骑**归**/**转**屋下去[35]。小张刚把摩托车骑回家里去了。

"转""归"常和"来""去"搭配使用，形成"归去""归来""转来""去归""去转""来转"组合。但是没有"转去""来归"组合。先来看前 3 个组合，见例（15）—（17）。

（15）偓爱**归去**（*屋下）合⁼。我要回去（*家里）了。

（16）尔**归来**安远舞什个？ 你回来安远干什么？

（17）尔**转来**安远舞什个？ 你(回)来安远干什么？

"转来"有两种理解，即回来和来，见上例（17）。"归去"可直接表示回家的意思，后面不必加处所宾语"屋下"等，见下例（18）、（19）。

（18）偎爱**归去**合⁼。 我要回家了。

（19）渠**归去**³⁵。 他回家了。

接下来看"去归""去转""来转"这三个组合，见例（20）—（22）。

（20）偎爱**去归**屋下合⁼。 我要回家了。

（21）偎爱**去转**学堂合⁼。 我要去/回学校了。

（22）**来转**偎屋下嫽哇。 来我家里玩呀。

其中"去归""去转"是偏义复合动词，只能用于未然事件，"去"不贡献实际语义，"去归"＝"归"，"去转"＝"转"。"来转"（见例22）类似于梅县话的"来去"（黄雪贞 1995：95，见例23），两者都表示说话人的邀请或者劝诱。

（23）**来去**看戏。 我们去看戏吧。（梅县）

"归"和"转"都可表返回源点的位移路径，但用法有所差别，这与两者的语义来源有关。"归"本身就是表返回原点的动词，而"转"本身并不是。"转"早期是表物体围绕一个中心点或者中心轴做圆周运动的动词，只不过这个圆周运动不一定是 360 度（回到原点），也可以是旋转接近 180 度的运动，如下图 1 所示。客家话里"转"既表进行圆周运动的动作，又表圆周运动的路径，见例（24），第一个"转"表位移方式，第二个"转"表位移路径。例（25）中的"转"是指围绕屋子的位移路径。"转"很可能由早期的表圆周运动后来演变为表返回。

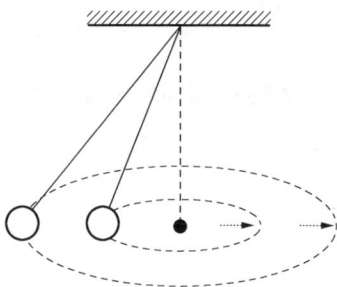

图1 "转"的圆周运动示意图

（24）尔讨脑盖**转**去。 你把头转过去。

（25）渠行**转**屋背去³⁵。 他(绕着)走到屋子背面去了。

2.1.3 "下""落""倒"的差别

"下""落""倒"这三个词都表示从上到下的位移。"下"作谓语核心时，只能用于自移（self-agentive）事件，见例（26）—（27）；作趋向补语时，既可用于自移事件,也可用于非自主位移事件(non-agentive)和他移事件(agentive),见例(28)—(31)。

(26) 渠**下**河下⁴⁴去³⁵。他下河里去了。——自移(self-agentive)

(27) *石牯嘚山亢=**下来**³⁵。石头从山上落下来了。——非自主位移(non-agentive)

(28) 渠想嘚二楼跳**下去**。他想从二楼跳下去。

(29) 尔嘚倻跪**下来**!你给我跪下来!

(30) 石牯嘚山亢=落**下来**³⁵。石头从山上落下来了。

(31) 讨壁橱脑啯大箱子拿**下来**!把柜子上的大箱子拿下来。——他移(agentive)

"落"作谓语核心时,只能用于非自主位移事件,不能用于自移事件,见例(32)和例(34b);作趋向补语时,有两种情况:一是只能与姿势动词"坐"结合表达自主位移,见例(33a);其他情况下既可用于非自主位移事件,也可用于他移事件,见例(34)—(35)。

(32) 树叶**落**嘚屋檐上。树叶落在屋檐上。

(33) a. 坐**落**来,嫑倚倒。坐下来,不要站着。

　　b. *跪**落**来,嫑倚倒。跪下来,不要站着。

(34) a. 就怕细伢子跌**落**井□[tie³⁵]去³⁵。就怕小孩子掉下井里去了。

　　b. *就怕细伢子**落**井□[tie³⁵]去³⁵。就怕小孩子下井里去了。

(35) 放**落**衫衣来食饭。放下衣服来吃饭。

"倒"的使用则很受限制,不能作谓语核心,只能与姿势动词如"坐/躺/跪"结合,如:"歇倒"(躺下)、"坐倒"(坐下)和"跪倒"(跪下),如例(36)。

(36) 渠一行到屋下就歇倒(床亢=)。他回到家里就躺下(床上)。

2.2 趋向补语

龙布话的趋向补语可分为简单趋向补语和复合趋向补语。简单趋向补语是指只有一个趋向成分的趋向补语,复合趋向补语是指由两种不同性质的趋向成分组合而成的趋向补语。

2.2.1 简单趋向补语

"来/去"不能直接与非趋向动词结合,即没有"行来/行去"这类的组合,而必须在动词和"来/去"之间插入"得"[tei⁵³],构成"V+得+**来/去**",见例(37)—

(40)。从句法槽的角度来看,"得"占据了"V+D_n+D_d"结构中的D_n位置。"得+来/去"搭配只能用于非现实语境。如果用于现实语境,"来/去"则要变为"来^{35}/去^{35}",见例(41)—(43)。

(37) 快点行**得**来! 快点走过来!

(38) 尔走**得**去教室想舞什个? 你向教室跑去想干什么?

(39) □[muε^{44}]拿**得**来,偃□[muε^{44}]。 不要拿来,我不要。

(40) 快点送**得**菜来! 快点把菜送过来!

(41) 蛇嘚洞□[tie^{35}]援**得**来^{35},吓得渠喊死。 蛇从洞里爬过来了,吓得他要死。

(42) □[muε^{44}]吵! 老师行**得**来^{35}教室。 不要吵! 老师向教室走过来了。

(43) 箇本书小张拿**得**去^{35}。 这本书小张拿去了。

汉语其他一些方言中直指趋向成分也不能直接与动词结合,必须插入"得"形成"V+得+D_d"这类的句式,如湘语泥江口话和吴语柯桥话:

(44) 尔走**得**来唠。 你走过来吧。(泥江口话)

(45) 本书阿兴驮**得**去哉。 那本书阿兴拿去了。(柯桥话)

例(44)来自夏俐萍(2020:307),而复合趋向词与动词结合时,可不加标记。例45来自盛益民(2021:183),他将"得"视为趋向补语标记。吴语区其他一些方言点如苏州话、上海话、绍兴话等,另外晋语的一些方言点也有类似的现象,详见柯理思(2002)。

据罗昕如、龚娜(2010)的报道,湘方言如长沙话、望城话和益阳话都可见 V 和 D_d 之间插入"得"的现象。以下(46)、(47)是长沙话的例句:

(46) 赶快送**得**去! 赶快送去!

(47) 把那张椅子搬**得**来! 把那张椅子搬来!

另外长沙话这两句中的"得"可以换成"起"。对于动词与趋向补语之间插入成分的性质,学者们有不同的看法。乔全生(1996)把晋语中的"将"类(包括"得")成分看作是连接动词和趋向补语的一个结构助词。罗昕如、龚娜(2010)则认为:湘方言中"得"和"起"本是持续态助词,但在动作尚未发生的祈使句中,它们既不表动作的延续,也不表动作的趋向,而是充当联系动词与趋向补语的桥梁,表示动态或动向意义,与动态助词同形,应属**动态助词**的一种用法。此外乔全生(1996)与罗昕如、龚娜(2010)分别指出晋语和湘方言的"V+X+D_d"结构应当来源于近代汉语。杨平(1990)曾指出唐五代—宋元时期带"得"的趋向补语以单音节词为主(见例48),复合趋向词作补语的例子明代才多起来(见例49—50)。

(48)师曰:"将得游山杖来不?"对曰:"不将**得**来。"(《祖堂集》卷五94页上)

(49)爬**得**起来,奔命走出庙门。(《水浒传》第42回)

(50)只见书童走**得**进来。(《金瓶梅》第58回)

虽然龙布话与柯桥话、长沙话的V和D_d之间插入的成分都是"得",但长沙话的"得"和"起"都可单独作持续体标记,也就是与体标记同形,而柯桥话和龙布话的"得"并不能单独作体标记。柯桥话和龙布话的"得"应当是另一种情况。笔者倾向于认为龙布话"V+得+D_d"结构来源于近代汉语,"得"一开始并不是体标记(或动态助词),而只是补充位移动词后D_n空缺,起到连接V和D_d的一种成分。龙布话并不像湘方言"V+得"后的趋向补语可以是复合趋向补语,说明龙布话的"V+得+D_d"结构应当承袭自早期的近代汉语。

此外,龙布话中"起"和"开"也不能单独作趋向补语,跟"来/去"组合成复合趋向补语时后面也不能带处所论元。上文表1中其他非直指性趋向成分均可单独作趋向补语。龙布话可作简单趋向补语的趋向成分可分为2类:一是作趋向补语时后可带处所论元,但处所论元后必须带"来/去",如"转""归""落""拢"(不能说"V+转/归/落/拢+Loc");二是作趋向补语时可直接带处所论元,如"上""下""倒""进""出""过"。

2.2.2　复合趋向补语

表2　龙布话复合趋向补语表

	上	起	下	落	倒	进	出	过	归	转	开	拢
一来	上来	起来	下来	落来	来	进来	出来	过来	归来	转来	开来	拢来
一去	上去	*	下去	*	*	进去	出去	过去	归去	转去	*	*
谓语核心	√	√	√	×	×	√	√	√	√	√	×	×

(注:这里 * 指无此组合,√/×指在自移事件中是否可以单独作谓语核心。)

香港粤语的趋向补语可由三种不同的趋向成分构成更为复杂的趋向补语,即"V+D_n1+D_n2+D_d"式(Yiu 2013:78—79),如"行咗翻过嚟/去"。龙布话则没有这样的组合,即不能说"走归过去"这样的句子。

表 3　龙布话动趋式的构成

	普通话	香港话	龙布话
$V+D_n$	√	√	√
$V+D_d$	?	√	×
$V+D_n+D_d$	√	√	√
$V+D_n1+D_n2+D_d$	×	√	×

3　论元编码方式

接下来要分别讨论龙布话位移事件中处所论元和<u>客体</u>(theme)/<u>受事</u>(patient)论元的位置,以及制约动趋式中处所论元和<u>客体/受事</u>论元位置的因素,同时将普通话拿来作对比。

3.1　处所论元

处所论元即 Talmy 位移事件中的背景(ground)信息,处所论元按语义角色可分为 4 类:起点(source)、目标(direction)、经由(route)、终点(goal)。我们主要关注处所论元语义角色为起点和终点这两种对立的情况。这里只讨论自移事件中处所论元的位置及制约因素。

3.1.1　简单动趋式

表 4　简单趋式中处所论元的位置

类型	结　构	普通话	例句	龙布话	例　句
I 终点	$V+D_n+\underline{Loc}$	√	他走进了教室。	√	渠行进[35]教室。
	$V+D_d+\underline{Loc}$	×		×	

类型	结　构	普通话	例句	龙布话	例　句
II 目标	$V+D_d+Loc$	×		√	渠行得去[35]教室。
	$Prep+Loc+V+D_d$	√	船朝海岛驶去。	√	船向海岛开得去[35]。
III 经由	$V+D_n+Loc$	√	小马跳过了河。	×	
II 起点	$V+D_n+Loc$	√	船驶出港口	×	
	$Prep+Loc+V_{Dn}+D_d$	√	他从楼上下来。	√	渠嗰[tə⁰]楼冘⁼下来[35]。

　　从上表4中可以观察到,在类型Ⅰ(处所论元的语义角色为终点)里,普通话动后的非直指趋向补语可后接处所宾语,而直指趋向补语后不能直接加处所宾语,不太能说"走去教室""带去教室"等(刘丹青2001:13)。而龙布话则没有这样的限制,这个特点与粤语类似,只不过龙布话要在V和D_d之间插入"得"。刘丹青(2001:13)注意到:粤语"$V+D_d+Loc$"结构中"嚟/去"有类前置词的作用(趋向词虽然是加在前面动词上的补语,但实际上具有引介后面处所论元的类似介词的作用),而普通话的"来/去"则没有这种用法。柯理思(2008)则认为:从粤方言的情况来看,趋向动词位于其他动词后引进处所名词并不是语法化的结果,而是因为它还保留着原来作动词时的一部分句法功能,比如带处所宾语的功能。

　　"行进[35]教室"和"行得去[35]教室"虽然都是处所宾语在趋向补语后的句式,但前者只能用于表达终点位移事件,后者只能用于表达目标位移事件。Jackendoff(1983:165)将英语中的位移路径分为两类,有界路径(bounded paths)和无界路径(unbounded paths),有界路径包含终点和起点,目标和经由则属于无界路径。普通话背景名词(ground NP)位于动后的句式通常用于表达终点位移事件;而表达目标位移事件一般要将背景名词置于动词前。普通话口语和陕西关中话表达这两个事件都有形式上的区别(Tang & Lamarre 2007;唐正大2008)。终点位移中的背景名词是客体位移明确的一个终结点;而目标位移中背景名词并不是客体位移确切的终结点。如例(51)中背景名词"海岛"准确地说是一个未达到的目标(unreached goal),或者"可能的终点"(唐正大 2008)。龙布话的终点位移和目标位移虽然也有形式上的区别,但却是另一类型形式上的区别。这两种事件的背景名词都在动后,有意思的地方在于目标位移事件中 V 和 D_d 间要插入趋向补语标记"得",这构成了这两种事件表达的主要形式区别。如例(52)中船已经向可能目标"上海"驶去,但仍在行驶过程中,还没有到达终点。

(51)船队朝海岛驶去。(《现代汉语八百词》第 93 页)

(52)船开得去^{35}上海,就係冇箇快到上海。船向上海驶去了,但是没那么快到上海。(龙布话)

3.1.2 复合动趋式

复合动趋式中处所论元的位置有 4 种可能,见下表 5。当处所论元的语义角色分别为起点、目标、经由、终点这 4 种不同类型时,处所论元的位置及句式选择,见下表 6。

表5 复合动趋式中处所论元的位置

编号	句　式	普通话	例　句	龙布话	例　　句
①	V+Loc+D_n+D_d	×	*他走教室进去。	×	
②	V+Prep+Loc+D_n+D_d	×	*他走到教室进去。	×	
③	V+D_n+Loc+D_d	√	走进教室去了。	√	渠行进教室去^{35}
④	V+D_n+D_d+Loc	×	*走进去学校了。	√	渠行进去^{35}教室。
⑤	Prep+Loc+V+D_n+D_d	√	他从大门走进去/出来了。	√	渠打大门行进去^{35}/出来^{35}

表6 处所论元的不同类型

类型	处所论元	句　式	例　句
Ⅰ	起点	⑤ Prep+Loc+V+D_n+D_d	小张打山脑亢"行下来^{35}。小张从山上走下来了。 蛇嘚洞口[tie^{35}]援出来^{35}。蛇从洞里爬出来了。
Ⅱ	目标	×	*小张向操场行过去^{35}。小张向操场走过去了。

类型	处所论元	句　　式	例　　句
Ⅲ	经由	⑤ Prep+$\underline{Loc}$+V+D_n+D_d	小张□[tsa^{322}]/走操场行过来^{35}。<small>小张经操场走过来了。</small>
		④ V+D_n+D_d+$\underline{Loc}$	马跳过去^{35}河。<small>马跳过河去了。</small>
Ⅳ	终点	③ V+D_n+$\underline{Loc}$+D_d	小张行上楼脑去^{35}。<small>小张走上楼顶了。</small>
		④V+D_n+D_d+$\underline{Loc}$	小张行上去^{35}楼脑。<small>小张走上了楼顶。</small>

普通话动后的复合趋向补语后不能直接加处所宾语,处所宾语一般在前后两个趋向补语之间,如句式③,一般用于终点位移事件。另外也可用介词将处所宾语引介到动词前,如句式⑤,一般用于起点位移事件、经由位移事件和目标位移事件。处所论元的位置方面,龙布话与普通话的最大不同之处在于,龙布话处所宾语可加在复合趋向补语后(句式④),见表 5 和表 6 的例句和下文例(53)。但是句式④V+D_n+D_d+Loc 不能用于未然事件,如例(54);句式③既可用于已然事件也可用于未然事件,见表 5 和表 6 的例句和下文例(55)。

(53) 老鼠钻进去^{35}洞□[tie^{35}]。<small>老鼠钻进洞里去了。</small>

(54) *老鼠想钻进去洞□[tie^{35}]。<small>老鼠想钻进洞里去。</small>

(55) 老鼠想钻进洞□[tie^{35}]去。<small>老鼠想钻进洞里去。</small>

另外可以发现,龙布话表达起点位移和表达终点位移在句式上正好是互补的。表达起点位移最常见的手段是用介词"打"或"嘚"[tə^0]引介起点,置于动词前;表达终点位移,处所宾语一定在动词后,置于两个趋向补语之间(即句式③)或者置于复合趋向补语后(即句式④)。普通话"V+D+Loc"有时也能表达起点位移事件,如"下楼""老鼠爬出洞了"等,但比较受限。在不少方言里,表达起点位移和表达终点位移的句式也是互补的,如中原官话陕西永寿话(Tang & Lamarre 2007)和晋语陕西神木话(邢向东 2011),表达起点位移事件都必须用"Prep+$\underline{Loc}$+V+D"句式。

综上可见龙布话处所论元的位置受到处所论元的语义角色制约,在句式选择上展现出一定的规则性和互补性。

3.2 客体/受事论元

这一小节将讨论在**他移事件**中,客体/受事论元的位置及制约因素。龙布话他移事件中客体/受事论元有3种可能位置: a. 由处置标记"讨"引介;b. 在致移动词后;c. 受事前置。归结而言,客体/受事论元的位置和句式选择受客体/受事论元的指称性制约。

3.2.1 客体/受事论元为有定成分

如果客体/受事论元是有定成分,那么一般用处置句或者受事前置句,客体/受事论元一般在致移动词前。处置句即⑥讨+O+V+D_n+D_d。"讨"本是给予义动词,后来演变为处置标记。致移动词后必须是复合趋向补语。"讨"后的受事宾语一般由有定成分充当,而不能是无定的,见例(56)—(58)。

(56) a. 讨箇只桌子搬出来/去! 把这只桌子搬出来/去!

b. *讨箇只桌子搬出! 把这只桌子搬出!

c. *讨箇只桌子搬来! 把这只桌子搬来!

(57) *讨(一)只桌子搬出去! 把(一)只桌子搬出去!

(58) 小张讨摩托车骑转/归去! 小张把摩托车骑回去了!

受事前置句即⑦ O+V+D_n+D_d。是指受事宾语不用介词"讨"引介,而是直接放在动词前面,这种句式也叫无标受事前置句。这种句式只能用于祈使句,见例(59)—(61)。

(59) a. 讨摩托车骑转去! → b. 摩托车骑转去! 把这辆摩托车骑回去!

(60) a. 快点讨偓嗰衫衣收起来! → b. 偓嗰衫衣快点收起来! 快点把我的衣服收起来!

(61) 箇件衫衣嗻偓拿下来! 给我把这件衣服拿下来!

3.2.2 客体/受事论元为无定成分

客体/受事论元如果是无定成分,则一般放在致移动词后,请看例(61)与例(62)—(63)的对比。句式有2种:⑧ V+D_n+O+D_d,⑨ V+D_n+D_d+O。这两种句式的分布也是互补的,句式⑧一般用于表达未然事件(见例62、64),句式⑨一般用于表达已然事件(见例65—66)。

(62) 嗻偓拿下件衫衣来! 给我拿下一件衣服来!

(63) ?嗻偓拿下箇件衫衣来! 给我拿下这件衣服来!

(64) 尔去搬下(一)只椅子来! 你去搬下(一)张椅子下来!

（65）小张带进来³⁵只狗子。_{小张带进来了一只小狗。}

（66）小张将将喈书包□[tie³⁵]拿出来³⁵本书。_{小张刚刚从书包里拿出来了一本书。}

3.3　多论元共现

接下来讨论**他移事件**中处所论元与<u>客体/受事</u>论元的相对位置。我们分 2 种情况来讨论。

3.3.1　处所论元为起点

用介词引介处所论元，句式有 2 种：⑩（Prep+）Loc+V+D_n+O+D_d，见例（67）。⑪（Prep+）Loc+V+D_n+D_d+O，见例（68）。

（67）（喈）山底□[ʔi⁵³]出只野猪来³⁵。_{（从）山里赶出一只野猪来了。}

（68）（喈）山底□[ʔi⁵³]出来³⁵只野猪。_{（从）山里赶出来一只野猪。}

3.3.2　处所论元为终点

Loc 既可以在 D_d 前即句式⑫（讨+）O+V+D_n+Loc+D_d，也可在 D_d 后即句式⑬（讨+）O+V+D_n+D_d+Loc，在事件类型上呈现互补分布。Loc 在 D_d 前的句式一般用于表达未然事件，见例（69）、（70）；Loc 在 D_d 后的句式一般用于陈述句，用于表达已然事件，因此 D_d 通常变为 35 调，见例（71）、（72）。

（69）尔合⁼呒³⁵呒讨摩托车骑转/归屋下去？_{你有没有把摩托车骑回到家里去？}

（70）（讨）衫衣放进壁橱去！_{（把）衣服放进柜子去！}

（71）衫衣放进去³⁵壁橱。_{衣服放进去柜子了。}

（72）小张长⁼先讨球踢进去³⁵球门。_{小张刚才把球踢进球门去了。}

通过以上的观察，我们可以发现：处所论元如果是起点，则在致移动词和<u>客体/受事</u>论元前；处所论元如果是终点，则在<u>客体/受事</u>论元和致移动词后。

4　可能式与反复问式

4.1　动趋式的可能式

龙布话动趋式的可能式要分两种情况来看。第一种情况是动词为非直指性趋向动词，"V_{Dn}+D_d"的可能式通过添加可能补语标记"得"来表达，如"过得去""进得来"；其可能式的否定式为"V_{Dn}+呒[m̩³⁵]+D_d"，如"过呒去""进呒来"。

第二种情况是动词为非直指性趋向动词外的其他动词,这时简单趋向补语"来/去"没有相应的可能式,因为如前文 3.1.1 所述,"V+得+来/去"是目标位移事件的表达式,如"拿得来"≈拿来,没有两解。"V+得+D_d"和"V+得+D_n"实际上是两种不同性质的结构。除了"来/去"外,其他趋向补语的可能式是"V+得+D_n(+D_d)",见例(73)—(75)。其可能式的否定形式是"V+呒[m_1^{35}]+D_n(+D_d)",见例(76)—(78)。

(73) 食饱³⁵𠊎正行**得上**山兀″。吃饱了我才能走得上山上。

(74) 箇大嘅老鼠得钻**得进**(去)箇个瓶子□[tie³⁵]。这么大的老鼠都能钻进这个瓶子里。

(75) 箇大包竹炭渠一个人就扛**得归**(去)。这么大包的竹炭他一个人就能扛回去。

(76) 渠合″细,援**呒上**树。他还小,爬不上树。

(77) 箇条河箇阔,𠊎跳**呒过去**。这条河这么宽,我跳不过去。

(78) 爱渠用嘅时□[tʃin³²²],渠连两百块钱得拿**呒出**(**来**)。要(钱)用的时候,他连两百块钱都拿不出来。

4.2 动趋式的反复问式

动趋式的反复问式与一般的反复问句式有类似之处。龙布话的反复问句是前一动词/副词的声调变为 35 调,后紧接着保持原调的动词/副词,因而表面上呈现出重叠形态,即"V³⁵+V"/"Adv³⁵+Adv",见(79)、(80)。"V³⁵+V"结构的前身应当是"V+m_1^{35}+V",否定词"呒"[m_1^{35}]本身是一个成音节鼻音,后来语音进一步弱化而丢失,声调附着到前一音节的动词上,使得前一动词变调。这个过程即"V+m_1^{35}+V">"V³⁵+V"。"Adv³⁵+Adv"的形成过程也是如此。龙布话动趋式的反复问式则有些复杂,一般而言有 3 种形式:a. 前一趋向成分变为 35 调,后紧接着保持原调的整个趋向补语,见例(81a)、(82a)、(83a)和(84a);b. 采用"V+呒³⁵+V"结构,见例(81b)、(82b)、(83b)和(84b),"V+呒³⁵+V"后保留补语标记"得",形态上与 a 式很不同;三是将整个动趋式的正反两个部分并列,见(81c)、(82c)、(83c)和(84c)。第一种形式使用频率是最高的,第二种形式次之,第三种形式使用频率最低。

(79) 尔去³⁵去学堂?你去不去学校?

(80) 尔曾³⁵曾见过渠?你曾不曾见过她?

（81）a. 尔爬上^{35}上箇座山啊？你爬不爬得上这座山啊？

b. 尔爬吂^{35}爬得上箇座山啊？你爬不爬得上这座山啊？

c. 尔爬得上爬吂^{35}上箇座山啊？你爬不爬得上这座山啊？

（82）a. 箇条河尔跳过^{35}过去？这条河你跳不跳得过去？

b. 箇条河尔跳吂^{35}跳得过去？这条河你跳不跳得过去？

c. 箇条河尔跳得过去跳吂^{35}过去？这条河你跳不跳得过去？

（83）a. 尔扐［paŋ^{44}］出^{35}出□［tɤ^{5}］进去^{35}石头嘓箇把刀？你拔不拔得出来插进石头里的这把刀？

b. 尔扐吂^{35}扐得出□［tɤ^{5}］进去^{35}石头嘓箇把刀？你拔不拔得出来插进石头里的这把刀？

c. 尔扐得出扐吂^{35}出□［tɤ^{5}］进去^{35}石头嘓箇把刀？你拔不拔得出来插进石头里的这把刀？

（84）a. 箇些垃圾扫进^{35}进去？这些垃圾扫不扫得进去？

b. 箇些垃圾扫吂^{35}扫得进去？这些垃圾扫不扫得进去？

c. 箇些垃圾扫得进去扫吂^{35}扫进去？这些垃圾扫不扫得进去？

5　小结：安远（龙布）客家位移表达的特点

5.1　汉语是属于 Talmy 划分的 V 型语言还是属于 S 型语言，有过很多讨论。柯理思（2003）发现现代普通话依据位移事件类型不同而呈现出分裂性，主张现代普通话是“混合类型”。从历时演变和共时方言来看，情况则更加复杂。汉语主流的发展趋势是从 V 型到 S 型，是一个连续统。从古汉语到现代普通话，是由 V 型为主逐渐发展为 S 型为主的过程（史文磊 2011）。不过从上古汉语到各个方言的发展，并非齐头并进，而是存在一定的差异（Yiu 2011）。那么如何判断汉语的某个阶段或某种方言更倾向于 V 型还是 S 型？依据汉语自身的情况，我们认为可用 3 个判断标准：①

a. 趋向成分在自移事件和他移事件中是否能单独作谓语核心。

b. 趋向成分是否丧失原来的论元结构。

c. 趋向成分在韵律上是否附缀化（cliticization）。

① 这三个判断标准蒙柯理思教授指点。

5.2 由此我们来总结安远(龙布)客家话位移事件表达的特点。大体而言,龙布话属于"混合类型"语言,相比普通话保留了更多 V 型语言的特征,介于香港粤语和普通话之间。

首先从总体上来看龙布话单独用趋向动词或者"V~Dn~+D~d~"结构表达位移事件要比普通话普遍得多,自移事件中除非特别强调位移方式的情况用 S 型框架,一般情况下多用 V 型框架。而吴语柯桥话趋向成分不能作句中的谓语核心,属于比较典型的 S 型框架语言(盛益民 2021:186)。姚玉敏(Yiu 2011)发现香港粤语的趋向动词可以用于致使事件,如"佢上咗三箱货喺个架(度)他把三箱货搬上了这架子上",而龙布话的趋向成分无此用法,因此相比之下粤语保留了更多古代汉语 V 型框架的特征。

再者龙布话的趋向成分仍保留着早期趋向动词的论元结构。动词语法化的形式表现之一是论元结构(argument structure)的崩溃。普通话的"来/去"作动词时可以带处所宾语,但一旦位于其他动词后作补语,就只能出现在处所名词后(柯理思 2007)。像普通话口语里一般不太说"走去教室""走进去教室"等,直指趋向成分后不能直接加处所论元。柯理思(2008)指出:许多北方方言口语里趋向补语一般不能引介处所论元,如陕西的西安话、永寿话以及河北冀州话,即一般不说"走进教室""跳下火车""老鼠跑出洞"这类表达。而且出现在动后的处所论元所能充当的语义角色只限于位移终点,动词和处所名词之间通常要插入"到"类终点标记(柯理思 2008)。这表明这些方言的趋向词已经失去了原来带处所论元的能力,语法化为比较彻底的"趋向补语"。而龙布话的趋向词则没有这样的限制,可以说"走得去教室""走进去教室""讨球踢进去球门"等,动后的趋向成分补语化程度不高。香港粤语也呈现出同样的特点。

最后来看韵律方面。龙布话动后的趋向成分并未出现语音弱化甚至附缀化的现象。普通话口语里"来/去"在动词后作趋向补语时常读轻声。永寿话"来"和"去"出现在整个趋向表达的末尾,读轻声,有助词化的倾向,"到"也呈现出附缀化趋势。和普通话相比,关中方言是更彻底的 S 型框架语言(唐正大 2008)。趋向成分的语音弱化、附缀化也表明这些成分不再充当句子谓语核心的一部分。

表7 各方言位移事件表达特点的对比

	自移事件的谓语核心	他移事件的谓语核心	保留动词的论元结构	未附缀化
柯桥话	--	--	--	++
永寿话	+	--	--	--
普通话	+	--	+	+
龙布话	++	--	++	++
香港粤语	++	++	++	++

（注：表头所列的4个特征是指趋向成分的特征，++代表基本符合，+代表部分符合，--代表基本不符合。）

5.3 当然表7只能给我们呈现出一个大体上的观察，其中要讨论的细节问题还有很多。前3个特征是判断位移事件表达框架归属的主要特征，是否附缀化对判断框架归属的影响并不大，但仍可作为一个参考特征。从V型到S型是一个连续统，不同的方言处于不同的阶段，如下图所示。

V型   S型

- →

上古汉语 香港粤语 龙布话 普通话 永寿语 柯桥话

6 趋向成分的体貌用法

6.1 趋向成分演变为体标记

趋向成分的语法意义可分为三大类：趋向意义、结果意义、状态意义。趋向成分的状态意义是更为虚化的意义，通常表现动词的体貌（刘月华 1998：2）。趋向成分由空间到非空间（即动相）的用法的演变是认知活动中极为重要的隐喻机制在起作用（详见连金发 2011）。龙布话一些趋向成分在一些句法环境下丧失了原有的趋向含义，转而指动作或行为的状态。龙布话的趋向成分发展出体貌用法的主要有：倒、下、起来、下去、"得+来/去"和"得+来³⁵/去³⁵"。

6.1.1　倒

"倒"本是表从上到下的趋向动词(见前文 2.1.3 的具体说明),不少客家方言"倒"由趋向补语语法化为体标记。龙布话中"倒"可作持续体(continuative)标记,表示动作或状态处于持续之中。例(85)中前一个"倒"是趋向补语,表示肢体从上到往下躺的动作;后一个"倒"则是持续体标记。例(86)和(87)中的"倒"都是持续体标记。例(86)中的"来"并没有趋向的含义,更像是一个表祈使的成分。"V 倒"后接 VP,中间可插入"来",也可省去"来",见例(87)。

(85)歇**倒**(来),亩总徛倒。躺下来,不要总站着。

(86)拿**倒来**,亩衍文。拿着,不要客气。

(87)偃想徛**倒**(来)做作业。我想坐着做作业。

6.1.2　下

"下"可作短时貌(semelfactive)/尝试貌(tentative)标记,"下"后可加"来",也可省去,见例(88)、(89)。

(88)偃归去**下**,马上就来。我回去一下,马上就来。

(89)尔去看**下**(来),天合＝呒^{35}呒落雨。你去看一下,天有没有下雨。

6.1.3　起来^{35}

"起来^{35}"可作起始体(inchoative)标记,表示某一动作或状态的起始,见例(90)、(91)。

(90)行**起来**^{35}就快。走起来就快了。

(91)热头滚**起来**^{35}。天气热起来了。

6.1.4　下去

"下去"可作延续体(durative)标记,表示延续进行之前的某一动作或状态。例(92)中的"下去"有两解,一是指趋向意义,即往下走;二是继续走,即延续"走"这个动作。

(92)再走**下去**,就爱跌进坑□[tie^{35}]合＝。再走下去,就要掉进坑里了。

(93)热头再滚**下去**,禾秧得要旱死合＝。天气再热下去,禾苗都要渴死了。

6.2　得+D$_d$

1909 年由巴色会出版的《简明客家语法》(德文 *Kleine Hakka Grammatik*)存

在一些"V+Asp+D_d"结构,如"走倒来""捡倒来""捡下去""搬下来"等,"倒"是实现体(realized)标记,"下"是短时貌/尝试貌标记,"来""去"也可以不出现,并不是强制性成分(柯理思 2006:263—264)。此外《启蒙浅学》(1879)的"V+D_n"和"V+D_d"两种组合都可以插入体标记"ha^4吓""kin^3竟"和"tau^3倒"。柯理思(2006:292)认为:"这些成分的语法功能和其作为体标记时的语法意义有密切的关系,因而不能把这些成分看作是一种'趋向补语标记'或者'结构助词',应该作为体标记的句法功能和分布之一来描述。"笔者赞同柯理思教授的分析,而龙布话的表现却与之不同,龙布话中"倒""下"等体标记不能加在动词和趋向补语之间。

除了前文 2.2.1 介绍的湘语长沙话 V 和 D_d 之间的插入成分"得"和"起"可单独作持续体标记外,其他一些客家方言也存在 V 与 D 之间插入体标记的现象。如台湾四县、海陆、东势客家话。以下例(94)、(95)来自 Chiang(2013),他将"紧"和"等"看作持续体标记。

东势客家话的"紧"[kin^3]:

(94)面沥青走**紧**出来。脸色发青地跑出来。(《东势(六)》)

四县、海陆客家话的"等"[ten^3]:

(95)米酒头一大口一大口,像灌土狗仔样紧灌**等**下。将米酒头一大口一大口,像灌蝼蛄一样一直灌下去。(《海陆》)

另外梅县客家话的"等"。例(96)来自林立芳(1996),她将"等"看作进行体标记:

(96)你坐**等**来,侄端茶分你食。你先坐着,我倒茶给你喝。

上述几种方言中 V 和 D 之间的插入成分可以单独作体标记(或本身就是体标记),龙布话的插入成分"得"可作可能补语标记、程度补语标记与状态补语标记,而不能单独作体标记。但"得"与后面的"来/去"结合可共同作为体标记,下面将具体介绍。

6.2.1 得+来/去

"得"与保持本调的"来/去"结合,可表示某一动作或状态的持续,即"得+来/去"为持续体标记。此时"来/去"完全失去位移趋向含义。见例(97)—(100)。"V+得"与"来/去"之间还可插入受事宾语,见例(99)、(100)。

（97）剥**得**来,勥停下来话事。继续剥,不要停下来说话。

（98）行**得**去,勥停下来。继续走,不要停下来。

（99）看**得**电视来,镬头又烧了³⁵叻。看着电视,锅又着火了。

（100）话**得**话来,添⁼忘去煮饭。说着话,忘记去做饭了。

6.2.2　得+来<u>35</u>/去<u>35</u>

"得"与变调的"来³⁵/去³⁵"结合可表示动作或状态变化的起始,即"得+来³⁵/去³⁵"为起始体标记,见例（101）—（103）。

（101）天气**冷得来**³⁵。天气开始变冷了。

（102）渠行**得去**³⁵/**来**³⁵,马上就到得了。渠开始走过<u>去</u>/来了,马上就能到了。

（103）菜煮**得来**³⁵,勥捉急。菜已经开始煮了,不要着急。

"得+<u>来</u>/<u>去</u>"和"得+来³⁵/去³⁵"一开始表位移趋向,后来趋向成分的趋向含义渐渐漂白,经过重新分析变为表动作或状态的持续或起始的体标记。当然龙布话"V+得+D_d"中"得"的性质究竟如何,仍需要进一步探究。诚如柯理思（2002）所指出：（插入成分）"X"在方言里的性质和功能并不是统一的,与其他助词（状态补语标记、体标记）显示出较复杂的交叉。这大概反映汉语的补语标记、体标记和动相补语的共同来源而已,经过详细调查就一定可以把这些不同功能整理出来。

参考文献

黄雪贞　1995　《梅县方言词典》,江苏教育出版社。

柯理思、刘淑学　2001　《河北冀州方言"拿不了走"一类的格式》,《中国语文》第5期。

柯理思（Lamarre, Christine）　2002　《汉语方言里连接趋向成分的形式》,《中国语文研究》第1期,第26—44页。

柯理思　2003　《汉语空间位移事件的语言表达——兼论述趋式的几个问题》,《现代中国语研究》第5期。

柯理思　2006　《论十九世纪客家话文献〈启蒙浅学〉中所见的趋向补语》,《语言暨语言学》（*Language and Linguistics*）第7卷第2期,第261—295页。

柯理思　2007　《从趋向范畴的方言表达看"书面汉语中的不同层次"的判定》,《中国语学》第254号。

柯理思　2008　《北方话"动词+趋向补语+处所名词"格式》,载乔全生主编《晋方言研究——第三届晋方言国际学术研讨会论文集》,希望出版社,215—222页。

连金发（Lien, Chin-Fa）　2011　《闽南语趋向式历时演变探索》,《语言暨语言学》（*Language and Linguistics*）第12卷第2期,427—475页。

廖海明　2002　《安远龙布话虚词研究》，华中科技大学硕士学位论文。

林立芳　1996　《梅县方言动词的体》，载张双庆主编《动词的体》，香港中文大学中国文化研究所，34—47页。

刘丹青　2000　《粤语句法的类型学特点》，《亚太语文教育学报》第3卷第2期。

刘月华主编　1998　《趋向补语通释》，北京语言大学出版社。

罗昕如、龚　娜　2010　《湘方言中的"V+X+趋向补语"结构——兼与晋方言比较》，《语文研究》第1期。

乔全生　1996　《晋语区的"动+将+来/去"结构》，载黄伯荣主编《汉语方言语法类编》，青岛出版社，786—789页。

盛益民　2021　《吴语绍兴（柯桥）方言参考语法》，商务印书馆。

史文磊　2011　《汉语运动事件词化类型的历时转移》，《中国语文》第6期。

唐正大　2008　《关中方言趋向表达的句法语义类型》，《语言科学》第2期。

夏俐萍　2020　《湘语益阳（泥江口）方言参考语法》，商务印书馆。

邢向东　2011　《陕北神木话的趋向动词及其语法化》，《语言暨语言学》（Language and Linguistics）第12卷第3期，565—593页。

杨　平　1990　《带"得"的述补结构的产生和发展》，《古汉语研究》第1期。

Chiang, Min-hua　2013　Aspect-related Components in the Verb-Directional Constructions of Taiwan Hakka. *Language and Linguistics* 14(5)：427-475.

Jackendoff, Ray　1983　*Semantics and Cognition*. Cambridge & London：MIT Press.

Talmy, Leonard　1985　Loxiealization patterns：Semantic structure in lexical forms. In T. Shopen (ed.), *Language Tpology and Syntactic Deseription*, *Vol.3: Grammatical Categories and the Lexicon*. Cambridge：Gambridge University Press.

Talmy, Leonard　2000　*Toward a Cognitive Semantics Vol. 2*. Cambridge：The MIT Press.

Tang, Zhengda & Lamarre, Christine　2007　A Contrastive Study of the Linguistic Encoding of Motion Events in Standard Chinese and in the Guanzhong Dialect of Mandarin (Shaanxi). *Bulletin of Chinese linguistics* 2(1)：135-168.

Yiu, Carine Yuk-man　2013　Directional verbs in Cantonese：A typological and historical study. *Language and Linguistics* 14(3)：511-569.

基于类型学与历史演变的
粤语趋向动词研究 *

Carine Yuk-man Yiu(姚玉敏)

（香港科技大学）

（萧阳 译　姚玉敏 校）

1　Talmy 对位移事件的分类

Talmy(1985，2000b)提出，语言可以根据路径信息如何编码分为两类：动词框架语言(verb-framed languages)和卫星框架语言(satellite-framed languages)。在动词框架语言中，路径信息用动词表达，如罗曼语、闪族语(Semitic)、日语、泰米尔语(Tamil)、波利尼西亚语(Polynesian)、班图语(Bantu)、玛雅语(Mayan)的一些语支、内兹佩尔赛语(Nez Perce)和喀多语(Caddo)，而在卫星框架语言中，路径信息则通过卫星成分表示，①如除罗曼语之外的大多数印欧语、芬兰—乌戈尔语

---

* 原文题目为 *Directional Verbs in Cantonese: A Typological and Historical Study*，载于 2013 年 *Language and Linguistics* 14.3：511—569 页。原文此处有致谢语，未译出。译文中相关术语的译名参考了姚玉敏《重构早期汉语方言语法——位移事件的类型》(《中国语言学集刊》2015 年第 8 期,267—288 页)一文和史文磊《汉语运动事件词化类型的历时考察》(商务印书馆,2014 年)一书。——译注

① Talmy(2000b：222)提出："动词的卫星成分(satellites)是指与动词词根具有平级关系的(sister relation)、且非名词短语和介词短语补足语的那些句法成分所形成的句法范畴。卫星既可以是黏着的词缀也可以是独立的词，因此以下的语法形式都可以归入卫星：英语的动词小品词(verb particles)、德语可分离和不可分离的动词前缀、拉丁语或俄语的动词前缀、汉语的动词补语、拉祜语(Lahu)非核心的'多功能动词'(versatile verbs)、喀多语(Caddo)的编插式名词(incorporated nouns)，以及阿楚格维语(Atsugewi)在动词词根周围的多式综合词缀(polysynthetic affixes)。"在汉语中，补语是实词，多由动词或形容词充当，出现于核心动词之后，提供关于实体的空间、结果或状态信息。当一个趋向动词出现在一个核心动词之后，指明核心动词所表述的动作是朝什么方向进行时，一般将它处理为趋向补语或 Talmy 的"卫星成分"。

族（Finno-Ugric）、汉语、奥吉布韦语（Ojibwa）和沃尔帕利语（Warlpiri）。

（1）La   botella   salió   flotando.

     定冠词.阴性   瓶子   出   漂

     （瓶子漂了出来。）

（2）The bottle floated out.

例（1）和（2）显示，西班牙语用核心动词 *salió*（出）来表达路径信息，而英语则用动词小品词（verb particle）*out* 来表达。

对于汉语的类型学地位，学者的看法不一。根据 Talmy（2000b：109），汉语是卫星框架语言，路径用卫星成分表达。[①] 例如：

（3）瓶子漂出了洞穴。[②]

在例（3）中，方式通过核心动词"漂"表达，而路径则用卫星"出"表示。

Talmy（2000b：109）列出以下汉语路径卫星：[③]

去   过   来   起   上   掉   下   走

进   回   出   拢   到   开   倒   散

Tai（2003）提出相反的观点，认为趋向补语不应视为卫星，因为它们可以充当句子的核心动词。例如：

（4）John 飞过英吉利海峡。（Tai 2003：309）

（5）John 过了英吉利海峡。（Tai 2003：310）

（6）* John 飞了英吉利海峡。（Tai 2003：310）

例（4）和例（5）中，路径用"过"表达。"过"在例（4）是补语，但在例（5）是核心动词。例（5）和例（6）在合法性上的对立说明"过"可以脱离方式动词"飞"独立充当核心动词，而"飞"脱离了"过"却使句子变得不合法。基于例（4）—

---

① Talmy（2000b：103—109）认为卫星不要求一个背景 NP，而介词需要。Lamarre（2009a）指出汉语的介词短语严格依照其与动作的关系分布在动词前后（如果介词短语指称源点或方向，它就出现在动词前；如果指称目标，就出现在动词后）。相反，路径卫星或趋向补语只出现在动词之后。因此，介词和路径卫星的范围并不会出现重合。简而言之，趋向补语是卫星而非介词。

② 原文此处有注释说明转写采用的拼音方案及缩写符号，今删。——译注

③ 感谢审稿专家指出这个列表来自 Chao（1968）。

(6)的事实,他认为汉语主要是动词框架语言,用动词表达路径。①

柯理思(2003)提出了另一种看法,认为汉语既不是动词框架语言也不是卫星框架语言,而是按位移事件的类型呈现出一种分工互补的体系。具体说,致移事件(agentive motion events)的路径倾向用卫星表达;自主位移事件(self-agentive motion events)的路径可以用核心动词,也可以用卫星来指明;②非自主位移事件(non-agentive motion events)则倾向用卫星来表达路径。③

(7)我把它扔进了废纸篓。(柯理思 2003:6)

(8)你回来。(柯理思 2003:7)

(9)他走回来了。

(10)河水流出来了。

例(7)代表致移事件,位移体(figure)"它"进入废纸篓的位移是由外力"我"所引起的。位移动作的动因由动词"扔"表示,而路径是通过卫星或曰趋向补语"进"表达的。例(8)和例(9)表示自主位移事件,位移体"你"和"他"有意志地做出了位移。两个例句中的"回"都指称路径这一语义成分。句法上,它在前一个例句中充当核心动词,但在后一个例句中充当补语。例(10)体现了非自主位移事件中用卫星编码路径,主语向某特定方向的位移可能是也可能不是由某个实体引起的。

针对汉语普通话类型学地位的研究已经不少。然而,汉语方言如何表达路径、它们是否与普通话用同样的手段表示路径等重要问题尚未有学者讨论。本文将详细描写一个汉语方言粤语表达路径信息的方式(粤语主要通行于广东省和广西省)。粤语一方面与普通话相似,既用核心动词也用卫星表达路径,展现出动词框架和卫星框架语言的双重特征;另一方面,粤语也表现出一些不见于普

---

① 审稿专家指出,"飞"主要是不及物的,但在某些情况下也可以带直接宾语,如"我飞英国",尤其当说话者是飞行员的时候。这种不及物动词后面出现名词性成分的情况以及二者之间的语义关系似乎是由语用或语境而非句法决定的。例如,"飞英国"中的名词"英国"指目的地,但"飞国泰"中的"国泰"则代表工具。这个问题与本文研究没有直接关联,留待将来考察。

② 致移事件和自主位移事件也被称为致使的(caused)位移事件和自发的(spontaneous)位移事件(参考 Choi & Bowerman 1991, Matsumoto 2003, Lamarre 2009a)。

③ 但柯理思(2003)并没有对此给出统计数据。

通话的特点,例如在致移事件中用趋向动词表达路径等。①

2　前人对粤语趋向动词和趋向补语的研究

饭田真纪(2001)将趋向动词分为两类:"去"类和"上"类。前者包括"嚟"(来)和"去",后者包括"落""入""出""过""翻"②(返回)和"埋"(接近)。她认为,"啲"可以与"上"类动词结合表示比较(如"入啲进来一点"),而"去"类动词无此用法(如"*嚟啲过来一点")。但是,可以发现有一些"上"类动词并不能与"啲"一起使用(如"*翻啲回来一点")。③ 因此,是否可以与"啲"结合这个区别并不能区分开两类趋向动词。

He(2000)讨论了包含核心动词(V)、体后缀(ASP)、一个或多个趋向补语(DC)和宾语的组合中呈现的各种语序,例如:V - ASP - DC(如"上咗去上了去"),V - ASP - DC - DC(如"行咗出去走了出去"),V - DC - O(如"举起标语")以及 V - ASP - DC - O(如"行咗上楼走上楼")。他进一步提出了一种句法结构来解释各种语序是如何生成的。在该结构中,核心动词和第一个趋向补语在同一分枝下,其组合是第二个趋向补语的姐妹节点。例如,"跳落去跳下去"表示为[v[v 跳落]去]。问题马上来了:为什么是"落"和核心动词"跳"构成一个单位而不是"落"和"去"构成一个单位? "*跳落"是不能说的。"跳落去"中的"落去"在张洪年(2007)中被分析为复合趋向补语(compound directional complements)。

---

① 有学者提出应该在 Talmy 的两类之外增加第三类,即均衡框架型语言(equipollently-framed languages,参考 Slobin & Hoitiong 1994, Zlatev & Yangklang 2004)。在这类语言中,路径和方式由对等的语法形式表达。下面的泰语例子取自 Zlatev & Yangklang(2004:160):chán dəən khâam thanǒn khâw paj naj sǔan 我—走—过—马路—进—去—里—公园(我走过马路进入公园)。核心动词 dəən(走)指称方式,动词 khâam(经过)、khâw(进)和 paj(去)指称非指示(non-deictic)及指示(deictic)等路径成分。相似的是粤语也使用连动结构。但是,我们很难确定粤语连动式中的动词是否地位相同。例如,在"佢拎咗本书嚟"(他/她把书拿来了)中,体标记"咗"附在第一个动词"拎"(拿)而非第二个动词"嚟"(来)后面;但在"佢用左手写紧字"(他/她在用左手写字)中,进行体标记"紧"倾向附在第二个动词"写"后面而不是第一个动词(或副动词 coverb)"用"后面。由于上述困难,本文仍采用 Talmy 的动词框架、卫星框架二分法,而不采用三分法。
② faan¹ 本字应为"返"。但"翻"已渐通行。本文用"翻"不用"返"来表示"返回"义的 faan¹。
③ 除了"去"类词(即"嚟""去")之外,"翻""到"和"起"都不能与"啲"组合表对比。

如果要加上体后缀,它会出现在核心动词"跳"和复合趋向补语"落去"之间,即"跳咗落去"(跳了下去)。"咗"出现的位置进一步说明"落"和核心动词"跳"并不组成一个单位,"落"和"去"才是。宾语出现时情况更加复杂。"行咗上楼"中的"咗"出现在动词"行"后面,但在"举起咗标语"(举起了标语)中它却出现在趋向补语"起"后面。"咗"出现在不同的位置,似乎显示动词与趋向补语的关系会随着位移事件的类型(自主位移事件 vs.致移事件)不同而不同。因此,这些不同语序可能并非从何元建提出的一个单一底层结构生成的。

张洪年(2007)是少有的全面考察粤语趋向补语的研究之一,其将十二个趋向补语区分为三类"简单方向补语",如下所示:①

表1　张洪年(2007)的三类简单方向补语

第1类	第2类	第3类	第1类	第2类	第3类
嚟	上	翻		埋	
去	落			过	
	出			起	
	入			到	
	开				

两到三个简单趋向补语可以进一步组合成"复合的方向补语"。两个简单趋向补语构成的复合趋向补语(下文称为二合趋向补语),是由一个第2类或第3类补语后面带一个第1类补语构成的。下面表2列出了一共19种可能的二合趋向补语组合:②

① 学者对核心趋向动词的数目有不同意见。李新魁等(1995)把"低"也包括在内,而源国伟(1995)排除了表1中的"到"。

② 张洪年(2007:119—122)没有提及"过嚟"和"过去"。但这两种组合是可能的,所以我们将之纳入讨论。另一方面,张洪年(2007)把"到嚟"和"到去"包括在可能的二合趋向补语组合中。但是很容易发现,"到"与其他趋向词表现并不相同。能出现在二合趋向补语中的简单趋向补语都能出现在三合趋向补语之中,只有"到"和"起"是例外。而且"起"即使在二合趋向补语中也很少出现,张洪年也注意到此。因此,我们不能确定"行到来"(走来)和"行到去"(走去)中的"到"究竟是真正的趋向补语还是补语标记。鉴于没有更多证据,本文仍将它们纳入考察。

表 2　粤语中的二合趋向补语①

1 类	2 类									3 类
	上	落	出	入	开	埋	过	起	到	翻
嚟	+	+	+	+	+	+	+	+②	+	+
去	+	+	+	+	+	+	+	−③	+	+

　　三个简单趋向补语构成的复合趋向补语(下文称为三合趋向补语),是由一个第 3 类补语后面带一个第 2 类和一个第 1 类补语构成的。④ 下面表 3 列出了共 14 种可能的三合趋向补语组合:

表 3　粤语中的三合趋向补语

翻上嚟	翻上去
翻落嚟	翻落去
翻出嚟	翻出去
翻入嚟	翻入去
翻开嚟	翻开去
翻埋嚟	翻埋去
翻过嚟	翻过去

---

① "+"表示组合成立,"−"表示组合不成立。

② 根据张洪年(2007:121),"起嚟"(例如"跳起嚟",跳起来)很少用作二合趋向补语。由于使用频率低,下面对复合趋向补语的讨论将不涉及"起嚟"。

③ 张洪年(2007:121)指出,"起去"作为二合趋向补语在粤语中不存在,但见于其他方言,参考 326 页注 1。

④ 虽然"拧翻起嚟"(拿回上来)看上去跟"拧翻过来"(拿回过来)都是三合趋向补语,但"翻起嚟"与一般三合趋向补语有差异。例如,前者不允许客事(theme)宾语出现在动补之间,如" *拧本书翻起嚟"(把书拿回上来),而后者可以,如"拧本书翻过来"(把书拿回过来)。另外,"翻起嚟"不能构成可能式,如" *拧得/唔翻起嚟"(拿得/不回上来),而其他三合趋向补语可以,如"拧得/唔翻过嚟"(拿得/不回过来)。因此,"翻起嚟"将不视为三合趋向补语。另外,"到"不能出现在三合趋向补语中,故此处也排除。

如前所述,张洪年(2007)是现有文献中少有的对粤语趋向补语做了全面考察的研究之一。它指出许多与趋向补语相关的有趣现象,例如体标记的位置、趋向补语与普通名词宾语及处所宾语的相对位置、简单趋向补语在复合趋向补语中的顺序等。但是,上述观察并未得到解释。

Yiu(2005)是目前为止针对粤语趋向动词和趋向补语的句法、语义特征最全面的研究。她处理了一系列张洪年(2007)中提出但未加解释的问题。例如,她将十二个趋向动词分为三类,其根据是它们所反映的位移要素:源点、路径、终点。她进一步展示了简单趋向补语出现的顺序反映了动作发生的时间次序。另外,姚文可能是第一个注意到粤语中趋向动词的致移用法的(如"落低个窗帘",把窗帘放下来),这种用法表示客事宾语被致使向趋向动词所指的方向移动。但是,由于该文主要聚焦于粤语,因此文中提出的一些看法尚待其他汉语方言和世界语言的支持。[1]

综上所述,可见前人研究主要聚焦于趋向补语的句法和语义特征。而对于趋向动词的核心用法——作为核心动词,及其核心意义——方向意义,关注还不是很多。下一节就讨论这个问题。

3　粤语中趋向动词的特征[2]

如上一节所说,张洪年(2007)讨论了下面十二个趋向动词:上、落、出、入、开、埋、过、起、到、翻、嚟、去。他又把它们分成了三类,但并没有论证分类的标准。本文将着眼于同一批趋向动词,[3]并根据是否包括说话人的方位把它们分为两组。"嚟""去"涉及说话人的方位,[4]而其他趋向动词的参照点(orientation point)并不包括说话人的方位信息。前者称为直指趋向动词(deictic directional

---

① 源国伟(1995)仔细研究了粤语的趋向动词和趋向补语。但该文主要着眼于自主位移事件,其细节已见于本小节。故不再详细介绍该文。

② 本文的粤语例句来自笔者内省,其可接受性已由二十至七十岁的粤语母语者验证。例句中反映的是香港粤语。

③ 本文考察的趋向动词属于 Levin & Rappaport Hovav(1992)的内在有向位移类(inherently directed motion)。

④ 感谢审稿专家指出,如果主语是"我",参照点就是听话人的方位。

verbs），而后者称为非直指趋向动词（non-deictic directional verbs，参考 Lamarre 2008、2009a，Liu 2008）。例如：

（11）佢嚟/去办公室。（他/她来/去办公室。）

（12）佢上三楼。（他/她上三楼。）

例（11）的趋向动词"嚟"和"去"表示动作是朝向还是远离说话人所在的方位（即"办公室"），而例（12）的趋向动词"上"表明了一个朝向处所"三楼"的往上动作，并且不包含说话人的方位。

有三个特征可以把上述趋向动词与诸如"喺"（在）、"向""升""跌""行""跳"等表示状态、方向和动作的动词区分开。这三个特征是：(ⅰ)对"移动"（motion）的表达，(ⅱ)带处所宾语的能力，以及(ⅲ)构成复合趋向补语的能力。

3.1　移动的表达

表达移动这一特征把本文的十二个趋向动词与表示处所或状态的动词如"喺""向"区别开。

（13）佢上咗/过/紧三楼。（他/她上了/上过/正在上三楼。）

（14）＊本书喺咗/过/紧书架。（＊书在了/在过/正在书架上。）

（15）＊个窗向咗/过/紧后院。（＊窗向了/向过/正向后院。）

移动动词的一个特征是它们总是能跟体后缀一起使用，如完成体后缀"咗"（表示事件完成）、经历体后缀"过"（强调已有过往经历）、进行体后缀"紧"（表示事件正在进行）。例（13）中，"上"表明一个往上的动作，而在例（14）、（15）中，"喺"和"向"都不表达任何动作。"喺"表示书的处所（即在书架上），而"向"表示窗户的状态（即朝向后院）。只有趋向动词"上"可以跟"咗""过""紧"连用而"喺""向"都不可以。①

3.2　带处所宾语的能力

第二个把趋向动词与"跌""生"等也表示方向的动词区别开的特征是，前

---

① 与"咗""过""紧"的连用能力，其他十一个趋向动词也都具备。

者一般都可以带处所宾语,而后者不可以。

（16）佢上三楼。(他/她上三楼。)

（17）佢跌*(落)水。[他/她掉*(下)水]

（18）啲树枝生*(上)屋顶。[那些树枝长*(上)了屋顶。]

虽然动词"上""跌""生"都表示方向("上""生"表示往上动作,"跌"表示往下动作),但只有"上"可以紧接处所宾语"三楼",而"跌""生"都不能接处所宾语"水""屋顶"。这两句用了趋向补语"落"和"上"来引进处所宾语。①

可以带处所宾语这个特征还区分开了本文的大部分趋向动词与其他移动动词如"行""跳""爬"等。

（19）佢行*(入)房。[他/她走*(进)房间。]

（20）佢跳*(过)张台。[他/她跳*(过)桌子。]

（21）佢爬*(上)阁楼。[他/她爬*(上)阁楼。]

在例(19)—(21)中,动词"行""跳""爬"都是 Levin & Rappaport Hovav (1992)所谓的位移方式动词(verbs of manner of motion),它们表明动作进行的方式。例如,"行""跳""爬"都涉及足部的使用。"行"和"爬"表明足部持续与某种表面接触,而"跳"则表示足部只在动作的源点和终点与表面接触,路径中途是凌空的,不与表面接触。这些移动动词与趋向动词的不同在于它们不表示方向,也不能带处所宾语。② 所以它们必须依靠紧接在后面的趋向补语(即"入""过""上")来表明动作的方向,并引进处所宾语。

3.3　构成复合趋向补语的能力

第三个把本文研究的趋向动词与表示处所、状态或方向的动词区别开的特

---

① 除了"起"和"开",其他十个趋向动词都可以接一个处所宾语。此外,Yiu(2005)还注意到,如果没有一定语境,非直指趋向动词的处所宾语很难省略,如"?? 佢上咗(?? 他/她上了)"。但是直指趋向动词允许这样的省略,如"佢嚟咗(他/她来了)"。Lamarre(2009)观察到普通话中也有类似现象。

② 可能有不同意见认为"行""跳""爬"也可以不借助趋向补语而直接带处所宾语,如"行山"(远足)、"跳水""爬山"。但是,这样的例子指的是活动的类别,而非一个特定的活动实例。换言之,"行山""跳水""爬山"是复合词而非动宾短语,所以不必使用趋向补语把动词和处所宾语连接起来。相反,如果要说明"行""跳""爬"的指定方向,趋向补语是必须的,如"行上/落山"(走上/下山)、"跳落水"(跳下水)、"爬上山"。

征,就是非直指趋向动词都可以后接一个直指趋向补语。① 还有,非直指趋向补语和直指趋向补语可以组成复合趋向补语。相反,一般表示处所、状态或方向的动词不能接直指趋向补语,也不能与之组成复合趋向补语。② 例如:

(22) 佢就快上嚟/去(三楼)。(他/她就快上三楼来/去了。)

(23) 佢就快行上嚟/去(三楼)。(他/她就快走上三楼来/去了。)

(24) *本书喺嚟/去书架。(直译:书在来/去书架上。)

(25) *个窗向嚟/去后院。(直译:窗子向来/去后院。)

(26) *佢跌嚟/去水。(直译:他跌来/去水。)

(27) *啲树枝生嚟/去屋顶。(直译:树枝长来/去屋顶。)

(28) *架火箭就快升嚟/去天空。(直译:火箭就快升来/去天空了。)

例(22)中,核心动词"上"可以接补语"嚟"和"去",指明说话人是否位于动作的终点。例(23)显示组合"上来"和"上去"可以充当核心动词"行"的补语。值得注意的是,"嚟"和"去"与非直指趋向动词或非直指趋向补语组合时,处所宾语可以省略而不影响句子的合法性。处所宾语的出现说明说话人的处所。如果处所宾语不出现,直指趋向补语就只表明动作是朝向说话人的方向(用"嚟"时)还是背离说话人的方向(用"去"时)。在例(24)—(28)中,"喺""向""跌""生"没有一个能接直指趋向补语,也不能与直指趋向补语组成复合趋向补语。③

4　粤语趋向动词的使用

这一节考察自主位移事件和致移事件中粤语趋向动词的使用情况。自主位移事件的主语是一个有自主意志的实体,可以按自己的意愿移动,宾语(如果

---

① 所有非直指趋向动词,除了"起"和"到",都可以带直指趋向补语"嚟"或"去"。"起来"和"起去"可以在其他汉语方言如闽南语、贵州大方话中找到(参考李蓝 1998)。

② 虽然一些表示方式和动作的动词如"爬"可以与"嚟""去"组合,如"爬嚟/去",但这种组合并不能作为核心动词的复合补语,如"*行爬嚟/去"。

③ 例(24)—(28)的动词和直指趋向补语不能组合成复合趋向补语。因此,"*本书放喺嚟书架"(*书放在来书架)、"*个窗吹向嚟后院"(*窗吹向来后院)、"*佢跳跌去水"(*他/她跳跌去水里)、"*啲树枝生去屋顶"(*树枝长去屋顶)、"*架火箭就快射升去天空"(*火箭快射升去天空)等句子都是不合法的。

有)则指明处所。在致移事件中,主语是施事,它致使一个实体向一定方向移动,参照点可以以处所宾语的形式出现。

4.1 自主位移事件

在自主位移事件中,趋向动词表明主语或客事移动的方向。一个位移动作由三个要素构成:源点、路径、终点。如图1所示:

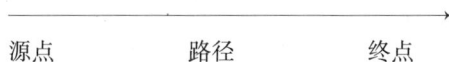

源点　　　　　路径　　　　　终点

图1 位移动作的三要素

源点是位移动作的起始位置;路径是位移的轨迹(trajectory);终点是位移结束的位置。因此,趋向动词的意义可以包含内在的源点(如"起")、终点(如"到""翻""嚟""去")或路径(如"上""落""出""入""开""埋""过")。① 在粤语中,表达比较的方式之一是在形容词后面使用量化词"啲"如"高啲"(高一点)。表4显示,左栏中意义内含路径信息的趋向动词可以与"啲"一起使用,而右栏中意义内含源点和终点信息的趋向动词则不可以与"啲"一起使用。②

表4 趋向动词与"啲"

与"啲"组合的趋向动词	不与"啲"组合的趋向动词
上	起
落	到
出	翻
入	嚟
开	去
埋	
过	

① Lamarre(2008)指出现代汉语的"起"是以源点为参照点的(source-oriented),而"上"是以终点为参照点的(goal-oriented)。
② 上文第2节提到,饭田真纪(2001)也有类似的发现。

比较必须包括两个或以上的实体。路径涵盖了客事所跨越的一系列点或处所，所以点与点的高度（如"上啲"，高一点）、接近程度（如"埋啲"，靠近一点）等等是可以比较的。相反，右栏的趋向动词只涉及一个点（源点或终点），因此不可能在多个点之间进行比较。还有，趋向动词包含的位移要素不同。这一点体现于它们的处所宾语。除了"开"和"埋"，左栏的动词都可以带一个表示位移路径的处所宾语（参考例29—33），而右栏的动词除了"起"之外都只能带一个终点宾语（参考例34—37）：

（29）佢上紧楼梯。（他/她正在上楼梯。）

（30）佢落紧楼梯。（他/她正在下楼梯。）

（31）佢出咗闸。（他/她出了闸口。）

（32）佢入咗闸。（他/她进了闸口。）

（33）佢过咗海。（他/她过了海。）

（34）佢到咗办公室。（他/她到了办公室。）

（35）佢翻咗办公室。（他/她回了办公室。）

（36）佢嚟咗我屋企。（他/她来了我家。）

（37）佢去咗我屋企。（他/她去了我家。）

"上""落""出"的处所宾语也可以是位移的源点：①

（38）佢上咗水。（他/她从水里上来了。）

（39）佢落咗车。（他/她下了车。）

（40）佢出咗课室。（他/她出了教室。）

上面的自主位移例子中，路径由趋向动词表达，显示出动词框架语言的特征。下一节讨论趋向动词在致移事件中的使用。这种用法一般不见于普通话，学者亦未有系统研究。

4.2 致移事件

在致移事件中，趋向动词表示一个由施事主语发起、导致客事宾语往一定方向移动的动作，如下例（41）—（46）所示：②

---

① "开"出现在复合词"离开"中时可以带表示位移源点的处所宾语，如"离开办公室"。

② "埋""过""到""翻""嚟"一般不带客事宾语。故此处讨论不涉及。有时候，当趋向动词接一个客事宾语时，表达的是隐喻义而非方向义。例如"起身"中的"起"表达让身体处于竖直状态的意思，但"起间屋"中的"起"表达的是"建造"的隐喻义而非"上升"的方向义。此处不讨论趋向动词的隐喻义。

（41）佢上咗三箱货喺个架（度）。（他/她搬了三箱货到货架上。）

（42）佢落咗糖喺杯咖啡（度）。（他/她放了糖到咖啡里。）

（43）佢出咗三张牌喺台（度）。（他/她出了三张牌在桌上。）

（44）佢入咗啲钱喺个信封（度）。（他/她把钱放进了信封里。）

（45）佢开咗架船去码头（度）。（他/她把船开往码头去。）

（46）啲洗粉去咗啲渍出嚟。（洗衣粉把污渍洗出来了。）

在例（41）—（46）中，除了"去"的参照点由复合趋向补语"出嚟"表示外，其他趋向动词的参照点都以介词"喺"或趋向补语"去"引出（例45）。① 例（41）—（46）的趋向动词作核心动词，这一点可以从它们与体后缀"咗"一起使用的情况看出。此外，它们还可以带补语（例47—51），或动词性助词（verbal particles），② 如例（52）所示：

（47）佢上漏咗三箱货喺个架（度）。（他/她把货上架时漏了三箱。）

（48）佢落错咗包盐喺杯咖啡（度）。（他/她错放了一包盐在咖啡里。）

（49）佢出多咗三张牌喺台（度）。（他/她多放了三张牌在桌上。）

（50）佢入翻十蚊喺个信封（度）。（他/她把十块钱放回了信封里。）

（51）佢开迟咗架船去码头（度）。（他/她开船回码头迟了。）

（52）啲洗粉去晒啲渍出嚟。（洗衣粉把所有污渍洗出来了。）

粤语的基本语序是 SVO。当强调宾语的结果状态时，会使用处置式。粤语处置式中，受事宾语移到动词前，并加上处置标记"将"。前置的宾语必须是有定的，而动词不能是光杆动词。粤语处置式与普通话处置式的一个重要区别是，前者的动词必须是及物的，后者的动词可以是及物也可以是不及物的。例如，当及物动词"打"用在粤语和普通话处置式时，粤语句子"佢将只蚊打死咗"（他/她

---

① 前面提到，"起"是以源点为参照点的，所以它不能有终点宾语。但"起"的前面可以出现一个介词短语表示状态变化所发生的处所，如"佢喺地下度起咗身"（他/她从地上起来了）。但是介词短语"喺地下度"（在地上）不能出现在"起身"后面表示状态变化发生后的终点。另一点需要注意的是，上面例子中的"开"和"去"似乎可以说是表达隐喻义的"航行"和"去除"。但是，因为简单、复合趋向补语都可以用在句子里表示终点（参考例45—46 和例51—52），我将假定例（45）和（51）里的"开"，（46）和（52）里的"去"都表示位移动作。

② 根据 Matthews & Yip（1994），所谓动词性助词是功能类似英语短语动词（phrasal verbs）的语法词。

把蚊子打死了）及其普通话对应句子"他/她把蚊子打死了"都是可以接受的。但是，普通话允许不及物动词作处置式的核心动词，如"他把个贼跑掉了"，而粤语不可以（"*佢将个贼走甩咗"）。例（53）—（58）的处置式使用趋向动词，显示趋向动词作致使用时与及物动词相仿。例如：

（53）佢将三箱货上漏咗喺个架（度）。（他/她把货上架时漏了三箱。）

（54）佢将包盐落错咗喺杯咖啡（度）。（他/她错把一包盐放在了咖啡里。）

（55）佢将三张牌出多咗喺台（度）。（他/她错把三张牌放在了桌上。）

（56）佢将十蚊入翻喺个信封（度）。（他/她把十块钱放回了信封里。）

（57）佢将架船开迟咗去码头（度）。（他/她把船开回码头迟了。）

（58）啲洗粉将啲渍去晒咗出嚟。（洗衣粉把所有污渍洗出来了。）

表5概括了自主位移事件和致移事件中趋向动词的主语和宾语的语义角色：

表5　趋向动词的主语和宾语的语义角色

事件类型　　　　　　动词论元	主　语	宾　语
自主位移事件	客事	处所
致移事件	施事	客事

由本节可见，粤语趋向动词既可以在自主位移事件也可以在致移事件中表达路径。这显示出动词框架语言的特征。第5节将说明粤语也表现出卫星框架语言的特征，即用卫星或趋向补语表达路径。

5　粤语简单趋向补语的使用

在自主位移事件和致移事件中，除了作核心动词，趋向动词也可以出现在另一个动词后面作补语。

5.1　自主位移事件

在自主位移事件中，核心动词表示位移动作进行的方式，简单趋向补语表示位移的方向，并为核心动词提供位移终点信息，这可通过引入处所宾语（如果是非直指趋向补语)①或位移方向与说话人所在位置的相对关系(如果是直指趋向补语)来表示。客事主语是经历位置改变的实体,而处所宾语则代表了位移的目标。

(59)佢跑咗*(上)三楼。(他/她跑上了三楼。)

(60)佢跑咗*(落)三楼。(他/她跑下了三楼。)

(61)佢行咗*(出)客厅。(他/她走出了客厅。)

(62)佢行咗*(入)房。(他/她走进了房间。)

(63)佢跳咗*(埋)呢边。(他/她跳向了这边。)

(64)佢行咗*(过)办公室。②(他/她走到了办公室去。)

(65)佢爬*(到)咗山顶。③(他/她爬到了山顶。)

(66)佢游咗*(翻)岸边。(他/她游回了岸边。)

(67)佢跑咗*(嚟)终点。(他/她跑到终点来。)

(68)佢跑咗*(去)终点。(他/她跑到终点去。)

在例(59)—(68)中,动作动词"跑""行""跳""爬""游"是句中核心动词,表明位移动作进行的方式。它们不能引入处所宾语。趋向补语充当了核心动词和处所宾语间的纽带。需要指出,在这些自主位移事件句中,动作动词可以省去而不影响句子的合法性,但趋向补语必须出现。另一方面,在非直指趋向补语后的处所宾语一般不能省去,而直指趋向补语后面的则可省。④

趋向补语"上""落""出""入""过"可以引入路径宾语。⑤ 例如:

(69)佢跑紧上楼梯。(他/她正跑上楼梯。)

(70)佢跑紧落楼梯。(他/她正跑下楼梯。)

(71)佢跑咗出闸。(他/她跑出了闸口。)

(72)佢跑咗入闸。(他/她跑进了闸口。)

(73)佢游咗过河。(他/她游过了河。)

---

① 325 页注 1 提到趋向动词"起"和"开"不能带处所宾语。它们作简单趋向补语时也表现出这一属性。因此它们将不纳入对自主位移事件的讨论中。

② 尚不清楚为什么当"过"表示"经过"时,"咗"出现在"V 过"组合后边,如"佢行过咗办公室"(他/她走过了办公室);当"过"表示"过去"的意思时,"咗"出现在动词和"过"中间,如"佢行咗过办公室"(他/她往办公室走过去。)

③ 此处"咗"不是出现在核心动词之后,而是出现在动词和补语"到"之后。

④ 325 页注 1 提到非直指趋向动词和直指趋向动词也有同样的对立。

⑤ 请参考例(29)—(33)这五个趋向动词引入的路径宾语。

趋向补语"上""落""出"还能引入表示位移源点的处所宾语。① 例如：

(74) 佢跳咗上水。(他/她从水里跳上岸。)

(75) 佢跳咗落车。(他/她跳下车。)

(76) 佢走咗出课室。(他/她走出了教室。)

5.2　致移事件

在致移事件中,副事件动词(co-event verb)表示位移的起因：由施事主语触发并导致客事宾语位置的改变。简单趋向补语表明客事宾语位移的方向。处所宾语一般不出现。②

(77) 佢打落咗三架战机。(他/她击落了三架战机。)

(78) 佢踢出咗一个波。(他/她踢出了一个球。)

(79) 佢射入咗三球。(他/她射进了三个球。)

(80) 佢推开咗张台。(他/她推开了桌子。)

(81) 佢拉埋咗张台。(他/她把桌子拉近了。)

(82) 佢拉过啲张台。(他/她把桌子拉过了一点。)

(83) 佢执起咗张纸。(他/她拿起了那张纸。)

(84) 佢拧翻咗张台。(他/她取回了那张桌子。)

(85) 佢带嚟咗好多麻烦。③(他/她带来了许多麻烦。)

(86) 间工厂排去咗好多污水。(工厂排走了许多污水。)

自主位移事件与致移事件中,简单趋向补语的使用有三点不同。首先,动词与简单趋向补语在自主位移事件中不构成一个复合词(compound),但在致移事件中构成复合词。这一点可以从体后缀"咗"出现的不同位置看出。在自主位移事件中,除了"到",动词与简单趋向补语不构成复合词,"咗"出现在二者之间。在致移事件中,动词与简单趋向补语构成复合词,"咗"出现在复合词后面。

---

① 请参考例(38)—(40)这三个趋向动词引入的源点宾语。

② 趋向补语"上"接客事宾语的时候经常表达隐喻义,如"爱上韩剧",而"到"则一般不接客事宾语。所以这里不讨论这两个词。

③ 可能有人认为"带嚟"中的"嚟"表达的是隐喻义而非方向。但是,考虑到可以加上处所宾语表达"麻烦"被带到的地方,我们认为例(85)的"嚟"仍表达方向义(参考例94)。

其次,自主位移事件包含客事宾语、处所宾语,而致移事件有施事主语、客事宾语。这种不同的语义角色模式也见于趋向动词(见表5)。第三,核心动词在自主位移事件中可以省略,而在致移事件中则一般不能省略。① 上述区别显示,两类位移事件涉及不同的结构,图示如下:

自主位移:[客事主语+[~vp~[核心动词+咗]+[趋向补语+处所宾语]]]
致移:[施事主语+[~vp~[核心动词+趋向补语+咗]+客事宾语]]

图 2 自主位移事件句和致移事件句展示的两种结构

上面的致移事件例句中,位移的目标有所暗示但没有标明。如果需要强调客事宾语的位移终点,动补式可以重新组合成副事件动词后接客事宾语、再接趋向补语和处所宾语的形式:

(87)佢打咗三架战机落海。(他/她把三架战机击落到海里。)

(88)佢踢咗一个波出界。(他/她把一个球踢出了界。)

(89)佢射咗三球入门。(他/她把三个球射进了球门。)

(90)佢拉咗张台开去。(他/她把桌子拉开去。)

(91)佢拉咗张台埋墙。(他/她把桌子拉近墙边。)

(92)佢拉咗张台过呢边。(他/她把桌子拉过这边来。)

(93)佢拧咗张台翻屋企。(他/她把桌子带回家里。)

(94)佢带咗好多麻烦嚟(呢度)。(他/她给这儿带来了许多麻烦。)

(95)间工厂排咗好多污水去河度。(工厂把许多污水排到了河里。)

虽然"嚟"和"去"可以与核心动词组成复合词(参考例85和86),但它们出现在客事宾语后面更为自然,如(98)和(99)所示。另外,简单趋向补语"嚟"和"去"只能与小部分动词组成复合词。② 例如:

---

① 也有可以省略副事件动词的例外情况。例如,在"射入咗一个波"(射进了一个球)中,可以省略动词或者补语而不致造成句子的不合法,如"射咗一个波"(射了一个球)和"入咗一个波"(进了一个球)。

② 除了"带","嚟"一般不跟动词组成复合词。不过,"V-去"复合词有"失去""除去""减去"等一批已经词汇化的、不能再重新组合成"动词+客事宾语+趋向补语+处所宾语"的结构。"V-嚟/去"复合词似乎更多用于正式场合,如新闻报道中,而非日常对话。因此,它们可能是受普通话影响而进入粤语的。王锦慧(2006)发现,《朱子语类》中的"来""去"强烈倾向于出现在句末位置,这与粤语的情况相同。因此,粤语可能保留了《朱子语类》这种"来""去"占据句末位置的特点。

（96）﹡佢拧嚟咗本书。（他/她带来了那本书。）

（97）﹡佢送去咗一份礼物。（他/她送去了一份礼物。）

（98）佢拧咗本书嚟。（他/她拿了本书来。）

（99）佢送咗一份礼物去。（他/她送了一份礼物去。）

例（96）和（97）的句子不合法。简单趋向补语"嚟"和"去"不能跟在动词"拧"和"送"后面。在例（98）、（99）中，当两个直指趋向补语出现在句末位置时，句子就变得合法了。上面的对比显示简单趋向补语"嚟"和"去"不能随意跟任何动词组合成复合词，并且倾向于出现在句末。

致移事件的两种语序模式图示如下：

致移 { (i) ［施事主语+［VP［核心动词+趋向补语+咗］+［客事宾语］］］
(ii) ［施事主语+［VP［核心动词+咗］+［客事宾语］］+［趋向补语+处所宾语］］］

图3　致移事件句展示的两种语序

本节讨论了简单趋向补语在自主位移事件和致移事件中表达路径的用法，这是卫星框架语言的特征。下一节将展示复合趋向补语对路径信息的表达。虽然粤语和普通话都允许使用由两个简单趋向补语构成的复合趋向补语，但只有粤语有由三个简单趋向补语构成的复合趋向补语。

6　粤语复合趋向补语的使用

复合趋向补语是指由两到三个简单趋向补语构成的补语。① 简单趋向补语的组合顺序是固定的，非直指趋向补语在前，直指趋向补语在后。与简单趋向补语类似，复合趋向补语也在自主位移事件和致移事件中表达路径。但是，复合趋向补语与简单趋向补语的不同在于，前者和动词不构成一个复合词，而后者有可能与动词构成复合词。

6.1　自主位移事件

自主位移事件中，核心动词表示客事主语进行位移的方式，而复合趋向补语

_____

① 本文的复合趋向补语分类沿袭张洪年（2007）对简单趋向补语的分类。相关分类细节参见第2节。

表示客事主语所经过轨迹的空间构形(spatial configuration)。

（100）佢跑咗上嚟/去(三楼)。[他/她跑上(三楼)来/去。]

（101）佢跑咗落嚟/去(三楼)。[他/她跑下(三楼)来/去。]

（102）佢行咗出嚟/去(客厅)。[他/她走出(客厅)来/去。]

（103）佢行咗入嚟/去(睡房)。[他/她走进(卧室)来/去。]

（104）佢跑咗开嚟/去(张台度)。[他/她跑开并跑(到桌子那儿)来/去。]

（105）佢企咗埋嚟/去(张台度)。[他/她站近(桌子那儿)来/去。]

（106）佢行咗过嚟/去(办公室)。[他/她往(办公室)走过来/去。]

（107）佢行到嚟/去学校。① (他/她走到学校来/去。)

（108）佢游咗翻嚟/去(岸边)。[他/她游回(岸边)来/去。]

上面的例子中,主语的角色是发生位移的客事,而宾语表示位移的终点,可出现,也可以不出现。非指示补语提供关于位移的空间构形信息,"嚟"和"去"表示位移是朝向还是背离说话人的所在地。副事件动词用来表明位移进行的方式,可以省去。

前面提到,"嚟"和"去"隐含说话人的所在地,而非指示趋向动词缺乏这种参照点。对于前者,除非要特别强调说话人的位置,否则处所宾语——更具体地说是表达位移目标的处所宾语——是不需要出现在直指趋向补语后面的。对于后者,参照点是通过处所宾语所指明的空间位置来界定的。因此,非直指趋向补语的处所宾语一般不能省略。由于复合趋向补语是由"嚟""去"煞尾,其后的处所宾语就可以随意省略了。

自主位移事件中三合趋向补语的用法示例如下:

（109）佢跑咗翻上嚟/去(三楼)。[直译:他/她跑回上来/去(三楼)。]

（110）佢跑咗翻落嚟/去(三楼)。[直译:他/她跑回下来/去(三楼)。]

（111）佢行咗翻出嚟/去(客厅)。[直译:他/她走回出来/去(客厅)。]

（112）佢行咗翻入嚟/去(睡房)。[直译:他/她走回进来/去(卧室)。]

（113）佢行咗翻开嚟/去(张台度)。[直译:他/她走回开来/去(桌子那儿)。]

（114）佢企咗翻埋嚟/去(张台度)。[直译:他/她站回并靠近(桌子那儿)

---

① 在动词"行"和二合趋向补语间插入"咗"不自然。但是,基于在其他二合趋向补语中观察到的情况,"到嚟/去"和动词将不视为复合词。

来/去。]

（115）佢行咗翻过嚟/去(办公室)。［直译：他/她走回过来/去(办公室)。］

第三类趋向补语"翻"加在二合趋向补语前面构成三合趋向补语，表示客事主语的位移是回头向着早先离开的一个位置。第二类趋向补语提供关于位移的空间构形信息；第一类补语"嚟""去"说明位移动作是朝向还是远离说话人的位置，出现在最外围。上述自主位移事件句的副事件动词描述了位移动作进行的方式。

6.2 致移事件

致移事件中，副事件动词表示施事主语触发并导致了客事宾语位置的改变，而复合趋向补语表明位移的方向。致移事件中的二合趋向补语示例如下：①

（116）佢搬咗啲货上嚟/去(货架)。［他/她把货搬上(货架)来/去。］

（117）佢搬咗啲货落嚟/去(楼下)。［他/她把货搬下(楼)来/去。］

（118）佢揸咗架船出嚟/去(海中心)。［他/她把船开到(海里)来/去。］

（119）佢搬咗啲货入嚟/去(货仓)。［他/她把货搬进(货仓)来/去。］

（120）佢泊咗架船开嚟/去(码头)。［他/她把船往(码头)停泊过来/去。］

（121）佢泊咗架船埋嚟/去(码头)。［他/她把船停近(码头)来/去。］

（122）佢揸咗架巴士过嚟/去(车房)。［他/她把公交车往(车库)开过来/去。］

（123）佢还咗本书翻嚟/去(图书馆)。［他/她把书还回(图书馆)来/去。］

上述例子中，副事件动词跟客事宾语，后面再跟二合趋向补语和一个可省的处所宾语。

下面的例子展示了致移事件中三合趋向补语的使用：

（124）佢搬咗啲货翻上嚟/去(货架)。［他/她把货搬回上(货架)来/去。］

（125）佢搬咗啲货翻落嚟/去(楼下)。［他/她把货搬回下(楼)来/去。］

---

① 用"起嚟"的句子，客事宾语出现的位置是在"起"和"嚟"之间，如"拎起本书嚟"（拿起那本书来），而不是像其他二合趋向补语那样出现在核心动词后面，如"拎本书上嚟"（拿那本书上来）。不过，审稿人指出也有"起嚟"出现在宾语后面的句子如"抱只公仔起嚟"（抱那只公仔起来）。但是，如果"起嚟"后面再出现处所宾语，如"??抱只公仔起嚟台度"（把那只公仔抱起并抱到桌子来），句子就变得很不自然。相比之下，在其他二合趋向补语后面出现处所宾语是允许的，如"拎本书上嚟台度"（把那本书拿上桌子来）。由于"起嚟"表现出与其他二合趋向补语不同的性质，很有可能它并非二合趋向补语，故此处不涉及。请参考姚玉敏(2008)关于"起嚟"和其他二合趋向补语的讨论。

（126）佢揸咗架船翻出嚟／去（海中心）。［他／她把船开回出（海里）来／去。］

（127）佢搬咗啲货翻入嚟／去（货仓）。［他／她把货搬回进（货仓）来／去。］

（128）佢泊咗架船翻开嚟／去（码头）。［他／她把船停回并往（码头）停泊过来／去。］

（129）佢泊咗架船翻埋嚟／去（码头）。［他／她把船停回并靠近（码头）来／去。］

（130）佢揸咗架巴士翻过嚟／去（车房）。［他／她把公交车开回并（往车库）开过来／去。］

自主位移事件句和致移事件句中牵涉复合趋向补语的结构可图示如下：

自主位移：［客事主语+［$_{VP}$［核心动词+体标记］+［复合趋向补语+（处所宾语）］］］
致移：［施事主语+［$_{VP}$［核心动词+体标记］+［客事宾语］+［复合趋向补语+（处所宾语）］］］］

图4　自主位移事件句和致移事件句中复合趋向补语展现的结构

图4显示，在两种位移事件中，复合趋向补语和核心动词都不构成复合词，而在致移事件中用简单趋向补语表达路径时，趋向补语和核心动词构成复合词。因此，体后缀紧接在核心动词之后，而出现于复合趋向补语之前。

第3—6节详细描写了粤语趋向动词的特征和它们作核心动词和补语（包括简单的和复合的）的用法。论证了粤语既用动词也用卫星编码路径，表现出动词框架语言和卫星框架语言的双重特征。下一节将讨论两个问题：第一，粤语如何纳入Talmy对位移事件的分类框架？第二，粤语和普通话表现出来的不同应怎样解释？

7　讨　论

柯理思（2003）注意到汉语与日语、法语等动词框架语言的一个主要不同是，汉语用副事件动词和路径卫星来表达致移事件，而日语、法语只用一个路径动词来表达。

（131）... doraibuwei　ni　kuruma-o　ireta

　　　　车库　　　　到　车–宾格　使进入

（……把车开进车库）

（132）Je vais sortir la   voiture du   garage.

　　　我 将 出 定冠词.阴性 车　　从.定冠词.阳性 车库

（我将把车开出车库。）

例（131）的日语路径动词 *ireru*（使进入）和例（132）的法语路径动词 *sortir*（使出）表达了致使 X（车）向一定方向移动（进入车库或从车库出来）的意思。但是,汉语的路径动词"进"缺乏这样的致使用法（参考例133）,而要使用副事件动词和趋向补语的组合如"放"和"进"（参考例134）:

（133）*他进了信在信封里。

（134）他把信放进了信封里。

但是粤语跟普通话相比显得独树一帜,它有着一整组具备致移用法的路径动词:

（135）佢入咗封信喺信封。（他／她把信放进了信封里。）

（136）佢放咗封信入信封。（他／她把信放进了信封里。）

例（135）和（136）说明粤语在致移事件中既可以选择用核心动词,也可以选择用趋向补语来编码路径。

表6总结了粤语和普通话在自主位移事件和致移事件中表达路径的方式:

表6　粤语和普通话在自主位移事件和致移事件中表达路径的方式

	粤　　语		普通话	
	动词框架	卫星框架	动词框架	卫星框架
自主位移	佢入咗闸	佢行咗入房	你回来	他走回来了
致　移	佢入咗封信喺信封	佢放咗封信入信封	／	他把信放进了信封里

表6显示,自主位移事件中,粤语和普通话都可以用动词和趋向补语表达路径。但是二者在致移事件中编码路径时则表现出重大区别。粤语既可以用趋向动词,也可以用副事件动词和趋向补语的组合来表达致移事件,而普通话只允许后者。问题来了:为什么粤语趋向动词有致使用法而普通话没有?

已有学者指出（参考 Li 1993,Xu 2006,马云霞 2008,Peyraube 2009）,古汉语

经历了从动词框架语言向卫星框架语言的类型转变。例如,古汉语"出"既可以在自主位移事件中也可以在致移事件中表示路径,这跟粤语趋向动词的用法一样。

(137) 既醉而出……(《诗经·小雅·宾之初筵》)①

(138) 我出我车……(《诗经·小雅·出车》)

例(137)表示自主位移事件,"出"表明主语所经历的位移动作。例(138)表示致移事件,"出"表达致使宾语"我车"从里面移动到外面的意思。粤语和古汉语在趋向动词致使用法上的一致性显示,虽然粤语和普通话都是来自同一祖语,但粤语保留了更多古汉语的特征。虽然二者都保留自主位移事件中趋向动词的用法,但只有粤语趋向动词有致移用法,而普通话却没有。于是,动补式(如"赶出")成了普通话表达致使义的唯一手段,而这在古汉语和粤语可以用趋向动词表达。上面的讨论显示,正如论者所言,古汉语经历了从动词框架语言向卫星框架语言的类型转变。作为古汉语的后代,该转变在粤语的进程慢于普通话。还可以注意到,粤语和古汉语基本上是单音节的,而普通话却主要是双音节的。②这个区别似乎正与有无致使用法相关联。例如,粤语的一些单音节形容词可以用作核心动词,在致使事件中表达状态的改变,如"干咗啲衫"(把衣服弄干)。双音节形容词则未发现这样的致使用法,如"*干净个地"(把地弄干净)。此外,导致古汉语动补式出现的一个因素,正是动词致使用法的消失(参考梅祖麟1991、蒋绍愚2000)。在这个过程中,致使义从原来由单音节语素表达逐渐转变为由双音节复杂谓词表达。如果我们关于音节数量与致使用法的猜测是正确的话,那么就可以解释为什么主要是双音节的普通话缺乏致使用法,而基本上是单音节的粤语则表现出致使用法。

Croft et al.(2010)证明,其所考察的语言(包括保加利亚语、日语、冰岛语、荷兰语、英语)表达复杂事件时都使用了不止一种 Talmy 的类型。例如,Talmy

---

① 例(137)和(138)取自 Xu(2006:65),据其所说,表达自主位移事件和致移事件的"出"读音不同,如 chū 和 chuì。

② Masini(1993:121)指出,在《水浒传》(1649)、《红楼梦》(1765)和《儿女英雄传》(1840)中,单音节和多音节词的比例约为1:1。在《骆驼祥子》(1935)中,这个比例多少还维持原状。但1949年之后出版的文学作品里,该比例急剧增加,单音节和多音节词所占的百分比分别为14.2%和85.8%(其中73.7%是双音节词)。

（2000b）归为动词框架语言的日语,使用不同策略表示位移事件,其中包括卫星框架结构、复合结构（compounding）及并列结构（coordination）:

（139）Watashi wa   ie   ni   kake-konda. ①（Croft et al. 2010 例 79a）

　　　 我   话题标记 房子 到   跑-进入·过去时

　　　（我跑进了房子里。）

（140）Bin   ga   doukutsu no   naka ni   ukande-itta.（同上例 80a）

　　　 瓶子 主格 洞穴   所有格 里   到   漂-去·过去时

　　　（瓶子漂进了洞穴里去。）

（141）Watashi wa   taru o   korogashi-te chikashitsu ni ireta.（同上例 87）

　　　 我   话题标记 桶 宾格 滚-并   地下室   到 使进入·过去时

　　　（我把桶滚进地下室去。）

另外,Croft et al.建议在 Talmy 的二分法上加上两种新类型,即对称框架（symmetrical framing）②和双框架（double framing）语言。提出对称框架是为了涵盖连动式语言,其中表达事件和框架的形式都是可以单独作谓语的。对称框架又包括三个次类: 连动策略（serial strategy）、复合结构和并列结构。他们用普通话说明如何用连动策略来表达核心图式（core schema）和副事件（co-event）。例如:

（142）他们跑出来了。

在上面的例子中,动词"跑"表达方式,趋向补语"出"和"来"分别表示非指示路径和指示路径。它们全都可以单独作谓语,例如:

（143）他们还在跑。

（144）他出了教室。

（145）他来了。

根据 Croft *et al.*（2010）,复合比连动策略的语法化程度更高。前者表达核

---

① Croft et al.（2010）指出这里也可以用-te 复合词（*te*-compound）如 *hashitte-haitta*（跑-进入）。但是用-i 复合词（*i*-compound）更为普遍且自然。

② 对称框架包括: 连动型语言（serial verb languages）中使用两个动词、二分动词型语言（bipartite verb languages）中使用一个复合动词、扎旻中干语（Jaminjungan languages）中使用两个前动词（preverbs）。该概念相当于一些学者提出的均衡框架（equipollently-framing）（参考 Slobin & Hoiting 1994, Slobin 2004, Zlatev & Yangklang 2004）。

心图式和副事件的形式在形态上黏附（morphologically bound），或者比后者更紧密地结合。复合策略在 Kiowa 语中使用。例如（Croft *et al.* 2010 例 27）：

（146）ɔ̀:pàl sép cándé-ậ: nɔ̀ pàhị̀: bà-tʰậdáy.

更近 雨 到达-来 和.异主语 清楚地 变湿.完成体

（雨越来越近，很明显我们要淋湿了。）

在上面的例子里，路径成分用 *cándé*（到达）表达，指示成分用-ậ:（来）表达，二者一起构成一个复合成分。

对称框架的第三个次类是并列。Amele 语使用一种包括路径成分和指示成分的组合来表达复杂事件。例如（Roberts 1987：102，转引自 Croft *et al.* 2010 例 28）：

（147）Cois hina gàd cesel-i nu-ug-a

好的 第二人称单数 可以 回-谓语标记（同主语） 去-第二人称-祈使

（好的，你现在可以回家了。）

另一种新类型是双框架结构，下面的俄语例子可以说明。在此例中，路径和框架表达都由卫星担任，即 *iz*（从……）和路径动词的一部分即 *vy*（出）。如（Talmy 1985：105，转引自 Croft *et al.* 2010 例 30）：

（148）Ja vy-bežal iz doma.

我 出-跑 从 房子：属格

（我从房子里跑出来。）

Croft *et al.*（2010）进一步指出，各语言表达位移事件所采用的不同策略代表了形态句法整合（morphosyntactic integration）的语法化路径，而这又反映了事件整合（event integration）的程度。他们的研究提出了下面两条语法化路径，其终点都是事件语素、框架语素的单动化（univerbation）：

（149）并列>连动>卫星框架>动词卫星整合

（150）并列>动词框架>动词副词整合

在右的策略比在左的代表了更高程度的形态句法整合。他们用荷兰语和日语的例子来说明这两条语法化路径。

学者们注意到，印欧语的方向卫星原本是否是连用的动词并不清楚。但是，有证据显示卫星被动词吸引过去，最终导致事件与框架整合于单一的谓词中，如下面荷兰语例子所示（Croft *et al.* 2010 例 97—98）：

（151）De　　fles　　dreef　de　　　grot　　in.

定冠词　瓶子　漂浮　定冠词　洞穴　进

（瓶子漂进了洞穴。）

（152）De　　fles　　is　de　　　grot　　in-gedreven.

定冠词　瓶子　是　定冠词　洞穴　进-漂

（瓶子漂进了洞穴。）

例（151）的路径卫星 *in* 出现在一个没带助动词，并表示简单过去时或现在时的句子中。在（152）中，当助动词 *is* 出现时，表达路径的成分成为方式动词 *gedrevev*（漂）的前缀，即 *in-gedreven*（漂进）。

下面的日语例子展示了（150）的语法化路径。日语不像西班牙语那样以状语动词表达方式或过程。因此，它直接从动词框架结构发展到动词性复合结构。

下面例（153）说明了并列策略（Croft *et al.* 2010 例 109a）：

（153）Kanojo　wa　　　　arui-te　　douro　o　　　yokogitta.

她　　　话题标记　步行-并　街道　宾格　过·过去时

（直译：她步行并穿过了街道。）

例（153）代表自主位移事件，其中动词 *aruku*（步行）和 *yokogiru*（过）通过连词 *te*（并）连接。

例（154）展示的是复合策略（Croft et al. 2010 例 109b）：

（154）Kanojo　wa　　　　douro　o　　aruite-yokogitta.

她　　　话题标记　街道　宾格　走-过·过去时

（她走过了街道。）

例（154）的动词 *arku*（步行）和 *yokogiru*（过）已整合在一起，成为复合词。①

（149）描绘的语法化路径得到汉语的支持。有学者（参王力 1980/2001，梅祖麟 1991，蒋绍愚 2000，Peyraube 2009，张敏、李予湘 2009）指出动补结构源于连动结构，而连动结构又来自并列结构。例如，短语"趋而出"是并列结构，"趋"和

---

① 例（153）和（154）的并列结构和复合结构似乎可以通过动词间可不可以插入宾语来区别开。例（153）的 *douro*（街道）出现在两个动词之间，但在例（154）里则出现在两个动词之前。

"出"通过连词"而"连接。后来,并列的动词重新分析为连动式,之后又重新分析为动补式。在后两个阶段,"而"不能再插入两个动词之间。对古汉语从动词框架语言转变成卫星框架语言的时间,已经有不少讨论。相反,动词和卫星整合为一的最后阶段很少受到关注。我们现在就来看这个问题。

如 Croft *et al.*(2010)所说,连动策略与复合的区别在于,前者在形态句法上的黏附程度,或至少在结合的紧密度上不如后者高。5.2 已经指出,粤语的补语在致移事件中表示路径时,体后缀"咗"在动词和补语后面出现(参考例 155):

(155)佢射入咗一个波。(他/她射进了一个球。)

与此相反,表达自主位移事件时,"咗"出现在动词后、趋向补语之前:

(156)佢行咗入课室。(他/她走进了教室。)

(157)佢行咗入嚟课室。(他/她走进了教室里面来。)

(158)佢行咗翻入嚟课室。(他/她走回并进教室里来。)

下面的普通话例子显示,致移事件句中,体后缀"了"出现在动词和补语之后:

(159)他踢进了一个球。

同样,下面的自主位移事件句中,"了"出现在动词和补语之后:

(160)他走进了教室。①

粤语副事件动词和趋向补语的关系十分松散还有一个证据,就是二者可以隔开:②

(161)佢踢入咗一个波。(他/她踢进了一个球。)

---

① 普通话不允许在复合趋向补语后面出现处所宾语,如"*他走上来三楼"。趋向动词(包括指示的和非指示的)在北京话和吴语等方言中似乎失去了带处所宾语的能力。在这些方言里更常用"到"来引入动词后的处所宾语。而在粤语、闽语等方言中,无论是指示的还是非指示的趋向动词都可以带处所宾语。上面方言例子展示的不同可能是论元结构改变的结果。具体说,在一些方言中,趋向动词的论元结构经历了结构性变化,结果是这些方言的趋向动词不再带处所宾语;而在其他方言中,趋向动词的论元结构没有经历任何变化,仍可带处所宾语。请参考柯理思(2009)和刘丹青(2003)对"到"在一些汉语方言中引入处所宾语的有关讨论。

② 请参考 5.2 里"动词—趋向补语—宾语"和"动词—宾语—趋向补语—处所宾语"两种结构交替的更多例子。

（162）佢踢咗一个波入龙门。（他/她踢了一个球进门。）

例（161）的"入"表示宾语"一个波"的结果状态，即位于一个未指明的处所内部。例（162）的"入"则不仅表示宾语经历了往内部的位移，而且引入了目标宾语"龙门"（球门）。

还可以发现，普通话里，复合趋向补语可以在核心动词之后、客事宾语之前出现：

（163）他踢进来一个球。

（164）他踢进一个球来。

（165）踢一个球进来！

例（163）中，复合趋向补语"进来"出现在动词之后、宾语之前。例（165）"进来"则出现在动词和宾语之后。例（164）的宾语"一个球"插在"进"和"来"之间。① 在这三种语序中，粤语只允许例（165）的语序。

（166）*佢踢入嚟一个波。（他踢进来一个球。）

（167）*佢踢入一个波嚟。（他踢进一个球来。）

（168）佢踢一个波入嚟。（他/她踢一个球进来。）

张伯江（1991）指出复合趋向补语在汉语史上是按如下时间顺序出现的：阶段Ⅰ：V+O+DC+DC>阶段Ⅱ：V+DC+O+DC>阶段Ⅲ：V+DC+DC+O。普通话走完了全部三个阶段，而粤语还停留于阶段Ⅰ。普通话与粤语在简单、复合趋向补语上的对比，表明动补结构在普通话里的语法化程度比粤语高。在普通话中，简单和复合趋向补语都与核心动词构成复合词。而在粤语中，只有表达致移事件时，简单趋向补语和核心动词才经历了单动化的过程（univerbation process）。在其他场合，简单、复合趋向补语都还没跟动词整合。

表7总结了动词与趋向补语（包括简单的和复合的）在粤语和普通话自主位移事件与致移事件中的整合情况：

---

① 请参考张伯江、方梅（1996）关于普通话复合趋向补语三种语序用法的详细讨论。感谢审稿人指出在北方官话中，"V+O+DC+DC"（DC表示趋向补语，下同。——译注）仅用于非现实语气（irrealis mood）。张伯江、方梅（1996）也提出了相似的论点。此外，据他们研究，"V+DC+DC+O"一般都解读为陈述句，而"V+DC+O+DC"可以解读为陈述句也可以解读为祈使句。

表7 粤语与普通话自主位移事件与致移事件中动词和趋向补语的整合情况①

		粤 语	普通话
简单趋向补语	自主位移	×	√
	致 移	√	√
复合趋向补语	自主位移	×	—
	致 移	×	√

表7显示,普通话在自主位移事件和致移事件中都可以用复合结构来表达路径,无论补语是简单的还是复合的;而粤语只能在致移事件且补语为简单的情况下使用复合结构来表达路径。总而言之,普通话在动词卫星整合为一的语法化路径上走得比粤语更远。

5.2 说明粤语表示致移事件的句子有两种语序。图3重出为图5如下:

致移 { (i) [施事主语+[ₛₚ[核心动词+趋向补语+咗]+[客事宾语]]]
(ii) [施事主语+[[ₛₚ[核心动词+咗]+[客事宾语]]+[趋向补语+处所宾语]]]

图5 致移事件句展示的两种语序

(i) 显示核心动词和趋向补语整合为一个复合词,带一个客事宾语;(ii) 显示核心动词和趋向补语各自带其宾语构成连动结构。据 Croft *et al.*(2010),连动策略在形态上的黏附程度,或至少在结合的紧密度上不如复合策略高。问题是(i)是如何从(ii)发展出来的。下面用早期粤语材料(19、20世纪初粤语)来说明这个问题。

(169) 放个吊桶落井(放吊桶下到井里)(Bridgman 1841)

(170) 放落啲野(把东西放下)(O'Melia 1941)

(171) 嗰啲嘢放落台上(那些东西放下到桌上)(O'Melia 1941)

(172) 放嗰啲鸡蛋落嗰只箩处喇(把那些鸡蛋放到篮子里)(Wisner 1927)

(173) 我放落啲野喺你处(我放点东西在你这儿)(O'Melia 1941)

---

① 表7的"√"表示该动词和补语的结合可以成立,"×"表示结合不能成立,"—"表示该结合不相干,因为普通话复合趋向补语后不能带处所宾语。

例(169)—(173)代表了动词和趋向补语整合为一之前必须经历的三个阶段。例(169)代表第一个阶段,动词"放"和趋向补语"落"出现于连动句中,各自带其宾语。第二个阶段见于例(170)—(172),动词和趋向补语直接连用,只带客事宾语或处所宾语(参考例170—171)。但是,动词和趋向补语的关系仍然比较松散,还可以重组为连动结构,如例(172)所示。例(173)代表了第三个阶段,动词与趋向补语整合为一个单位,客事宾语为其论元,处所宾语由"喺"引入。在单动化过程中,趋向补语的意义发生了改变。例如,例(170)—(172)的"落"并不表示往下移动,而是强调向下移动的结果状态,即客事宾语移动之后的位置。单动化的三个阶段可以总结如下:

阶段 I:副事件动词和趋向补语可以带自己的宾语,即客事宾语和处所宾语。趋向补语表达路径义(参考例169);

阶段 II:副事件动词和趋向补语直接连用,带客事宾语或处所宾语;趋向补语表示结果状态义(参考例170—171,173);

阶段 III:副事件动词和趋向补语整合为一,客事宾语为其论元,处所宾语由介词或其他趋向补语引入。①

可以发现,副事件动词之后、趋向补语之前的位置上不再出现客事宾语,是整合过程发生的必要条件:

(174)……人拧灯嚟,岂系挤落斗下(人拿蜡烛来,岂是放在斗下的……)

(《马可传福音书》,1872 年)

(175)呢三条手巾收埋柜处……(这三条手帕,收进柜子里……)(Fulton 1931)

例(174)中,名词"灯"(蜡烛)既是"拧"的宾语也是"挤"(放)的宾语。它出现在第一个小句中,在第二个小句则省略了。例(175)中,宾语"呢三条手巾"(这三条手帕)前置到句首。两个例子中的宾语省略使得动词和趋向补语可以紧接在一起并融合为一。早期粤语中,宾语省略也很频繁。

---

① Dennys(1874)的例子"你有放入嗰啲落嗰本书嚟冇呢"(你把那些放到书里没)显示在副事件动词和趋向补语融合为一并带客事宾语"嗰啲"(那些)之后,处所宾语"嗰本书"(那本书)由趋向补语"落"引入。

表 8 　副事件动词与趋向补语之间宾语出现与省略的例数

	上	落	出	入	埋	去
有客事宾语	3	12	0	6	0	29
无客事宾语	3	36	1	9	9	27

表 8 显示了在早期粤语标注语料库①中副事件动词与趋向补语之间宾语出现与省略的数目。由表可知,对"上"和"去"来说,"上"的客事宾语出现省略的例数相等(3 例),而"去"的客事宾语出现省略的例数稍高(29 vs. 27 例)。其余情况下,客事宾语省略的例数都比出现的例数要高,尤其是"落"和"埋"。表 8 说明,除了"上"和"去",副事件动词之后、趋向补语之前的客事宾语经常省略。因此,副事件动词和趋向补语得以紧接在一起,这是它们能够进一步融合为一的前提条件。②

8　结　　论

本文所考察的粤语的趋向动词自成一个独特的集合,表示有内在特定方向的位移。它们在以下几个方面区别于其他的动词:(ⅰ)对"移动"的表达,(ⅱ)带处所宾语的能力,以及(ⅲ)构成复合趋向补语的能力。更重要的是,这个集合里的一些成员可以在致移事件中表达路径,这种用法见于动词框架语言如日语、法语和古汉语,而在其他汉语方言中极少(如果有的话)有类似用法的报道。表达自主位移事件时,粤语和普通话都可以用趋向动词或副事件动词与趋向补语的组合来表示路径,展现出动词框架语言和卫星框架语言的双重特点。但二者在致移事件的表达上显著不同。具体而言,粤语可以在致移事件中使用趋向动词表达路径,而普通话不可以。学者指出古汉语是动词框架语言,并且经

---

① 关于该语料库的更多详情,请参考以下网址:http://database.shss.ust.hk/Cantag/。

② 动词吸引(verbal attraction)是指组成谓语论元的单位被动词所吸引,最终变成动词的词缀或完全与动词融合的过程(参考 Heine & Reh 1984: 50)。对不包含客事宾语的自主位移事件来说,趋向补语可能是被动词吸引,造成副事件动词和趋向补语的融合,就像普通话的情况。

历了向卫星框架语言的类型转变。但是,这个转变不是一夜之间发生的,现代汉语方言进行转变的步调各不相同,有的比其他的更靠近终点线。在转变为卫星框架语言的过程中,粤语比普通话走得更慢些,这恰好与二者动补结构的发展处于不同语法化阶段相契合。具体而言,动词和补语结合的紧密度,在普通话里比在粤语里更高。

参考文献

饭田真纪 2001 《粤语趋向动词的句法表现》,粤语讨论会论文,香港理工大学。

高华年 1980 《广州方言研究》,香港商务印书馆。

蒋绍愚 2000 《汉语动结式产生的时代》,见《汉语词汇语法史论文集》,商务印书馆,240—262 页。

柯理思 2003 《汉语空间位移事件的语言表达——兼论述趋式的几个问题》,《现代中国语研究》第 5 期,1—18 页。

柯理思 2004 《汉语趋向动词的语法化和趋向词范畴》,第五届台湾语言及其教学国际学术研讨会论文,静宜大学。

柯理思 2009 《论北方方言中位移终点标记的语法化和句位义的作用》,《语法化与语法研究》第 4 辑,商务印书馆,145—187 页。

李 蓝 1998 《贵州大方话中的"倒"和"起"》,《中国语言》第 1 期,113—122 页。

李新魁、黄家教、施其生、麦耘、陈定方 1995 《广州方言研究》,广东人民出版社。

刘丹青 2003 《语序类型学与介词理论》,商务印书馆。

吕叔湘编著 1980/1996 《现代汉语八百词》,商务印书馆。

马云霞 2008 《汉语路径动词的演变和位移事件的表达》,中央民族出版社。

梅祖麟 1991 《从汉代的"动、杀""动、死"来看动补结构的发展——兼论中古时期起词的施受关系的中立化》,《语言学论丛》第十六辑,商务印书馆,112—136 页。

沈家煊 2003 《现代汉语动补结构的类型学考察》,《世界汉语教学》第 3 期,17—23 页。

王锦慧 2006 《复合趋向补语在宋代的发展:以〈朱子语类〉作为考察》,《国文学报》第 37 期,49—90 页。

王 力 1980/2001 《汉语史稿》,中华书局。

姚玉敏 2008 《粤语开始体"起上嚟"的产生》,《中国语言学报》2.2:127—147 页。

源国伟 1995 《广州话的趋向动词》,《广州话研究与教学》第二辑,中山大学出版社,41—51 页。

佚 名 1872 《马可传福音书:广东土白》,美华书馆。

张洪年 2007 《香港粤语语法的研究(增订版)》,香港中文大学出版社。

张伯江 1991 《关于动趋式带补语的几种语序》,《中国语文》第 3 期,183—191 页。

张伯江、方梅 1996 《汉语功能语法研究》,江西教育出版社。

张 敏、李予湘 2009 《先秦两汉汉语趋向动词结构的类型学地位及其变迁》,汉语"趋向词"之历史与方言类型研讨会暨第六届海峡两岸语法史研讨会论文,台湾"中研院"(2009.8.26 - 27)。

Beavers, John, Beth Levin, and Shiao Wei Tham 2010 The typology of motion expressions revisited. *Journal of Linguistics* 46.2: 331 – 377.

Bridgman, Elijah Coleman 1841 *Chinese Chrestomathy in the Canton Dialect.* Macao: S. W. Williams.

Brown, Penelope 2004 Position and motion in Tzeltal frog stories: the acquisition of narrative style. *Relating Events in Narrative*, Vol. 2: *Typological and Contextual Perspectives*, eds. by Sven Strömqvist & Ludo Verhoeven, 37 – 57. Mahwah: Lawrence Erlbaum Associates.

Chao, Yuen Ren 1968 *A Grammar of Spoken Chinese.* Berkeley: University of California Press.

Chen, Liang, and Jiansheng Guo 2009 Motion events in Chinese novels: evidence for an equipollently-framed language. *Journal of Pragmatics* 41.9: 1749 – 1766.

Choi, Soonja, and Melissa Bowerman 1991 Learning to express motion events in English and Korean: the influence of language-specific lexicalization patterns. *Cognition* 41.1 – 3:83 – 121.

Croft, William A., Jóhanna Barðdal, Willem Hollmann, Violeta Sotirova, and Chiaki Taoka 2010 Revising Talmy's typological classification of complex event constructions. *Contrastive Studies in Construction Grammar*, ed. by Hans C. Boas, 201 – 236. Amsterdam & Philadelphia: John Benjamins.

Dennys, Nicholas Belfield 1874 *A Handbook of the Canton Vernacular of the Chinese Language.* Hong Kong: China Mail Office.

Fan, Kwok, Thomas Hun-tak Lee, Caesar Lun, K. K. Luke, Peter Tung, and K. H. Cheung 1997 *Guide to LSHK Cantonese Romanization of Chinese Characters.* Hong Kong: Linguistic Society of Hong Kong.

Filipović, Luna 2007 *Talking about Motion: A Crosslinguistic Investigation of Lexicalization Patterns.* Amsterdam & Philadelphia: John Benjamins.

Fulton, Albert Andrew 1931 *Progressive and Idiomatic Sentences in Cantonese Colloquial.* Hong Kong: Kelly & Walsh Limited.

Harris, Alice C., and Lyle Campbell 1995 *Historical Syntax in Cross-linguistic Perspective.* Cambridge & New York: Cambridge University Press.

He, Yuanjian 2000 A comparative study of verb, aspect and directional systems between Mandarin and Cantonese. Paper presented at the Annual Research Forum of the Linguistic Society of Hong Kong, December 10, 2000. Hong Kong: The City University of Hong Kong.

Heine, Bernd, and Mechthild Reh 1984 *Grammaticalization and Reanalysis in African Languages.* Hamburg: H. Buske.

Kopecka, Anetta 2006 The semantic structure of motion verbs in French: Typological perspectives. *Space in Languages: Linguistic Systems and Cognitive Categories*, eds. by Maya Hickmann & Stéphane Robert, 83 – 101. Amsterdam & Philadelphia: John Benjamins.

Lamarre, Christine 2008 The linguistic categorization of deictic direction in Chinese: with reference to Japanese. *Space in Languages of Chinese: Cross-linguistic, Synchronic and Diachronic Perspectives*, ed. by Dan Xu, 69 – 97. New York: Springer.

Lamarre, Christine 2009 The typological status of Sinitic directionals. Paper presented at the

Workshop on Chinese Directionals: History and Dialectal Variations, in conjunction with the 6th Cross-Strait Conference on Chinese Historical Grammar, August 26 - 27, 2009. Taipei: Academia Sinica.

Langacker, Ronald W. 1987 *Foundations of Cognitive Grammar, Vol. 1: Theoretical Prerequisites.* Stanford: Stanford University Press.

Levin, Beth, and Malka Rappaport Hovav 1992 The lexical semantics of verbs of motion. *Thematic Structure: Its Role in Grammar*, ed. by Iggy M. Roca, 247 - 269. Berlin & New York: Foris.

Li, Fengxiang 1993 *A Diachronic Study of V-V Compounds in Chinese.* Buffalo: State University of New York dissertation.

Liu, Danqing 2008 Syntax of space across Chinese dialects: conspiring and competing principles and factors. *Space in Languages of Chinese: Cross-linguistic, Synchronic and Diachronic Perspectives*, ed. by Dan Xu, 39 - 67. New York: Springer.

Masini, Federico 1993 *The Formation of Modern Chinese Lexicon and its Evolution toward a National Language: The Period from 1840 to 1898.* Berkeley: Project on Linguistic Analysis, University of California.

Matthews, Stephen 2006 On serial verb constructions in Cantonese. *Serial Verb Constructions: A Cross-linguistic Typology*, eds. by Alexandra Y. Aikhenvald & R. M. W. Dixon, 69 - 87. Oxford & New York: Oxford University Press.

Matthews, Stephen, and Virginia Yip 1994 *Cantonese: A Comprehensive Grammar.* London & New York: Routledge.

O'Melia, Thomas A. 1941 *First Year Cantonese.* Hong Kong: Maryknoll House.

Peyraube, Alain 2009 On the history of Chinese directionals. Paper presented at the Workshop on Chinese Directionals: History and Dialectal Variations, in conjunction with the 6th Cross-Strait Conference on Chinese Historical Grammar, August 26 - 27, 2009. Taipei: Academia Sinica.

Ragnarsdóttir, Hrafnhildur, and Sven Strömqvist 2004 Time, space, and manner in Swedish and Icelandic narrative construction in two closely related languages. *Relating Events in Narrative, Vol. 2: Typological and Contextual Perspectives*, eds. by Sven Strömqvist & Ludo Verhoeven, 113 - 141. Mahwah: Lawrence Erlbaum Associates.

Roberts, John R. 1987 *Amele.* London & New York: Croom Helm.

Slobin, Dan I. 2004 The many ways to search for a frog: linguistic typology and the expression of motion events. *Relating Events in Narrative, Vol. 2: Typological and Contextual Perspectives*, eds. by Sven Strömqvist & Ludo Verhoeven, 219 - 257. Mahwah: Lawrence Erlbaum Associates.

Slobin, Dan I., and Nini Hoiting 1994 Reference to movement in spoken and signed languages: typological considerations. *Berkeley Linguistics Society (BLS)* 20: 487 - 505. Berkeley: Berkeley Linguistics Society.

Tai, James H-Y. 1985 Temporal sequence and Chinese word order. *Iconicity in Syntax*, ed. by

John Haiman, 49 - 72. Amsterdam & Philadelphia: John Benjamins.

Tai, James H-Y.   2003   Cognitive relativism: resultative construction in Chinese. *Language and Linguistics* 4.2: 301 - 316.

Talmy, Leonard   1985   Lexicalization patterns: semantic structure in lexical forms. *Language Typology and Syntactic Description*, Vol. 3: *Grammatical Categories and the Lexicon*, ed. by Timothy Shopen, 57 - 149. Cambridge & New York: Cambridge University Press.

Talmy, Leonard   2000a   *Toward a Cognitive Semantics*, Vol. 1: *Concept Structuring Systems*. Cambridge: MIT Press.

Talmy, Leonard   2000b   *Toward a Cognitive Semantics*, Vol. 2: *Typology and Process in Concept Structuring*. Cambridge: MIT Press.

Talmy, Leonard   2009   Main verb properties and equipollent framing. *Crosslinguistic Approaches to the Psychology of Language: Research in the Tradition of Dan Isaac Slobin*, eds. by Jiansheng Guo, Elena Lieven, Nancy Budwig, Susan Ervin-Tripp, Keiko Nakamura & Şeyda Özçalişkan, 389 - 401. New York: Psychology Press.

Thepkanjana, Kingkarn   1986   *Serial Verb Constructions in Thai*. Ann Arbor: University of Michigan dissertation.

Wilkins, David P.   2004   The verbalization of motion events in Arrernte. *Relating Events in Narrative*, Vol. 2: *Typological and Contextual Perspectives*, eds. by Sven Strömqvist & Ludo Verhoeven, 143 - 157. Mahwah: Lawrence Erlbaum Associates.

Wisner, O. F.   1927   *Beginning Cantonese*. (no publication detail)

Xu, Dan   2006   *Typological Change in Chinese Syntax*. Oxford & New York: Oxford University Press.

Yiu, Carine Yuk-man   2005   *Spatial Extension: Directional Verbs in Cantonese*. Hong Kong: The Hong Kong University of Science and Technology dissertation.

Zlatev, Jordan, and Peerapat Yangklang   2004   A third way to travel: the place of Thai in motion-event typology. *Relating Events in Narrative*, Vol. 2: *Typological and Contextual Perspectives*, eds. by Sven Strömqvist & Ludo Verhoeven, 159 - 190. Mahwah: Lawrence Erlbaum Associates.

粤语玉林话位移事件的类型学考察 *

王君婷

（复旦大学中文系）

1 引　　言

广西玉林市位于广西壮族自治区东南部,玉林境内主要汉语方言为勾漏片粤语,当地人称"玉林话"。① "位移"指物体的空间位置随着时间推移在运动中发生的变化。

位移事件是人类对空间运动的基本认知模式之一。本文的考察采用 Talmy（1975,1985,2000）的类型学框架。Talmy 将一个位移事件的概念要素分为内部要素（internal components）和外部要素（external Co-event）两类,内部要素中包括动体/图形（figure）、背景（ground）、路径（path）、运动（motion）,对位移事件的表达起到框定作用,组成了宏观位移事件中的框架事件。外部要素包括方式（manner）、致因（cause）等,它们构成了位移事件的伴随事件。

Talmy 指出语义要素和语言的表层形式不是一一对应的,进而在不同语言中形成不同类型的词化模式。"路径"被视为位移事件中最主要的元素之一,根据"路径"在不同语言中由动词还是附加语编码,Talmy 将世界语言分为两大类:动词框架语言（verb-framed）和卫星框架语言（satellite-framed）。在动词框架语言（V 型语言）中,"路径"要素由主要动词和词根编码,伴随事件（方式/致使）

* 本文得到复旦大学亚洲研究中心 2019 年度课题资助项目和教育部后期资助 2021 年度一般项目（21JHQ035）的支持。文章主体部分基于笔者的复旦大学硕士论文《粤语玉林话空间范畴的类型学研究》（2022 年）,成文后又承蒙柳俊博士的指教,特申谢忱,文责自负。
① 玉林话包含几种口音,其中玉林市城区、福绵区、兴业县部分乡镇流行的玉林话同属一种口音。本文研究的主要对象是玉林市福绵区福绵镇的玉林话。

由动词的附属成分编码,如西班牙语、日语等语言。在卫星框架语言(S 型语言)中,"路径"由附加语如小品词、动词词缀等成分编码,伴随事件由主要动词或词根编码,如英语、德语等语言。Talmy 认为汉语属于卫星框架语言,其理由是汉语经常用句子的动词词根来编码伴随事件(位移的方式和致因),用趋向补语等卫星成分来编码位移路径。①

汉语表达空间位移事件的主要手段是趋向动词,玉林话也不例外。本文首先描写玉林话编码位移"路径"的主要方式,包括趋向动词以及由"动词+趋向动词"形成的动趋式结构,随后考察不同位移事件类型的具体表达格式,最后讨论玉林话位移事件的词化类型特征。

2 玉林话的趋向动词

趋向动词编码位移事件的"路径"要素,是汉语及汉语方言用于表达空间位移事件的主要句法手段,本节对玉林话趋向动词的句法功能和语义特点进行描写。

2.1 趋向动词的句法特点

趋向动词(directional verb,下文简称 V_d)用于表达空间位移的方向和路径,②是玉林话用于赋元处所题元的重要手段之一。现有的研究中尚无关于玉林话趋向动词的研究,经笔者调查,根据趋向动词的句法语义特点,可以将玉林话的趋向动词划分为三类:

Ⅰ类:来、去

Ⅱ类:上、落、出、入、回、过③

Ⅲ类:到

---

① Talmy 对卫星(satellite)成分的定义是围绕着动词的不同性质的语言成分,无法概括为一个跨语言的统一的词类,比如英语就由动词后的副词性成分充当,汉语里就由"结果补语"或"趋向补语"来充当。

② Talmy 认为路径包括"方向",本文将两者区分开来。

③ 广府粤语中还有"埋"(向……靠近)、"开"(远离……某处)的非直指性趋向动词,玉林话没有类似"埋"的趋向动词,表示离开用"趯",比如"行趯(走开)",表"起"用"起身","趯"和"起身"都不能带处所宾语。

Ⅰ类是直指性趋向动词,根据说话人的立足点指示位移方向,负载位移的"指示"信息。Ⅱ类是非直指性趋向动词,根据说话人以外的物体或处所确定位移方向,负载位移的"向量"信息,即表示位移的起点、途径、终点、目标等。Ⅲ类是表位移"到达"的趋向动词"到",负载位移的"到达"信息。

三类趋向动词都可以单独作谓语或带处所宾语,也可以位于方式和致因动词后作补语,形成动趋式(VD)结构。作趋向补语时,非直指性趋向动词构成非直指性趋向补语(non-deictic directionals,下文称 D_n),直指性趋向动词构成直指性趋向补语(deictic directionals,下文称 D_d)。趋向动词可以组合形成 A、B 两类复合趋向补语,具体组合情况如下表:

表1 玉林话的 A 类复合趋向补语

	上	落	出	入	回	过
来	+	+	+	+	+	+
去	+	+	+	?	+	+

表2 玉林话的 B 类复合趋向补语

	上	落	出	入	回	过	来	去
到	+	+	+	+	+	+	+	+

A 类复合趋向补语由"D_n+D_d"构成,B 类复合趋向补语由"D_n/D_d+到"组成。① A、B 两类复合趋向补语都可以与动词构成动趋式,如"行上来"(走上来)、"蹓落到"(跑下去)等。A、B 两类复合趋向补语在句法和语义上都有区别,A 类复合趋向补语不能带处所宾语,语义上除了表达"路径"信息还同时编码"指示"信息。B 类作趋向补语时可以自由地带处所宾语,语义上同时编码"路径"和"到达"信息。

动趋式的可能式通过在动词和趋向补语之间加补语标记"得"构造,如"行

---

① 在广府粤语中有"翻+D_n+D_d"形式的三合趋向补语,如"行翻上嚟""跌翻落去"等等,而玉林话只有二合趋向补语,没有类似的三合趋向补语。

得上"（走得上）、"飞得去"（飞得过去）、"跳得落来"（跳得下来）、"蹓得落到操场"（跑得到操场）。① 可能式的否定式是在方式动词前加上否定词"冇"，如"冇行得上"（走不上去）、"冇飞得去"（飞不过去）等。

2.2　趋向动词的语义特点

"来""去"的意义和用法与普通话大体一致，蕴含了路径的"指示"信息，表示位移方向与说话人所处位置有参照关系，"来"表示方向朝向说话人，"去"表示方向远离说话人。

"上、落、出、入、回、过"等非直指性趋向动词主要编码路径的"向量"信息（包括位移的起点、途径、终点、目标等），表示位移方向与客观物体的位置有关而非与说话人所处位置有参照关系。

玉林话的非直指性趋向动词在语义上和普通话有些许差别。"上""落"所带的处所宾语往往表示位移终点，用于表达垂直位移，其指示的路径为高低地势之间的位置关系，例如"上二楼""落山脚"。此外，"上""落"还可以用于表达水平位移，表示南北位置之间的运动路径，背景名词通常为专有地名，如"上北京""上东北"。对于在地点处所行政区划范围内的地名，说话人往往倾向于突出高低位置关系。对于在地点处所行政区划范围之外的地名，背景名词和说话人所处位置被认知为一个零维的点，说话人倾向于突出南北位置关系，例如：

（1）a. 上高峰县。（高峰县地势比玉林市区高）

　　　b. 上南宁。（南宁位于玉林北部）

（2）a. 行落一楼。（走下一楼去）

　　　b. 落海南。（海南位于玉林南部）

"落"还经常表示路径由外往内，如"落房眼"（进房间），当处所名词本身不凸显位置关系时，"落"表示的路径可能会有多种理解，"行落图书馆"可以理解为"从高处走下来到图书馆处"（由高往低），也可以理解为"从外面走进图书馆内"（由外往内）。

"出"所带的处所宾语可以表示位移起点和位移终点。② "出"后接位移起

---

① 玉林话的 B 类复合趋向补语在构造成可能式时要带处所宾语，不带处所宾语则不太自然。
② "出+终点"的格式在粤语中十分常见，比如广州话"出九龙"表示"到九龙去"，"九龙"是"出"的终点（刘丹青 2005）。胡伟、甘于恩等（2019）调查发现广州话"出"表"前往某地"的用法一般多为年龄较大的人使用，"出"包含有"由里面走向外面"的隐含义。

点时,其路径表示由内向外的位移,背景名词具有[+容纳]的语义特征,如"出教室"(离开教室)、"出房眼"(离开房间)。"出"后还可以引入位移终点,语义为"前往",不表达具体的位移方向,但位移终点通常不能是远距离终点,例如:

(3)佢打教室行出走廊咧。(他从教室里走到走廊了。)

(4)我人打福绵开出玉林。(我们从福绵开车去玉林。)

如例(3),只有"走廊"与位移起点"教室"之间距离不远时,才能使用这一表达格式,例(4)中福绵(玉林市辖区)和玉林市中心城区的距离也非常近,所以可以用"出+终点",但若把起点和终点分别换成"玉林"和"北京",句子就无法成立了。

"入"表示路径由外往内,处所宾语表示位移终点。"入"在玉林话中已经不太常用,仅在"入房眼"(进房间)、"入村"(进村)等规约性强的短语中表"进入"义。

"回"表示返回某处,处所宾语为位移终点,如"回屋"(回家)。此外,"回"还可以更具体地表示由外往内返回某处的位移路径,比如"回房眼"(回到房间里)、"回教室"(回到教室里),背景名词具有[+容纳]的语义特点。

"过"表示经过某处,处所宾语表示位移的经由,如"再过只路口就到村公所了"(再过一个路口就到村公所了)。此外,"过"还可以引入位移终点作处所宾语,此时"过"有两种意义,一是"去往对面",比如"过条河"(过这条河)、"过兀条桥"(过那条桥)。二是表示"到附近某处去",如"过隔篱村"(到隔壁村)、"过旁边眼屋"(去旁边那间屋子)。

趋向动词"到"负载位移的"到达"信息,不表示路径的具体向量和指示信息,强调位移的有界性。玉林话的直指性趋向动词、非直指性趋向动词着重强调动作本身,虽然可以引入位移终点,但不凸显位移已经到达终点,如"行上""蹓来"凸显的是"走上去"和"跑过来"的位移过程,并不凸显位移已经到达终点。而"行到"(走到)强调位移的有界性,主要用于凸显位移"到达"的结果。

3 玉林话位移事件的表达格式

在 Talmy(2000)、柯理思(2007b)等学者关于汉语位移事件的研究中,单用趋向动词和使用"方式动词+趋向补语"分别属于动词框架语言和卫星框架语言的表达模式。本节首先将单用趋向动词和动趋式的位移事件划分为两类加以考察。施事性(agentivity)是影响位移事件表达的重要参项,因此本文还分别考察玉林话的趋向动词和动趋式在自移事件和他移事件表达中的用法。

3.1 趋向动词表达位移事件

玉林话的趋向动词单独作谓语时同时编码"运动"和"路径"两个概念要素,只能用于表达自移事件(Self-agentive),无法表示他移事件。自移事件包括有生主体自移事件和无生主体位移事件,二者的区别在于位移主体是否具备自行发生位移的能力。

首先来看有生主体自移事件的情况,有生主体自移事件的主语往往是自主发生位移变化的实体,具有[+有生]的语义特征。在玉林话中,趋向动词单动式表有生自移事件十分发达,当处所题元不出现时,玉林话单用趋向动词即可表有生自移事件,如:

(5) 佢上咧。(他上来了。)

(6) 佢来咧。(他来了。)

(7) 学生到咧。(学生到了。)

如例(5),当处所宾语不出现时,玉林话单用非直指性趋向动词句子即可成立,而普通话不能单用非直指性趋向动词,必须要在动词后加上"来/去"作为补语句子方能成立。

趋向动词带处所宾语的能力强大。"V_d+Loc"结构是玉林话口语中表自移事件的常规格式。趋向动词后带的宾语一般是位移终点,如:

(8) 佢来/去玉林。(他来/去玉林。)

(9) 老李落一楼。(老李走下一楼。)

(10) 旅游团上北京。(旅游团到北京去。)

个别趋向动词如"落、出、过"所带的处所宾语可以表示位移起点或经由,如:

(11) 婆出房眼咧。(奶奶走出房间。)

(12) 佢过第二只路口就到菜市场咧。(他经过第二个路口就到菜市场了。)

（13）舅公等时落山。（舅舅等一会儿就下山了。）

"出"表"离开某处"之义，其后的处所宾语往往是位移的起点，"过"可以引入位移经由。但"落"所带处所题元表起点的情况通常见于词汇性现象，如"落车"（下车）、"落楼"（下楼）。除上述特殊情况外，起点、经由题元常用介词"打"，目标题元通过介词"向"引入，介宾结构位于动词之前，如"我打二楼落一楼"（我从二楼下一楼）、"架车向北京开去"（车向北京开去）。

普通话虽然也可以单用趋向动词带处所宾语表自移事件，但不如玉林话发达。首先，普通话单动式带处所题元的表达格式更接近一个词汇性结构，具体表现为充当处所题元的名词性短语很难再进一步扩展，如"（他）上三楼""（他）下地下室""（他）出门"等结构，若扩展为"（他）上摆放了很多书的图书馆三楼""（他）下堆满杂物的地下室"或"（他）出李家的红木大门"的结构，则句子十分不自然，往往需要加上位移的方式信息，采用"方式动词+趋向补语"的谓语格式，如"（他）走上摆放了很多书的图书馆三楼""（他）跑下堆满杂物的地下室"或"（他）走出李家的红木大门"等。即使"走路"是人位移的默认移动方式，在普通话中也倾向于将位移的方式信息表达出来，如前文的例（9）、（11）。但同样的单动式表达模式在玉林话中是十分常见的，玉林话的趋向动词单动式是一个可扩展的语法结构，趋向动词单动式的能产性更高。

此外，与普通话和其他方言相比，"来/去+Loc"在玉林话口语中十分发达。普通话中虽然可以接受"来/去+Loc"结构，但是在地道的北京话口语中更常用的格式是"到+Loc+来/去"，"来/去+Loc"基本是不说的。刘丹青（2000）认为普通话的"来/去+Loc"是受粤语影响产生的。在玉林话中，"来/去+Loc"格式十分强势，与此同时，普通话和其他汉语北方方言中发达的"到+Loc+来/去"格式在玉林话中几乎不说。

接下来看玉林话单用趋向动词表示无生主体位移事件的格式。无生主体位移事件指位移主体不具备自行发生位移的能力，但施事不出现的位移事件，主语一般是具有[−有生]语义特征的实体。玉林话也可以采用"V_d+Loc"的格式表达无生主体位移事件。如：

（14）楼顶积水□[pø⁴⁵³⁻³³]□[pø⁴⁵³]落。（楼顶的积水哗啦啦地流下来。）

（15）条草儿打搅泥嘅出。（草儿从泥土里长出来。）

（16）热头落岭了。（太阳下山了。）

（17）台风过玉林咧。（台风经过玉林了。）

普通话较少使用趋向动词表达无生主体位移事件,通常以"方式动词+趋向补语"的表达最为自然,如例（14）、（15）,普通话必须要加上"流""长"等表方式信息的方式动词,句子才能成立,此外,即使普通话采用趋向动词单动式表达无生主体位移事件,其表达模式亦更接近于规约性强的词汇结构而非扩展性强的句法结构,如"球出界了""太阳下山了"。而玉林话可以比较自然地单用趋向动词加以表达,这是玉林话相比于普通话的一个特点。综上,玉林话使用趋向动词单动式表自移事件的能力十分发达。

3.2　动趋式表位移事件

本节考察趋向补语编码"路径"时位移事件的表达格式,此时 VP 采用"方式/致因动词+趋向补语"的动趋式（VD）结构,核心动词表示位移的方式或致因,趋向补语表示位移的路径。动趋式可以用于表达自移事件和他移事件,下面分别考察两种事件的具体表达格式。

3.2.1　自移事件

首先同样来看有生主体自移事件的表达情况。玉林话用动趋式结构（VD）表有生主体自移事件,D 可以是简单趋向补语,也可以是 A、B 两类复合趋向补语。动趋式的趋向补语呈现出简单趋向补语发达,复合趋向补语不发达的特点,具体表现如下:

首先,动趋式的趋向补语倾向于采用简单趋向补语,若用简单趋向补语可以凸显"路径"信息,句子就无须采用复合趋向补语。

（18）a. 只狗蹓上咧。（狗跑上来了。）

　　　b. 只狗蹓上来咧。

　　　c. 只狗蹓上到咧。

如例（18）,虽然其中 a、b、c 三句可以表示相同的语义,但玉林话中最常用的结构是 a 句。表路径"向量"信息的趋向补语一定要得到表达,其他的信息比如表示直指信息的"来"和表位移有界信息的"到"则无须被表达出来。

其次,简单趋向补语单用能力强。当处所宾语不出现时,所有使用简单趋向补语的句子均能自然成立,如:

(19) 只狗蹓落／来／到咧。(狗跑下来／跑过来／跑到了。)

如例(19),"落"单用作趋向补语时即可成立。玉林话可以单用 D_n 作趋向补语,而普通话不允许单用 D_n 作补语,必须要加上 D_d 构成二合趋向补语,如"走回""滑下"在不带处所宾语时必须要加上 D_d 形成"走回去""滑下来",句子才能成立。

最后,简单趋向补语带处所宾语的能力更强。当句子有处所宾语时,玉林话用动趋式直接带处所宾语的"V+D+Loc"格式表达自移事件,Loc 成分通常是位移终点,少数情况下可以表位移起点、经由(见 3.1 节)。

简单趋向补语可以直接自由地带处所宾语,如:

(20) 佢蹓上三楼。(他跑上三楼。)

(21) 爷行去兀边。(爷爷走到那边去。)

(22) 个侬跳到舞台上高。(孩子跳到舞台上去。)

相比玉林话,普通话的"来／去"作简单趋向补语时无法带处所宾语,如例(21)在普通话中不能说成"爷爷走去那边"。普通话的位移终点往往通过"到"引入,放在主要动词之后,补语"来／去"之前,如"爷爷走到那边去"。

复合趋向补语的情况有所不同,A 类复合趋向补语无法带处所宾语,而 B 类复合趋向补语可以自由带处所宾语,例如:

(23) *佢行上来楼顶。(他走上楼顶来。)

(24) 佢行上到楼顶。(他走到楼顶上来。)

玉林话 A 类趋向补语的句法表现和普通话一致,但不同于广府粤语,广府粤语的复合趋向补语可以带处所宾语,比如广府粤语的"行上嚟三楼"(走上三楼)。至于为何 A 类复合趋向补语带处所宾语的能力不如简单趋向补语,我们认为这可能与 A 类复合趋向补语的来源有关,从历时角度看,汉语和周边壮侗语的趋向补语发展过程都是先产生简单趋向补语,并由此派生出复合趋向补语(曹广衢 1994;梁银峰 2007)。在玉林话中,简单趋向补语早已成熟,复合趋向补语产生在后,在单用趋向补语句子即可成立的情况下,复合趋向补语的使用频率都不如简单趋向补语高,因此 A 类复合趋向补语带处所宾语的功能更不如简单趋向补语发达。

处所宾语只能位于复合趋向补语之后,无法放在复合趋向补语之间。相比之下,普通话的处所宾语可以位于复合趋向补语之间,与之相对应的是"来/去"只能位于处所宾语之后作补语,如:

(25) a.(普)张三爬上那座山去了。

　　　b.(玉)张三爬上兀座山(*去)唎。

(26) a.(普)老张走进房间里来。

　　　b.(玉)老张行落房眼(*来)。

单用简单趋向补语即可实现语义上的自足,因此上述两例中玉林话去掉宾语后的"来/去",句子即可成立,这也从侧面说明玉林话中简单趋向补语强势,复合趋向补语不发达的特点。

无生主体位移事件采用和有生主体自移事件完全一致的表达格式,VP 由"方式动词+趋向补语"构成,核心动词表达位移的方式,趋向补语表达位移路径,如:

(27) 搦水流出(来)唎。(水流出来了。)

(28) 木叶飘落(到)房眼唎。(树叶飘进房间里了。)

同样地,无生自移事件动趋式的趋向补语以简单趋向补语为主要模式,复合趋向补语不够发达,且 A 类复合趋向补语不能带处所宾语。

此外,动趋式还经常用于隐现句的表达之中。隐现句表"出现"和"消失"的句式意义,句子主语往往是处所,谓语动词必须具有隐现性或趋向性。隐现句中的趋向动词往往是动趋式,如:

(29) 屋几蹓落只狗。(屋里进了一只狗。)

(30) 头前行过几只人。(前面走过几个人。)

(31) 房眼□[lun⁴¹]落来条蛇。(房间里钻进来一条蛇。)

不过大多数情况下,玉林话用"Loc+有+NP+V+D"的句法格式表达隐现义更加自然,如"屋几有只狗蹓落"(屋里有一只狗跑进来)、"头前有几只人行过"(前面有几个人走过去)。

3.2.2 他移事件

在他移事件中,位移的致因由施事主语引起,并引发位移体位置的变化,发生位移的位移体往往是受事。他移事件只能采用"致因动词+趋向补语"的动趋式结构,核心动词表示致使位移的致因,趋向补语指明位移体所经历的位移路径或方向。

和自移事件特点一致,动趋式的趋向补语呈现出简单趋向补语发达,复合趋向补语不发达的特点。具体表现在两方面:首先,趋向补语 D 更倾向于采用简单趋向补语而较少采用复合趋向补语;其次,简单趋向补语单用时使句子成立和带处所宾语的能力更强大,虽然 B 类复合趋向补语可以带处所宾语,但 A 类复合趋向补语依然不能自由带处所宾语。

(32) a. 小明攞袋嘢上。

　　　b. 小明攞袋嘢上来。(小明拿了一袋东西上来。)

(33) a. 小明攞袋嘢上二楼。

　　　b. 小明攞袋嘢上(*来)二楼。(小明拿了一袋东西上二楼。)

例(32a)、(33a)为玉林话最常用的格式,在实际言谈中简单趋向补语的使用频率高于复合趋向补语。

在他移事件中,重要的是谓语结构 VD、受事 O、处所 Loc 三者之间的相对位置关系,起点、经由、目标、终点等不同语义类型的 Loc 成分的引入方式与 3.1 节中提到的手段基本一致,在此不再赘述,重点考察受事 O 所处的句法位置。

当处所题元不出现时,句子通常采用"V+O+D"的格式,受事宾语一般只能放在动词和趋向补语之间,普通话还可以采用"V+D+O"的格式,如例(34)普通话可以说成"他拿过来两本书",若 D 是由"D_n+D_d"形成的复合趋向补语,受事宾语还可以位于复合趋向补语中间,如"他拿过两本书来"。而玉林话以"V+O+D"作为最自然的格式,"V+D+O"的格式十分不自然。如:

(34) a. 佢攞两本书过。　　b. ??佢攞过两本书。(他拿两本书过来。)

(35) a. 我送封信去。　　　b. *我送去封信。(我把信送过去。)

(36) a. 我拉只牛去到。　　b. *我拉去到只牛。(我把牛拉过去。)

O 的指称性一般不影响格式语序。当 O 定指且说话人意欲强调受事时,可以把 O 提前,放在主语或话题的位置,例如:

(37) 箇两本书佢攞来咧。(这两本书他拿过来了。)

(38) 封信我送过咧。(这封信我送过去了。)

当处所宾语出现时,句子采用"V+O+D+Loc"的格式,Loc 成分通常是位移终点,少数可表位移起点和经由(当动词为"出、落、过"时)。受事宾语的句法位置同样只能位于动词和趋向补语之间,例如:

(39)佢□[pɔt⁴]条索上楼顶。(我把绳子扔上楼顶。)

(40)佢打门口踢只球去外低。(他从门口把球踢到外面去。)

(41)佢逐搁鸡到对面。(他把鸡赶过对面。)

对比玉林话,可见当处所宾语出现时,普通话倾向于使用"把"字句将受事宾语提到动词之前,而玉林话可以将受事宾语、趋向补语、处所宾语都放在动词之后,玉林话的"把"字句非常不发达,因此受事宾语提到动词前的情况十分少见。

3.3 小结

根据上文描写,玉林话表达空间位移事件的格式可以简化如下:

表3 玉林话空间位移事件的表达格式

事件类型	VP	
	趋向动词 V_d	动趋式(方式/致因动词 V+趋向补语 D)
有生主体自移事件	NP+(打/向+Loc)+ V_d+(Loc)	NP+(打/向+Loc)+V+D+(Loc)
无生主体位移事件		
他移事件	/	NP+(打/向+Loc)+V+O+D+(Loc)

趋向动词 V_d 的单动式只能表自移事件。其中,V_d 是必有成分,V_d 单用即可使句子成立。V_d 带处所宾语的能力很强,所带 Loc 成分通常表示位移终点,少数趋向动词("出、落、过")可以带位移起点、经由。除终点外,大多数起点、经由题元通过介词"打"引入,目标题元通过"向"引入,PP 位于 V_d 之前。

动趋式(VD)结构可以用于表自移事件、他移事件。趋向补语 D 最常见的形式是简单趋向补语,简单趋向补语单用能力和带处所宾语的能力都十分发达。复合趋向补语在玉林话中不是很发达,A 类复合趋向补语不能带处所宾语,B 类复合趋向补语可以带处所宾语。在表他移事件的格式中,受事 O 要位于 VD 之间,形成 V+O+D 的结构。Loc 的语义角色类型及其引入手段与趋向动词单动式的表现一致。

4　玉林话位移事件表达的类型学特点

汉语的位移事件词化类型在不同的汉语方言中呈现出复杂性和多样性,本节我们在跨方言比较中来看这个问题,本文主要比较玉林话、广府粤语、普通话在位移事件词化类型上的共性与差异,发现玉林话整体和普通话一样具有"混合类型"的特点,相比于普通话,玉林话保留了一定的动词框架型语言特征,同时表现出不够彻底的卫星框架型特征。

4.1　玉林话位移事件的词化类型特征

首先来看同属粤语的广府粤语位移事件的表达格式。广府粤语同样采用趋向成分(趋向动词和趋向补语)编码"路径"要素。趋向动词包括非直指性趋向动词"上、落、出、入、开、埋、翻、过、起"和直指性趋向动词"嚟(来)、去"两组,它们可以组合形成二合、三合趋向补语。据姚玉敏(Yiu 2013a,2015)的描写,广府粤语在表达有生主体自移事件、无生主体位移事件、他移事件时,分别可以采用以下表达方式:

有生主体自移事件:

(42) a.【趋向动词】:佢入咗课室。(他进了教室。)

　　　 b.【方式动词+趋向补语】:佢行咗入课室。(他走进了教室。)

无生主体位移事件:

(43) a.【趋向动词】:啲沙入咗眼。(沙子进了眼睛。)

　　　 b.【方式动词+趋向补语】:啲沙吹咗入眼。(沙子吹进了眼睛。)

他移事件:

(44) a.【趋向动词】:佢入咗封信喺个信封。(他把信放到信封里。)

　　　 b.【方式动词+趋向补语】:佢放咗封信入个信封。

下面比较普通话、玉林话和广府粤语的位移事件词化类型特征。从共时层面看,广府粤语、玉林话的位移事件词化类型与汉语普通话基本一致,表现出"混合类型"的特点,即大部分情况下以卫星框架语言的表达模式(用"方式/致因动词+趋向补语"表达)为主导,同时保留一定的动词框架型特征(用趋向动词表达路径)。

施事性这一参项对玉林话表达模式的类型分布有明显影响。自移事件有两种常见表达格式,一是用趋向动词编码路径,具有动词框架语言的特点;二是用"方式/致因动词+趋向补语"表达,呈现出卫星框架语言的特点。特别地,无生主体位移事件也可以采用单用趋向动词和"方式/致因动词+趋向补语"两种形式表达,并且一些无生主体位移事件在普通话中只能以"方式/致因动词+趋向补语"形式表达,但在玉林话中可以采用趋向动词单动式的表达形式。

玉林话的他移事件只能采用"致因动词+趋向补语"的格式。位移体(受事)有动词前和动词后两种句法位置,在动词前位于主语/话题位置,在动词后通常位于动词和趋向补语之间,受事很少出现在"把"字结构中,此时玉林话又呈现出卫星框架语言的特点。特别地,广府粤语还保留了一些单用趋向动词表他移事件的用法,如"佢入咗封信喺个信封"。而玉林话和普通话只能采取"致因动词+趋向补语"的格式,如"佢放封信落只信封""他把信放到信封里",可见广府粤语表现出相对更强的动词框架型特征。

4.2　玉林话保留一定的动词框架型语言特征

动词框架型语言中的"路径"由核心动词或词根编码,汉语学界普遍认为,单用趋向动词是动词框架型语言的表达特点。在表自移事件时,玉林话以单用趋向动词"NP+(打/向+Loc)+V_d+(Loc)"为最常见的格式,其中趋向动词 V_d 是必有成分,也就是说,"路径"信息是必须通过核心动词表达出来的,这体现了动词框架型语言的特点。

玉林话的动词框架型特征比普通话更强,主要表现在:第一,玉林话趋向动词单用的能力更发达,在处所宾语不出现时,趋向动词无须强制加上补语"来/去"句子即可成立,这说明在句子中单用一个核心动词即可编码"运动"和"路径"两种信息,无须通过其他附加语性质的成分(比如趋向补语)同时编码"路径"信息。

第二,玉林话单用趋向动词的表达模式受主语生命度特征的影响更低。在普通话中,无生位移体的位移事件表达模式以动趋式结构为常,无论是他移事件还是无生主体位移事件,甚至后者无法找到一个明显的"施事"致移,也都倾向于采用卫星框架型语言的表达方式表达运动的方式或致因。玉林话的他移事件虽然也只能采用动趋式结构,但无生主体位移事件对单用趋向动词的接受度高于普通话,试比较:

(45)兀朵荷花打张塘里中出。(荷花从池塘里长出来。)

(46)搣沙落只眼咧。(沙吹进了眼睛里。)

如例(45)、(46),玉林话可以自然地单用趋向动词直接表达"路径"信息,而普通话则倾向于将方式"长"和致因"吹"都表达出来。

此外,对于一些非人的有生主体自移事件,即使没有明显的运动方式可表达,普通话也更倾向于采用动趋式结构,而玉林话的趋向动词单动式十分自然,方式信息不需要特别加以表达。如:

(47) a.(玉)只狗落咧。(狗跑下来了。)　　b.(普)[?]狗下来了。

综上可见,玉林话整体呈现出动词性框架语言特征强于普通话的特点。

4.3　不够彻底的卫星框架型语言

卫星框架型语言中的"路径"由附加语编码,方式、致使等副事件信息由核心动词编码,学界普遍认为汉语的动趋式结构是卫星框架型的典型表达模式。玉林话广泛采用动趋式表达位移事件,可以说具有卫星框架型(S型)语言的特点。但和汉语普通话相比,玉林话又表现出不够彻底的卫星框架型语言特征,主要表现在:第一,附加语(即趋向补语)的补语化或附缀化程度较低,趋向补语还保留着较强的动词性;第二,动趋式的融合度不够紧密。

就趋向补语的补语化程度而言,玉林话的趋向补语均保留着进入动趋式前的论元结构的完整性,即趋向补语具备直接带处所宾语的能力,这其中尤其以"来/去"的表现最为明显。普通话"来/去"做动词补语时不能直接带处所宾语。玉林话的"来/去"作动词后的简单趋向补语时可以直接带处所宾语,但构成复合趋向补语时不能带宾语。广府粤语的"来/去"带处所题元的能力最强,"来/去"无论作简单趋向补语还是与其他趋向成分构成复合趋向补语时都可以直接引入位移终点,试比较:

（48）a.（普）*他就快走（上）来/去三楼。

　　　b.（玉）佢就快行（*上）来/去三楼。

　　　c.（港）佢就快行上嚟/去三楼。（姚玉敏 Yiu 2013a）

这说明在玉林话和广府粤语中，"来/去"在充当趋向补语时并没有完全补语化，而依然保留着较完整的动词论元结构，这或许也反映了粤方言与普通话趋向补语语法化程度的不同层次。

此外，普通话的"来/去"已产生了一定的助词化倾向，比如"走上楼来""走到食堂去"，"来/去"在作补语时倾向于出现在句末，处所宾语往往位于方式动词和"来/去"之间，"来/去"读轻声。玉林话的"来/去"只能位于处所宾语之前，既不能放在句末，更不能把处所宾语放在动词和"来/去"之间，这也说明玉林话中的"来/去"并未发生这种功能虚化的现象。

其次，趋向补语"到"还未语法化为真正的附着性虚词，保留较强的实词性质。普通话的"到"作趋向补语时已经语法化为一个功能性的终点标记，普通话常用"V+到+Loc+D"（飞到北京去）的格式表终点位移事件，"到"原有的"到达"义已经虚化，语音上弱化并附着于前面的动词之后，句法上无法脱离处所题元而单独存在。而在玉林话中，"到"并没有虚化成广泛意义的终点标记，"到"与不同动词的搭配会受到限制，试比较（广府粤语例子转引自柯理思 2009）。若广府粤语和玉林话对例（49a）进行直译，则句子会非常不自然，与普通话（49a）对应的格式是用趋向补语"去"或"出"引入终点的例（49b）、（49c）。

（49）a.（普）你扔到外边去。

　　　b.（港）你□[deuh]去出便。

　　　c.（玉）你□[kʰua⁴¹]出外低。

此外，玉林话的"到"在动词后引入处所题元时还保留着较强的"到达"义，如：

（50）a. 佢行上二楼。（他走上二楼。）

　　　b. 佢行上到二楼。（他走到了二楼。）

玉林话的直指性趋向动词、非直指性趋向动词着重强调位移动作本身，虽然可以引入位移终点，但不凸显位移已经到达终点，如例（50a）强调的是"走上去"的过程。加上"到"之后凸显位移有界性，强调位移已经到达终点，见例（50b）。

就动趋式的语法化程度而言,玉林话的动趋式结构融合程度较低,还保留着一些连动式的特点。① 汉语的动趋式结构来源于连动式,连动式 VV_d 语法化发生句法核心左倾,V_d 附着于 V 之后形成附加语,语义和语法功能都发生弱化。在汉语普通话中,动趋式结构的句法核心显然是方式/致因动词,趋向补语发生高度补语化,动词和趋向补语之间进而形成联系紧密的复合词,属于有增容扩展限制的句法结构。而在玉林话中,动词和趋向补语之间还可以插入表完成体的"过"、表持续体的"紧"等体标记以及受事宾语等成分,可见玉林话的动趋式结构还不够紧密,如:

(51) a. 佢行<u>过</u>上。(他曾经走上来过。)

b. 佢行<u>过</u>到教室。(他走到教室来过。)

(52) a. 佢行<u>紧</u>上。(他正走上来。)

b. 他行<u>紧</u>上到二楼。(他走着到二楼。)

(53) a. 佢攞<u>本书</u>过。(他把那本书拿过来。)

b. 佢攞<u>本书</u>上到二楼。(他把书拿到二楼。)

相比玉林话,普通话在大部分情况下动趋式之间无法插入体标记,普通话的动趋式是整个结构带完成体标记助词,尤其当动趋式带处所宾语时,完成体标记无法插在核心动词与趋向词之间,如"走进了房间"不能说成"走了进房间"。②

总体而言,玉林话的趋向补语尚未完成更高程度的补语化,也还未发生助词化或附缀化等现象,依然保留着较强的动词的性质(可自由带处所宾语)。另外,动趋式结构没有发展成为足够紧密的复合词,依然保留着连动式的一些句法特点。在典型的卫星框架语言中,"方式"由核心动词编码,"路径"只由附加语编码,而在玉林话中,除了主要的核心动词,编码"路径"的趋向补语还保留着一

---

① 我们之所以依然将玉林话的 VD 结构定性为动趋式,主要有以下三个致因:第一,VD 结构之间虽然可以插入体标记和受事宾语,但是不能无限增容和扩展,比如趋向补语无法带修饰情状的副词如"赶紧""马上"等;第二,主语整体带 VD 结构很自然,但 VD 有时无法分开跟主语组合,如"本书攞上到二楼啊"不能分成"本书攞上二楼"+"*本书到二楼"的组合,VD 不能共享主语,就不是形成连动式所需要的 VP。第三,VD 结构可以构成可能式,这是连动式不具备的特点。

② 有时普通话中的体标记可以位于动词和趋向词之间,不过这仅限于趋向补语为复合趋向补语的情况,如"走了进来""跨了过去"。陈刚(1987)认为这种"V+了+复合趋向补语"的格式是在南方方言的影响下进入普通话的,在地道的北京口语中不存在。

定的动词性,这说明玉林话的卫星框架语言特征还不够彻底。

5 玉林话"V 型>S 型"的演变特点

既有研究认为,汉语位移事件的词化类型在共时层面整体呈现出"卫星框架型(S 型)"主导的倾向(Talmy 2000,柯理思 2007b,史文磊 2014),但同时也保留了一定的"动词框架型(V 型)"语言的特点,在历时层面表现出由"V 型>S 型"的类型转移趋势。①

汉语位移事件表达"路径"的方式呈现出以下连续统(姚玉敏 Yiu 2015):

(V 型)有生自移>无生自移>他移事件(S 型)

三类位移事件中,他移事件采用 S 型框架语言表达模式的倾向最强,即采用趋向补语表"路径",这个转变在普通话和玉林话中已经大致完成,而广府粤语还依然保留着一些采用趋向动词表路径的用法。其次是无生主体位移事件,无生主体位移事件用趋向补语表"路径"的倾向更强,采用趋向动词表"路径"的频率相对不高。最后,有生主体自移事件的转型速度最慢,在汉语中普遍存在单用趋向动词表"路径"的用例。

若从"动态"的汉语观看这一问题,在"V 型>S 型"的转移上,不同汉语方言呈现出不同的演变速度。姚玉敏(Yiu 2013a,2013b,2015)研究比较了粤语、普通话、吴语、闽语和客家话等方言的位移事件词化模式,指出汉语"V 型>S 型"的转变尚未完成,不同方言正处于不同的演变层次,吴语更接近 S 型语言,而粤语、闽语则表现出更多的 V 型特征。姚文同时指出,在"V 型>S 型"的转变上,粤语最慢,吴语的 S 框架型特征最强,词化类型转变速度最快。综合单动式的发达程度、动趋式的融合程度在三种语言中的表现,可见玉林话和广府粤语一样呈现出转型速度较慢的特点。

---

① 既有研究大多主张上古汉语是 V 型框架语言(Li 1993,1997;Peyraube 2006;Talmy 2000;Xu 2006),主要理由包括:上古汉语存在大量的趋向动词单用现象,现代汉语动趋式中的趋向补语在上古汉语句法性连动式中是主要动词。但史文磊(2014)认为上古汉语的句法性连动式并非典型 V 型语的策略,应当理解为对等构架(E 型)。但不可否认的是,从语用倾向上看,上古汉语的确具有较强的 V 型语倾向。

5.1　单动式的发达程度

趋向动词单动式的存在反映了语言中所保留的 V 型框架特征。与古汉语相比,现代汉语中大量的趋向动词衰落了,它们形成一个相对封闭的类别,在句法功能上失去完整的论元结构。而广府粤语和玉林话的趋向动词单用能力强于普通话。

首先,广府粤语保留了一些古汉语中趋向动词的使动用法。比如,趋向动词"出""落""入"可以用于表他移事件,例句引自姚玉敏(Yiu 2013a):

(54)佢出咗三张牌喺台(度)。(他把三张牌放在桌子上。)

(55)佢落咗糖喺杯咖啡(度)。(他把糖放进咖啡里。)

(56)佢入咗封信喺个信封。(他把信放到信封里。)

在广府粤语中,"出""落""入"等趋向动词在特定情境下可以带受事宾语表使动用法,而玉林话和普通话在表他移事件时都只能用动趋式,趋向动词不具备类似的使动用法,可见广府粤语保留了一定的 V 型语言特征。①

其次,在表无生主体位移事件时,广府粤语、玉林话单用趋向动词编码"路径"的格式相比普通话更自然也更常见。例如:

(57) a..(港)但又唔知嗰篮生果去咗边。(不知道这篮水果到哪里去了。)

　　　b.(玉)冇知篮果子去□[ʃət⁴]几咧。

如例(57),玉林话和广府粤语中可以很自然地采用"V_d+Loc"格式表无生自移事件,而普通话口语中更常采用的是"到+Loc+来/去"的格式。

最后,在表有生自移事件时,广府粤语和玉林话的趋向动词单用能力强于普通话,趋向动词单用在粤语中更发达,如:

(58)(港)唔使等我,我去好耐先翻㗎。(不用等我,我去很久才回来的。)

(59)(玉)等时我就上咧。(等一会儿我就上来了。)

趋向动词"翻""上"单用句子即可成立,而普通话中的趋向动词后要加上"来/去"作补语句子方能成立。

综上,粤语的单动式比普通话更加发达,可见在汉语向 S 型的转移过程中,

---

① 据笔者调查,广府粤语单用趋向动词表他移事件的用法也相对受限,首先在使用频率上不如用动趋式的频率高,其次主要限于"出""落""入"等趋向动词,并且这三个趋向动词所带的受事宾语也十分有限,多用于"出牌""落糖""落洗衣粉""入钱"等搭配。

粤语保留了相对更多的 V 型语言特征。

5.2 动趋式的融合程度

动趋式的融合程度体现了趋向补语作为卫星成分的附着性强弱,在一定程度上反映了 S 型结构的典型程度以及向 S 型转移的完成度。"V 型 >S 型"转移的重要途径之一是连动式发生向动趋式的语法化(Li 1993、1997,Peyraube 2006,Xu 2006)。动趋式来源于句法性连动式 V_1V_2,两个动词并用或相承,语义重心在后一个动词 V_2(编码"路径"),连动式发展为动补结构以后,补语和动词结合紧密,句法核心和语义重心移至 V_1,V_2 成为附加语,由此逐渐实现向 S 型结构的转移。

动趋式融合程度的高低可通过是否能插入其他扩展成分加以判断。本文首先考察广府粤语、玉林话、普通话的动趋式结构中插入体标记的能力。普通话的动趋式是整个结构带完成体标记,尤其当动趋式带宾语时,不允许体标记插在核心动词与趋向词之间。而广府粤语、玉林话的体标记在大多数情况下可以位于动词和趋向补语之间,如(广府粤语例子引自姚玉敏 Yiu 2013b):

(60)(广)佢跳咗落水。(他跳下了水。)

(61)(广)佢搬咗啲货上嚟/去货架。(他把货物搬上了货架。)

(62)(玉)我拉紧架车过。(我正把车拉过来。)

(63)(玉)我跳过落水。(我跳下过水。)

无论动趋式是否带处所宾语,广府粤语的完成体标记"咗"、玉林话的进行体标记"紧"、经过体标记"过"都可以插入动趋式之间。粤语常常由在前的动词带体标记,句法表现接近于连动式,这也从侧面说明玉林话和广府粤语动词和趋向补语的内部比较松散,并没有形成一个结构紧密的复合词。[①]

除体标记外,受事宾语与动趋式的语序也能反映出动趋式语法化程度的高

---

① 在粤语中,动词和趋向补语之间不仅可以插入完成体标记,还可以插入持续体标记。柯理思(2007a)指出在广府粤语、客家话和一些湘语中也有此现象。这说明粤语的动趋式虽然在表层形式上很像普通话的动趋式,但其性质有别,尤其是在体貌特征方面,粤语的动趋式不是有界的格式,这一点我们在 5.1 节中也提到,玉林话的直指性趋向补语凸显位移的过程,"到"凸显位移到达。与之相反,在普通话和许多北方方言中,动趋式表示有界的位移,无须添加或排斥插入完成体标记。

低。普通话、玉林话、广府粤语（引自姚玉敏 Yiu 2013b）在使用简单趋向补语、复合趋向补语时，动趋式和受事宾语的语序表现如下：

表 4　普通话、广府粤语、玉林话的动趋式和受事宾语的语序

	$V+D_n+O$ 摘下水果	$V+D_d+O$ 送来一本书	$V+O+D_d$ 送小说来	$V+O+D_n$ 拿本书过	$V+O+D_n+Loc$ 叫张三进教室	$V+O+D_n+D_d$ 拿一本书出来	$V+D_n+O+D_d$ 拿出一本书来	$V+D_n+D_d+O$ 拿出来一本书
普通话	+	+	+	−	−	+	+	+
广府粤语	+	?	+	+	+	+		
玉林话	?	?	+	+	+	+	−	?

从表 4 可见，当趋向补语为简单趋向补语时，普通话排斥将受事宾语插入 VD_n 之间的"$V+O+D_n+(Loc)$"格式，而该格式在广府粤语和玉林话中十分自然，这至少说明普通话 VD_n 格式的语法化程度比广府粤语和玉林话要更高。

当趋向补语为复合趋向补语时，广府粤语排斥"$V+D_n+O+D_d$"和"$V+D_n+D_d+O$"两种格式，而在玉林话中这两种格式的使用也不太自然。张伯江（1991）指出复合趋向补语的形成经历了下面的历时发展过程：阶段一：$V+O+D_n+D_d$＞阶段二：$V+D_n+O+D_d$＞阶段三：$V+D_n+D_d+O$。由上表可见，普通话已经完成了这三个发展阶段，而粤语还处于第一阶段向第二、三阶段过渡的阶段。

综上，普通话动趋式结构的融合程度高于广府粤语和玉林话。普通话中简单趋向补语和复合趋向补语与主要动词都可以构成复合词，但在广府粤语和玉林话中二者尚未完全融合在一起。可见，汉语普通话及汉语方言的"动词+趋向动词"的组合包含不同的层次，至少在玉林话和广府粤语中，趋向动词还没有实现完全的补语化，"动词+趋向动词"的组合还没有完全脱离古汉语的连动结构而转变为典型的动趋式，因此在向 S 型语言的转移过程中，玉林话和广府粤语一样，呈现出转型速度较慢的特点。

6 结 语

本文考察了玉林话空间位移事件的具体格式。首先分别描写由趋向动词和动趋式结构表达的位移事件格式。玉林话的表达手段呈现出单用趋向动词和单独趋向补语发达,复合趋向补语不发达的特点。玉林话的位移事件词化类型和普通话一样具有"混合类型"的特点,相比于普通话,玉林话保留了一定的动词框架型(V型)特征,同时体现了不够彻底的卫星框架型(S型)特征。最后文章讨论了玉林话的位移事件词化类型特征。汉语位移事件词化类型在共时层面呈现S型主导、V型为辅的特征,在历时层面表现出"V型>S型"的类型转移。不同方言"V型>S型"的转型快慢存在差异,粤语在"V型>S型"的类型转移上速度较慢。本文通过比较发现,玉林话趋向动词单动式发达、动趋式融合程度低,和广府粤语一样呈现出转型速度较慢的特点。

参考文献

曹广衢 1994 《壮侗语趋向补语的起源和发展》,《民族语文》第4期,35—40页。

陈 刚 1987 《试论"动—了—趋"式和"动—将—趋"式》,《中国语文》第4期,282—287页。

胡 伟、甘于恩等 2019 《广州南沙粤语的趋向动词"埋、开、上、落、出"》,《嘉应学院学报》第5期。

柯理思 2007a 《从趋向范畴的方言表述看"书面汉语中的不同层次"的判定》,《中国语学》Chugokugogaku〔Bulletin of the Chinese Linguistic Society of Japan〕,254:51–73。

柯理思 2007b 《汉语空间位移事件的语言表达——兼论述趋式的几个问题》,《汉语词汇、句法、语音的相互关联——第二届肯特岗国际汉语语言学圆桌会议论文集》,北京语言大学出版社,224—253页。

柯理思 2009 《论北方方言中位移终点标记的语法化和句位义的作用》,《语法化与语法研究》第4辑,商务印书馆。

梁银峰 2007 《汉语趋向动词的语法化》,学林出版社。

刘丹青 2000 《粤语句法的类型学特点》,《亚太语文教育学报》(2)。

刘丹青 2005 《方所题元的若干类型学参项》,《汉语研究的类型学视角——第一届肯特岗国际汉语语言学圆桌会议论文集》,北京语言大学出版社,229—249页。

史文磊 2014 《汉语运动事件词化类型的历时考察》,商务印书馆。

张伯江 1991 《关于动趋式带宾语的几种语序》,《中国语文》第3期,183—192页。

Li F. 1993 *A Diachronic Study of V-V Compounds in Chinese*. State University of New York at Buffalo Buffalo.

Li F.   1997   Cross-linguistic lexicalization patterns: Diachronic evidence from verb-complement compounds in Chinese. *STUF-Language Typology and Universals*, 50(3): 229 – 252.

Peyraube A.   2006   Motion events in Chinese: A diachronic study of directional complements. Robert M. H. S. *Space in languages: Linguistic systems and cognitive categories*. Amsterdam, Philadelphia: John Benjamins: 121 – 138.

Talmy L.   1975   Semantics and syntax of motion. *Syntax and Semantics volume 4*. New York: Academic Press: 181 – 238.

Talmy L.   1985   Lexicalization patterns: Semantic structure in lexical forms. *Language typology and syntactic description*, 3(99): 36 – 149.

Talmy L.   2000   *Toward a cognitive semantics*. Cambridge, Mass: MIT Press.

Xu D.   2006   *Typological change in Chinese syntax*. OUP Oxford.

Yiu C. Y.   2013a   Directional Verbs in Cantonese: A Typological and Historical Study. *Language and Linguistics*, 14(3): 511 – 569.

Yiu C. Y.   2013b   The Typology of Motion Events: an Empirical Study of Chinese Dialects. *Empirical Approaches to Language Typology Vol. 53*. Berlin: Walter De Gruyter.

Yiu Carine Yuk-man   2015   Typology of Motion Events: 重构早期汉语方言语法——位移事件的类型. *Bulletin of Chinese Linguistics*, 8(2): 267 – 288.

位移事件视角下闽东罗源
方言的趋向词[*]

黄　涛

（福建师范大学文学院）

　　位移事件是近年来认知语言学关注的一个热点,现有研究多基于 Talmy
(1985、1991、2000)的类型学理论。Talmy 依据"路径"这一位移事件中重要构
成元素的编码方式,将不同语言分为两大类型:一类是用核心动词编码路径信
息的动词框架语;另一类是用附加成分编码路径信息的卫星框架语。在 Talmy
的观察中,汉语属于卫星框架语。

　　在汉语中,使用趋向词对路径信息进行编码是一种常见操作。根据侧重于
典型位移事件表达的自建语料库,我们对闽东罗源方言中的趋向词加以考察并
根据它们在句中的功能和作用将其分为两类:趋向动词和趋向唯补词。

1　趋 向 动 词

　　罗源方言中的趋向动词可以分为单纯趋向动词和复合趋向动词两个小类,
其中,单纯趋向动词是单音节动词,复合趋向动词则由某些单纯趋向动词和
"来""去"组合形成,如表 1 所示:

---

　* 本研究受福建省社会科学基金项目(FJ2021B103)和福建师大本科教育教学改革研究项
目(I202201028)资助。文章在《闽东罗源方言运动事件中的趋向词》(《常熟理工学院学
报》2020 年第 3 期,67—72 页)基础上修订、增补而成,增补部分主要针对一些疑难细节进
行更进一步的研究,比如对连动式与动趋式中间复杂状态的描写与说明、对唯补词"边"
的发展脉络的梳理等等,订后总篇幅已达到原文的两倍有余。本文成稿及修订先后得
到柳俊、盛益民等诸位师友指教,在此一并致谢。

表1　罗源方言趋向动词表

A 组							B 组			
	上	下	出	底进	转回	过	起	遘到	走	落掉
来	上来	下来	出来	底来	转来	过来	起来	—	—	—
去	上去	下去	出去	底去	转去	过去	—	—	—	—

表1中除"来[li²]""去[kʰuo⁵]"本身以外,还有六个能和"来""去"形成成对搭配的单纯趋向动词,即"上[θyøŋ⁶]""下[a⁶]""出[tsʰuʔ⁷]""底[tie³]""转[tuoŋ³]""过[kuo⁵]",①八个单纯趋向动词及其参与构成的十二个复合趋向动词系统性较强,归为A组;不能和"来""去"形成成对搭配的有"起[kʰi³]""遘[kau⁵]""走[tsau³]""落[løyʔ⁷]"四个单纯趋向动词,其中"起"也可以和"来"组合成"起来",这几个词系统性略差,归入B组。在意义方面,"底""转""遘""落"基本对应于普通话中的"进""回""到""掉",其余均与字面所示成分的普通话意思大致对应。

1.1　A 组

1. 趋向动词作为句中唯一的核心动词

A组中的八个单纯趋向动词都能在句中作为唯一的核心动词使用,可以带宾语,引出参照背景,也可以不带宾语,例如:

(1) 伊来福州了。他来福州了。

(2) 我伝去伊厝。我现在去他家。

(3) 伊上平顶了。他上房顶了。(他上去了。)

(4) 汝快下楼下。你赶快下来,到楼下来。(你赶快下来。)

(5) 我出街中。我出去,到街上去。(我出去。)

(6) 我固未底房底。我还没进房间。(我还没进去。)

---

① 罗源方言有阴平、阳平、上声、阴去、阳去、阴入、阳入七个调类,本文分别用上标数字1、2、3、5、6、7、8表示。另外,轻声用0表示;需要时以上标数字表示调值,在本文中涉及的调值恰好均为两位数字,可以与一位数字的调类相区别。

（7）我五点转厝。_{我五点回家。}

（8）伊花花有过只爿。_{他偶尔来这边。}①

例（1）至例（8）中，下画横线的词语是处所宾语，均可删去，句子仍然成立，删后普通话译文不能用直接删去宾语的方法简单处理的，我们以括号内的文字另译。这些处所宾语指明趋向动作的终点位置，如果删去，该背景信息则由语境赋予。其中，例（8）的趋向动词"过"具有一定的方言特色，略作说明。"过"在意义上与普通话大体一致，表示"从一个地点移到另一个地点"，但普通话中"过"的宾语一般是通过、经过的处所，如"过江""过桥"等，起点和终点位置在"过"的相关信息中不那么重要。罗源方言的"过"除与普通话相同的部分以外，还可以后接表示趋向动作终点位置的宾语，即例（8）所示，与普通话相比，它更强调"从某处"和"到另一处"这两个意义元素，即在参照背景信息中的起点和终点都是比较重要的。终点信息可以在宾语中出现，也可以不出现，起点信息可在动词前作为状语成分出现，如例（9），也可以不出现。因为口语经常比较简洁，起点和终点同时编码明示的情况较少出现，但语境合适时可以被接受，如例（10）。同时隐去起点和终点，两个背景信息都由语境赋予也是可以的，如例（11）。②

（9）我伶由只爿过，着半点钟。_{我现在从这边过去，要半个小时。}

（10）我只爿过汝许爿着半点钟。_{我这边到你那边要半个小时。}

（11）伊有告，我就有过。_{他有叫（我），我就有过去。}③

A组中共有12个复合趋向动词，同样可以作为句中的唯一核心动词使用，但一般不带宾语。例（3）至例（8）均可删去宾语，分别将"上""下"等替换成相应的复合趋向动词"上来/上去""下来/下去"等等，替换后句子均成立。替换时是用"V来"还是"V去"，由语境决定，如例（4）根据不同的情景语境可对应替换成罗源方言的"你快下来"或"你快下去"，又如例（8）的语言语境中包含了"只爿_{这边}"，因此保持原句义不变的情况下只能替换成"过来"，其余类同。也就是说，复合趋向动词之后不带处所宾语，参照背景不再是编码信息，而由语境赋予；

①③ 例（8）中的"有"，普通话没有对等成分可译，大约使句子带有轻微的强调肯定意味，也带有存在意义。例（11）中的"有"同此，但为保持原意，例（11）译文仍使用了"有"字句，带一定地普特色。

② 因趋向动词作为句中唯一的核心动词的句子，在口语中一般比较简单，此处为呈现更完整的语境，对词义作更好的说明，例（9）至例（11）选用略复杂一些的句子。

动体是趋往还是趋离参照背景,由"V 来"或"V 去"中的"来""去"体现。

另一方面,从单纯趋向动词的角度看,如果不带宾语,由于不带有"来/去"的趋向信息(这一信息在普通话中常常是给出的),动体的趋往方向就全由被隐去的参考背景决定。因此,例(3)不带宾语时"伊上了"的译文,需要由语境决定到底是"他上来了"还是"他上去了",例(11)中的普通话译文,除了句后给出的"……过去"外,视不同语境也可以是"他有叫(我),我就有过来",为表述方便,避免啰唆,我们在译文处理时,仅择"V 来"或"V 去"之一,下文对类似例句译文的处理同此。

因与连动结构同形(详见下文),我们判定复合趋向动词已经凝固成词的标志是后字"来"或"去"在语音形式上的弱化,从而确保两个构成成分的组合已经不易分开。与普通话的轻声不同,罗源方言中的轻声表现形式为低降调,五度标记法可用 21 表示,但轻声在音强方面减弱不十分明显。在复合趋向动词中,"来"弱化为轻声,"去"的弱化形式更进一步,除声调为轻声之外,声、韵母也都弱化,发音从[k^huo^5]弱化为[u^0]。闽东方言中的"去"虚化程度较深,陈泽平(1992)论述了福州话中"去"的虚化过程,"去"从实义动词经趋向、持续等语义最终虚化为体貌助词,虚化成体貌助词的"去",在闽东方言研究中也常俗写作"咯"。罗源方言中的"VP 咯"表示 VP 状态的发生与实现,据刘丹青(2017:463)对"完整体"的描述,"咯"可以看作是"完整体"标志。由于虚化是一个连续统,带"去"的复合趋向动词有时也黏附有一定的"完整体"意义,尤其是在与表叙实的语气助词"了[lau^0]"连用时,例如:

(12) 伊上去了。他上去了。/他已经上去了。

(13) 我昨暝底去了。我昨天进去了。/我昨天进去过了。

(14) 我过去了。我过去了。/我已经出行,往那边去了。①

当然,复合趋向动词可以仅表示趋向义,例如:

(15) 我会下去。我会下去的。

(16) 我伱准备礼拜出去。我如今准备星期天出去。

(17) 伊固未转去。他还没回去。

---

① 斜杠后的意译句补充了"出行"这一动词,更精确地说,原句的意思是"从某处到另一处"(即单纯趋向动词"过"所表示的含义)的位移动作已经发生。

2. 趋向动词作为连动结构中的一部分

单纯趋向动词和复合趋向动词都可以用在连动结构中,例如:

（18）明旦过客聊。明天过来玩。

（19）我去长乐机场坐飞机。我去长乐机场乘飞机。

（20）我坐缆车上。我乘坐缆车上去。

（21）汝底来讲话。你进来说话。

（22）我食完转。我吃完回去。

例（20）从普通话的角度看容易引起误解,特作说明:这里的"坐缆车上"并不是"坐在缆车上"的意思,而是"乘坐缆车"+"上（山）"义,"上"的动词实义很强,整体属连动结构。

罗源方言中的单纯趋向动词本身就是单音节的高频动词,所以"VP+来／去"的性质,就显得复杂。上文把"上""下""底"等后附的弱读音节"来／去"看作是双音节动词成词的判断标志,实际上相关情形是词语成分虚化连续统其中一端的情况。另一端的情况则是 VP 后带非弱读的"来／去"。非弱读的情况下,"来""去"的动作实义被凸显,如果前面是一个动宾短语,即整体形成"V+宾语+来／去"结构,常常可看作是连动式,如以下几例:

（23）我伶去学校去。我现在上学校去。

（24）汝来我厝来。你到我家来。

（25）伊上福州去了。他到福州去了。

（26）伊下地下车库来了。他到地下车库来了。

（27）我出街中来了。我出来了,到街上来了。

（28）汝底只底来。你进来,到这里面来。

（29）伊转厝来了。他回家来了。

（30）伊过许爿去了。他到那边去了。

在 VP 后非弱读的"来""去"在表趋向的动作意义上有一定的强调作用。例（23）强调后一个"去",含"要出发了"之义,如果是普通陈述,用"我伶去学校"即可。例（24）的语境可以是"我不想出门了",你到我家"来"。例（25）中的"去"含有强调"已经出发"的意思。其余类同,即 VP 后的"来／去"都对"来"或"去"这一趋向动作有一定的强调意味,例（27）和例（28）的普通话译文中也体现了这一点。但如果不是特意对"来""去"进行重读,常规语气下 VP 后"来""去"的强调程度不算太高,仅在一般语义基础上略作提示,低于语调重音对焦点的强调程度。

其他单纯趋向动词由于没有明显的轻声状态,所以处于类似两个 VP 连续结构中后件位置时,需要结合语义、语音连读等情况进行综合判断。有些是歧义结构,如与例(20)类似的"坐车上",如果结构为"坐+车上"则"上"是补语,如果是"坐车+上",则"上"是连动后件。

再谈与复合趋向动词相关的情况。复合趋向动词由两个单纯趋向动词组合而成,前后两个成分中间可以插入宾语,形成类似于离合词现象的"V+宾语+来/去"结构,字面亦如例(25)至例(30)所示。也就是说,这些例句中的"来/去"可以是上文举例说明时的非弱读状态,构成连动结构,也可以是本段想说明的弱读为轻声时的情况,构成离合词"离"的状态,弱读时"来""去"的动作意味减弱,趋向补语的性质加强。

如果不存在中间宾语,"V+来/去"结构的性质,也是复杂的,以"过去""转来"为例:

(31) 我有闲过去客聊。我有空过去玩。

(32) 伊转来食只顿酒。他回来吃这顿酒食。

例(31)中"过去"的"去"若是非弱读状态,可以连读为一个连调结构[kuo³⁵⁻⁵³ uo³⁵],内含声母类化和变调,这时整体结构为"过去+客聊","过"和"去"连接较为紧密,近动趋结构或合成词一端;也可以形成"过+去客聊"的结构,这时"过"和"去"之间是松散的,整体结构近连动短语一端,语义上更加强调动作分为两步,第一步是趋向动作"过过去",第二步是目的"去客聊去玩";"过去"中的"去"若是弱读状态[u⁰],则"过去"合成为词,表达趋向意义。例(32)中,"转来食"可以有两种切分:一是"转来+食",这时"来"读轻声的[li⁰],"转来"是中补型复合词;二是"转+来食",这时"来"可以以强调式读成非轻声的[li²],"转"和"来 VP"构成连动结构,但常规语气中,VP 前的"来"往往和后面的 VP 形成连调结构,"来食"通常的实际发音是[li³¹⁻⁵⁵ θiaʔ⁵²]。其他复合趋向动词的组合情况与此类同,性质比较复杂,常介于连续统两端的中间状态,需要结合语境、语义、语法层次结构、语音等进行综合判断。从语音角度切入进行判断的方法在可操作性上相对较强,非弱读的"去"在语音形式上为$[k^h uo^5]$,不能是$[u^0]$。"来"的语音形式差别体现在声调上,非弱读时调值为31,弱读时调值为21,但在具体语句中,调值也时常会受到连读变调的扰乱,要考虑是否能够有意重读。

总之,这些复杂情况涉及与趋向动词有关的动趋式和连动式的区别,也涉及双音节动词成词的判定问题,为使规则更明确,避免表述复杂化,在表1中暂时采取语音标准,把弱读(轻声)的"来/去"看作补充性质的成分,也把弱读看作是"V 来/去"凝固成词的标志。但应该指出,这种一刀切的做法忽略了非弱读情况下的复杂性,有些"V 来/去"(非弱读)可能也是词,只是研究还不够深入,暂不能用简单的规则去概括,留待将来进一步探索。

"V+宾语+复合趋向动词"的情况同样也是复杂的,不能一刀切成两类。例如:

(33) a. 汝拈蜀本书底来。你拿一本书进来。

　　 b. 书拈蜀本底来。书拿一本进来。

例(33)中的下划词"底来"可以替换成"来""去""上来""上去""下来""下去""出来""出去""底去""转来""转去""过来""过去",语法性质一样,这类结构亦属于连动与动趋的中间状态,a、b 两句句末的"来"都可以两读。"来"非弱读时突显"底来进来"的位移动作义,"来"弱读时"底来"则更接近是补语成分。从意义角度看,a 句是施事主语,整句语义优先理解为连动,即主语"汝"实施"拿一本书"并且"进来"这两个动作;b 句是受事主语,整句语义倾向于说明"书"的趋向方向是"进来","底……来"更贴近动趋式,但只要语境需要,可以对 b 句的"底来"作强调重音处理,这时可理解为连动,即请听话者"带一本书"并且"进来"。

下面再说明两点罗源方言与普通话不尽相同的细节:

第一,普通话可将"来"放在动词前,表示"要做某事";罗源方言表达这一含义用"来""去"皆可,若说话地点与动作地点一致用"来",若不一致则用"去",例如:

(34) 我来/去做。(我来做。)

(35) 衣裳我来/去洗。(衣服我来洗。)

这种连动结构可看作是典型位移事件经抽象后扩展的结果。"来""去"从趋向某一背景地点,延展至趋向某种动作行为。

第二,在普通话中,"动词+趋向词+宾语"是常见的结构;在罗源方言口语中,意义相当的句子,往往使用"动词+宾语+趋向词"的结构来表达。例如:

(36) 昨暝飞蜀头鸟囝来。昨天飞来一只鸟儿。

(37) 伊爬平顶去了。他爬上楼顶了。

(38) 伊借蜀百钱转来。他借回来一百块钱。

(39) 伊送五本书出去。他送出去五本书。

如前所述,这种结构性质上比较复杂。例(36)的"来"和例(37)的"去"都倾向于非弱读。例(37)中的"去"虽也可读轻声,但读轻声时,不再表示趋向义,而是表示变化实现,即可把"去"(轻声)看作是黏附在 VP 上的完整体标记。例(38)和例(39)是 VP 后接复合的"V 来/去"结构的例子,"来"或"去"读轻声时可按与普通话一致的复合趋向动词理解,读非轻声时在意义上对趋向动作的"来""去"方向有一定的强调效果,具体情况与上文所说的中间状态类同,不再赘述。这里用这些例句主要是说明方言语序和普通话语序之间的差异。

3. 趋向动词作补语

在补语位置上的趋向动词,往往是复合趋向动词,例如:

(40) 有蜀头鸟囝飞过来。有一只鸟儿飞过来。

(41) 汝快窟底来。你赶快躲进来。

使用单纯趋向动词作为补语,在罗源方言中的接受度视语境而定,常常显得较为"书面化",口语中的可接受度较低,例如:

(42) 鸟囝日中飞来,暝晡飞转。鸟儿白天飞来,晚上飞回去。

(43) [?]有蜀头鸟囝飞来。有一只鸟儿飞来。

例(42)有一定的对比语境限制,口语中的接受度略高,例(43)在日常口语中的接受度不太高,给人照字读书的生硬感,只适合讲故事、说评书等场合,像"有书面底稿的口头表达文本"。

闽方言历来有"读书音"与"白话"的区别,在语音上形成不同的文、白层次,在篇章、句法等其他层面,其实这样的差异也存在。使用读书音,闽人可以朗读用普通话写就的文章,句法结构当然就此依从普通话,但是在"白话",即口语系统中,某些句子是不可接受的。比如上文提到的"动词+趋向词+宾语"结构,"登上山顶"用"读书音"逐字可读,但若转为日常口语,则往往说成"爬山顶上去了"。若宾语后是单纯趋向动词作补语,口语接受度比"动词+趋向词+宾语"结构略高,但依然显得不够自然,不够"生活化",带有一定的书面气息。以下例(44)句组中,从 a 到 c,口语中的可接受度依次增加,书面气息依次降低。

(44) a. ^{??}伊爬上山顶。_{他爬上山顶。}

b. [?]伊爬山顶上。_{他爬上山顶。}

c. 伊爬山顶上去。_{他爬上山顶。}

例(44)b 句如果后加"了"或处在连动结构中,则接受度提高,将其变换为例(45):

(45) a. 伊爬山顶上了。_{他爬向山顶,已经爬上去了。}

b. 伊爬山顶上看。_{他爬上山顶看。}

例(45)a 句的接受度提高,一方面是加了"了"使韵律协调,但更重要的原因可能是加"了"之后使"上"的动作义更加凸显,短语性质往连动的方向倾斜。

1.2 B 组

表 1 中 B 组的单纯趋向动词也是罗源方言中的常见词,它们不能和"来""去"形成整齐、成对的组配关系,但功能及用法与前面所介绍的趋向词基本一致,我们从简作一些举例说明。四个单纯趋向动词的意义如下。

遘:表示到达某参照背景,大致对应于普通话中的"到"。

走:表示离开某参照背景,作实义动词时的相关义项有"逃走""离开"等。

起:表示向上趋向,作实义动词时的相关义项有"起立""起床"等。"起"可以与"来"搭配形成复合趋向动词"起来"。

落:表示向下趋向,同时伴随脱离某参照背景,作实义动词时的相关义项有"丢失""掉落"等。

1. 作为句中唯一的核心动词

(46) 我遘福州了。_{我到福州了。}

(47) 伭着走了。_{现在得离开了。}

(48) 汝自家起/起来。_{你自己起来。}①

---

① 例(48)中"/"表示符号前后的"起"和"起来"可以替换。例(52)、例(56)、例(59)类同。

（49）笔落地兜。笔掉落到地上。

2. 参与构成连动结构

（50）我踏骹踏车遘了。我骑自行车到达了。

（51）伊钱拈曪尽快走国外了。他钱拿了老早逃到国外去了。

（52）汝快起／起来做饭。你快起来煮饭。

（53）箬箬乞风吹曪落地兜。叶子被风吹了，掉落在地上。

3. 参与构成补语或直接作补语

（54）我开遘<u>福州</u>了。我开(车)到福州了。

（55）乞伊逐走了。被他赶走了。

（56）汝自家爬起／起来。你自己爬起来。

（57）笔莫碰落。笔别碰掉了。

例（54）中的"开遘福州"是"V+介词+宾语"结构，"介词+宾语"部分看作是时地补语，宾语"福州"是可以删去的，若删去，则"遘"作为补语。例（55）至例（57）均是趋向词直接作补语的情况。

趋向动词多因意义上的抽象化而使得应用范围变广，如上文所说的"去"虚化为表示完整体的体貌助词。又如"遘"在罗源方言中也往介词的方向虚化，像"开遘福州"这样的结构如果从位移事件的角度观察，主要关注表达路径的部分是否附属成分，我们依史文磊（2014：29）采用广义附加语的观点，将介词性成分也看作是附加语。

再如，罗源方言的"底去"，有时也用在抽象的花钱上，把钱看作是动体，进入某一花费领域，如例（58）；"起／起来"在方言中也虚化为"起始体"标记，如例（59）。

（58）伊买衣裳使野侪钱底去。他买衣服花了很多钱。

（59）店明旦开起／起来就闹热了。店铺明天开张起来就热闹了。

类似的情况同样比较复杂，但不再是最典型、最核心的位移事件，我们在趋向动词的虚化和抽象义上暂不扩展讨论。

B组中除"起"可以和"来"构成"起来"以外，其他单纯趋向动词不能和"来""去"组成复合趋向动词，"*遘来""*走来""*落来"在罗源方言中都不成词。"去"的情况复杂一些，上文曾经提到，罗源方言的"去"最终虚化成表示完整体的体貌助词,所以"起去""遘去""走去""落去"在"去"弱读时都是可说的,①但母语者在词汇层面并不认可它们是词,倾向于认为这时的"去"是附加的完整体标记,不含有明显的趋向信息,趋向义主要由"起""遘""走""落"负担。我们也暂时未把"起去""遘去""走去""落去"列入表 1 中。

2 趋向唯补词

趋向唯补词有"兜[tau¹]"与"边[pieŋ¹]"两个。"兜"与"边"在罗源方言中的主要用法可以分为两类。

2.1 在动词后用作补语,表示趋向

趋向补语的用法与位移事件密切相关,其中"兜"所表示的运动趋向是"向心",动体向某中心位置作靠拢移动,"边"所表示的运动趋向则相反,是"离心",动体相对某中心位置作远离移动,典型情况如图 1 所示。

图 1 "兜"和"边"趋向义的典型情况图示

左图是"兜"的趋向义示意图,右图是"边"的趋向义示意图,各自的中心黑点表示参考位置。"兜"和"边"都带有一个中心位置作为参考背景,"兜"表示向中心参考位置靠近,"边"表示离开中心参考位置,这个位置未必是一个"点",可以是一定范围内的空间,即可以是"线"或者"面",并且,这种"向心"或"离心"的运动,既可以是多个动体发生的多线辐射式"向心/离心"运动(如图所示),也可以是单个动体发生的单线轨迹式"向心/离心"运动,所谓的"心"即参考位置,例如:

---

① "遘去""走去"在"去"非弱读的情况下可说,使用情况有限,可以算词,但此处主要说明"去"弱读状态时的情况,非弱读情况暂且不论。

（60）全班侬拢兜燴容易。全班人聚在一起不容易。

（61）罐头我开边了。罐头我打开了。

（62）汝两隻靠兜仂囝。你们两个靠拢一点儿。

（63）水由当中溅边去。水从中间（往边上）溅开了。

（64）汝快死边！你快滚开！

（65）我向伊行兜粒粒。我向他走近一些。

例（60）的中心参考位置是一定范围内的聚集地点，即聚会的场所，算是"面"；例（61）的中心参考位置是罐头盖子和罐身的连接缝，可以算是"线"；其余的例句中，中心参考位置更倾向于是"点"：例（62）中心参考位置是两个人当前位置连线上的某个点，例（63）的中心参考位置是水垂直下落的点位，句末的"去"是完整体助词，与趋向无关，例（64）的参考位置是听话者的当前位置，让听话者趋离当前位置；例（65）的参考位置是"伊_他"所在的位置。例（60）和例（63）是多线辐射式的动体位移，例（61）和例（62）是双动体的位移，例（64）和例（65）是单线轨迹式的动体位移。

"兜"和"边"作补语时，核心动词不再带宾语，"V+宾语+兜/边"结构与"V+兜/边+宾语"都是不合语法的，但"V兜""V边"的后面可以再带上"仂囝_{一点}""粒粒_{一些}"等作补语，表示程度或数量，如例（62）和例（65）。如果要对中心参考位置编码明示，可以在"V+兜/边"之前加状语，如例（63）的"由当中"与例（65）的"向伊_{向他}"。

"兜""边"可以参与构成可能补语结构，形成"V+会/燴+兜/边"（a结构）或"会/燴+V+得+兜/边"（b结构）格式，例如：

（66）我合会兜，汝合燴兜。我合得上，你合不上。

（67）a. 罐头我开会边。罐头我能打开得了。①

　　　b. 罐头我会开得边。罐头我能打开得了。

罗源方言中的"会""燴"是成对的肯、否定词，例（67）a、b两句中的"会"替换成"燴"，句子就变换为相应的否定句。a、b两种结构的基本意思是一致的，但a结构是普通陈述，b结构对"会/燴"所表示的"能够/不能够"有一定强调意味。

---

① "边"的语境义即让盖子和罐身两个部分从接缝处分开，趋离参考背景位置。

2.2 作为带名词性质的构词成分

"兜"和"边"相对于趋向动词而言,更具有方言特色。趋向词的语法性质往往是跟动词联系在一起的,罗源方言的"边"与"兜"在共时平面内并不能找到与动词相关联的痕迹,如果不考虑作趋向补语的那部分功能,"边""兜"本身是具有一定名词性质的成分。之所以不直接说"兜"和"边"是"名词",是因为具名词性质的"兜"和"边"一般情况下并不单用,在共时平面中作为"词"的资格还有一定欠缺。

"兜"是名词性词语的构成要素,黏附于名词性成分之后,义为"(紧靠某处的)附近",例如:

A 身兜（身上/身边）、地兜（地上）

B 塔兜、竹兜、南门兜、树兜

C 桌兜（桌上）、门兜（门边）、骹兜（脚边）

其中,A 组中的"身"与"地"独立性较弱,"身"除非是作为文读词,口语中并不能脱离"兜"单说,须与"兜"一起参与构词后才具备"词"的资格,"地"虽可脱离"兜"单说,但单说时表"田地"义,不是"地面、地上"义,后一意义须由成词的"地兜"表示;B 组是一组位于罗源或福州的地名,有共同的构词语素"兜",语素义是"附近",如"塔兜"特指位于罗源城关内的万寿塔附近的一带区域。C 组中,"兜"之前的名词性成分可独立单说,但这一组的词和上述两组一样,"X 兜"在语音上必须形成连读,不能分开,连读是罗源方言两个成分结合较紧的一种语音表现。

"边"的意义可概括为"(某物或某处)的边沿",其情况略复杂一些。前文曾提及罗源方言在语音和语法上有"文白差异",这种差异也体现在词汇层面。

A 边边

B 只条边（这条边）、许条边（那条边）、蜀条边（一条边）、两条边

C 花边、边长

D 只爿边（这边/这里）、许爿边（那边/那里）

E 身边、门边、喙边（嘴边）、两边

F 天边、溪边、海边、旁边

G 边旁（旁边）

H 边防、边关

A组中的"边边"有两个义项：① 长条形状的边儿；② 某物的边缘位置或某处的边缘地带。"边边"的构词方式是重叠式。在闽东方言中，重叠是一种比较显赫的名词类构词方式，相当一部分单音节名词，包括一些兼类词，如兼名词、兼动词、兼形容词等，都可以通过重叠的方式进行构词，重叠具有压缩羡余信息、抹除事物种差的泛称特点，这在一定程度上其实也反映了构词语素"边"的主要语义内涵。"边"可取义项①，在数量名结构中能够单说，单音节语素直接成词，如B组所示。换言之，B组内的"边"可以看作词。但作为词的"边"，具有文化词的性质，用于特定场合，比如学数学可能需要提到几何形状的边，专业制衣需要提到衣服的花边等。C组中"边"是语素，与义项①相关，组内的"花边"和"边长"两个词同样也都是文化词，只在特定的文化相关场合使用，日常涉及不多，相对于几何问题，制衣是旧时常见的生活场景，寻常的"花边"可能是比较朴素的，就是简单地在衣物接缝处缝上布条，方言中称为"緄边"，其中"緄"是动词，"边"即所谓花边（即单音节"边"，属B组情况），特意说"花边"显得比较专业，文化气息更加浓厚，所以C组中"花边"可以算文化词。同时，"緄边"也称"緄墘"，二者相较，单音节的"边"比"墘"更显出"文"的风格，"墘"比"边"更土俗，更"白"。这也印证B组中用于指"花边"的"边"同样算风格更"文"的词。语素"边"取义项①重叠后构成的"边边"（A组）记作"边边₁"，在口语中一般用来指预备用作其他物件边缘的条儿，如长直状的木条预制边儿等，由于没有对比参照，"边边₁"的文白风格不太明显，但它在语义上其实与义项②有密切关联，一般只有呈条状的预制"边缘"（语素义项②）才称为"边边₁"。取义项②的语素"边"重叠后构成"边边₂"，表示"边缘"，"边边₂"是风格偏"文"的词，我们简称为"文词"，罗源方言中与之同义的还有另一个词"墘墘"，也可表示"边缘"，与单音节"边""墘"的情况类同："边边₂"略觉文雅，是"文词"；"墘墘"更显土俗，是相对应的"白词"。由于"边边₁"的语义实际上与"边边₂"关系很密切，是一个整体，综合来看，可以把"边边"看作偏向于具有"文"风格的词。取义项②的"边"还可与其他语素组合成词，D组到H组都与义项②相关。其中，D、E、F组是各种"X边"组合。D组词是寻常口语，但词中的"边"是冗余的构词语素，可删去，整体词义不改变。E组中"边"参与构成的词语在风格上都偏"文"，这些文词中的"边"都可以替换成其他语素，从而构成同义的另一个白词，如"身兜身边""门头门边"

"喙垇_{嘴边}""两爿头_{两边}"。F组中的"边"无可替换,但这些词语仍具有文词气质:"天边"在口语中较为少见,表达时一般泛说"天悬顶_{天上}",不强调"边"义;"溪边""海边"在日常话语中虽然也说,但年轻人用得更多,老一辈人表达时往往会说出更具体的地点,比如"某溪""某村"等;"旁边"也是年轻人说得多,老派的说法是G组中的"边旁"。G组和H组是"边X"组合。"边旁"是口语常用词,可算白词,"边"和"旁"都不单说,语音上形成连读关系,结构上是联合型复合构词;H组是典型的文词,从语音上看,"防""关"在方言中均有文白两读,"边防""边关"中的"防"和"关"都只能是文读音,从而整词的文读气质是明显的。总之,上述A—H各组中,仅有B组中的"边"可看作是词,其余各组中的"边"都仅仅是语素;同时,从风格上看,名词性质的"边"整体是偏向于构成文词的,虽然其中D、G两组的口语认可度较高,可看成白词,但D组中"边"是冗余语素,G组内也只包含一个词,数量太少。另一方面,"边"作为趋向补语的用法是口语中的常见用法,可看作白词,它和名词性"边"的风格差异较大。我们将趋向义记作义项③,以成分性质、义项、文白风格等为观察角度,将上述涉及的各种"边"的相关性质整理为表2。

表2 "边"的相关性质梳理表

各组中的"边"的性质		参与构词后,所形成的词语的风格	
		偏"文"	偏"白"
词	义项①	B组	/
	义项③	/	边_(趋向补语)
语素	义项①	A组、C组	/
	义项②	A组、E组、F组、H组	D组、G组

义项③显然与义项②的关系更为密切,与义项①关系是更疏远的。"边"的语义演化链条应如下所示:

义项①(边儿)←义项②(边缘)→义项③(趋向)

现可成词的"边"分列义项①和义项③两端,中间与义项②相关的"边"都是语素,使得义项①和义项③在词的层面已经断开联系,所以整体来看,罗源方言里用作补语的"边"应可看作是"唯补词"。退一步说,依然认可义项①与义项③有间接的联系,两种意义的"边"仍属同一个词,恐怕也不能直接认定为名词"边"充当补语(名词作补语过于特殊),而把"边"看成是兼类词,名词兼唯补词,这样更加合适。

同时,经过这样的梳理,也许可以大致推想"边"在罗源方言中的发展脉络:"边"在来源上应与共同语有密切的关联,所以总体上显示出"文"的风格,方言中留下的诸多文白词对应等线索可以说明这一点;由于"边"在共同语中是高频用语,所以在方言中出现频率也不算低,它应该是多轮次通过词汇借用进入方言中的,在时间的作用下,长期使用"边"已经使"边"渗透进方言内部,成为方言中的重要成分,用法开始扩展;与此同时,在语法—词汇界面上也发生了一定的交互作用,使得一些与方言语法特点有联系的"边"的应用趋于口语化,比如重叠式的"边边",文词性质已经开始减弱,又比如语序与普通话不一致的"边旁"已经是明显的白词风格,又如和"兜"一起组成唯补词小系统的"边",口语性质也是极强的。这些也许就是共同语接触作用下的方言词汇语法演变的一些细节。

"兜"和"边"这两个成分,在意义上有共通之处,作为名词性构词成分时都有"附近、近旁"之义,在福州方言中甚至还有"边兜"一词,义为"旁边,边沿",属于同义成分联合构词。但二者在作为趋向补语时,更微小的语义细节差异起了非常重要的作用,"兜"由于具有"紧靠中心"的语义特征而获得"向心"的趋向义,而"边"则因具有"中心以外的边缘"这一语义特征而取得"离心"的趋向义。另外,"兜"和"边"都具有一定的名词性质,但却能作为趋向补语表示一种动态方向,这也是值得关注的现象,其中的演变究竟如何还需要进一步的深入考察。

就位移事件而言,相关表达结构是"V+兜/边",其中核心动词 V 与"兜/边"形成比较纯粹的中补关系,因此,在向心、离心这一组表示指向的路径信息表达上,罗源方言由附属成分"兜/边"进行编码。

3 结 语

罗源方言中的趋向词可以分为两类:一类是趋向动词,另一类是趋向唯补词。

从位移事件路径信息编码的角度来看,趋向动词可作句中唯一核心动词,也可参与连动结构,这时路径信息编码于动词之上;趋向动词还可作补语,作补语时有一定限制规则,即不带宾语时以复合趋向动词为主,宾补共现时的口语语序以"动词+宾语+趋向补语"为最自然的语序。同时,另一类趋向唯补词是只能充当补语的成分,当趋向词作补语时,路径信息编码于附属成分之上。总的来说,罗源方言不能简单地说成是动词框架语或卫星框架语中的一类,应是属于混合型的语言。

趋向词的两个小类之中,趋向动词是语言中的常见类型,趋向唯补词则是罗源方言中较具特色的词类,"兜""边"与互为近义关系的具名词性质的成分有密切关联,因内部义素的不同而分别发展出"向心""离心"这样一对相反的趋向意义。我们观察了"兜"的名词性语素性质,也梳理了方言成分"边"的发展脉络,但"边""兜"的名词性与趋向性之间是如何关联的,还有待于进一步探索。还有,罗源方言中的趋向动词较之普通话而言,具有更强的动作义性质,因而在动趋和连动的问题上显得比较复杂,这也是本文尚未详尽梳理和探讨的部分,只能暂时列举共时平面中的一些典型情况来简要呈现连续统的中间状态,有关的语音、语法、语义细节,以及历时源流、词汇化或语法化演变等问题尚有待于将来进一步的研究。

参考文献

陈泽平 1992 《试论完成貌助词"去"》,《中国语文》第 2 期,143—146 页。

刘丹青 2017 《语法调查研究手册(第二版)》,上海教育出版社,463 页。

史文磊 2014 《汉语运动事件词化类型的历时考察》,商务印书馆,29 页。

陈泽平 1998 《福州方言研究》,福建人民出版社,111 页。

陈泽平、林 勤 2021 《福州方言大词典》,福建人民出版社,348 页。

Talmy L. 1985 Lexicalization patterns:Semantic structure in lexical forms, Shopen T, (ed.) *Language Typology and Syntactic Description: Vol.3 Grammatical Categories and the Lexicon*. Cambridge:CUP, 57–149.

Talmy L. 1991 Path to realization:A typology of event conflation, Proceedings of the 17th Annual Meeting of the BLS. Berkeley:University of California Berkeley, 480–519.

Talmy L. 2000 *Toward a Cognitive Semantics: Vol. 2*. Cambridge:MIT Press.

潮阳方言位移事件的表达 *

肖　阳

（上海交通大学人文学院）

1　引　　言

　　潮阳方言是分布于广东省汕头市潮阳区的一支闽南方言,属于闽南语潮汕小片(《中国语言地图集(第二版)·汉语方言卷》B1—15)。"位移事件",顾名思义,即某实体在空间中发生位置移动这种事件。潮阳方言在表达这类事件时,既展现出见于多种汉语方言的共性,也有自身的独特性。下面简单介绍汉语共性一面,潮阳方言的个性将在2—4节的描写中呈现,并在第5节进行讨论。

　　汉语表达位移事件的主要手段是格式为"位移方式动词①+趋向补语"的动趋式。基于对这种结构的句法分析,对汉语位移事件表达的既有分析(Talmy 2000：109,柯理思 2003a,沈家煊 2003 等)大多将汉语认定为一种典型的卫星框架语言(satellite-framed language)。当然,如 Croft et al.(2010)所指出的,分类应针对不同的具体事件类型,而不是把语言笼统地作为一个整体归入一类。具体考察汉语对不同类型的位移事件的表达,可以发现,虽然对于"扔上来两包烟"这样的致移(agentive motion)事件,汉语确实强制要求方式动词"扔"出现(*上来两包烟),但对有生主体自主位移(self-agentive motion)这种事件,汉语也有单用趋向动词这种显然是动词框架(verb-framed)的格式,如"他出去了"(柯理思

＊　本文得到复旦大学亚洲研究中心 2019 年度课题资助项目和教育部后期资助 2021 年度一般项目(21JHQ035)的支持。写作过程中,盛益民老师为笔者提供了许多有益的指导,柳俊老师提供了细致详尽的修改意见,谨于此并致谢忱。文中尚余错漏概由笔者负责。
① 下文涉及相关句法格式时,"位移方式动词"都简写为"动词"或"V",如"动词+趋向词""V+D"等。

2003a）。不过，就分布的广度和与动趋式密切相关的动结式①等方面而言，汉语的卫星框架特征是比较明显的。此外，柯理思（2003a：227）还指出，汉语表达路径的卫星一般要细分为两个构成成分，其一是"进、出、上、下"等表达位移体与处所之关系的成分，另一种是"来、去"这种涉及说话人主观参照点的直指性（deictic）成分。有些语言，如法语和西班牙语，这两种要素使用的是同一个句法槽，同一个小句里只能出现其一。汉语表达位移事件时则显然经常把二者同时表达出来，从而形成"动词+非直指趋向词+直指趋向词"（如"走出来"）的结构。

潮阳方言在以上这些方面与其他汉语方言基本相同，即主要使用动趋式这种"卫星框架"表达位移事件，自主位移事件也可用动词框架。而表达路径信息的趋向动词（下文记为 D）必须分成非直指（下文记为 Dp）和直指（下文记为 Dd）两类，其句法表现判然有别。前者主要包括"起、落、出、入、转、过"等；后者包括"来、去"。当二者组合时，Dd 必然出现在 Dp 之后。下文不需要区分趋向词具体是 Dp 还是 Dd、还是 Dp+Dd 组合时，就统一记为 D。

本文对潮阳方言位移事件的考察采用以下逻辑顺序：首先将位移事件按照是主体自主发生移动，还是受外力影响发生移动，分成"自移"和"致移"两大类。然后在每个大类下再根据处所题元是否显性出现，分别考察所用的句法格式（2—3 节）。第 4 节考察动趋式的可能式的形式。采取这种安排的原因是：① 如前所述，位移的自主与否，是能否使用"动词框架"格式的一个决定因素（柯理思 2003a），因此这是必须首先区分开的两类；② 从论元数目上说，致移事件比自移事件要多一个施动者题元，如果出现则必然影响句法结构。同样，处所题元是否显性出现也会造成所用句法格式的不同，因此都应分别考察；③ 可能式也会影响动趋式的构造，一些潮阳话中本来不合法的动趋式在可能式中成为合法的，因此也必须单独考察。在描写完潮阳方言对各类位移事件的表达格式后，第 5 节对潮阳方言位移事件表达的特点做了讨论。

2　自移事件的表达

自移事件，即主体并非受外力致使，而是自动地发生移动的事件。但有无外

---

① 关于汉语动结式的卫星框架特点，Talmy（2000：272—277）通过与英语的比较做了论证。

在致使者,有时并非客观实际如何的问题,而是我们认知上如何建构的问题。例如无生物发生的移动,从客观实际上说虽然确实可能存在导致它移动的外力,但如果单说"石头滚下了山坡",似乎就是把"石头"作为一个自动发生移动的主体看待,很难说句子的语义结构里固有一个外力致使者,但"石头"显然也不是"自主"移动的。这种"无施事"(non-agentive)的自移事件应与真正"自主"(self-agentive)的位移事件,如有生主体尤其是人类的位移事件区分开(参 Talmy 2000:28)。在潮阳方言中,两类事件可用的表达格式存在区别。因此,下面就将自移事件分有生主体和无生主体两类来考察。

2.1 有生主体自移事件

2.1.1 无处所题元

有生主体的自移事件,当处所题元不出现时,潮阳方言可以单用直指趋向词 Dd 或"非直指趋向词+直指趋向词"Dp+Dd 的结构。如:①

(1) 伊来了。他来了。

i²¹ lai²⁴ ou⁰

(2) 伊起/落/出/入/转/过来了。他上/下/出/进/回/过来了。

i²¹ khi⁵⁵/loʔ⁵/tshuk²/dzip⁵/tŋ⁵⁵/kue⁵³ lai²⁴⁻²² ou⁰

但是不能单用非直指趋向动词 Dp:

(3) *伊起/落/出/入/转/过了。他*上/*下/*出/*进/回②/*过了。

i²¹ khi⁵⁵/loʔ⁵/tshuk²/dzip⁵/tŋ⁵⁵/kue⁵³ ou⁰

因此,虽然潮阳方言的"单用 Dd"和"Dp+Dd"两种格式从类型学上属于动词框架格式,但在不允许单用 Dp 这一点上与典型的动词框架语言如西班牙语并不相同。

在 Dd 或 Dp+Dd 两种格式前面加上一个表方式的动词,就构成卫星框架格

---

① 潮阳方言有 7 个单字调,调值分别是:阴平 21,阳平 24,阴上 55,阴去 53,阳去 22,阴入 2,阳入 5。原中古浊上字在单念时已并入阴去调,但在连读变调中仍有区别。在语流中,同一连调组内除了一个字不变调之外其他的字都读变调,在不变调基字前的字读前变调,在其后的字读后变调。有些调类的变调与其单字调没有显著差别,但由于它处在变调位置上,标音时仍按照变调标注。

② 普通话允许"他回了"这样的句子,不需要加"来/去"。潮阳话则不允许单说"*伊转了"。

式——动趋式"V+Dd"和"V+Dp+Dd",如：

（4）伊行来了。他走过来了。①

    i²¹ kiã²⁴ lai²⁴⁻²² ou⁰

（5）伊行入来了。他走进来了。

    i²¹ kiã²⁴ dzip⁵⁻² lai²⁴⁻²² ou⁰

Dp 不能单用,在它前面加上方式动词的"V+Dp"同样不能独立：

（6）*伊行起／落／出／入／转／过了。他走*上／*下／*出／*进／回／过了。

    i²¹ kiã²⁴⁻²² khi⁵⁵／loʔ⁵／tshuk²／dzip⁵／tŋ⁵⁵／kue⁵³ ou⁰

因此,潮阳方言的"V+D"虽然属于卫星框架格式,但在不允许"V+Dp"这一点上也与英语这样的卫星框架语言并不相同(比较英语 He walks in 之类的句子)。

总而言之,不管方式动词出不出现,在无处所题元的有生主体自移事件里,直指趋向词"来／去"是必须出现的成分。可以把这种事件的表达式简单概括为"(V)+(Dp)+Dd"。

另据 Yiu(2013),粤语中还存在方式动词后带三合趋向补语的结构如"跑咗翻上嚟"(字面义：跑-了-回-上-来),也就是两个非直指趋向词连用,再加上一个直指趋向词(V+Dp+Dp+Dd),不过这种连用的第一个非直指趋向词只能是"翻"(回)。从 Yiu(2013)所举的例子看,粤语这种三合趋向补语可适用于本文分出的所有类型的位移(自移／致移、有处所题元／无处所题元等)。潮阳方言与之相比,只在有处所题元出现的自移中允许这种三合趋向补语结构,其他类型的位移事件都不允许这种结构,因此"伊走转起来"(字面义：他走回上来)之类不能成立。带处所题元时成立的例子,见下 2.1.2 节。

另外,普通话的无定位移主体可以放在动词后位置构成所谓"隐现句",但把人类主体放在动词后的位置在潮阳话中很不自然：

---

① 普通话"V+Dd"的使用比较受限,通常要求动词前有"朝""向""往"等介词引导的状语(刘月华1998：36)。柯理思(2003a：3.5)指出普通话"飞来""走去"之类结构不是典型的动趋式,无法构造可能式(*走不来),可能是保留古汉语连动结构的形式。但是在潮阳话中"V+Dd"是非常常见的句式,构成可能式也很自由(参第4节)。这个潮阳话例句普通话更自然的对应句应该是"他走过来了",其中"过"是语义已经泛化的"傀儡"趋向补语(参柯理思2003a、刘月华1998：288)。

(7) ^{??}来人客了。_{来客人了。}

  lai$^{24-22}$ naŋ$^{24-22}$ keʔ^2 ou^0

(8) ^{??}楼顶(行)落来两个人。_{楼上(走)下来两个人。}

  lau^{24} teŋ$^{55-31}$(kiã$^{24-22}$)loʔ$^{5-2}$ lai$^{24-22}$ nõ$^{53-21}$ kai$^{24-22}$ naŋ^{24}

这种情况一般要使用"有"字句,如"有人客来了"(有客人来了)。

不过,当自主位移主体是非人类的有生物如动物时,潮阳话也允许"V+T①+Dp+Dd"的格式,如:

(9) 蠓罩底乞伊②飞只蠓入来。_{蚊帐里飞进了一只蚊子。}

  maŋ$^{55-53}$ ta^{53} toi$^{55-31}$ khiʔ$^{2-5}$ i$^{21-21}$ bvue$^{21-21}$ tsiaʔ$^{2-5}$ maŋ^{55} dzip$^{5-2}$ lai$^{24-22}$

(10) 房间底乞伊走只猫鼠入去。_{房间里跑进了一只老鼠。}

  paŋ$^{24-22}$ kãi^{21} toi$^{55-31}$ khi$^{2-5}$ i$^{21-21}$ tsau$^{55-53}$ tsia$^{2-5}$ ŋiau$^{55-53}$ tshu^{55} dzip$^{5-2}$ khu$^{53-22}$

这种格式里 V、Dp、Dd 缺一不可,而且可用的 V 似乎也仅限于"飞、走、爬"少数几个描述动物动作的动词。句子整体一般表达消极遭受义。考虑到其形式和意义都较为特殊,我们不把这种格式作为潮阳方言表达位移事件的一种基本格式。另外,仅从各成分线性顺序上看,这种把位移主体插在主要动词和趋向补语之间的结构很接近致移事件的表达式(参第 3 节)。

2.1.2 有处所题元

当处所题元(下文记为 Loc)出现时,根据该处所在位移事件中的性质,可以分为起点、经由、终点三类。处所题元的性质对它的语序位置以及是否使用介词有影响。

2.1.2.1 起点题元

潮阳方言专用引出起点题元的介词有"□[piaŋ^{24}]"和"从",兼用的介词有"在"[to^{53}],它兼作引出事件发生处所的介词。"起点介词+起点 Loc"结构一律置于表位移的动词短语之前,形成"起点介词+Loc+(V)+(Dp)+Dd"的格式。如:

---

① T 表示位移主体 theme。下文描写致移事件时,受外力致使发生位移的对象的语义角色也是 theme,但是为了体现其受动性,我们把致移事件里的 theme 翻译为"客体"。
② "乞伊"是一个副词性成分,加在谓语前面表示消极遭受义。

（11）我在／□［pian²⁴⁻²²］／从广州（驶）（过）来。我从广州（开）（过）来。

ua⁵⁵ to⁵³⁻²¹／pian²⁴⁻²²／tshion²⁴⁻²² kn⁵⁵⁻⁵³ tsiu²¹（sai⁵⁵）（kue⁵³⁽⁻²²⁾①）lai²⁴⁽⁻²²⁾

另外，Dp"出"可以直接后接起点题元。它是潮阳话中唯一一个带处所宾语能力较强的 Dp。构成的表达式是"（V）+出+Loc"。但是处所宾语只能是地名或光杆名词，不能是方位结构。例：

（12）伊（驶）出汕头了。他（开）出汕头了。②

i²¹（sai⁵⁵⁻⁵³）tshuk²⁻⁵ suã⁵³⁻²¹ thau²⁴ ou⁰

（13）伊行出教室（*底）了。他走出教室（*里）了。

i²¹ kiã²⁴⁻²² tshuk²⁻⁵ ka⁵³⁻²⁴ sik²（*toi⁵⁵⁻³¹）ou⁰

2.1.2.2 经由题元

表示位移经由地的处所题元，可以用与起点题元相同的介词"□［pian²⁴］"或"从"引出，不能用"在"。也可以用引介目标题元的"趁""对"两个介词。用"趁""对"时，介词短语可以像"□［pian²⁴］""从"引导的介词短语那样放在整个动词短语之前，也可以放在方式动词和趋向补语之间，也即有"趁／对+Loc+（V）+Dp+Dd"和"（V）+趁／对+Loc+Dp+Dd"两种表达式。③ 如：

（14）汝好□［pian²⁴⁻²²］／从／趁／对这条通道行过去。你可以从这条通道走过去。

lu⁵⁵ ho⁵⁵⁻⁵³ pian²⁴⁻²²／tshion²⁴⁻²²／than⁵³⁻²⁴／tui⁵³⁻²⁴ tsi⁵⁵⁻⁵³ tiau²⁴⁻²² thon²¹⁻²¹ tau⁵³ kiã²⁴ kue⁵³⁻²² khu⁵³⁻²²

（15）汝好行趁／对这条通道过去。你可以从这条通道走过去。

lu⁵⁵ ho⁵⁵⁻⁵³ kiã²⁴ than⁵³⁻²⁴／tui⁵³⁻²⁴ tsi⁵⁵⁻⁵³ tiau²⁴⁻²² thon²¹⁻²¹ tau⁵³ kue⁵³⁻²² khu⁵³⁻²²

相比把介宾结构放在动词之前的"趁／对+Loc+（V）+Dp+Dd"，把介宾结构插在中间的"（V）+趁／对+Loc+Dp+Dd"是更自然、常用的格式。当然，如果方式动词 V 不出现，就没有这个对立了。例句（14）（15）去掉"行"也成立。

---

① 括号内的变调表示如果前面一个字出现则需要发生变调。如前面的字没有出现则读单字调，下同。

② 普通话"出"后面的处所在少数情况下还可以是位移终点而非起点，如"他一脚把球踢出门外"（刘月华1998：10例33），但是潮阳话对应的说法里终点必须用"来／去"引出，见下文。

③ 以上表达式里，Dp"过""出"等一般需要出现，这可能是因为"经由"本身是一种比较有标记的路径，直指趋向词不足以传达路径信息。（14）（15）的"过"省去不太自然，尤其例（15）。

另有一种比较特殊的经由事件表达式需要说明：

"驶、行"等少数位移方式动词可以直接带经由题元，后面可能再跟趋向补语，也可能不跟。这种"V＋Loc＋（D）"格式似乎不是单纯表示空间位移意义，还带有把该处所作为语义焦点的语用功能：

（16）汝行后门，前门闩去了。你走后门，前门已经关了。

　　　lu⁵⁵ kiã²⁴⁻²² au⁵³⁻²¹ mŋ²⁴，tsãi²⁴⁻²² mŋ²⁴ tshuã⁵³ khu⁵³⁻²² ou⁰

（17）伊昨日驶中山路（过）来个。他昨天是从中山路开过来的。

　　　i²¹ tsa²¹⁻²¹ dzik⁵ sai⁵⁵⁻⁵³ toŋ²¹⁻²¹ suã²¹⁻²¹ lou²²（kue⁵³⁻²²）lai²⁴⁻²² kai⁰

例（16）是将处所"后门"与其他处所"前门"进行对比，例（17）也是把处所"中山路"作为要传达的焦点信息告诉听者。这种表达方式意义上已经是侧重"怎么走"（或者"走哪条路"）而不是位移事件本身了，所以才可能连后面的趋向补语也不出现。从普通话译句可以看出，普通话的"走"也有这种直接引出经由处所的用法，例如"去二仙桥要走成华大道"，这种"走"的动作方式义已经几乎没有了。

潮阳方言中类似的意义还可以用"V＋趁/对＋Loc"格式表达，上面的两个例子也可以说成"行趁/对后门""驶趁/对中山路"。

最后，潮阳话也存在"行过桥去走过桥去"这种说法，虽然表面上看是一种上面未提到的"V＋Dp＋Loc＋Dd"的格式，但它完全不具有能产性，"*行过隧道去走过隧道去""*游过河去"都不能说。可以认为"行过桥去"已经词汇化，潮阳方言实际上并不存在"V＋Dp＋Loc＋Dd"这种位移事件表达方式。

2.1.2.3　终点题元

终点题元实际上应该分为两类，一类是位移指向的目标，如"往学校走"中的"学校"，这种处所题元参与的位移事件一般仍是无界①的。另一类终点题元可以视为是狭义的"终点"，它是位移最终到达的目的地，如"走到学校"，这种处所题元参与的位移事件是有界的。两种事件能用的表达式有差别。

从形式上看，潮阳方言对终点事件的常用表达式根据有无介词可分两大类：

---

① 关于"有界""无界"之分，详见沈家煊（1995）。

① 用介词"趁/对"引出处所题元,介词短语在趋向词 D 前,但与 V 的位置关系可变;② 用 Dd"来/去"引出处所题元,题元位置在整个动词短语之后。另外还有用相当于普通话"到"的"遘"的格式,它可能不是本土层次而是受普通话影响产生的,也有报道指出有的潮汕方言不允许这种说法,因此放在最后讨论。下面依次考察这三类表达式。

(一) 用介词"趁/对"引出处所题元时,如果 V 出现,跟上一小节的情况一样,介词短语仍然有两种位置,一在 V 前一在 V 后,即仍有"趁/对+Loc+V+D"和"V+趁/对+Loc+D"两种表达式(其中的 D 可以是 Dd 也可以是 Dp+Dd)。但前一种表达式只表达向目标题元的无界位移,不蕴涵位移达到了终点,所以还可以在后面加上一个表示位移并没有到达终点的小句,如(19):

(18) 汝趁校门行(过)来！你朝校门走(过)来！

lu^{55} thaŋ$^{53-24}$ hau$^{53-21}$ mŋ^{24} kiã^{24} (kue$^{53-22}$) lai$^{24-22}$

(19) 伊对楼顶行(起)去,半概又落来。他往楼上走(上)去,中途又下来。

i^{21} tui$^{53-24}$ lau^{24} teŋ$^{55-31}$ kiã^{24} (khi$^{55-31}$) khu$^{53-22}$, pfuã$^{53-24}$ kueʔ^{5} iu$^{24-22}$ loʔ^{5} lai$^{24-22}$

后一种"V+趁/对+Loc+D"则既可以表达向目标的无界位移,也可以表达到达终点的有界位移。前者如:

(20) 汝行趁校门(过)来！你朝校门走过来！

lu^{55} kiã$^{24-22}$ thaŋ$^{53-24}$ hau$^{53-21}$ mŋ^{24}(kue$^{53-22}$) lai$^{24-22}$

(21) 伊行对楼顶(起)去,半概又落来。他往楼上走(上)去,中途又下来。

i^{21} kiã^{24} tui$^{53-24}$ lau^{24} teŋ$^{55-31}$ (khi$^{55-31}$) khu$^{53-22}$, pfuã$^{53-24}$ kueʔ^{5} iu$^{24-22}$ loʔ^{5} lai$^{24-22}$

后者如:

(22) 一下唔知睇伊哩走对楼下(落)去。一不注意他就跑到楼下去了。

tsek$^{5-2}$ e$^{53-21}$ m̩$^{53-24}$ tsai$^{21-21}$ thõi^{55} i^{21} li^{0} tsau$^{55-53}$ tui$^{53-24}$ lau$^{24-22}$ e^{53} (loʔ$^{5-2}$) khu$^{53-22}$

(23) 汝行对外口(出)来,信号好下囝。你走到外面来,信号好一点。

lu^{55} kiã$^{24-22}$ tui$^{53-24}$ gua$^{22-21}$ khau^{55} (tshuk$^{2-2}$) lai$^{24-22}$, siŋ$^{53-24}$ ho^{22} ho^{55} e$^{55-22}$ kiã$^{55-31}$

当 Dp 是"出""入"时，一般只能作后一种到达终点的有界解读。这可能是因为"出""入"相对于背景的有界性特别明显的缘故。

还有一种情况是 V 不出现，此时表达式为"趁/对+Loc+（Dp）+Dd"。这种表达方式与介词短语在整个动词短语之前的情况一样，只能表达向目标的无界位移，如：

（24）汝趁/对校门（过）来。<small>你朝校门（过）来！</small>

lu⁵⁵ taŋ⁵³⁻²⁴/tui⁵³⁻²⁴ hau⁵³⁻²¹ mŋ²⁴（kue⁵³）lai²⁴⁻²²

（二）不用介词，只用 Dd"来/去"引出终点题元时，一般只引出狭义的终点，即到达点，放在动词后位置。表达式为"（V）+（Dp）+Dd+Loc"，如：

（25）伊（行）（起）去楼顶。<small>他（走）到楼上去。</small>

i²¹（kiã²⁴⁻²²）（khi⁵⁵⁻⁵³）khu⁵³⁻²⁴ lau²⁴ teŋ⁵⁵⁻³¹

（26）伊坐来我畔头。<small>他坐到我边上来。</small>

i²¹ tso⁵³⁻²¹ lai²⁴⁻²² ua⁵⁵⁻⁵³ phiã²⁴ thau²⁴⁻²²

（26）的动词"坐"本身不是位移动词而是静态的姿势动词，但是进入"V+Dd+Loc"格式之后也可以表示到达终点后"坐"。其他姿势动词如"徛<small>站</small>、跍<small>蹲</small>"也有类似表现（"徛去外口<small>站到外面去</small>""跍来头前<small>蹲到前面来</small>"）。可见"（V）+（Dp）+Dd+Loc"是潮阳方言中表示到达终点的位移事件的固定构式。

既然表达狭义的终点题元（到达点）既可以用"V+趁/对+Loc+D"也可以用"（V）+（Dp）+Dd+Loc"的形式，那么两种形式的意义是否有差别呢？区别在于，后者是更无标记的、意义中立的表达方式，而前者是有标记的结构，有强烈的强调位移的目标性的意味，如果不需要特别强调要位移到哪里去，用有标记的"V+趁/对+Loc+D"结构就不太合适，例如：

（27）^{??}我昨日行趁学校来当着□[kioʔ²⁻⁵]野久无见个老同学。<small>我昨天走到学校来遇到了一个很久没见的老同学。</small>

ua⁵⁵ tsa²¹⁻²¹ dzik⁵ kiã²⁴⁻²² thaŋ⁵³⁻²⁴ hak⁵⁻² hau⁵³ lai²⁴⁻²² tŋ²¹⁻²¹ tioʔ⁵⁻² kioʔ²⁻⁵ ia⁵⁵⁻⁵³ ku⁵⁵ bo²⁴⁻²² kĩ⁵³ kai⁰ lau⁵³⁻²¹ taŋ²⁴⁻²² hak⁵

"行趁学校来<small>走到学校来</small>"在这个句子中作为连动式前项是背景性的信息，而且到学校的位移动作在这个句子中显得不一定有明确的目的，所以用有标记的"V+趁/对+Loc+D"突出终点就不太合适。这里如果用意义中立的"行来学校"

则是合适的。①

前面提到,潮阳方言仅在有处所题元出现的自移事件中允许类似粤语"行翻上嚟"之类的三合趋向补语结构。这种结构与此处所考察的"V+Dp+Dd+Loc"是最接近的,区别就在于多了一个非直指趋向词 Dp。跟粤语一样,连用的 Dp 前项只能是表达"回"义的"转",例子如下:

(28)伊行转出来门骹。字面义:他走回出来门口。

i²¹ kiã²⁴⁻²² tŋ⁵⁵⁻⁵³ tsuk²⁻⁵ lai²⁴⁻²² mŋ²⁴⁻²² kha²¹

不过,这种三合趋向补语结构在潮阳方言中远不如在粤语中发达。一方面分布范围局限,另一方面使用频率也较低,如上面举的例句听起来就没有二合趋向补语结构"伊行转来门骹"(他走回门口来)或"伊行出来门骹"(他走出门口来)顺口。另外,三合趋向补语绝不能脱离方式动词 V 独立作为主谓词,也就是不存在"伊转出来门骹"(字面义:他回出来门口)这样的 Dp+Dp+Dd+Loc 结构,这也是与二合趋向补语不同的地方。

(三)最后,表达到达终点的位移还可以用相当于普通话"到"②的"遘",除了与普通话相同的"(V)+遘+Loc+(Dd)"(行到楼下去走到楼下去)和"Dd+遘+Loc"(来到学校)两种格式之外,也有普通话不允许的"V+遘+Loc+Dp+Dd"表达式,如:

(29)伊行遘楼下落去了。他走到楼下去了。

i²¹ kiã²⁴⁻²² kau⁵³⁻²⁴ lau²⁴⁻²² eʔ⁵³ loʔ⁵⁻² khu⁵³⁻²² ou⁰

这种格式里的"有界"意义实际上在"遘"和趋向补语 Dp+Dd 中冗余表达,这是它在普通话及许多方言里不合法的原因。潮阳方言之所以允许,有可能是

---

① "V+趁/对+Loc+D"格式突出处所的目标性,还可以从"趁/对"引出经由题元时主要表达"走什么路径"、趋向动词可以省去的事实看出来(参前一小节位移方式动词直接带途经处所题元)。

② 普通话"到"的词性不太好确定。在它单独接处所宾语时,毫无疑问它是动词。但是"V+到+Loc"中的"到"则有可能分析为介词。不过,刘丹青(2001)指出,从"V 到"可以构成可能式的情况看,"到"更接近于动词后的趋向词而不是"V 在+Loc"中的"在"。如果说"到"标记了终点题元,那么它也是加在动词上的"核心标注类型"而不是加在处所题元上的"从属语标注类型"。因此,下面的表 1 就把潮阳话使用"遘"的格式与只用趋向词不用介词的格式归为一类。这样也可以把"遘"单独用作动词和用作趋向补语的情况统一处理。

受"V+趁／对+Loc+Dp+Dd"格式的类推影响。

凡是使用"遘"的,一定是表到达终点的位移。Yiu(2014)报道潮安方言中不允许上述用"遘"的格式,如"走遘学校来",但这在潮阳方言中是可以接受的,只是使用频率不高,应该是普通话叠置的层次。这也是 Yiu(2014)对两个允许这种格式的福建闽语(惠安、福清)所持的看法。

由上面的描写,可以发现潮阳方言在表达终点题元上与普通话最大的差别在于 Dp、Dd 的句法功能及其分布。普通话常用 Dp 引出终点题元,Dd 可以不出现,如"走上楼""进房间"等。潮阳方言 Dp 带处所题元的能力很差,往往需要 Dd 帮忙,因此直指信息常常强制得到表达,"进房间"说成"入来／去房间"比单纯说"入房间"顺畅许多。不过,直指信息的强制表达似乎只是前景句的限制,在背景小句中,有些直指信息不出现而由 Dp 直接带终点的说法就可以成立:

(30) 出房间着闩门。_{出房间要关门。}

　　　tshuk²⁻⁵ paŋ²⁴⁻²² kãi²¹ tioʔ⁵⁻² tshuã⁵³⁻²⁴ mŋ²⁴

(31) 伊一下行入房间哩对个窗合伊闩掉去。_{他一走进房间就把窗户关上了。}

　　　i²¹ tsek⁵⁻² e⁵³⁻²¹ kiã²⁴⁻²² dzip⁵⁻² paŋ²⁴⁻²² kãi²¹ li⁰ tui⁵³⁻²⁴ kai²⁴⁻²² theŋ²¹ kai²¹ i²¹ tshuã⁵³⁻²⁴ tiau⁵³⁻²² khu⁵³⁻²²

但是,"起、落"等 Dp 在除可能式之外的任何情况下都不能直接带处所词(参第 4 节)。因此,"Dp+Loc"这种结构可以说是高度受限的。

另外,Dp 所负载的路径的"维向"要素(conformation component)往往可以由处所名词后的方位词来承担,因此即使需要表达这些要素,也可以用 Dp 不出现的"(V)+Dd+Loc"结构,只要 Loc 成分带有方位词即可。如"走进房间"说成"行来／去房间底_{走到房间里来／去}"也是一样的意思。①

下面将潮阳方言表达有生主体自移事件的格式按照是否使用介词、是否有处所、表达的位移事件性质分类列表归纳如下:

---

① 柯理思(2003:239)认为,"V 上+处所词"等格式在普通话里很可能是属于书面语层次,在许多汉语方言中只能用"V+到+处所+(来／去)"的格式("到"义语素可能以各种各样的形式出现,参柯理思 2009)。潮阳方言实际上属于同类的现象,只是标记终点题元的词不是"到"义语素,而是直指趋向词"来／去"和动词后位置。

表1　潮阳方言有生主体自移事件的表达方式

表达式		处所题元类型	起点	经由	终　点	
					目标	到达点
有处所	使用介词	□[piaŋ²⁴⁻²²]/从/在+Loc+（V）+（Dp）+Dd	+	+	－	－
		趁/对+Loc+（V）+（Dp）+Dd	－	+	+	－
		V+趁/对+Loc+（Dp）+Dd	－	+	+	+
	不用介词	V+Loc+（Dp+Dd）（少数动词）	－	+	－	－
		（V）+（Dp）+Dd+Loc	－	－	－	+
		（V）+Dp+Loc+（Dd）	－	－	－	（+）
		（V）+遘+Loc+（Dp）+（Dd）①	－	－	－	+
		Dd+遘+Loc	－	－	－	+
无处所		（V）+（Dp）+Dd； V+T+Dp+Dd（少数动词；隐现句）				

　　"（V）+Dp+Loc+（Dd）"的一行,由于"出+起点""行过桥去"都属于非常少见、受限的表达,所以表中用"－"号表示,这种格式表达起点和经由位移基本可以视为不成立。这种格式在表达到达终点的位移时对少数 Dp 在背景句中可以成立,也是比较受限的,因此用"（+）"号表示。

2.2　无生主体自移事件

　　下面看无生主体自移的情况。柯理思(2003a：232)指出,普通话无生命体(或无自我控制能力的生命体)倾向于卫星框架,即"方式动词+路径卫星"的表达方式。潮阳话中也是如此,当位移主体无生命时,方式信息必须在 V 中得到表达。

---

① 为了简洁,把上文的"（V）+遘+Loc+（Dd）"和"V+遘+Loc+Dp+Dd"写成一条"（V）+遘+Loc+（Dp）+（Dd）",但是其代表的各种格式中,只省 Dd 不省 Dp 的格式是不成立的,如不能说"行遘楼下落"。下面致移事件的表达式也是如此。

当处所题元不出现时,有生自移事件能用的"V+Dd""Dp+Dd""Dd"在无生自移中都不能用,因此实际上只有"V+Dp+Dd"一种格式:

(32) 块石碾落去了。那块石头滚下去了。

ko$^{53-24}$ tsio$ʔ^5$ liŋ^{55} lo$ʔ^{5-2}$ khu$^{53-22}$ ou^0

但是,描述"日""月"少数天体的运动时,一般会用"Dp+Dd"这种无方式动词的形式:

(33) 个日/月出来了/落去了。太阳/月亮出来了/下去了。

kai$^{24-22}$ dzik^5/gue$ʔ^5$ tshuk^2 lai$^{24-22}$ ou^0/lo$ʔ^5$ khu$^{53-22}$ ou^0

这种用动词框架表达无生主体位移的情况在潮阳方言位移表达系统中属于极罕见的特例。

当处所题元出现时,仍然依题元性质的不同使用不同的表达方式,但是能用的格式相比有生自移事件少得多,因为 V 必须出现。

使用介词(下面表达式里记为"P")时,如果介词短语放在 V 前,则 Dp 必须出现,因此表达式是"P+Loc+V+Dp+Dd"。如:

(34) 水在/从水管底流*(出)来。水从水管里流出来。①

tsui^{55} to$^{53-21}$/tshioŋ$^{24-22}$ tsui$^{55-53}$kuaŋ^{55} toi$^{55-31}$ lau^{24} tshuk$^{2-2}$ lai$^{24-22}$

不过,如果使用介词"趁/对",则表达无生主体自移时,介词短语放在 V 和 D 之间的"V+趁/对+Loc+(Dp)+Dd"比放在整个动趋式前面的"趁/对+Loc+V+Dp+Dd"自然且常用得多,而且在前一种表达式中还允许不用 Dp,如:

(35) 水淹对厝底(入)来了。水淹进屋子里来了。

tsui^{55} im$^{21-21}$ tui$^{53-24}$ tshu^{53} toi$^{55-31}$(dzip$^{5-2}$) lai$^{24-22}$ ou^0

(36) 雨水流趁窖坑(过)去了。雨水往下水道口流过去了。/雨水流到下水道口去了。②

hou$^{53-21}$ tsui^{55} lau$^{24-22}$ thaŋ$^{53-24}$ am$^{24-22}$ kaŋ^{21}(kue$^{53-22}$) khu$^{53-22}$ ou^0

不使用介词时,一般使用"V+Dp+Dd+Loc"的格式,处所题元是终点。其中的 Dp 也较难省去:

---

① 动词"流"比较特殊,可以带存现宾语,因此可以说"水管底流够下水出来"(水管里流了一大堆水出来)。但这不是可以类推的格式。

② 由于"V+趁/对+Loc+Dp+Dd"在 Dp 非"出""入"时既可以表示目标也可以表示终点,因此这句话有歧义,下同。

（37）水流$^{??}$（出）去外口了。水流出外面去了。

tsui^{55} lau$^{24-22}$ tshuk$^{2-5}$ khu$^{53-24}$ gua$^{22-21}$ khau^{55} ou^0

当然,也可用"到"义词"遘"形成"水流遘外口去了"(水流到外面去了)一类的格式,但使用频率不高。

表 2　潮阳方言无生主体自移事件的表达方式

表达式		处所题元类型	起点	经由	终点	
					目标	到达点
有处所	使用介词	□[pian$^{24-22}$]/从/在+Loc+V+Dp+Dd	+	+	－	－
		V+趁/对+Loc+V+(Dp)+Dd	－	+	+	+
		趁/对+Loc+V+Dp+Dd(不常用)	－	(+)	(+)	
	不用介词	V+Dp+Dd+Loc	－	－	－	+
		V+遘+Loc+(Dp)+(Dd)	－	－	－	+
无处所		V+Dp+Dd; Dp+Dd(仅当主语为"日""月"等天体时)				

3　致移事件

接下来看致移事件在潮阳方言中的表达情况。如柯理思(2003a：231)和张敏、李予湘(2009：4.2.3)所说,汉语致移事件中方式动词一般必须出现,因为汉语的趋向动词已经没有使动用法。潮阳方言中的情况也是如此,表达致移事件,V 必须出现,与趋向词构成动趋式。①

下面将受动发生位移的客体记为 O,一一考察潮阳方言对致移事件的表达情况。

---

① 有两个趋向动词可能可以认为有使动用法,即"入"和"落",但它们的意义非常专门,"入"只能表示"装"的意思,一般只能与"水"搭配,如"入块水去个保温杯底"(往保温杯里装点水);"落"则表示烹饪时下料的意思,只与"盐""肉"等食材调料搭配。因此完全可以把它们处理为词汇意义引申而不视为一种成系统的语法现象。

3.1　无处所题元

首先讨论无处所题元出现的情况。此时谓语只包含 V、Dp、Dd 和受动宾语（即位移客体）O 几个成分。张伯江（1991）指出，现代汉语里"拿出来一本书""拿出一本书来""拿本书出来""把书拿出来"几种看似通用的格式，在实际使用中会受语气、指称性等因素限制而有不同的适用性。潮阳方言中，这些因素也会影响可用的格式，但具体影响方式与普通话有同有异。

除开将 O 提前的句式（处置句、话题句），相比普通话的 O 可以有 V 后、Dp 后和 Dd 后三种位置，潮阳话一般来说只接受 O 出现在动词之后、趋向补语之前一种语序，即表达式为"V+O+Dp+Dd"。① 其中的 Dp 可以不出现。如：

（38）伊挈两本书（过）来。<small>他拿了两本书（过）来。</small>

　　a. i^{21} khio$?^{5-2}$ $nõ^{53-21}$ $pŋ^{55-53}$ tsu^{21}（kue$^{53-22}$） lai$^{24-22}$

　　b. i^{21} khio$?^{5-2}$ $nõ^{53-21}$ $pŋ^{55-53}$ tsu^{21}（kue^{53}） lai$^{24(-22)}$

这里标注了 a、b 两种读法，它们表达的意义不同。由于"挈两本书"和"（过）来"都可以是独立的动作，因此"伊挈两本书过来"这个词语序列除了理解为"他拿过来两本书"之外，也可以理解为"他拿了两本书"并且"他（过）来"，即构成连动式。这两种解读在语音上的区别主要在于连调组的划分：如果是"他拿过来两本书"的意思，"（过）来"读后变调，语音上依附于前面的成分；如果是"他拿了两本书并出来"的意思，"（过）来"自成连调组，独立性较强。

但是，如果方式动词是"放""□[ko^{24}]"（扔）之类的动词，则由于"放两本书""□[ko$^{24-22}$]两本书"（扔两本书）本身不能脱离"过来/去"成为施事者的一个独立动作（这种动词的论元结构里就要求一个路径），因此"放两本书落去"（放两本书下去）和"□[ko$^{24-22}$]两本书过来"（扔两本书过来）之类的句子不会有以上的两种解读。下一节处所题元出现的情况也与此类似，不强制要求路径的拿取义动词总是有致使移动和连动两种解读，而放置类和抛掷类动词则只表示致使移动。

"V+O+Dp+Dd"一般只用于 O 是无定的情况。当 O 定指时，需要通过话题

---

① 张伯江（1991）指出普通话"V+O+Dp+Dd"如果在 V 后不带"了"字，就有强烈的祈使意味。但是潮阳话中既不存在与"V+O+Dp+Dd"相对立的"V+Dp+O+Dd"和"V+Dp+Dd+O"格式，也不存在语法化的"了$_1$"，所以"V+O+Dp+Dd"并不固定与祈使语气关联。

化或处置句将 O 提前,形成"O+V+(Dp)+Dd"的格式。潮阳方言在这一点上与普通话同样遵循句子成分安排"从旧到新"的语用原则(张伯江1991)。例如:

(39) 本书伊挈(过)来了。那本书他拿(过)来了。

    pŋ$^{55-53}$ tsu^{21} i^{21} khioʔ$^{5-2}$(kue$^{53-22}$)lai$^{24(-22)}$ ou^{0}

(40) 伊对本书挈(过)来了。他把那本书拿(过)来了。

    i^{21} tui$^{53-24}$ pŋ$^{55-53}$ tsu^{21} khioʔ$^{5-2}$(kue$^{53-22}$)lai$^{24(-22)}$ ou^{0}

这两种格式都不存在类似"V+O+Dp+Dd"格式的歧义。"(Dp)+Dd"只能理解为 V 的趋向补语,读后变调。

上面这两种格式,在表达一类与位移相关的特殊事件时,会受到句子语气的影响。"关门"这种并无位置改变,但确实包含运动的动作,出现在祈使句中时,可以使用"O+V+Dd"或"对+O+V+Dd"的格式表达,如:

(41)(对)个门闩来/去! 把门关上!

    (tui$^{53-24}$)kai$^{24-22}$ mŋ^{24} tshuã^{53} lai$^{24-22}$/khu$^{53-22}$

如果用"V 来",表示门的运动方向是朝说话人的;如果用"去",表示门的运动方向是远离说话人的。这可以视为潮阳方言致移表达式的一种拓展用法。

3.2 有处所题元

下面看有处所题元出现的情况。起点、经由、终点各类处所题元的引出方式(介词/Dd)与2.1.2所述基本一致,不过处所题元与受动题元的相对位置需要详细说明。

当使用介词时,如果介词短语出现在整个动词短语之前,则格式为"P+Loc+V+O+(Dp)+Dd",如:

(42) 伊在学校挈两本书(过)来。他从学校拿了两本书(过)来。

    i^{21} to$^{53-21}$ hak$^{5-2}$ hau^{53} khioʔ$^{5-2}$ nõ$^{53-21}$ pŋ$^{55-53}$ tsu^{21}(kue$^{53-22}$)lai$^{24(-22)}$

但是,"趁/对+Loc"无法像自移事件那样使用整个介词短语在前的格式,必须把介词短语放到 V 之后。下例(43)如果把"对学校往学校"放到"挈本书拿本书"之前,句子就不合法。

当介词短语出现在 V 之后时,V 必须紧跟受动的 O,然后再接介词短语,再接趋向补语,也就是"V+O+P+Loc+(Dp)+Dd"的格式,如:

（43）伊挈本书对学校（过）去了。他拿了本书往学校去了/到学校去了。

i^{21} khio?$^{5-2}$ pŋ$^{55-53}$ tsu^{21} tui$^{53-24}$ hak$^{5-2}$ hau^{53}（kue$^{53-22}$）khu$^{53-22}$ ou^{0}

这个句子像上一小节提到的"V+O+Dp+Dd"格式一样，也会有歧义，除了理解为一个整体致移事件之外也可以理解为连动事件，即将"V+O"理解为连动式前项，"P+Loc+（Dp）+Dd"理解为连动式后项。但是这时无法通过划分连调组区分，因为无论哪种解读中"P+Loc+（Dp）+Dd"都是自成连调组。而且，这里连动式似乎是更优势的解读。

同样，当 O 有定时需要采用话题句或处置句。"V+O+P+Loc+（Dp）+Dd"对应的话题句是"O+V+P+Loc+（Dp）+Dd"：

（44）本书伊挈对学校（过）去了。那本书他拿到学校去了。

pŋ$^{55-53}$ tsu^{21} i^{21} khio?$^{5-2}$ tui$^{53-24}$ hak$^{5-2}$ hau^{53}（kue$^{53-22}$）khu$^{53-22}$ ou^{0}

对应的处置句是"对+O+V+P+Loc+（Dp）+Dd"：

（45）伊对本书挈对学校（过）去了。他把那本书拿到学校去了。

i^{21} tui$^{53-24}$ pŋ$^{55-53}$ tsu^{21} khio?$^{5-2}$ tui$^{53-24}$ hak$^{5-2}$ hau^{53}（kue$^{53-22}$）khu$^{53-22}$ ou^{0}

最后看不用介词的情况。其实从前面介绍的可能句法格式已经可以推出，处所题元出现的致移事件，不用介词而用 Dd 引出处所题元时，唯一可能的基本格式便是"V+O+（Dp）+Dd+Loc"，其中的处所题元是位移到达的终点（狭义）。如：

（46）伊挈两本书（过）去学校。他拿了两本书到学校去。

i^{21} khio?$^{5-2}$ nõ$^{53-21}$ pŋ$^{55-53}$ tsu^{21}（kue$^{53-24}$）khu$^{53-24}$ hak$^{5-2}$ hau^{53}

这个句子依然有歧义，即除了表达一个整体的致移事件外也可以表达连动事件，而且这两种解读无法划分连调组区分，因为两种解读中"（过）去学校"都自成连调组，因此这个句子只有一种读法。笔者语感中没有哪一种解读更占优势。

O 有定时，使用话题句"O+V+（Dp）+Dd+Loc"或处置句"对+O+V+（Dp）+Dd+Loc"：

（47）本书伊挈（过）去学校了。那本书他拿到学校去了。

pŋ$^{55-53}$ tsu^{21} i^{21} khio?$^{5-2}$（kue$^{53-24}$）khu$^{53-24}$ hak$^{5-2}$ hau^{53} ou^{0}

（48）伊对本书挈（过）去学校了。他把那本书拿到学校去了。

i^{21} tui$^{53-24}$ pŋ$^{55-53}$ tsu^{21} khio?$^{5-2}$（kue$^{53-24}$）khu$^{53-24}$ hak$^{5-2}$ hau^{53} ou^{0}

这两种句式不存在歧义。

用"遘"引出处所题元时,无非是把自移事件几个表达式的"V"扩充为"V+O",如"挈本书遘学校(去)拿本书到学校(去)""挈本书去遘学校拿本书去到学校""挈本书遘楼顶起去拿本书到楼上去"等。凡不用话题句和处置句的也都有连动式的歧义。此不赘。

下面把潮阳方言表达致移事件的格式作一总结(话题句和处置句视为基本格式的变体,不列出):

表3　潮阳方言致移事件的表达方式

表达式		处所题元	起点	经由	终点	
					目标	到达点
有处所	使用介词	在/[piaŋ²⁴]/从+Loc+V+O+(Dp)+Dd	+	+	−	−
		V+O+趁/对+Loc+(Dp)+Dd	−	+	+	+
	不用介词	V+O+(Dp)+Dd+Loc	−	−	−	+
		V+O+遘+Loc+(Dp)+(Dd)	−	−	−	+
		V+O+(Dd)+遘+Loc	−	−	−	+
无处所		V+O+(Dp)+Dd				

可以看到,潮阳方言表达致移事件的基本格式比有生自移事件的格式要少。如果加上 O 话题化以及处置句格式的话,数量会多一些。不过由于话题句和处置句的使用条件与位移事件本身性质无关,只取决于 O 有定性,因此这里不列为基本格式。

4　可　能　式

潮阳方言的动补结构有两种可能式构造,一是在动补结构之前加助动词"有便能/无便不能",这种可能式由于是加在 VP 外层的,对整个位移表达的结构没有影响,因此不受什么限制,此不赘述。另一种更语法化的可能式是在动词与补语中间插入动力情态标记"解_会/袂"或"解得/袂得"。① 下面将这些情态标记记为"K"。这种构造的可能式对动趋式的形式有较大影响，表现为：

一般情况下，潮阳话中的 Dp 不能单用，也不能带处所宾语，Dd 往往要强制出现。但是在可能式中，Dd 不出现只用 Dp 的格式"（V）+K+Dp+（Loc）"是合法且自然常用的，甚至当 K 是双音节词"解得/袂得"时，Dd 出现了反而不太自然，如例（50）—（52）。下面是自移事件的例子：

（49）九十岁还爬解起（去）七楼。_{九十岁了还爬得上七楼（去）。}

kau$^{55-53}$ tsap$^{5-2}$ hue^{53} huaŋ$^{55-53}$ pe$^{24-22}$ oi$^{53-21}$ khi$^{55-53}$（khu$^{53-24}$）tshik$^{2-5}$ lau^{24}

（50）窨坑乞塞去，水流袂得落/入（？去）。_{下水道口塞住了，水流不下去/进去。}

am$^{24-22}$ kaŋ^{21} khiʔ$^{2-5}$ sak^2 khu$^{53-22}$，tsui^{55} lau$^{24-22}$ boi$^{53-21}$ tik$^{2-5}$ loʔ^5/dzip^5（？khu$^{53-22}$）

（51）路淹去了，驶唔得过（？去）。_{路淹了，开不过去。}

lou^{22} im^{21} khu$^{53-22}$ ou^0，sai$^{55-53}$ m̩$^{53-21}$ tik$^{2-5}$ kue^{53}（？khu$^{53-22}$）

（52）人孬遭楼梯还行袂得落（？去）。_{病到连楼梯都走不下去。}

naŋ^{24} mõ$^{55-31}$ kau$^{53-24}$ lau$^{24-22}$ thui^{21} huaŋ$^{55-53}$ kiã$^{24-22}$ boi$^{53-21}$ tik$^{2-5}$ loʔ^5（？khu$^{53-22}$）

（53）着有学生证正解得入学校。_{要有学生证才进得了学校。}

tioʔ$^{5-2}$ u$^{53-21}$ hak$^{5-2}$ seŋ$^{21-21}$ tseŋ^{53} tsiã$^{53-24}$ oi$^{53-21}$ tik$^{2-5}$ dzip$^{5-2}$ hak$^{5-2}$ hau^{53}

末一例 V 没有出现，"解得"看起来像出现在动词前的助动词，但是如果 V 出现的话位置只能在"解得"之前，不能在它之后，因此这里的"解得"仍与出现在整个动词短语外层的助动词"有便"有别。值得注意的是例（49），Dp"起"在一般情况下是不可能带终点处所宾语的，因为"起"与"上"本来意义就有差别："上"是涉及终点的位移，而"起"是只有方向而无终点的位移（参刘月华 1988：1.3.2）。潮阳话 Dp 有"起"无"上"，"起"的意义与普通话"起"是基本相同的，即只表示向上的无界位移。可是在可能式中，"行解起七楼顶_{走得上七楼}"却可以接受。从（49）—（53）的情况看来，Dp 在可能式中独立使用和带处所题元的能力都大大增强了，甚

---

① "袂"读[boi^{53}]，是"唔解"（不会）的合音字。两处的"袂"都可以换成一般否定词"唔"。用"袂"的格式和用"唔"的格式是自由变体。"V 袂 D""V 袂得 D"也可以说成"V 唔 D""V 唔得 D"。

至在普通话需要使用"来/去"才能成立的地方潮阳话可以不用。

另外,Dp 不出现,只出现 Dd 的"V+K+Dd"也是合法的:

（54）行解来解袂? 走得过来吗?

　　kiã$^{24-22}$ oi$^{53-21}$ lai^{24} oi^{53} boi^{53}

（55）九十岁还行解得去市场在。九十岁了还走得到市场呢。

　　kau$^{55-53}$ tsap$^{5-2}$ hue^{53} huaŋ$^{55-53}$ kiã$^{24-22}$ oi$^{53-21}$ tik$^{2-5}$ khu$^{53-24}$ tshi$^{53-21}$ tiõ^{24} to^{0}

以上的情况可以概括为:趋向补语位置上只能出现一个趋向词,或为 Dp 或为 Dd,出现两个则不自然。

用"遘"的格式情况稍有不同。"Dd+遘+Loc"不能构成情态标记插在中间的可能式(*来解遘上海 *来得到上海),但"V+遘+Loc+（Dp）+（Dd）"可以构成"V+K+遘+Loc +（Dp）+（Dd）"的可能式,如"行解遘学校(去)走得到学校(去)""行解遘楼顶起去走得到楼上去"等。这种格式中的 Dp 表现则与非可能式里相同,不能脱离Dd,如不能说"*行解遘房间入"等。致移事件中,由于基本格式"V+O+（Dp）+Dd+（Loc）"的 V 与其宾语结合紧密,无法把情态标记插在中间;处置句中也不能使用这种可能式。因此只有受动宾语话题化的句子可以使用这种可能式。可能式对 Dp 带处所成分和单用能力的影响同上,即 Dp 在可能式中获得了带处所成分以及脱离 Dd 单用作趋向补语的能力,并且也出现加入 Dd 有时反而不太自然的情况。如:

（56）个箱扛解起(去)楼顶解袂? 这箱子搬得上楼(去)吗?

　　kai$^{24-22}$ siõ^{21} kŋ$^{21-21}$ oi$^{53-21}$ khi$^{55-53}$（khu$^{53-24}$）lau^{24} teŋ$^{55-31}$ oi^{53} boi^{53}

（57）门较隘,只床搬袂得出(? 去)。门太窄,这桌子搬不出去。

　　mŋ^{24} khaʔ$^{2-5}$ oiʔ^{5}, tsia$^{2-5}$ tshŋ^{24} bvuã$^{24-22}$ boi$^{53-21}$ tik$^{2-5}$ tshuk^{2}（? khu$^{53-22}$）

Dp 不出现只出现 Dd 的"O+V+K+Dd"的例子:

（58）个箱扛解去楼顶解袂? 这箱子搬得上楼去吗?

　　kai$^{24-22}$ siõ^{21} kŋ$^{21-21}$ oi$^{53-21}$ khu$^{53-24}$ lau^{24} teŋ$^{55-31}$ oi^{53} boi^{53}

（59）无车,撮物件载袂得来。没车,东西运不过来。

　　bo$^{24-22}$ tshia^{21}, tsoʔ$^{2-5}$ meʔ$^{5-2}$ kiã^{53} tsai$^{53-24}$ boi$^{53-21}$ tik$^{2-5}$ lai^{24}

对用"遘"的格式则没有影响,如"只床搬唔遘外口出去桌子搬不到外边去"的表现与非可能式相同,可以省"出"不能省"去"。

上面的讨论还没有涉及使用介词短语的格式。介词短语出现在整个动词短语之前的表达式如"在/［piaŋ²⁴］/从+Loc+V+（Dp）+Dd"等一般不使用情态词插在动趋式中间的可能式,而是在介词短语的外层加情态助动词"有便/无便"。如果介词短语出现在 V 之后(实际上只有"趁/对"构成的介词短语可以出现在 V 之后),则可以构成"V+K+P+Loc+（Dp）+Dd"(自移事件)和"O+V+K+P+Loc+（Dp）+Dd"(致移事件话题句)的可能式,如:

（60）行解得对学校来解荟? _{能往学校走过来吗?/走得到学校来吗?}

　　　kiã²⁴⁻²² oi⁵³⁻²¹ tik²⁻⁵ tui⁵³⁻²⁴ hak⁵⁻² hau⁵³ lai²⁴⁻²² oi⁵³ boi⁵³

（61）撮水倒唔对杯底入去。_{水倒不进杯子里去。}

　　　tso?²⁻⁵ tsui⁵⁵ to⁵³⁻²⁴ m⁵³⁻²¹ tui⁵³⁻²⁴ bvue²¹ toi⁵⁵⁻³¹ dzip⁵⁻² khu⁵³⁻²²

这种可能式对整个表达式的限制条件没有影响,Dp 还是不能脱离 Dd,而 Dd 可以脱离 Dp,与非可能式相同。

可能式中部分位移表达式出现 Dp 可以单独作趋向补语、Dd 可以或强制不出现的情况,可能与 Dp 表达的路径信息在"V+K+Dp"可能式中成为焦点信息,从而增强了其完句性有关(叶婧婷、陈振宇 2014),用"出、入"之类 Dp 时尤其明显。但 Dp 只有直接出现在可能情态标记 K 后面时才是焦点信息,因此其他可能式里它仍然不能脱离 Dd 存在。

5　潮阳方言位移事件表达的特点

5.1　"直指趋向"作为"显赫范畴"

潮阳方言位移事件表达的一个显著特征是直指趋向动词"来/去"的强势。这种情况可以用刘丹青(2012a、b)提出的"显赫范畴"的概念来概括。显赫范畴是在一种语言系统中语法化程度高、句法功能强大,并且其表达手段常常能扩展到其他范畴域的语义语用范畴。本文研究主题是位移事件,因此"直指趋向"虽然在整个潮阳方言语法系统中也称得上是显赫范畴,但这里仅就位移事件乃至空间事件这个大的概念域为范围来说明"直指趋向"范畴的显赫性。

首先,"直指趋向"范畴有专门的表达手段 Dd"来/去"。而在几乎所有的位移事件表达式中,Dd 都是必有成分。仅用非直指趋向动词 Dp 既不能完句,也不太能像普通话那样带处所宾语,更不能像粤语那样带受动宾语(参 Yiu 2013：4.2)。①
相比之下,普通话强制使用"来/去"的场合只有动词后不出现处所词的情况(居
红 1992：2.1、刘月华 1998：35—36 等)。而且潮阳方言中 Dp 的省略比普通话还
自由(比较潮阳话"伊行来了"和普通话"？他走来了"),不需要"过"之类的"傀
儡卫星"来遵守"V+Dp+Dd"的表达格式(柯理思 2003a：244)。因此,相比 Dp
表达的非直指趋向信息,"直指趋向"这个范畴语义由于 Dd 使用上的强制性而
在语言中更多获得直接表现,因而十分凸显。这也意味着它在涉及位移表达的
交际中会频繁被激活,心理上的可及性高(刘丹青 2013：14)。

其次,"来/去"的原型语义就是表达带直指信息的、趋向于终点的位移。
"趋向终点"的语义和 Dd"来/去"这个形式手段之间有很强的双向匹配关系,即
表达涉及终点的位移一般都要用到"来/去",而一旦用到"来/去"一般表达的就
是涉及终点的位移。由于"来/去"除了涉及终点外又带有直指信息,结果就是
"直指趋向终点"在潮阳方言的位移事件概念域中地位显赫。这与北部、中部的
汉语方言有差别。柯理思(2002、2009)指出,北方方言和吴语引出终点题元多
使用"到"或与本方言"有界体标记"同形的词(如冀州方言终点标记"唡"也充
当本方言的"了₁"体标记),或是这些标记并入或引发的动词变音,乃至零标记
的"V+Loc"。采用这些表达方式,直指信息是不一定要出现的,如"掉到井里"
后面可以不跟"来/去"。而潮阳方言对应的最自然说法是"跌落去/来井底掉到井
里去/来"。为了引出终点,直指信息也同时表达了出来。

另一方面,当形式上使用了"来/去"时,即使是静态的姿势动词如"坐、
徛站",也可以进入"V+(Dp)+Dd+Loc"格式中,表达位移到达终点后的状态(参
2.1.2.3),这是一种构式压制(coercion)现象,即本来语义与构式义不协调的词项
在进入构式后取得一种与构式义协调的解读(Goldberg 1995：159)。同样表达
终点的介词结构"V+趁/对+Loc+(Dp)+Dd"就不能接纳姿势动词。可见前者专
化程度更高。另外,有静态、动态两解的动词如"放"等,表静态存在时必用"V

---

① 事实上,非直指趋向动词 Dp 带处所的能力差可能也是许多汉语方言的共性。普通话虽然
可用"进、出、上、下"等 Dd 来引出终点或起点(即"爬上山顶""搬进楼去"一类的表达),
但这很可能是属于书面语层次,因为北方多地方言及苏州等吴语方言都不用这种格式(柯
理思 2003a：239;柯理思 2009：6.1),而对电视剧对话的统计也显示"V+Dp+Loc+(Dd)"
格式的用例远远少于"V+到+Loc+(Dd)"和"V+Loc+(Dd)"的用例(柯理思 2009：6.1)。

在Loc",表动态到达时必用"V+Dd+Loc"格式,不会发生类似普通话的"书放在桌上"的歧义(把书放到桌上 vs.书在桌上放着):前者是"书放在床顶_{书放在桌上}",后者是"书放来/去床顶_{把书放到桌上来/去}"。相比之下,北方方言是用语序手段来区分两者,即任何出现在动词后的处所词都默认理解为动态位移终点,表达静态存在则用动词前介词短语结构如"书在桌上放着"一类的格式(柯理思2003b)。这就与直指趋向范畴没有联系。

第三,相比同样可以表达位移终点的其他格式,"Dd+Loc"不仅专门用来表达终点,而且意义上更加中性、无标记。而介词结构"V+趁/对+Loc+(Dp)+Dd"则一方面不专用来表终点(还可表目标、经由),一方面需要在强调的语境下才能使用,因此,实际言谈中涉及位移终点时,"Dd+Loc"的使用频率大大高于介词结构。用"遘"的几个格式属普通话叠置层次(参2.1.2.3),实际使用中更是少见。总之,"Dd+Loc"的意义中性、适用面广也是"直指趋向"在位移事件表达中地位显赫的证明。①

最后,显赫范畴的一个重要特征是其形式手段有很强的扩展力,能用来表达与其原型范畴相关而又不同的范畴,它们在其他语言中可能属于其他语义语用范畴。潮阳方言的Dd"来/去"语法化程度高,引申用法丰富,仅与空间事件表达有关的就至少有以下两个方面:

第一,产生了"使然"与"非使然"的范畴对立。施其生(2006)认为汉语方言中存在"非使然"的"在"②和"使然"的"在"的语义区别。前者只是客观地表达"处于""持续"等意义,后者则是表达"有某种因素使之如此"。因此,前者多用

---

① 这种引出处所题元的"来/去"能不能分析为介词呢? 范继淹(1963)就把普通话带处所宾语的Dp(如"走进门"中的"进")视为一种"介词性变体";吕叔湘主编(1980: 34)也说"跟某些外语比较,当动趋式动词后边是代表处所的名词时,动趋式里的'趋₁'的作用像一个介词"。如果把潮阳话的"放来床顶"与普通话的"放在桌上"类比,Dd确实有类似介词的介引处所题元的作用。不过,刘丹青(2001)指出,这种趋向词本质上是附在动词上的,从动词与趋向词可以构成可能式这一点就可以看出。因此,从标注位置来看,趋向词引介处所题元是属于核心标注而不是像介词那样的从属语标注。并且,趋向词本身也还有实词意义,不是纯粹标记题元的。因此,至少在动词后出现的"Dd+Loc"中的Dd还不应分析为介词。但潮阳方言中出现在动词前的"Dd+Loc"里的Dd则确实已经可以分析为介词了,见下。

② 这个"在"对应的是普通话的"在",即兼有"处于""持续"两种意义的语素。

于客观的陈述句,而后者多用于祈使句或带情态的句子。① 当用于疑问句时,前者没有更多语用含义,而后者常有追咎意味。山东栖霞方言的例子(施其生2006例37):

(62) a. 他今儿**待**家儿写作业,哪儿也没去。他今天在家里写作业,哪里也没去。

b. 你今儿**着儿**家儿写作业,哪儿都别去。你今天在家里写作业,哪里都别去。

a 句是"非使然"的"在",用"待";b 句是"使然"的"在",用"着儿"。表"使然"的"在"的另一种形式是"跟儿",如:

(63) a. 他待家儿睡觉,徐浑家上街耍吧!他在家里睡觉,你们上街去玩吧!

b. 刘丽太累了,得**跟儿**家儿好性儿睡一觉。刘丽太累了,需要在家里好好睡一觉。

汕头方言表"非使然"用"在",表"使然"用"放"或"□[na^{31}]",如(施其生2006例3):

(64) a. 只骹车做呢放**在**马路镇中块?这辆自行车怎么放在马路当中?

b. 只骹车做呢放□[**na^{31}**]马路镇中块?这辆自行车怎么放在马路当中?

a 句是"非使然",只是客观询问当前状况。而 b 句是"使然",带有"是放车的人弄成这样"的意思,语用上表达了对当前状况不以为然的意味。似乎更贴切的普通话翻译应是"怎么把自行车放在马路当中?"②

据施其生(2006)的考察,类似的形式对立在洞口湘语、黟县、绩溪徽语等其他方言中也存在。

潮阳方言与汕头方言虽然同属闽南语潮汕小片,但在这个范畴对立上却使用了不同的形式。虽然潮阳方言确实也有"V 放 Loc"表"使然"的说法(如"钱着园放银行块"钱要存在银行里),但更加不受限的说法却是使用 Dd 尤其是"来"的"V+Dd+Loc"的格式,如"钱着园来银行块"。需要注意,这种语法化"使然"范畴的"V+Dd+Loc"与上文所述的不同,已经不一定表达动态事件了,上面的例(64b)在潮阳话中说成"只骹车做呢放来路中央?"是表达对当前静态状况的追究问,不一定有"放到路中间来"的意思。当然,解读成动态事件也并非不可。笔者认为这种歧义正是潮阳方言"V+Dd+Loc"结构由表"动态到达"发展为表示

---

① 夏俐萍(2022)指出,这是在处所标记上寄生了(非)现实情态范畴。

② 张伯江(2000:35—36)指出,"把"字句因其"使因性"特征而有"追究责任"的意味。

"使然"的契机：正是因为当前状态是由一个先前的位移事件遗留下来的，所以才会发展出"某种因素导致如此"的使然意味。

第二，Dd 中的"来"由于经常引出处所题元，出现了确实可以分析为介词的用法：带一个处所题元出现在动词前面充当其状语，即"来+Loc+V"。这种用法与上述"使然""非使然"的对立是交叉的："来+Loc+VP"表示的是"使然"的动作发生处所，而"非使然"的情况则仍用"在+Loc+VP"的格式。下面是一个在实际语料中收集到的例子：

（65）【语境：描述在外地读书的女儿的假期安排】伊爱搞加三日事但是无爱来学校徛……_{她要多弄三天事情但是不打算在学校住……}

i^{21} ãi$^{53-24}$ kau$^{55-53}$ ke$^{21-21}$ sã$^{21-21}$ dʑik$^{5-2}$ su^{22} taŋ$^{53-21}$ si$^{53-21}$ bo$^{24-22}$ ãi$^{53-24}$ lai$^{24-22}$ hak$^{5-2}$ hau^{53} khia^{53}

这句话是在家乡本地说的，"学校"必然是远离说话人的处所，因此"来学校"的"来"不可能理解为趋向说话人的趋向动词。它在这里发挥的就是介词的语法功能：引出处所，不涉及位移动作。"来学校徛"就是"在学校住"的意思。由于事件带有情态（前面用了"爱_要"），因此用"来"而不用"在"。前面所举的栖霞方言例(62b)、(63b)的"着儿""跟儿"都是有使然意味的介词，在潮阳方言中都可以用"来"，例不赘。

以上从句法强制性、原型语义形式手段专化、分布广度、扩展功能等方面证明了"直指趋向"范畴在潮阳方言位移事件表达中的显赫地位。可以说，这是潮阳方言区别于非汉语、区别于其他汉语方言乃至其他潮汕方言的一个显著特征。

5.2　动趋之间的介词短语

潮阳方言位移事件表达另一个值得考察的地方是加在动趋式中间的介词短语"趁/对+Loc"。普通话的介词短语大多数是前置于动词的，只有"走向社会主义"少数例外，而且应该是属于书面语层次（柯理思 2009），更没有在后置介词短语后面还再加上趋向补语的格式。① 但是潮阳方言引介经由题元和终点题元

---

① 如果把普通话的"V+到+Loc+D"中的"到"分析为介词，则普通话也可以认为有介词短语出现在动趋式中间的格式。不过本文不持这种立场，参看 414 页注 1 刘丹青(2001)对"V到"的分析。

（广义）的"趁／对＋Loc"却以出现在动趋式中间为常。介词短语插在动趋式中间的"V＋趁／对＋Loc＋D"不仅比放在动趋式外面的"趁／对＋Loc＋V＋D"使用范围更广（到达终点的自主位移以及致移事件都只能用它，参2.1.2.3和3.2），变化也更多（无生自移事件中只有它可以省Dp，参2.2），听起来也更为自然地道，应该是本土格式。

虽然难以找到文献依据，但是"V＋趁／对＋Loc＋D"应该是由"V＋趁／对＋Loc"在后面附加趋向补语D构成，而不是把介词短语"趁／对＋Loc"插入已经形成的动趋式"V＋D"中间构成的。因为存在D不出现的"V＋趁／对＋Loc"结构，而这种结构所表达的语义恰好与"V＋趁／对＋Loc＋D"很相似：强调、突出处所的目标性（参413页注1）。从这个角度说，"V＋趁／对＋Loc＋D"这种格式，突出的是位移的"目标"，而不是"到达终点"的位移，它表达的位移动作应该默认是无界的。把终点题元放在最后的"（V）＋（Dp）＋Dd＋Loc"格式才是无标记地表示"到达终点"的位移事件。

那么，"V＋趁／对＋Loc＋D"格式为什么会有"向目标的无界位移"vs."到达终点的有界位移"的歧义呢？这可能主要是趋向补语的问题，而不是"趁／对＋Loc"的问题。潮阳方言的趋向补语"起去""过去"等既可以理解为有界也可以理解为无界，所以用在"V＋趁／对＋Loc＋D"中也会有歧义。而"入去""出来"等则只表达有界位移，因此相应的"V＋趁／对＋Loc＋D"也只能作有界位移解读。因此，虽然"V＋趁／对＋Loc＋D"格式有突出目标性、理解为无界位移的倾向，但整个格式的有界性／无界性最终是靠趋向补语来决定的。

6 结　　语

本文对潮阳方言位移事件的表达方式作了详细考察，描写了不同类型的位移事件所用的语法格式。并说明了潮阳方言在位移事件表达上具有两个个性特征：① "直指趋向"是显赫范畴；② 存在介词结构出现在动趋式中间的格式。但是，潮阳方言位移事件的表达系统有哪些属于潮汕方言乃至闽语的共性，哪些是真正属于潮阳方言自身的个性，还需要更大范围、更精细的跨方言考察才能确定。对这些共性和差异形成的历史原因，也还需要进一步研究。

参考文献

范继淹 1963 《动词和趋向性后置成分的结构分析》,《中国语文》第 2 期,136—175 页。

居 红 1992 《汉语趋向动词及动趋短语的语义和语法特点》,《世界汉语教学》第 4 期,
276—282 页。

柯理思 2002a 《汉语方言里连接趋向成分的形式》,《中国语文研究》第 1 期,26—44 页。

柯理思 2002b 《从河北冀州方言对现代汉语[V 在+处所词]格式的再探讨》,载戴昭铭主编
《汉语方言语法研究和探索》,黑龙江人民出版社。

柯理思 2003 《汉语空间位移事件的语言表达——兼论述趋式的几个问题》,《现代中国语研
究》第 5 期,1—18 页。

柯理思 2009 《论北方方言中位移终点标记的语法化和句位义的作用》,《语法化与语法研
究》第 4 辑,商务印书馆,145—187 页。

刘丹青 2001 《方所题元的若干类型学参项》,《中国语文研究》第 1 期,11—23 页。

刘丹青 2003 《语序类型学与介词理论》,商务印书馆。

刘丹青 2010 《粤语句法的类型学特点》,见刘丹青著《著名中年语言学家自选集·刘丹青
卷》,上海教育出版社,39—70 页。

刘丹青 2012a 《汉语的若干显赫范畴:语法库藏类型学视角》,《世界汉语教学》第 2 期,
291—305 页。

刘丹青 2012b 《汉语差比句和话题结构的同构性:显赫范畴扩张力一例》,《语言研究》第 3
期,1—12 页。

刘丹青 2013 《显赫范畴的典型范例:普米语的趋向范畴》,《民族语文》第 3 期,5—17 页。

刘月华 1988 《几组意义相关的趋向补语语义分析》,《语言研究》第 1 期,1—17 页。

刘月华 1998 《趋向补语通释》,北京语言文化大学出版社。

吕叔湘主编 1980 《现代汉语八百词》,商务印书馆。

沈家煊 1995 《"有界"与"无界"》,《中国语文》第 5 期,367—380 页。

沈家煊 2003 《现代汉语动补结构的类型学考察》,《世界汉语教学》第 3 期,17—23 页。

施其生 2006 《汉语方言里的"使然"与"非使然"》,《中国语文》第 4 期,333—341 页。

夏俐萍 2022 《汉语方言(非)现实情态的寄生与去寄生——以处所标记为例》,《当代语
学》第 5 期,690—709 页。

张伯江 1991 《关于动趋式带宾语的几种语序》,《中国语文》第 3 期,183—191 页。

张伯江 2000 《论"把"字句的句式语义》,《语言研究》第 1 期,28—40 页。

张 敏、李予湘 2009 《先秦两汉汉语趋向动词结构的类型学地位及其变迁》,汉语"趋向词"
之历史与方言类型研讨会暨第六届海峡两岸语法史研讨会论文,2009 年 8 月 26—27 日,
"中研院"。

朱德熙 1982 《语法讲义》,商务印书馆。

朱德熙 1990 《"在黑板上写字"及其相关句式》,见袁毓林、郭锐编选《朱德熙文选》,北京大
学出版社,124—138 页。

Croft, William A., Jóhanna Barðdal, Willem Hollmann, Violeta Sotirova, and Chiaki Taoka
2010 Revising Talmy's typological classification of complex event constructions. In Hans C.
Boas（ed.）*Contrastive Studies in Construction Grammar*, Amsterdam /Philadelphia：John

Benjamins, 201－236.

Goldberg, Adele E. 1995 *Constructions: A Construction Grammar Approach to Argument Structure*. Chicago: University of Chicago Press.

Tai, James 1985 Temporal sequence and chinese word order. In Haiman (ed.) *Iconicity in Syntax*, John Benjamins.

Talmy, Leonard 2000 *Toward a Cognitive Semantics*, Vol. 2: *Typology and Process in Concept Structuring*. Cambridge: MIT Press.

Yiu, Carine Yuk-man 2013 Directional verbs in Cantonese: A typological and historical study, *Language and Linguistics* 14.3: 511－569.

Yiu, Carine Yuk-man 2014 Typology of word order in Chinese dialects: Revisiting the classification of Min, *Language and Linguistics* 15.4: 539－573.

汉语方言里与趋向动词相关的
几种语法化模式

吴福祥

（中国社科院语言所）

引　言

　　很多语言学家（特别是功能—认知语言学家）相信,空间概念（静态的空间位置和动态的位移过程）是人类语言中相对基本的概念,语言中很多抽象的语法概念或语法标记往往衍生于空间概念（如 Anderson 1971, 1973；Lyons 1977；Heine *et al.* 1991；Heine 1997；Svorou 1993）。汉语的趋向动词表达空间位移过程或位移方向,属于空间概念。跟其他语言一样,汉语的趋向动词也是汉语某些抽象的语法成分或语法概念的演化之源,譬如以往汉语历史语法和方言语法的研究证明,汉语趋向动词存在一种反复出现的语法化模式,即"趋向动词>趋向补语>结果补语/动相补语>体标记"（太田辰夫 1957；刘坚等 1992；刘丹青 1996；吴福祥 1996；蒋冀骋、吴福祥 1997；梁银峰 2007）。

　　本文从共时角度讨论汉语方言里与趋向动词相关的几种语法化模式。不过,鉴于以往汉语语法学界在"趋向动词>体标记"演化模式方面已有较为充分的研究,本文讨论的趋向动词语法化模式将不涉及上述演化模式。

1　从趋向动词到比较标记

　　现代汉语普通话及多数方言里,差比式（Comparative construction）采用"X+

比+Y+A"("张三比李四胖")格式,其中的比较标记是介词"比"。不过,有些方言的差比式及其比较标记还有另外的选择,比如粤语的"X+A+过+Y"、闽语福州方言的"X+A+去+Y"以及山东境内方言的"X+A+起+Y"。这些方言的差比式不仅在语序上异于普通话,其比较标记的词汇形式和语源也与普通话不同。下面将证明,差比式"X+A+过+Y""X+A+去+Y"和"X+A+起+Y"中比较标记"过""去""起"最终源自趋向动词。

1.1 粤语及其他方言的比较标记"过"

在几乎所有的粤方言里,差比式的主要形式是"X+A+过+Y":

(1) 广州粤语(李新魁等 1995:569):佢后生过我。(他比我年轻。)| 老公高过佢好多。(丈夫比她高得多。)

香港粤语(张洪年 2007:114):坐飞机快过坐火车。(坐飞机比坐火车快。)

南宁粤语(林亦、覃凤余 2009):细张高过细李。(小张比小李高。)

左江土白话(李彬 2007):我高过你,佢高过我。(我比你高,他比我高。)

百色粤语(覃凤余、吴福祥 2009):妹靓过姐。(妹妹比姐姐漂亮。)

北流粤语(杨奔 2006):鸡肉好吃过鸭肉。(鸡肉比鸭肉好吃。)| 小华高过细妹。(小华比小妹高。)

此外,在其他非粤语方言里也可见到"X+A+过+Y":

(2) 宾阳平话(覃东生 2007):李四细过张三。(李四比张三小。)

崇左江州蔗园话(朱艳娥 2007):羊干净过猪。(羊比猪干净。)

梅县客语(黄雪贞 1994:275):你肥过佢好多。(你比他胖多了。)

丰顺客语(高然 1999:115):梅县冷过汤坑。(梅县比汤坑冷。)

潮汕闽语(李新魁 1994:405):狗大过猫。(狗比猫大。)

雷州闽语(林伦伦 1993:61):我悬过你。(我比你高)

屯昌闽语(钱奠香 2002):我大过伊。(我比他大。)

柳州官话(蓝利国 1999):他的字好看过你的。(他的字比你的字好看。)(63)

荔浦官话(伍和忠 1998):这场电影好看过那场。(这场电影比那场好看。)(57)

截至目前的报道,用"过"做比较标记限于粤语及广东、广西、海南和香港境内的平话、闽、客、西南官话等方言。有证据显示,这些方言的差比式"X+A+过+

Y"极有可能是粤语影响的产物。①

很多学者指出,粤语"X+A+过+Y"中比较标记"过"是补语性成分,其句法功能、语法行为和语义作用跟普通话比较标记"比"颇有不同(参看张洪年 1972:110;李新魁等 1995:570;Ansaldo 1999,2004;Ansaldo and Matthews 2000;刘丹青 2004;张双庆、郭必之 2005;覃凤余、吴福祥 2009)。比如张洪年(1972:110)很早就极有见地地断言,香港粤语的比较标记"过"属于"状态补语"(phase complement)。李新魁等(1995:570)也明确指出,广州话比较句中"过"是个意义虚化了的趋向动词,表示程度上"超过"。在比较句中"过"和前面的形容词发生语法关系而不直接与后面的名词性词语发生语法关系,"后生过我"的语法构造类似"动—趋—宾"。覃凤余、吴福祥(2009)在前人的基础上详细讨论了差比式"X+A+过+Y"中"过"的语法行为(核心标注成分)、语义作用(表明在某一属性等级上"超出")和句法功能(述谓成分的补语)。

既然"X+A+过+Y"中"过"在句法功能上是补语性成分,其演化之源当与趋向动词"过"有关。事实上,Ansaldo(1999:124)从共时角度构拟了粤语"过"从趋向动词到比较标记的演变阶段和语法化过程:

(3)粤语比较标记"过"的语法化阶段(Ansaldo 1999:124)

(i)过 1;主要动词用法且后附体标记"咗":

(a)*Ngo zoeng seongjamkat gwo-zo   ngaak* (我张信用咔过咗额。我的信用卡超过了额度。)

I   CL   credit card   pass-Asp quota

I have exceeded the limit of my credit card.

(ii)过 2;连动式 SVC 的第二成分:

(b)*Mukjoengjan hang gwo di   saanleng* (牧羊人行过啲山岭。牧羊人走过山岭。)

shepherd   go   pass P1   mountain

The shepherd crossed the mountain range.

(iii)过 3;述补结构 RVC 中的比较标记:

---

① 比如袁家骅等(1989:277)提到,潮州话、海南话因受粤方言的影响而有"甲+谓词+过+乙"这样的比较句式。

(c) *Keoi paau dak   faai gwo ngc*（佢跑得快过我。_{他比我跑得快。}）

    s/he run   Adv fast CM I

    He runs faster than me.

即"过"的功能发生了下列语义演变：

V "to (sur) pass" → V2 "pass" → VR/CM "over"（Ansaldo1999：124）

用我们的术语来表述,粤语及其他汉语方言的比较标记"过"源于下列语法化过程：

"经过、超过"义主要动词>连动式中的 V2>趋向补语>比较标记

1.2　福州方言的"去"

福州方言的差比式可采用"X+A+去+Y"形式,其中的"去"用做比较标记：

（4）福州话（袁家骅等 1989：305）：伊悬去我。_(他比我高。)｜兔蹿快去乌龟。_(兔子跑得比乌龟快。)

据陈泽平（2009）,19 世纪福州土白资料中"去"已有这种用法：

（5）只隻大去许隻。_(这个比那个大。)（陈泽平 2009）

不过,更常见的是在形容词前加上述谓标记"故",即采用"X+故+A+去+Y"格式：

（6）今旦故热去昨暝。_(今天比昨天更热。)（87）（陈泽平 2009）

    活命是故钦贵去粮草,身体是故钦贵去衣裳。_(生命比食物贵重得多,身体也比衣服贵重得多。)（《福州土白新约全书·路加 12—23》）（陈泽平 2009）

跟粤语比较标记"过"一样,福州话"X+A+去+Y"中的"去"也具有补语(动相补语)性质。证据之一是,福州话在表达"不及""胜过"等比较概念时,可以采用动词谓语句"X+(故)+赢/输+去+Y"格式,其中"不及""胜过"的意义是由述语动词"赢/输"而非形容词来表达的：

（7）只一隻赢去许一隻。_(这个比那个好。)（〈课〉54）（陈泽平 2009）

    我输去汝。_(我不如你。)（袁家骅等 1989：305）

很显然,"赢/输+去+Y"是一个"述—补—宾"（VCO）结构,其中"赢/输+去"是述补结构（VC）,而"赢/输+Y"则为一般的述宾结构。

用述语动词来表达"不及"也见于闽南话：

(8) 厦门：马行□[kʻaʔ⁵⁵⁻³¹]输牛。(马走不过牛。)（袁家骅等 1989：277）

　　潮州：食番葛输过食饭。(吃白薯不如吃饭。)（袁家骅等 1989：277）

　　海南：行路输过坐车。(走路不如坐车。)（袁家骅等 1989：277）

　　潮州、海南闽语的"输+过+Y"句法上平行于福州话的"输+去+Y"，可见福州话比较标记"去"在句法功能上同于"过"，而厦门话的"□[kʻaʔ⁵⁵⁻³¹]+输+Y"则足证福州话的"赢/输+Y"为述宾结构。

　　综上所述，"X+A+去+Y"中的"去"用法同于粤语的"过"，虽然在比较句中用作比较标记，但句法上应是动相补语。

　　除了比较标记，"去"在福州话里还有趋向动词、趋向补语、动相补语和完成体标记等不同用法（陈泽平 1998），据此可将福州话比较标记的语法化过程构拟为：

(9) 趋向动词>趋向补语>动相补语/比较标记

1.3　山东方言的"起"

　　山东方言特别是山东东部和中部方言，广泛使用"X+A+起+Y"型差比式（罗福腾 1992；钱曾怡 2001：291—292）。例如（钱曾怡 2001：291—294）：

(10) 牟平：闺娘子就是会说话儿起小子。　莱芜：酒令大起君令。

　　　龙口：这里干净起乜里。　　　　　　惠民：是灰热起土，是亲三分向。

　　　淄川：这件子衣裳肥起那件子。　　　沂南：腊月的花子乞丐快起驴。

　　　莱州：这个屋子暖和起那个屋子。　　济南：他不年轻起我。

　　　即墨：它高起你。　　　　　　　　　平度：这题儿不难起那题儿。

　　　泰安：惊蛰听见雷，小米贵起金。　　荣城：他不矮起我。

这种差比式在明清时期带有山东方言背景的文献里已可见到：

(11) 我年纪大起你……（《醒世姻缘传》92 回）（钱曾怡 2001：406）

　　　虽不如中一双，还强起没一个。（聊斋俚曲《磨难曲》）（钱曾怡 2001：427）

　　同前述比较标记"过""去"一样，这种"X+A+起+Y"差比式中"起"也是一种动相补语，因为在类似"高起你"之类的形式里，"高起"像汉语中很多"V起"一样可以形成一个句法结构，而"起你"不能构成一个句法结构。因此"起"也应是加在形容词上的核心标注成分（刘丹青 2004）。因为"起"在山东方言里可以用作趋向动词和趋向补语,有理由假设,"X+A+起+Y"中比较标记"起"来自趋向补语(刘丹青2004;戚晓杰2006)。据此,我们将山东方言比较标记"起"的语法化模式概括为:

(12)趋向动词>趋向补语>动相补语/比较标记

2　从趋向动词到傀儡补语或能性助词

我们观察到的趋向动词另一种语法化模式是"趋向动词>傀儡补语或能性标记"。"傀儡能性补语"(dummy potential complements),是赵元任(Chao 1968:452—457)使用的术语,赵先生说:"有两个常用的补语'了'(liǎo)和'来',没有什么特殊的意义,其作用在于使可能式成为可能,是一种傀儡补语。"比如"这事太难,我做不了(做不来)"。这里所说的"能性助词"(potential particle)是指直接放在动词V或述补式VC(O)之后表达"能性"意义的助词(参看柯理思1995:268)。汉语方言里,最常见的能性助词是广泛见于河南、山东、河北及山西一带晋语及官话的"了("唠""喽""溜""蹓""佬""咾")"(柯理思1995),例如(引自柯理思1995):

(13)长治:回去了。(回得去。)

　　济南:这一大篮子菜我拿动唠。(拿得动。)

　　陵川:(这本英语书)你看懂了(＝看得懂)看不懂。

　　聊城:他挑动水喽。(＝挑得动水。)

尽管傀儡能性补语和能性助词在概念意义上非常接近(均表能性),但二者的语法性质有所不同:傀儡能性补语是一种补语性成分,因而只能用于"V得C/V不C"中补语C的位置;能性助词属于小品词,因此它既可用于V之后,也可用于VC和VCO之后。下面会看到,汉语方言里有些傀儡能性补语和能性助词最终的语源成分可追溯到趋向动词。

2.1　吴语及其他方言的"来"

诚如柯理思(2001:9)所指出的,赵元任(Chao 1968:452—457)将"来"和"了"一并作为现代汉语普通话能性傀儡补语的代表,很可能是受其母语(吴语)

的影响。其实"来"作为傀儡补语虽在吴语中普遍使用,但其他方言少见,普通话则基本不用。因此我们有理由将表能性的"V 得来/V 不来"视为方言语法现象。下面是部分吴语中傀儡补语的用例。

(14) 上海话(钱乃荣 2003:264):阿拉戏末,唱勿来个,就唱一只歌哦。

苏州话(李小凡,私人交流):流行歌曲我唱勿来,评弹到唱得来格。

宁波话(朱彰年等 1991:225):鞋忒小,穿弗来。

温州话(游汝杰、杨乾明 1998:159):足球我踢来个 | 该隻歌我还唱不来。

丹阳话(蔡国璐 1998):你跟他谈则来谈弗来? | 格种菜我喫弗来 | 做弗来 | 写弗来

崇明话(张惠英 1998:258、279):做得来生活(会干活) | 游勿来(不会游泳)

杭州话(鲍士杰 1998:290):我是语文老师,数学课教不来的。

除了吴语,少数官话方言及南方方言的"来"也有傀儡能性补语功能:

(15) 扬州话(王世华、黄继林 1998:98):缺德的事我们做不来。

合肥话:这事搞得来,那事搞不来。 | 这东西我吃得来,那东西我吃不来。

安庆话:这首歌我唱不来,那首我唱得来。

四川话(梁德曼 1982:146):他跳不来这起舞。(他不会跳这种舞。)(引自柯理思 2001)

临夏话(王森 1993:375):"他信写来啦?""写来呢。"("他会写信吗?""会写。")

乌鲁木齐汉语方言(徐春兰 2005:147):电脑我用不来。 | 京剧我唱不来,他唱来呢?

香港粤语(张洪年 2007:128):呢件事咁难,我做唔嚟。(这件事这么难,我做不来。)

"来"在方言里用作傀儡能性补语时主要表达施事的某种能力;但也有少数吴语方言的"来"可以表达"道义"或"意愿"等情态意义。例如:

(16) 宁波话(朱彰年等 1991:225):饭生咯,喫弗来。

杭州话(鲍士杰 1998:290):格本戏只好大人看看,小伢儿看不来的。

砒霜有毒是喫不来的。

在上述具有傀儡补语"来"的方言里,"来"均可在"V+来+(O)"格式里充当趋向补语,如(17)。据此,我们推测傀儡补语"来"的语法化模式应为(18):

(17) 香港粤语(张洪年 2007:128):唔该你将本书送嚟我屋企。(请你把这本书送到我家来。)

　　　安庆方言:把那本书给我拿来。

(18) 趋向动词>趋向补语>傀儡补语

2.2　西北方言的"下"

在西北的部分汉语方言里,"下"可以用作傀儡可能补语。例如:

(19) 临夏方言(王森 1993;谢小安、张淑敏 1990)

　　　"兰州你去下啦?""我去下呢。"("你能去兰州吗?""我能去。")(王森 1993:375)

　　　我腿子疼,走者快不下。(我腿疼,走不快。)(王森 1993:375)

　　　我腰疼者炕上起来不下。(我腰疼,起不来床。)(王森 1993:375)

　　　阿爷来不下了对着啦?(爷爷来不了了吧?)(谢小安、张淑敏 1990:145)

(20) 东干方言(王森 2000:67)

　　　他来不下,我去下呢。(他不能来,我可以去。)|一锄头挖不下个井。(一锄头挖不了个井。)

(21) 西宁方言(都兴宙 2001:125)

　　　明早儿(明天)会你来下哩不?——大概来不下。(明天的会你能不能来?——大概不能来。)

　　　你说呵这一场雨下下哩不?(你认为这场雨会不会下?)

(22) 乌鲁木齐方言(王景荣 2004;周磊 1998)

　　　洋话学咧几年咧,说下说不下?(英文学了几年了,会不会说?)(王景荣 2004:44)

　　　明天开会你去下去不下?——去不下。(周磊 1998:43)

而在甘肃临夏方言里"下"进一步用作能性助词:

(23) 临夏(王森 1993;马企平 1984)

　　　兀个事情三天做完下啦不?(那件事三天做得完做不完?)(王森 1993:375)

　　　天天思谋吃肉呢,这么办到下啦不者!(天天想吃肉,这能不能办到呀!)(王森 1993:375)

　　　这个物件你拿动下啦?(这个东西你能拿动吗?)我拿动下呢。(我能拿动。)(马企平

1984：84)

他说快下啦不？(他能说快吗?)｜我说快下呢。(我可以说快。)（马企平 1984：84)

这些方言里傀儡补语"下"以及能性助词"下"如何演变而来？考察发现，在几乎所有用"下"作傀儡补语的方言里，"下"均可用作动相补语。例如：

(19′) 临夏方言（王森 1993：374、376)

投到我起来，阿娘饭做下了。(等到我起来时,妈妈已经把饭做熟了。)｜我买的鞋大下了。｜大嫂臊下了。(大嫂害羞了。)｜阿藏的年轻人个个成下塌鼻猫哩。(现在的年轻人,个个都成了馋嘴猫。)

(20′) 东干方言（王森 2000：67)

遇下天大的事情，嫑慌。(遇到天大的事情,不要慌。)｜我害怕把儿子吓下哩。(我害怕把儿子吓坏了。)｜衣服大下了，帽子小下了。

(21′) 西宁方言（都兴宙 2001：124)

你要的东西我寻下了。(你要的东西我给你找好了。)｜说下话了(说出话来)就要算话 lia。｜想下个啥就是啥。｜主意早就打下着。(主意早就打好了。)｜天气冷下了。(天气变冷了。)

(22′) 乌鲁木齐方言（王景荣 2004：43—44)

我听他唏溜底呢，转过去一看，那把手烫下咧。(我听他"嘘"的一声,转过去一看,他把手烫了。)｜那个人嘴损底狠，一张嘴把人都得罪下咧。(那个人嘴不好,一张嘴把人都得罪了。)

据此可以肯定，这些方言"下"的傀儡能性补语用法当来自动相补语，而后者应源自"下"的趋向补语用法。可见傀儡能性补语"下"的语法化模式当为：

(24) 趋向动词>趋向补语（>结果补语）>动相补语>傀儡补语

在乌鲁木齐方言里，"下"的共时多功能模式正好解释了(24)的语法化路径：

(25) 乌鲁木齐方言（王景荣 2004：43—44）"下"：

(a) 趋向动词：不下水，光站到干滩上比划，驴年马月也学不会游泳。

(b) 趋向补语：有底人头朝西跪下念经呢。

(c) 动相补语：那个人嘴损底狠，一张嘴把人都得罪下咧。(那个人嘴不好,一张嘴把人都得罪了。）

（d）傀儡补语：洋话学唢几年咧，说下说不下？（英文学了几年了，会不会说？）

至于临夏方言的能性助词"下"，显然是由傀儡能性补语"下"进一步语法化而来，即：

（26）趋向动词>趋向补语（>结果补语）>动相补语>傀儡补语>能性助词

3 从趋向动词到补语标记

3.1 来

在有些南方方言里，"来"可以用作状态/程度补语标记。上海话状态补语标记新派多用"得"，老派用"来[lɛ²³]"（许宝华、汤珍珠 1988）。例如：

（27）侬烫来蛮好，下趟还要请侬烫。｜侬自家吃来一塌糊涂，讲我吃来一
　　　塌糊涂。

吴语用"来"作为状态补语标记的方言点还有宁波（朱彰年等 1991;钱乃荣 1992）、海盐（胡明扬 1992）、温州（郑张尚芳，私人交流）、常熟（钱乃荣 1992）、松江（钱乃荣 1992）、吴江黎里（钱乃荣 1992）及海门（朱文献 1981）等（详见吴福祥 2001）。

吴语以外的方言也有用"来"作状态/程度补语标记的，例如：

（28）绩溪方言（赵日新 2001）：渠讲来人家都笑了。（他说得大家都笑起来了。）｜野来
　　　一身都是汗。（玩得全身都是汗。）

　　　成都方言（张清源 1996）：醉得来东倒西歪 ｜大家都吵来睡不着 ｜他
　　　一听顿时气来木起

　　　平远客语（严修鸿 2001）：画纸分佢挂唻高高尔。（图画被他挂得高高的。）｜门分
　　　佢关唻 pok⊃ 煞。（门被他关得紧紧的。）

　　　汕头闽语（施其生 1996）：隻车行来慢到。（车走得很慢。）｜个奴囝生来过趣
　　　味。（这孩子长得真可爱。）

关于上述方言里状态/程度补语标记"来"的来源，拙作（吴福祥 2001）认为是由完整体（perfective）助词"来"语法化而来，证据是在温州方言和平远客语里，状态/程度补语标记"来"同时也用作完整体助词，例如：

(29) 温州方言（游汝杰 1996）：赢来一个番钿。(赢了一千块钱。) | 买来三个苹果。(买了三个苹果。)

(30) 平远客语（严修鸿 2001）：你食唻饭再到转来。(你吃了饭再回来。) | 我去图书馆借唻两本书。(我去图书馆借了两本书。)

不过，鉴于在"来"用作状态/程度补语标记、完整体助词以及趋向动词的方言里，"来"通常具有动相补语功能，而且"来"的完整体助词功能一定源自动相补语，我们现在认为，状态/程度补语标记"来"的直接语源可能是动相补语而非完成体助词。①因此，上述方言里状态/程度补语标记"来"的语法化模式可概括为：

(31) 趋向动词>趋向补语>动相补语>状态/程度补语标记

3.2 去

"去"用作状态补语标记主要见于客语。②广东大埔客语（何耿镛 1993）的状态补语标记是"得"和"去"，但补语是比较复杂的成分或结构时只能用"去"。例如：

(32) 食去(/＊得)满身大汗。(吃得满身大汗。) | 食去(/＊得)饱 bit² bit² 得。(吃得饱饱的。)

此外，梅县（林立芳 1999）、广东平远（严修鸿 2001）以及福建永定（李小华 2008）等客家方言里"来"也可以用作状态补语/程度补语标记：

(33) 梅县方言（林立芳 1999）：

滞³去[hi⁴]大齐家尽命笑。(逗得大家拼命笑。) | 欢喜去泪汁噹噹欻跌。(欢喜得眼泪直流。)

广东平远客语（严修鸿 2001）：

一间都得佢舞去繍槁繍槁绝。(一个房间都被他弄得乱糟糟的。) | 我恼佢恼去会死。(我恨他恨得要命。)

---

① 也就是说，在"来"用作状态/程度补语标记、完整体助词和动相补语的语言里，"来"一方面由动相补语演化为完整体助词；另一方面，在另外的句法环境里，"来"又由动相补语演变为状态/程度补语标记。

② 客语之外，我们目前只在台湾闽南话里观察到"去[kʻi]"的状态补语标记用法（连金发 1995，1997）。如"煮去真好食"。

永定客家(李小华 2008):

衫裤着去鼪鼪觋觋,还唔识换。(衣服穿得脏脏的,还不知道换。)

想食肉想去口澜水嗒嗒跌。(想吃肉想得口水一直滴。)

在上述用"去"做状态/程度补语标记的方言里,"去"通常可用作动相补语。例如:

(34) 大埔(何耿镛 1993):摆去一桌。(整个桌上都摆满了。)│ 放去一屋。(整个屋都堆满了。)

平远(严修鸿 1998):薄 ŋap⊃ ŋap⊃ 尔个被盖去唔烧。(薄薄的被子盖起来不暖和。)

据此可以推断,状态/程度补语标记"去"当来自动相补语,其语法化模式当为:

(35) 趋向动词>趋向补语>动相补语>状态/程度补语标记

3.3　下

广东平远客语(严修鸿 2001)的"下"[a⁴]可用作状态补语标记。不过,"下"在使用时要受到一些限制:述语限于动词并且通常表达一种消极的状态或结果。

(36) 我今都食下饱 ku⊃ ku⊃ 尔唻。(我现在吃得饱饱的。)

平远客语(严修鸿 2001)的"下"[a⁴]也有类似动相补语的用法:

(37) 你笔直行下上去就着。(你笔直走上去就对了。)

可见平远客语作为状态补语标记的"下"当源自动相补语。据此,我们可以将状态补语标记"下"的语法化模式概括为:

(38) 趋向动词>趋向补语>动相补语>状态补语标记

3.4　起

状态补语标记"起"主要见于湖南境内诸方言,在这些方言里"得"也可以用作状态补语标记。"得"和"起"最明显的对立是前者可以用作能性补语标记,而后者不可以。张大旗(1985)指出:"作为连接补语用的结构助词,'起'也许可以说是地道长沙话的标准用词。因为无论是老年人还是青年人,习惯用'起'而很少用'得'的人目前仍占多数。"例如：

(39) 长沙方言(张大旗 1985；崔振华 1985；张小克 1999)：

　　大门关起崩紧的。｜他瘦起猴子一样。

　　长起好丑。~长得丑/*长起丑。｜　跑起好快。~跑得快/*跑起快。

此外，用"起"作状态/程度补语标记还见于常宁方言(吴启主 1995)、衡阳方言(李永明 1986)、安仁方言(陈满华 1996)、江永方言(黄雪贞 1993)、益阳方言(崔振华 1998)、宁乡方言(邱震强 2002)、湘乡方言(黄伯荣 1996)和汝城方言(黄伯荣 1996)。例如：

(40) 长宁：花瓶摆起好看。｜肉煮起糜烂。｜双手弄起墨黑。

　　衡阳：你们莫笑啰，笑起我慌起不得了。(你们莫要笑，笑得我慌得不得了。)

　　安仁：扫起(/*得)干干净净唧。(扫得干干净净的。)

　　江永：这件物事他看起眼直直。(这件东西他看得眼直直。)

　　益阳：看书看起眼睛花。(看书看得眼睛发花。)

湖南之外，"起"用作状态/程度补语标记的方言还有东莞粤语(陈晓锦 1993)以及温州吴语(游汝杰 1997)：

(41) 东莞：痛起周身唔得恬。(痛得全身不自在。)｜吓起周身出冷汗(吓得全身出冷汗)

　　温州：渠画起否好，你画起好厘。｜碗里的水冻起铁硬。

上述方言中有些补语标记"起"还可以用作趋向补语标记，例如：

(42) 湘语宁乡方言(邱震强 2002：105)：

　　单车我要送起去。(我要把单车送去。)｜谷快担起回去。(快把稻谷挑回去。)

考察发现，在"起"用作状态/程度/趋向补语标记的方言里，"起"也可以用作动相补语，例如：

(43) 长沙方言(崔振华 1985)：毛衣打起哒。｜你给他留起地址。｜装起一副穷相。

　　江永方言(黄雪贞 1993)：他听起屋腹紧有人□□(ie²¹)(hø⁵)讲话语。

　　安仁方言(陈满华 1996)：包打起哒。

　　益阳方言(崔振华 1998)：抓起咯只坏家伙。

　　衡阳方言(李永明 1986)：其姆妈死冒好久，其夜一默起就哭。(他母亲死没多久，他晚上一想起就哭。）

东莞粤语（陈晓锦 1992）：煮起一镬饭。（煮了一锅饭。）

而“起”的动相补语功能，无疑来自趋向补语。据此可以推测状态/程度/趋向补语标记“起”的语法化路径当为：

（44）趋向动词>趋向补语>动相补语>状态/程度/趋向补语标记

上面的概括跟一些母语者对相关方言补语标记“起”来源的观察是一致的，比如游汝杰（1997：76、83）提到，温州话里“‘起’本来是趋向动词，大致相当于普通话的‘起来’：坐起（坐起来）、升起（升起来）”，“补语标志‘起’是从趋向动词演变而来的”，另一方面，（44）的语法化路径跟部分方言中“起”的共时多功能模式也相对应。比如东莞粤语和宁乡湘语“起”的用法正好在共时层面反映了上述语法化路径：

（45）东莞粤语（陈晓锦 1992）的多功能模式：

（a）趋向动词：天晧喇，重唔起身？（天亮了，还不起床？）

（b）趋向补语：讲起就好笑。（说起来就好笑。）

（c）动相补语：嗰个细蚊仔畀蛇咬起。（那个小孩被蛇咬了。）

（d）补语标记：匹捶擂，病起迷迷懵懵。（呸，病得迷迷糊糊。）

（46）宁乡湘语（邱震强 2002：105）的多功能模式：

（a）趋向动词：起身

（b）趋向补语：他提起水。｜他担起担子。

（c）动相补语：围墙高起地下一丈多。（围墙高出地面一丈多。）｜裤短起三四寸。（裤子短了三四寸。）

（d）补语标记：他搞起乱七八糟。（他搞得乱七八糟。）

（e）趋向补语标记：单车我要送起去。（我要把单车送去。）｜谷快担起回去。（快把稻谷挑回去。）

4 从趋向动词到空间/时间/与格介词

4.1 过

南宁粤语里，“过”[kɔ^{33}]具有终点介词功能（覃凤余、吴福祥 2009；林亦、覃

凤余 2009)。例如:①

(47) 架车停过边? 停喺街。(车子停到哪去? 停街上。)

我部手机你放过边晒? 放喺柜桶哩晒。(我的手机你放到哪儿了? 放在抽屉里了。)

你只听随身听揢老窦丢过围墙外底晒。(你的随身听被爸爸丢到围墙外边了。)

放哪书过阿边去。(把书放那边。)

江西石城客家话(曾毅平 2000：212—213)的"过"［ko³¹］可用作处所介词,表示事件发生或活动进行的处所,例如:

(48) a. 猪食过前镬暖。(猪食在前面锅里热。)

b. 过城里做过幢屋。(在城里重做一所房子。)

c. 放来学唔要紧过路上灰……(放了学不要老在路上玩……)

d. 太晏 t'ou 时过瑞金住一夜在话。(太晚了的话在瑞金住一夜再说。)

跟普通话的处所介词"在"一样,石城话的"过"也可以表示时间点(事件发生或活动进行的时间):

(49) a. 过冬下腊香肠 tsaŋ³¹ 唔会坏掉。(在冬季腊香肠才不会变质。)

b. 外国人过清辰八朝洗汤。(外国人在大清早洗澡。)

c. 日子定过大年日。(日子定在大年三十。)

徽语绩溪方言(赵日新 2000：79)里,"过"［kθ³⁵］(阴去)可用作空间介词,不过用法跟南宁话和石城话有所不同,绩溪方言"过"表示空间的源点或经由:

(50) a. 过尔边行。(从这边走。) | 过小路行快些。(从小路走比较快。)(79)

b. 尔过南京到北京还是过合肥到北京? (你是经南京到北京还是经合肥到北京?)(79)

在粤语广州话和香港话里,"过"可以用作与格介词(间接宾语标记),例如:

(51) 广州话:

a. 畀件衫过我。(把那件衣服给我。)(麦耘、谭步云 1997：239)

b. 我畀咗好多好睇嘅书过佢。(我给了许多好看的书给他。)(李新魁 1994：261)

c. 佢买本书过我 | 佢每个月要畀钱过屋企。(白宛如 1998：49)

d. 好简单啫,寄封信过佢,话我已经决定咗同佢掟煲唔系得啰! (很简单,

---

① 下面例子里,"过"的功能大致相当于普通话动词后表趋向的"到"。按照国内语法学界的流行看法,这里的"过"和"到"应视为趋向补语。我们分析为"终点"(Goal)介词,一则是为跟一般语言学的术语取得一致,以便于跨语言比较,二则也是为了本文讨论的方便。

寄一封信给他,说我已经决定了和他分手不就行了!)（李新魁等 1995：540）

　　e. 我琴日畀三本参考书同埋两本杂志过阿黄。（我昨天给了阿黄三本参考书和两本杂志。）（高华年 1980：220）

（52）香港话：爸爸递枝笔过我。（张双庆 1997：256）

　　在目前的香港和广州粤语里,与格介词"过"的使用已不太普遍,颇有消失的趋势（邓思颖 2003：66）。不过,据钱志安、邹嘉彦（2005）和钱志安（2008）,与格介词"过"在 19 世纪至 20 世纪初的粤语早期文献里则极为盛行,钱志安（2008）的考察表明,在 100 多年前的粤语中,间接宾语标记不是"畀"而是趋向动词"过";"畀"取代"过"的时间是在 20 世纪 40 年代之后。下面是 19 世纪粤语文献中与格介词"过"的例子（引自钱志安、邹嘉彦 2005：306—307）：

（53）皇帝每年畀几多银过总督呢？（1850）

　　　　我知佢係讲大话,所以唔肯畀钱过佢。（1877）

　　　　卖嗰啲米过我。（1874）

　　　　请佢借张刀过我。（1888）

　　　　送副個的顶好玉石体质嘅翡翠玉带坠过佢咯。（1893）

　　上述方言里,空间/与格介词"过"与趋向动词的语音形式相同。我们的问题是,这些方言里介词"过"与趋向动词"过"是同音关系还是多义关系？如果是多义关系,"过"如何由趋向动词演变为介词？为了回答这些问题,我们先看这些方言中"过"的共时用法。覃凤余、吴福祥（2009）利用南宁、广州和香港等粤语的共时资料,构拟出粤语"过"由位移动词到与格介词的语法化模式："位移动词>终点介词>与格（接受者）介词"。下面以南宁话略作说明。南宁话里"过"作为完全动词,主要意义是"往到",后面带表处所的名词性成分,用法相当于普通话的位移动词"去"和"到"。例如：

（54）得闲你过医院睇下佢啦。（有时间到医院看一下他吧。）

　　　　今晚我哋过新屋住。（今天我们到新房子住。）

　　"过+处所成分"也可以是连动式的后一动词短语,即用于"S+VP₁+VP₂"中的 VP₂位置,例如：

（55）a. 二姐夫今日接我妈过南宁。（二姐夫今天接我妈妈来南宁。）

　　　　b. 外婆拧腊肉过二姨妈屋哂。（外婆拿腊肉到二姨妈家了。）

而正是在(55)这样的连动式里,"过"由位移动词演化为"终点"介词:

(56) a. 送本书过学校。(送本书到/给学校。)

　　　 b. 佢哋人多,只球传过佢哋阿便至啱。(他们人多,这球传到他们那边才好。)

(56a)中,客体位移而达至的终点不是严格意义上的处所成分,而是可以"神会"人类性质的组织机构,因此这里"学校"就有"终点"或"接受者"两种语义解释,相应地,"过"也有"终点"介词和"与格"介词两种分析。另一方面,当"S+V+NP₁+过+NP"中的 NP 为指人名词时,"过"则只能解释为与格(接受者)介词。比如(56b)中"佢哋阿便"是个处所名词组,"过"为终点介词;但如果删去其中的"阿便",那么"过"就变成与格(接受者)介词。这类例子虽在现时南宁粤语中已不能说,但在其他粤方言里则仍可接受。例如:

(57) 送本书过佢。(送本书给他。)(广州话,麦耘,私人交流)

由此可见,粤语广州话和香港话的与格介词"过"当来自终点介词,而南宁粤语的终点介词"过"则源于位移动词。其演化过程可概括如下:

(58) 粤语与格介词"过"的演化阶段(覃凤余、吴福祥 2009)

　　　(i) 位移动词"过"在连动式"S+VP1+VP2"中用如 VP₂ 的主要动词;

　　　(ii) "过"在连动式"S+VP₁+VP₂(="过+处所成分")"中由位移动词演变为终点/方向格介词;

　　　(iii) 在"S+V+NP₁+过(终点介词)+NP₂"格式中,当 NP 扩展为机构名称或指人名词时,"过"由终点/方向格介词被重新分析为与格(接受者)介词。

据曾毅平(2000:212),江西石城客家话中"过"有四种用法:

(59) a. 趋向/位移动词:如"过河""过横江镇"

　　　 b. 体助词:如"去过城里""做过水泥"

　　　 c. 表重行的副词:如"买过只水桶""请过个木匠"

　　　 d. 介词:如"写过上向""过十五做酒"

理论上,这个方言中的处所介词"过"有两种可能的演化模式:一是趋向/位移动词"过"在连动式"过(V₁)+NP₁+V₂+NP₂"中语法化处所介词;另一种可能的演化模式跟南宁粤语的"过"相似,即趋向/位移动词"过"在连动式"V₁+NP₁+过(V₂)+NP₂(处所成分)"中演变为终点介词,然后进一步由终点介词语法化为处所介词。相比较而言,我们认为后一种演化模式更有可能,证据是石城话"过"确实具有终点介词功能,例如(引自曾毅平 2000：212)：

（60）a. 牛栏粪核过曾姑山田里。_(牛栏粪挑在曾姑山田里。)

b. 决几只正月食个鮭□[tə]过水缸里。_(养几只正月吃的鮭鱼在水缸里。)

据赵日新(2000：79),绩溪方言里"过"兼有动词和介词两种功能,"过"用作动词时表示"经过、度过"等意义。例如：

（61）过了尔只山就到了。_(过了这座山就到了。)（79）

据此可以认为,绩溪方言的来源／经由介词"过"极有可能直接源于"经过、度过"义趋向动词,即"过"在连动式"过（ V_1 ）+NP$_1$ +V$_2$ +NP$_2$ "中由"经过、度过"义趋向动词语法化为来源／经由介词。

4.2　去

粤语阳江话(黄伯荣 1996：534—535)里,"去"[hei^{24}]可以用作终点介词,表示客体(theme)位移而到达的处所,相当于普通话介词"在、到"。例如：

（62）其那脧衫放去面盆乃。_(他的那些衣服放在脸盆里。)

其放衫去面盆乃。_(他把衣服放在脸盆里。)

阿甲走去树下乃。_(甲走到树底下。)

其企去乃。_(他站在那儿。)

"去"的终点标记用法似乎也见于南宁粤语。林亦、覃凤余(2009)提到,南宁粤语里趋向成分普遍具有前置词功能,即趋向成分"到、上、落／入、过、出、来／去",大都可以介引处所名词("到"可介引时间名词),表示客体位移的方向和目标,具有目标格介词的用法。比如下面例子中的"去"[hy^{33}],林亦、覃凤余(2009)就认为具有目标格介词的用法：

（63）我细妹嫁去广东哂。_(我妹妹嫁到广东去了。)（林亦、覃凤余 2009）

佢嫁只女去广东哂。_(他把女儿嫁到广东去了。)（林亦、覃凤余 2009）

丢只嘢去噜便。_(把这个东西扔到那边。)（覃凤余；私人交流）

跟普通话一样,南宁粤语的"去"也有趋向动词和趋向补语用法,例如：

（64）我今晚夜去你哋屋。_(我今晚上你家。)（林亦、覃凤余 2009）

台车佢开去晒哦,边地重喺过先?_(车子他开走了,怎么还在呢?)（林亦、覃凤余 2009）

佢边时又趷去北京哂？(他什么时候又跑到北京去了？)（林亦、覃凤余 2009）

可见南宁粤语"去"这种"准终点介词"功能，当来自趋向动词。由此可以推断，粤语阳江话"去"的终点介词功能也应来自趋向动词，即：

（65）趋向动词>趋向补语>终点介词

4.3 起

北京口语中"起"[tɕ'i³] 可以用作空间/时间介词。陈刚等《现代北京口语词典》(陈刚等 1998：297)中提到"起(qi³)""用在时间词、处所词前，表示始点或经过的地方"，举的例子是：

（66）我起 1949 年就在北京工作。|你起那棵树向南，再走几分钟就到了。|这次出国要起上海离境。|起这条胡同穿过去。

在 19 世纪末 20 世纪初成书的北京话口语文献《官话指南》和《小额》中，介词"起"广泛使用，主要功能是表示空间起点和来源，但也可以表示时间起点。例如：

（67）（i）空间起点

我昨儿个起您这儿走，又到了北衙门，也没遇见熟人。(《小额》)

亲家您这话起那儿说起？(《小额》)

"老的是起家里来么？""喳！是起家里来。"(《官话指南》)

（ii）来源

这当儿李顺起徐吉春那儿把膏药给取回来啦。(《小额》)

"怎么我起您手里租房，还得给茶钱呢？""虽然您是起我手里租房，没有别的中人，到底这茶钱您也是得给。"(《官话指南》)

官就问那个贼："那个银子和衣裳是起谁家偷出来的？"那个贼就招了，说是起某村庄儿里某家偷出来的、这么着官就打发衙役来。(《官话指南》)

（iii）时间起点

又瞧老头子起昨儿回来透着没神儿，又怕窝作出病来，左难右难。(《小额》)

我不管那些个，起今儿往后我出去的时候，你总要把屋子拾掇俐罗了，把衣服给叠好了。(《官话指南》)

我是起昨天出来的。(《官话指南》)

"起"间或也跟介词"打"一起使用：

(68) 小额又跟金针刘讲究他这个疙瘩，说："兄弟，咱们都是自家，我说你也决不能挑眼，你猜我长这个疙瘩起打您给我治算起，您猜我花了多少钱?"金针刘说："不知道。"(《小额》)

山东淄博话(王浩 2007)和潍坊话(黄伯荣 1996：532)里"起"也有类似用法，淄博话的介词"起"表示空间起点，潍坊话里"起"表示经由。例如：

(69) 淄博话：起淄川到博山用不了多少时间。(淄川到博山用不了多少时间。)

潍坊话：你走大路远，我起小路走近些。(你走大路远，我从小路走近点。)

粤语东莞方言(陈晓锦 1992)和湘语宁乡方言(邱震强 2002：105)里，"起"可以用作终点介词。例如：

(70) 东莞方言：搦起手头软腍腍。(拿在手上软绵绵。)

件褛着起身度暖郁郁。[(这)件大衣穿在身上暖洋洋。]

唔该你将幅画贴起墙上。[劳驾你把(这)幅画贴在墙上。]

宁乡方言：他坐起个里。(他坐在这里。)

斗笠挂起那里。(斗笠挂在那儿。)

由于资料的限制，我们现在还不能对介词"起"演化过程作出具体描述，但可以肯定的是，北京、淄博和潍坊方言的源点/经由介词"起"跟东莞和宁乡方言的终点介词"起"可能有不同的演化模式。北京、淄博和潍坊方言里源点/经由介词"起"极有可能源于"(从/由……)开始"义动词"起"，证据是北京话中有个熟语性动宾组合形式"起根儿"，最初的意思是"从根儿开始"。可以设想，这种"起+NP"的动宾组合如果用于连动式"VP1+VP2"中 VP1 的位置，"起"就有可能由"(从/由……)开始"义动词语法化为源点/经由介词。至于东莞和宁乡方言中终点介词"起"，因为这些方言里介词短语"起+NP"的位置限于主要动词之后，这类终点介词"起"的直接来源当为趋向补语。

如果上述推断可以成立，那么这些方言中介词"起"的语法化模式可概括为：

(71) 源点/经由介词"起"：趋向动词>"开始"义动词>源点/经由介词

终点介词"起"：趋向动词>趋向补语>终点介词

4.4 上

据苏晓青、吕永卫(1996：349),徐州话"上"可以用作方向介词,相当于北京话的介词"朝"。例如:①

(72) 上南去｜上东走｜上里边去去

山东潍坊官话(黄伯荣 1996：532)和淄博官话(王浩 2007)的"向"也有类似用法:

(73) 上东走不远就是学校。(向东走不远就是学校。)(潍坊话;黄伯荣 1996：532)

上东走不远就是学校。｜你上北京走的路上能看见很多油田。(淄博话;王浩 2007：43)

由于资料的限制,我们暂时还不能对这些方言里方向介词"上"的来源和演化做出圆满的解释,不过可以肯定的是,这些方言的方向介词"上"极有可能源于连动式"上+处所词+VP"中"去、到"义动词"上"。事实上,普通话"上哪儿去?"中"上"多少也有点"准方向介词"的意味。据此,我们将方向介词"上"的语法化路径概括为:

(74) 由低向高的位移动词(趋向动词)>水平位移动词>方向介词

4.5 落

老派南宁粤语(林亦、覃凤余 2009)里"落"[lɔk²²]可以用作终点介词:

(75) 老师冇给学生乱画嘢落墙。(老师不让学生乱把东西画在墙上。)(林亦、覃凤余 2009)

比较:老师冇给学生乱画嘢喺墙。(老师不让学生乱把东西画在墙上。)(林亦、覃凤余 2009)

小心睇住只细蚊,佢好容易屙尿落裤。(小心看着这小孩,他很容易把尿拉裤子上。)(林亦、覃凤余 2009)

林亦、覃凤余(2009)对南宁粤语"落"的各种用法有比较全面的描写,根据她们的材料,我们可以共时构拟终点介词"落"的演化阶段。

(i) 阶段一:趋向动词;"落"表示客体由高向低的位移过程。例如:

---

① 据苏晓青、吕永卫(1996：190),徐州话"来"也有方向介词用法,如"来上看｜来前走走｜来外靠靠"。

（76）只天想落雨又有肯落。（这天要下雨但又下不来。）

落来（下来、进来）　　落去（下去、进去）

由此引申为水平位移动词：

（77）你哋落农村睇下就识晒。（你们到农村看一下就知道了。）

上个月我上北京，今个月又落广州。（上个月我去北京，这个月又去广州。）

（ii）阶段二：趋向补语；"落"表示由高向低的位移方向。如：

（78）佢丢落包嘢给我就行哦。（他扔下一包东西给我就走了。）

佢行落一楼来。（他走下一楼来。）

由此引申为表示水平位移移动的方向，通常是位移到特定的三维空间。例如：

（79）佢行落房间晒。（他走进房间了。）

丢啲苹果皮落盒。（把苹果皮扔进盒子里。）

佢放啲茶叶落杯去。（他把茶叶放到杯子里。）

（iii）阶段三：准终点介词，"落"表示客体水平位移到特定的二维空间，同时具有引出终点题元的功能。例如：

（80）风吹落面都有噉冻晒。（风吹到脸上都没有这么冷了。）

佢喷口烟落我面。（他喷口烟到我脸上。）

（iv）阶段四：终点介词；"落 NP"位于主要动词后表示客体位移而至的处所，如（75）。

由此可见，南宁粤语终点介词"落"的语法化路径当为：

（81）趋向动词>趋向补语>终点介词

"落"的空间介词功能也见于浙江金华方言。曹志耘（2000：62）提到，金华方言里"落"[lo^{113-24}]可以用作处所介词，功能相当于普通话的处所介词"在"。例如：

（82）我落北京工作。（我在北京工作。）| 渠今日落家里嬉。（他今天在家休息。）

金华方言的处所介词"落"也应来自趋向动词。据曹志耘（2000），金华方言里"落"作动词时有两种意义。一读[lo^{113}]，表示"降落"，例如"落雨"（下雨）、"落雪"（下雪），一读[lo^{113-24}]，表示"在"，如（83）；而"落"做处所介词时也读[lo^{113-24}]。

（83）渠落家里弗？渠弗落家里。（他在家吗？他不在家。）（62）

尔昨日落哪里？（你昨天在哪儿？）（62）

由此可以断定,金华方言的处所介词"落"当源自处所动词,而后者则来自趋向动词"落"。即:

(84)趋向动词>处所动词>处所介词①

5 结　语

本文从共时角度讨论汉语方言里趋向动词的若干语法化过程,概括出与趋向动词相关的四个语法化模式,即(i)"趋向动词>比较标记"、(ii)"趋向动词>傀偏补语>能性助词"、(iii)"趋向动词>补语标记"和(iv)"趋向动词>空间/时间介词>与格介词"。本文的讨论显示,尽管不同方言里"上""下""来""去""起""过""落"等语法成分具体的语法功能和演化路径容有不同,但重要的是,这些语法成分的语源形式最终均可追溯到趋向动词。可见跟其他语言一样,汉语表达空间概念的趋向动词也是很多抽象的语法概念的"结构模板"(structural template)和演化之源。

参考文献

白宛如　1998　《广州方言词典》,江苏教育出版社。

鲍士杰　1998　《杭州方言词典》,江苏教育出版社。

蔡国璐　1998　《丹阳方言词典》,江苏教育出版社。

曹志耘　2000　《金华汤溪方言的介词》,李如龙、张双庆《介词》,暨南大学出版社。

陈　刚、宋孝才、张秀珍　1998　《现代北京口语词典》,语文出版社。

陈满华　1996　《安仁方言的结构助词和动态助词》,胡明扬主编《汉语方言体貌论文集》,江苏教育出版社。

陈晓锦　1992　《广东东莞莞城话的"起"》,《学术研究》第4期,142—143页。

陈晓锦　1993　《东莞方言说略》,广东人民出版社。

陈泽平　1998　《福州方言研究》,福建人民出版社。

陈泽平　2009　《十九世纪以来的福州方言》,福建人民出版社。

崔振华　1985　《长沙方言中的"起"》,《湖南师大学报》增刊。

崔振华　1998　《益阳方言研究》,湖南教育出版社。

邓思颖　2003　《汉语方言语法的参数理论》,北京大学出版社。

---

① 据董秀芳(2009),建瓯话里"下"也有处所介词用法,如"下厝里嬉(在家里玩)/下操坪里赛走(在操场上赛跑)"。参照上文对金华方言"落"的历时演化的分析,我们相信建瓯话里"下"的语法化模式也如(83)所示。

董秀芳　2009　《趋向词走向何方——来自汉语历史和方言的证据》，"汉语趋向词之历史与方言类型研讨会"暨"第六届海峡两岸语法史研讨会"论文，台北。

都兴宙　2001　《西宁方言中"下"的读音及用法分析》，《青海师范大学学报》第 1 期，122—125 页。

高　然　1999　《广东丰顺客方言语法特点说略》，《暨南学报》第 1 期，108—111 页。

高华年　1984　《广州方言研究》，商务印书馆香港分馆。

何耿镛　1993　《客家方言语法研究》，厦门大学出版社。

胡明扬　1992　《海盐方言志》，浙江人民出版社。

黄伯荣　1996　《汉语方言语法类编》，青岛出版社。

黄雪贞　1993　《江永方言研究》，社会科学出版社。

黄雪贞　1994　《客家方言的词汇和语法特点》，《方言》第 4 期，268—276 页。

蒋冀骋、吴福祥　1997　《近代汉语纲要》，湖南教育出版社。

柯理思　1995　《北方官话里表示可能的动词词尾"了"》，《中国语文》第 4 期，267—278 页。

柯理思　2001　《从普通话里跟"得"有关的几个格式去探讨方言类型学》，《语言研究》第 2 期，7—18 页。

蓝利国　1999　《柳州方言的句法特点》，《广西大学学报》第 2 期。

李　彬　2007　《左江土白话研究》，广西大学硕士学位论文。

李新魁　1994　《广东的方言》，广东人民出版社。

李新魁、黄家教、施其生、麦耘、陈定方　1995　《广州方言研究》，广东人民出版社。

李小华　2008　《永定客家方言补语标记"去"及其探源》，《华南理工大学学报》第 5 期。

李永明　1986　《衡阳方言》，湖南人民出版社。

梁德曼　1982　《四川方言与普通话》，四川人民出版社。

连金发　1995　《台湾闽南语的完结时相词试论》，曹逢甫、蔡美慧编《台湾闽南语论文集》，文鹤出版有限公司。

连金发　1997　《台湾闽南语的趋向补语——方言类型和历史的研究》，《中国境内语言暨语言学》第四辑，"中研院"历史语言研究所。

梁银峰　2007　《汉语趋向动词的语法化》，学林出版社。

林立芳　1999　《梅县方言的结构助词》，《语文研究》第 3 期。

林伦伦　1993　《广东闽方言语法特点的比较研究》，《汕头大学学报》第 2 期，59—64 页。

林　亦、覃凤余　2009　《南宁白话研究》，上海教育出版社。

刘丹青　1996　《东南方言的体貌标记》，张双庆主编《动词的体》，香港中文大学中国文化研究所吴多泰中国语文研究中心。

刘丹青　2004　《差比句的调查框架与研究思路》，戴庆厦、顾阳主编《现代语言学理论与中国少数民族语言研究》，民族出版社。

刘　坚等　1992　《近代汉语虚词研究》，语文出版社。

罗福腾　1992　《山东方言比较句的类型及其分布》，《中国语文》第 3 期。

马企平　1984　《临夏方言语法初探》，《兰州学刊》第 1 期，79—85 页。

麦耘、谭步云　1997　《实用广州话分类词典》，广东人民出版社。

戚晓杰　2006　《明清山东方言"X+VP+比较标记+Y"式差比句研究》，《语言科学》第 5 期，

52—61 页。

钱奠香　2002　《海南屯昌闽语语法研究》，云南大学出版社。

钱乃荣　1992　《当代吴语研究》，上海教育出版社。

钱乃荣　2003　《北部吴语研究》，上海大学出版社。

钱曾怡主编　2001　《山东方言研究》，齐鲁书社。

钱志安　2008　《粤语的两个间接宾语标记》，第十三届国际粤方言研讨会论文。

钱志安、邹家彦　2005　《粤语"畀"字句的语法演变过程初探》，邓景滨、汤翠兰主编《第九届国际粤方言研讨会论文集》，澳门中国语文学会。

覃东生　2007　《宾阳话语法研究》，广西大学硕士学位论文。

覃凤余、吴福祥　2009　《南宁白话"过"的两种特殊用法》，《民族语文》第 3 期。

邱震强　2002　《宁乡话"起"字研究》，《长沙电力学院学报》第 1 期,104—106 页。

苏晓青、吕永卫　1996　《徐州方言词典》，江苏教育出版社。

施其生　1996　《方言论稿》，广东人民出版社。

太田辰夫　1957/1987　《中国语历史文法》，蒋绍愚、徐昌华译，北京大学出版社。

王　浩　2007　《王村方言语法研究》，山东大学硕士学位论文。

王景荣　2004　《乌鲁木齐方言表"完成—已成事实"体貌助词"下"［xa］》，《语言与翻译（汉文）》第 4 期,43—45 页。

王　森　1993　《甘肃临夏话作补语的"下"》，《中国语文》第 5 期,374—376 页。

王　森　2000　《东干话的若干语法现象》，《语言研究》第 4 期,66—73 页。

王世华、黄继林　1998　《扬州方言词典》，江苏教育出版社。

吴启主　1995　《常宁方言的语法特点》，《中国语言学报》第 5 期。

吴福祥　1996　《敦煌变文语法研究》，岳麓书社。

吴福祥　2001　《南方方言里几个状态补语标记的来源》（一），《方言》第 4 期。

伍和忠　1998　《荔浦方言的语法特点》，《广西师院学报》第 1 期。

谢小安、张淑敏　1990　《甘肃临夏方言的疑问句》，《兰州大学学报》第 3 期,141—146 页。

徐春兰　2005　《新疆汉语方言补语结构特征》，《新疆大学学报》第 6 期,144—147 页。

许宝华、汤珍珠主编　1988　《上海市区方言志》，上海教育出版社。

严修鸿　2001　《平远客家话的结构助词》，《语言研究》第 2 期,37—47 页。

杨　奔　2006　《北流白话的比较句》，《玉林师范学院学报》第 2 期。

游汝杰　1996　《杭州方言动词体的表达法》，张双庆主编《动词的体》，香港中文大学中国文化研究所吴多泰中国语文研究中心。

游汝杰　1997　《温州话里带"起"字的补语句》，李如龙、张双庆主编《动词谓语句》，暨南大学出版社。

游汝杰、杨乾明　1998　《温州方言词典》，江苏教育出版社。

袁家骅等　1989　《汉语方言概要》，文字改革出版社。

曾毅平　2000　《石城（龙岗）方言的介词》，李如龙、张双庆主编《介词》，暨南大学出版社。

张大旗　1985　《长沙话"得"字研究》，《方言》第 1 期。

张洪年　1972　《香港粤语语法的研究》，香港中文大学出版社。

张洪年　2007　《香港粤语语法的研究》（增订本），香港中文大学出版社。

张惠英　1998　《崇明方言词典》,江苏教育出版社。

张清源　1996　《成都话里虚化的"得"》,胡明扬主编《汉语方言体貌论文集》,江苏教育出版社。

张双庆　1997　《香港粤语的动词谓语句》,李如龙、张双庆主编《动词谓语句》,暨南大学出版社。

张双庆、郭必之　2005　《香港粤语两种差比句的交替》,《中国语文》第 3 期。

张小克　1999　《长沙话的结构助词》,《广西民族学院学报》第 2 期。

赵日新　2001　《绩溪方言的结构助词》,《语言研究》第 2 期。

赵日新　2000　《绩溪方言的介词》,李如龙、张双庆《介词》,暨南大学出版社。

周　磊　1998　《乌鲁木齐方言词典》,江苏教育出版社。

朱文献　1981　《海门方言里的"来"字的特殊用法》,《江苏语言学会年会论文集》。

朱艳娥　2007　《广西崇左江州区蔗园话》,广西大学硕士学位论文。

朱彰年等　1991　《阿拉宁波话》,华东师范大学出版社。

Anderson, John M. 1971 *The grammar of case: Towards a localistic theory*. London: Cambridge University Press.

Anderson, John M. 1973 *An essay concerning aspect: Some considerations of a general character arising from the Abbé Darrigol's analysis of Basque verb*. The Hague/Paris: Mouton.

Ansaldo, Umberto 1999 *Comparative Constructions in Sinitic: Areal Typology and Patterns of Grammaticalization*. PhD. Dissertation, Stockholm University.

Ansaldo, Umberto 2004 The correlation between surpass comparatives and verby languages. In Somsonge (ed.) Papers from the Eleventh Annual Meeting of the Southeast Asian Linguistics Society, 1–12. Arizona State University, Program for Southeast Asian Studies.

Ansaldo, Umberto and Stephen Matthews 2000 Head and dependent-marking in isolating languages: the case of comparatives in Sinitic, in The Fifth International Symposium on Languages and Linguistics, Hochiminh City, pp. 18–31. Vietnam National University, Ho Chi Minh City University of Social Sciences and Humanities.

Chao, Yuen-Ren 1968 *A grammar of Spoken Chinese*. University of California Press.

Heine, Bernd 1997 *Cognitive foundations of grammar*. New York: Oxford: Oxford University Press.

Heine, Bernd, Ulrike Claudi & Friederike Hünnemeyer 1991 *Grammaticalization: A conceptual Framework*. Chicago: University of Chicago Press.

Lyons, John 1977 *Semantics*. 2 vols. Cambridge: Cambridge University Press.

Svorou, Soteria 1993 *The grammar of space*. Amsterdam: Benjamins.

后　　记

　　近三十余年来,国际语言学界对位移事件表达已经有非常丰硕的成果,而中国境内语言与汉语方言在位移事件表达上的多样性却远未引起学界足够重视。2017年冬,常熟理工学院王健教授、复旦大学陶寰教授与盛益民闲聊之中,觉得应该开一次会议,专题讨论中国境内语言的位移事件表达,于是就促成了2018年12月21—23日由王健教授牵头常熟理工学院中国语言文学省重点建设学科举办的“中国境内语言与方言‘运动事件’表达类型学术研讨会”。会议承蒙柯理思(Christine Lamarre)教授、松本曜(マツモト ヨウ)教授等多位位移事件研究领域的权威学者参加,会议讨论积极,极大地推动了中国境内语言与汉语方言位移事件表达的研究。会后,《常熟理工学院学报》(2020年第3期)还推出由柳俊主持的“语言学研究·运动事件表达类型”专栏,刊发了部分会议论文,又有多篇参会论文被人大报刊复印资料《语言文字学》全文转载,社会反响热烈。

　　会议期间,我们萌生了将其中汉语方言领域的论文编辑成册,收入盛益民与陶寰主编的“汉语方言范畴研究丛书”之中的想法。于是便将这个想法与柯理思教授和王健教授交流,得到了两位的大力支持与鼓励。会后,盛益民申请到复旦大学中文系高峰高原计划的经费支持,论文集的编辑总算尘埃落定。我们试着向柯理思教授求序,很荣幸得到柯教授爽快应允。

　　本文集一共收录22篇文章,涵盖了官话、晋语、吴语、徽语、湘语、赣语、客家话、粤语、闽语等各大方言区,还有两篇文章涉及趋向成分和位移表达的历史演变。文章的来源有三:一是常熟会议的参会论文,二是会后我们向部分学界同仁单独约稿的论文,三是已经在各类期刊杂志上发表的相关论文。由衷感谢包括吴福祥教授、邢向东教授在内的各位作者对本论文集的大力支持和无私帮助!本文集也是两位主编合作编辑的结果,其中所有未刊发的论文两位主编均一一拜读,提出修改意见。各位作者不厌其烦地就所提意见做出细致修改,大大提升了本文集的整体学术水平。

　　感谢柯理思教授拨冗作序,柯教授的序言是一篇重要的学术论文,不仅总结了汉语方言位移表达各个方面的共性及南北地理类型和方言区内部的差异,还提出了诸多今后需要着重关注和进一步深化的研究课题,在此向柯教授表达由衷的感谢与敬意! 文集原名《汉语方言位移事件表达研究》,有点烦琐,与丛书的书名也不甚协调,我们向史文磊教授求教,感谢他提议将文集确定为现在的名称——《汉语方言位移表达研究》。本书的如期付梓也得感谢责编中西书局吴志宏女史的悉心编辑与辛勤付出。

　　“汉语方言范畴研究丛书”是一套开放性的著作,希望能在学界同仁关注与支持下持续发展,为推动汉语方言语法研究与类型比较研究贡献一份力量!

编者

2023 年 2 月 4 日晚草成

2023 年 2 月 28 日改定

图书在版编目(CIP)数据

汉语方言位移表达研究 / 盛益民,柳俊主编. —上海:中西书局,2023
(汉语方言范畴研究丛书)
ISBN 978 - 7 - 5475 - 2113 - 7

Ⅰ.①汉… Ⅱ.①盛… ②柳… Ⅲ.①汉语方言—研究 Ⅳ.①H17

中国国家版本馆 CIP 数据核字(2023)第 078017 号

汉语方言位移表达研究

盛益民　柳　俊　主编

责任编辑	吴志宏
装帧设计	梁业礼
责任印制	朱人杰
出版发行	上海世纪出版集团 中西书局(www.zxpress.com.cn)
地　　址	上海市闵行区号景路 159 弄 B 座(邮政编码:201101)
印　　刷	常熟市人民印刷有限公司
开　　本	700 毫米×1000 毫米　1/16
印　　张	29
字　　数	458 000
版　　次	2023 年 8 月第 1 版　2023 年 8 月第 1 次印刷
书　　号	ISBN 978 - 7 - 5475 - 2113 - 7 / H・138
定　　价	112.00 元

本书如有质量问题,请与承印厂联系。电话:0512 - 52601369